U0827510

哈佛百年经典

英国现代戏剧

[英]约翰·德莱顿 / [英]理查德·布林斯莱·谢里丹 / [英]奥利弗·哥尔德斯密斯 /
[英]雪　莱 / [英]罗伯特·勃朗宁 / [英]拜　伦◎著
[美]查尔斯·艾略特◎主编
张　春 / 周莉薇◎译

北京理工大学出版社
BEIJING INSTITUTE OF TECHNOLOGY PRESS

版权专有 侵权必究

图书在版编目（CIP）数据

英国现代戏剧 /（英）德莱顿等著；张春，周莉薇译. —北京：北京理工大学出版社，2013.12（2019.9重印）
（哈佛百年经典）
ISBN 978-7-5640-8369-4

Ⅰ. ①英⋯ Ⅱ. ①德⋯ ②张⋯ ③周⋯ Ⅲ. ①剧本–作品综合集–英国–现代 Ⅳ. ①I561.35

中国版本图书馆CIP数据核字（2013）第231672号

出版发行 / 北京理工大学出版社有限责任公司
社　　址 / 北京市海淀区中关村南大街 5 号
邮　　编 / 100081
电　　话 /（010）68914775（总编室）
82562903（教材售后服务热线）
68948351（其他图书服务热线）
网　　址 / http: //www.bitpress.com.cn
经　　销 / 全国各地新华书店
印　　刷 / 三河市金元印装有限公司
开　　本 / 700 毫米 × 1000 毫米　1/16
印　　张 / 27.75
字　　数 / 512千字
版　　次 / 2013年 12 月第 1 版　2019 年 9 月第 2 次印刷
定　　价 / 75.00元

责任编辑 / 刘　娟
文案编辑 / 刘　娟
责任校对 / 周瑞红
责任印制 / 边心超

图书出现印装质量问题，请拨打售后服务热线，本社负责调换

出版前言

人类对知识的追求是永无止境的，从苏格拉底到亚里士多德，从孔子到释迦摩尼，人类先哲的思想闪烁着智慧的光芒。将这些优秀的文明汇编成书奉献给大家，是一件多么功德无量、造福人类的事情！1901年，哈佛大学第二任校长查尔斯·艾略特，联合哈佛大学及美国其他名校一百多位享誉全球的教授，历时四年整理推出了一系列这样的书——《Harvard Classics》。这套丛书一经推出即引起了西方教育界、文化界的广泛关注和热烈赞扬，并因其庞大的规模，被文化界人士称为The Five-foot Shelf of Books——五尺丛书。

关于这套丛书的出版，我们不得不谈一下与哈佛的渊源。当然，《Harvard Classics》与哈佛的渊源并不仅仅限于主编是哈佛大学的校长，《Harvard Classics》其实是哈佛精神传承的载体，是哈佛学子之所以优秀的底层基因。

哈佛，早已成为一个璀璨夺目的文化名词。就像两千多年前的雅典学院，或者山东曲阜的“杏坛”，哈佛大学已经取得了人类文化史上的“经典”地位。哈佛人以“先有哈佛，后有美国”而自豪。在1775—1783年美国独立战争中，几乎所有著名的革命者都是哈佛大学的毕业生。从1636年建校至今，哈佛大学已培养出了7位美国总统、40位诺贝尔奖得主和30位普利策奖获奖者。这是一个高不可攀的记录。它还培养了数不清的社会精英，其中包括政治家、科学家、企业家、作家、学者和卓有成就的新闻记者。哈佛是美国精神的代表，同时也是世界人文的奇迹。

而将哈佛的魅力承载起来的，正是这套《Harvard Classics》。在本丛书里，你会看到精英文化的本质：崇尚真理。正如哈佛大学的校训："与柏拉图为友，与亚里士多德为友，更与真理为友。"这种求真、求实的精神，正代表了现代文明的本质和方向。

哈佛人相信以柏拉图、亚里士多德为代表的希腊人文传统，相信在伟大的传统中有永恒的智慧，所以哈佛人从来不全盘反传统、反历史。哈佛人强调，追求真理是最高的原则，无论是世俗的权贵，还是神圣的权威都不能代替真理，都不能阻碍人对真理的追求。

对于这套承载着哈佛精神的丛书，丛书主编查尔斯·艾略特说："我选编《Harvard Classics》，旨在为认真、执著的读者提供文学养分，他们将可以从中大致了解人类从古代直至19世纪末观察、记录、发明以及想象的进程。"

"在这50卷书、约22000页的篇幅内，我试图为一个20世纪的文化人提供获取古代和现代知识的手段。"

"作为一个20世纪的文化人，他不仅理所当然的要有开明的理念或思维方法，而且还必须拥有一座人类从蛮荒发展到文明的进程中所积累起来的、有文字记载的关于发现、经历以及思索的宝藏。"

可以说，50卷的《Harvard Classics》忠实记录了人类文明的发展历程，传承了人类探索和发现的精神和勇气。而对于这类书籍的阅读，是每一个时代的人都不可错过的。

这套丛书内容极其丰富。从学科领域来看，涵盖了历史、传记、哲学、宗教、游记、自然科学、政府与政治、教育、评论、戏剧、叙事和抒情诗、散文等各大学科领域。从文化的代表性来看，既展现了希腊、罗马、法国、意大利、西班牙、英国、德国、美国等西方国家古代和近代文明的最优秀成果，也撷取了中国、印度、希伯来、阿拉伯、斯堪的纳维亚、爱尔兰文明最有代表性的作品。从年代来看，从最古老的宗教经典和作为西方文明起源的古希腊和罗马文化，到东方、意大利、法国、斯堪的纳维亚、爱尔兰、英国、德国、拉丁美洲的中世纪文化，其中包括意大利、法国、德国、英国、西班牙等国文艺复兴时期的思想，再到意大利、法国三个世纪、德国两个世纪、英格兰三个世纪和美国两个多世纪的现代文明。从特色来看，纳入了17、18、19世纪科学发展的最权威文献，收集了近代以来最有影响的随笔、历史文献、前言、后记，可为读者进入某一学科领域起到引导的作用。

这套丛书自1901年开始推出至今，已经影响西方百余年。然而，遗憾的是中文版本却因为各种各样的原因，始终未能面市。

2006年，万卷出版公司推出了《Harvard Classics》全套英文版本，这套经典著作才得以和国人见面。但是能够阅读英文著作的中国读者毕竟有限，于是2010年，我社开始酝酿推出这套经典著作的中文版本。

在确定这套丛书的中文出版系列名时，我们考虑到这套丛书已经诞生并畅销百余年，故选用了“哈佛百年经典”这个系列名，以向国内读者传达这套丛书的不朽地位。

同时，根据国情以及国人的阅读习惯，本次出版的中文版做了如下变动：

第一，因这套丛书的工程浩大，考虑到翻译、制作、印刷等各种环节的不可掌控因素，中文版的序号没有按照英文原书的序号排列。

第二，这套丛书原有50卷，由于种种原因，以下几卷暂不能出版：

英文原书第4卷：《弥尔顿诗集》

英文原书第6卷：《彭斯诗集》

英文原书第7卷：《圣奥古斯丁忏悔录 效法基督》

英文原书第27卷：《英国名家随笔》

英文原书第40卷：《英文诗集1：从乔叟到格雷》

英文原书第41卷：《英文诗集2：从科林斯到费兹杰拉德》

英文原书第42卷：《英文诗集3：从丁尼生到惠特曼》

英文原书第44卷：《圣书（卷Ⅰ）：孔子；希伯来书；基督圣经（Ⅰ）》

英文原书第45卷：《圣书（卷Ⅱ）：基督圣经（Ⅱ）；佛陀；印度教；穆罕默德》

英文原书第48卷：《帕斯卡尔文集》

这套丛书的出版，耗费了我社众多工作人员的心血。首先，翻译的工作就非常困难。为了保证译文的质量，我们向全国各大院校的数百位教授发出翻译邀请，从中择优选出了最能体现原书风范的译文。之后，我们又对译文进行了大量的勘校，以确保译文的准确和精炼。

由于这套丛书所使用的英语年代相对比较早，丛书中收录的作品很多还是由其他文字翻译成英文的，翻译的难度非常大。所以，我们的译文还可能存在艰涩、不准确等问题。感谢读者的谅解，同时也欢迎各界人士批评和指正。

我们期待这套丛书能为读者提供一个相对完善的中文读本，也期待这套承载着哈佛精神、影响西方百年的经典图书，可以拨动中国读者的心灵，影响人们的情感、性格、精神与灵魂。

目录 Contents

一切为了爱情

All For Love

〔英〕 约翰·德莱顿

主编序言

在英国历史上，伊丽莎白时期因众多原因被人铭记，而最主要的体现是在文学上；在文学领域，又尤以戏剧为盛。随着自发性的衰落，大量创作戏剧的潮流一直持续到1642年国会关闭剧院。1660年，大革命时剧院得以重新开放，这一时期的戏剧只是忠实反映了查理二世时期上流社会的道德沦丧。

约翰·德莱顿（1631—1700）是十七世纪后期文学界杰出的代表人物。他的作品展现了这一时期的主要趋势。1658年，他发表自己第一部重要的诗作《奥利弗·克伦威尔之死》，并引起关注。两年过后，他创作了另一首诗来表达自己对归来国王的忠诚。德莱顿娶了皇室女子伊丽莎白·霍华德，事实上他的整个余生都追随着托利党。1663年，德莱顿开始了戏剧创作，在接下来的30年里，他几乎尝试过当时所有的戏剧形式。为庆祝英荷战争中英国海军的胜利，他创作了《神奇之年》（1666），这使得他在1670年获得了“桂冠诗人”的称号。同时，他开始创作大量优秀的文学评论，都发表在他的《寓言》序言以及维吉尔诗作翻译的献词里。这些文学评论不仅展现出了其深厚透彻的判断力，同时也使他成为第一位现代英语散文大师。

《押沙龙与阿齐托菲尔》讽刺了辉格党领导人沙夫茨伯里伯爵，这部作品使得德莱顿进入了一个新的阶段，其本身也获得了“政治讽刺诗作最佳作品”的称号。继这部作品之后，德莱顿发表了另外一部优秀的讽刺辉格党的作品《麦克·弗莱克诺》，讽刺的是自己的对手和敌人沙德威尔。为奖励他的贡献，英国王室聘其为御用诗人。

在戏剧、文学评论和讽刺作品三个领域获得成功之后，德莱顿在作品《宗教信徒》中展示了自己作为宗教诗人的天赋。这首诗从外行的视角揭露了英格兰教会的种种教条。同年，凯萨琳·詹姆士二世继承王位，德莱顿加入罗马教。两年后德莱顿发表诗作《牝鹿与豹》，以寓言的形式描绘了两只分别代表天主教和英国国教的动物间的争论，旨在捍卫自己的新宗教——天主教。

1688年的大革命结束了德莱顿的光荣时期。在转向戏剧创作后不久，为维持生计，德莱顿开始从事翻译。他已经在这一领域做出了一些成就，在翻译了一系列尤维纳利斯、佩尔西乌斯和奥维德的作品后，63岁的他开始着手将维吉尔的所有作品翻译成英语，工作量十分浩大。至于在这一方面他有多么成功，《埃涅伊德》的读者们在读过这一系列经典作品之后会自行判断。德莱顿的作品，以及被命名为《寓言》的叙事体诗集发布于1700年。德莱顿于同年去世，被安葬于威斯敏斯特大教堂的“诗人角”。

德莱顿生活在一个充斥着反对宗教理想主义的时代，无论是他的性格还是他的作品都印有那个时代的悲剧英雄色彩。但整体看来，他是一个诚实、开放、和蔼、率直和谦逊的人。诗歌和散文风格虽粗犷，语言却清晰、简洁、有力。

德莱顿时期，英国出现了三种戏剧风格——幽默戏剧、阴谋戏剧和风俗戏剧，而德莱顿的作品使他得以跻身同时代佼佼者的行列。德莱顿是英雄剧的推广者，他的《格拉纳达的征服》将这种不无夸张的戏剧推向巅峰。随后，因不满这种文学形式，德莱顿按照拉辛的模式发展了法国古典悲剧。他将这一模式与法国人对戏剧表演的惯常观念相结合，在描述中充分展示出自己对莎士比亚的信仰。这种混合风格的悲剧作品中最优秀的要数他的《一切为了爱情》。在这部作品里面，他敢于向大师挑战。诺伊斯教授的评论很好地揭示了他所取得的成果，“与莎士比亚的《安东尼与克莉奥佩特拉》不同，我们至今仍然能跟随德莱顿的视角，从这个故事中挖掘出大量的乐趣”。

查尔斯·艾略特

原版序言

继莎士比亚之后，安东尼与克莉奥佩特拉的死已经被我们民族最伟大的智慧治愈；不同的是，他们的例子给了我信心，让我在众多追求者中尝试用尤利西斯的弓，通过自己的测量来瞄准目标。我毫不怀疑是同样的动机使得我们都在尝试；我指的是道德上的优点，主要代表人物都属于著名的不合法的爱情模式；因而他们的结果都是不幸的。所有理智的人很早以前就总结道：这诗中的主人公不应该具有完美的品德，因为那样一来，公正地来说，他不会不幸；也不会总是邪恶的，因为那样他不会得到同情。因此我走中间路线：将安东尼刻画成普鲁塔克、亚皮恩和迪恩·卡西斯允许的那样受人称赞；我也是这样观察克莉奥佩特拉的。我希望把同情推到更高点，但故事不允许；因为他们两个因爱而犯下罪行，而不是由任何必要的或致命的无知引起的，都是完全自愿的；因为我们的感情是，或者应该是，受我们的力量控制的。戏剧的戏份是足够的，其他部分也同样如此；时间、地点和行动的统一比英国的剧院要求得还要精确。特别的是，这是唯一一部没有插曲或次要情节的戏剧；这个悲剧里的每一幕都有助于整体设计，每一段都决定着主要构造。这个诡计中最大的错误似乎出在奥克塔维亚身上；因为，虽然我可能使用一个诗人的特权，把她介绍给亚历山大，但我还是没有考虑到，她对自己和孩子的同情破坏了我留给安东尼与克莉奥佩特拉的怜悯；他们的爱情建立在罪恶之上，当美德与天真被它压迫时，就必须减少观众对他们的青睐。虽然我把奥克塔维亚的离去全部归因于她自己，并借此为安东尼辩护，但前述那批人的力量仍然存在；把怜悯一分为二，就如同把一条河切割成多条通道，减轻了自然河流的力量。但批评我的人中没有人和我争论这个；因此如果我下定决心偏袒我自己，我早就让它过去了。我的对手发现的不足只是一些吹毛求疵的小毛病和不必要的礼仪；这应该由这些仪式的主人决定。我承认，法国诗人会严格观察这些细节：例如，他们不愿接受克莉奥佩特拉和奥克塔维亚相识；或者，如果她们遇到了，一定只有一些虚伪的客套在她们之间发生，并不渴望对方的回答，因为怕冒犯她们高尚的品德和谦虚的性格。我预见了这一异议，并在同一时间蔑视它；为自己新征服的事物而骄傲的奥克塔维亚很有可能会找到克莉奥佩特拉，并战胜她；而因此受到攻击的克莉奥佩特拉不会躲避这一遭遇：这两个愤怒的对手也不是不可能使用我放进她们嘴巴里的讽刺话语；因为，虽然一个是罗马人，另一个是王后，但她们都是女人。尽管一些情节确实自然，但不适合扮演出来；大部分的猥亵话语应当避免出现在良好的举止中。因此，表情成为我们的想法的温和外衣，因为马裤和衬裙也是我们身体的一部分。如果我把自己限定在谦虚的范围内，就会显得准确而做作；如此一来，谦虚变成了一种缺点。那些迅速理解这种事情的人出卖了自己，让所有理智的人去想象他们的而非诗人的坏处。

诚实的蒙田还进一步强调：

> 我们只有仪式，我们进行的仪式，脱离了事情的本质。我们喜欢细枝末节的东西却放弃了主体躯干。我们知晓所谓脸红的女士，却只把这当作一种称呼，不惧怕做任何事情：我们不敢直接调用我们的成员，但却不怕利用他们做各种放荡的事。仪式禁止我们表达合法和自然的事情，我们相信。阻止我们做违法不良行为的道理却没人相信。

值得欣慰的是，这一观点使得我的敌人都在巴结评论家，而评论家也乐意让他们的牙齿来啃咬。

然而，在这种细微的礼仪中的确包含了法国诗歌的优点。他们的英雄都出自民间；但其良好的教养很少延伸到一个词的意思上；他们所有的智慧都在他们的仪式中；他们需要天才来使我们的舞台有生气；因此当他们不能被取悦时，他们就必须注意不要冒犯。但一群人中最有教养的人通常也是最乏味的，作者也是如此，当他们害怕让你欢笑或哭泣时，就会纯粹出于礼貌让你睡着。他们小心翼翼，避免激怒一个评论家，这使得他无事可做；于是他就忙于打扫和做清洁，几乎没有留下什么可以指责或赞美的：当整首诗都显得平淡时，没有哪一部分是值得我们去反对的；就如同当尝出酒无味时，我们不会一杯一杯去检查。但当人们要操心琐事时，他们往往无力关心主要问题。因此，他们的希波吕托斯在礼仪上一丝不苟，他宁愿死，也不愿向他父亲指责他的继母；我敢肯定，批判我的人会为此赞扬他。但身处忧虑中的我们往往认为，这种过度的大方是不可行的，只有傻子和疯子才会这样。这是带有报复性的优良举止；观众倾向于关注这位令人钦佩的英雄的不幸。但把希波吕托斯和他的诗歌配对隔开，我想他会认为这是好马配好鞍，是一个明智的决定，同时宁愿选择和一个坦率诚实的人生活在一起，也不愿和一个无耻乱伦的恶棍一块儿去死。同时，我们可能会注意到，当向我们展示一个古代人物时，诗人应该把他保留到哪里，他该在何时向我们展示一个具有亚马孙血统、粗鲁而又快乐的年轻猎手画面，由于他的职业和他早期爱上一个与自己有不共戴天之仇的人，他选择把他变得勇敢，让他去旅行，从雅典到巴黎，教他恋爱，把欧里庇得斯的希波吕托斯变成到伊波利特先生。我真不应该自找麻烦，去打扰法国诗人，但是，我发现我们的评论家们完全形成了自己的判断。但对我来说，我希望通过我自己国家的法律的检验；因为法国人征服这里之后，应该在这里制定法律，这一点对我来说不公平。我们这些跟随他们的小十四行诗人，灵魂狭隘，无法判断诗歌。诗人们自己是最合适的，尽管我的结论不包括单纯的评论家。但直到一个像亚里士多德一样，没有实践过便通晓所有的艺术与科学的万能的天才出现，我会赞成一个技工对自己的艺术的判断有助于另一个人观点的形成；至少，他未被利益贿赂，或带有恶意的偏见。这个，我认为可以直接归纳出来：首先，不能推定人们有不止一个整体直觉，来断定什么能让他们开心，什么会让他们不开心：每个人都会同意我这个观点；但是，对自己特别善良的人，他会划清界限，把自己与众人分开，而其他人可能认为他是他们中的一个。但是，如果我接近那些是聪明人的人，要么通过其品质优势，要么靠常见的名声，并确认他们也不适合独自决定诗歌，我还要有一个遵从我的意见的强大的同盟；他们中的大多数会排除余下的，无论是一些聪明人，或者至少是一些有能力的判官。但他们又再次放纵自己；每个认为自己聪明的人，也就是说，每个人会假装自己会在同一时间做出一个正确的判断。但是，进一步来讲，风趣的男人有许多，诗人却很少；也不是所有的诗人都喜欢悲剧。就是在这块岩石上，他们每日分裂。诗歌是自然的图景，通常必须使人愉悦；但不能把它理解成，诗歌的所有部分必须取悦每个人；因此，悲剧是不能由诙谐的人来判断的，他们的口味也仅限于喜剧。也不是每个喜爱悲剧的人，能够正确判断的；他必须了解它的缺点，否则他只会是个盲目的崇拜者，而不是一个批评家。所以才会有这么多关于诗人的讽刺和针对他们著作的指责流传国外。那些愉快的谈话（至少如此认为），被赋予了一种细小的幻想，会说一些零星的拉丁语的人，野心勃勃地要用诗歌把自己与绅士们分开——

Rarus enim fermè sensus communis in illâ.
Fortunâ.

不满足于命运为他们所做的，放下身份，静静地坐下来，但他们必定会说自己的智慧有问题，没有必要赤裸裸地暴露给公众看，难道这不是一种可怜的矫揉造作的行为？他们并不希望得到清醒人士同样的认可，这是三瓶酒过后从他们的奉承者那里发现的。如果话语中的一个闪光点已将他们传递给了我们，还有必要让世人醒悟吗？一个人通过不正当手段获得的地产，仍归他所属；他会自愿把它带到威斯敏斯特检验吗？我们写作的人如果缺乏天赋，可以以糊口为借口进行创作；但对于不是因贫穷而潦草创作，纯粹只是竭力使自己显得荒谬的人，该如何为他们辩护？贺拉斯肯定是正确的，他说："没有人对自己的状态满意。"诗人不高兴，是因为他没有钱；有钱人不满足，是因为诗人不愿承认他们。这样的情况很难出现在作家身上：如果他们没有成功，他们一定会饿死；如果他们成功了，一些恶意的讽刺就对准了他们，敢于请求他们离开。但当他们渴望破坏别人的名誉时，他们的野心就体现在他们的参与上；他们要创作一些自己的诗，奴隶需要俯卧在地上，这样君主的出场可能会更加威严。狄奥尼修斯和尼禄有同样的渴望，但他们所有的权力永远不会让他们这样做。是真的，他们用小号声来宣称自己是诗人；作为诗人，他们将死亡的痛苦强加给不这么称呼他们的人。观众们有很多时间，你可以想象；他们恐惧地坐着，看上去尽可能地端庄：因为笑得不合时宜是件尴尬的事情；暴君是多疑的，因为他们有理由认为，他们的臣子让他们被耻笑；因此，每个人，为了自己，要尽可能地摆一张好脸。人们都知道，君主要被加冕桂冠；但当表演结束后，一个诚实的人悄然离去，他会放出让他窒息的笑声，决心永远不再看帝王戏剧，即使他要用10年的时间来创作它。与此同时，真正的诗人是开创了最好市场的人，因为他们有足够的智慧以良好的风度放弃奖励，并不与拥有三十个军团的人争论。如果他们承认自己是不合格的作家，他们肯定会得到回报的，而且这比为自己的名声牺牲要好得多。卢肯的例子就足以教会他们礼节；在他被处死之后，为了制服尼禄，皇帝不容置疑地把他立为自己领地里最好的诗人。没有人垂涎那种笑嘻嘻的荣誉；因为如果他听到恶意的号兵在他的上司面前宣布他的名字时，他就知道自己只有一条路了。米西纳斯选择了另外一条路，我们知道，他不仅仅是一个伟大的人，他也是幽默的：塞涅卡告诉我们诗歌不是他的天赋，但当他发现自己远离了诗歌时，他认为自己最好的出路就是与维吉尔和贺拉斯和平共处；那样至少他可以成为一个二流诗人；我们看到他有多么成功；因为他自己糟糕的诗歌被人遗忘，而人们仍然颂扬他。但是，我们的顾客没有这么奢侈的成名方式；他们拥有许多米西纳斯的诗歌，却没有他的宽容。他们以自己继承人的名义，起诉贺拉斯和维吉尔；因为每个参与他们的灵魂和激情的人都是这样的，尽管是在一个较低的程度。他们当中的一些小马屁精却走得更远；因为只要他们能够做到，他们甚至会迫害贺拉斯本人，用他们的无知和邪恶来模仿他；不正当地使用他的权力，并把他的大炮转向他的朋友。但他该有多么蔑视被这样的手模仿！我敢回答他，他们的陪伴会让他比跟他们的祖先克里斯皮努斯在一起更加不安；他宁愿让德米特里厄斯和提格里斯两个丑角模仿，也不再允许他们在评论界占有一席之地。

——Demetri, teque, Tigelli,

Discipulorum inter jubeo plorare cathedras.

那些把他的拉丁语编成顺口溜，误会他的意思，误用他的指责并经常自相矛盾的翻译，他会有多么地蔑视？他被树立为一个里程碑，来划定诗歌的界限。

——Saxum antiquum, ingens, ——

Limes agro positus, litem ut discerneret arvis.

但除了他们所拥有的这些武器之外，还需要其他手段，来提高这种作家的地位；当他们能够以其对抗敌人时——

Genua labant, gelidus concrevit frigore sanguis.

Tum lapis ipse viri, vacuum per inane volatus,

Nec spatium evasit totum, nec pertulit ictum.

对我来说，无论是为我自己，还是为其他诗人，我都不希望报复这个斯坦霍尔合法拥有的价值12便士的画廊，但希望他能把自己的名字签署在他的谴责上，或（不对他所知道的超出部分纳税）设置自己的印记：因为他应该公开承认自己，从狮皮后面出来，被他谴责的人会感激他，被他赞扬的人则宁愿被他谴责；他挑选出来的官员，会谦卑地从他们的职位中撤出，以避免传出他被提名的谣言。他犀利的讽刺，仅次于他本人，大部分都落在他朋友的身上，朋友们应该永远都不会原谅他总是用错误的方式表扬他们，有时恰恰相反。如果他有哪怕一个朋友的话，必定是贺拉斯无疑了——他最大的缺点是写作过于轻率，贺拉斯也许早就教过他用委婉的方式叙事，并称其为准备思想和流动的幻想；因为友谊允许人用一些相近的美称来给这一缺陷命名——

Vellem in amicitiâ sic errarcmus; et isti
Error inomen virtus posuisset honestum.

但他绝不会允许自己称一个慢节奏的人“仓促”，或一个快节奏的作家“缓慢的苦工”，基维纳解释道：

——Canibus pigris, scabieque vetustâ
Loevibus, et siccae lambentibus ora luccrnæ,
Nomen erit, Pardus, Tigris, Leo; si quid adhuc est
Quod fremit in terris violentius.

而卢克莱修嘲笑一个愚蠢的情人，只是为情人的不完美开脱——

Nigra μελ¡χροot est, immunda et foetid ăkooμos
Balba loqui non quit, τραυλ¡ζει; muta pudens est, etc.

但为了驱赶它，*ad AEthiopetncygnum*是无法忍受的。我让他从法国人的优势出发，从另一方面来解释它，没有进一步地考虑自身，而不是让其他没有受过教育的检查员来解释。他们的问题我不屑回答，因为在法官看来，他们不是合格的。我仍然了解读者，我也依然努力让这幕剧作遵从古人的实际情况，正如芮玛先生的明智观察一样，他们是而且也应该成为我们的主人。贺拉斯也把这点当成一个规则运用到他的诗歌艺术中——

——*Vos exemplaria Graca*

Nocturnâ versate manu, versate diurnâ.

然而，尽管他们的偶像是合格的，但他们本身太微不足道，无法掌控一部英语悲剧；英语悲剧需要建立在一个较大的罗盘上。我可以举俄狄浦斯中的一个实例，那就是杰出的索福克勒斯；但我要把它保留到一个更适合的场合，我希望就在这以后。我承认自己的风格模仿了神圣的莎士比亚；我让自己从韵律中解脱出来，这样我可能表现得更自由。我并不是谴责我以前的方法，只是这更适合我现在的目的。我希望我不需要为自己解释，我没有过分照搬原作者：必要的单词和短语在后世必须发生变化；但他的很多语言依然保持纯洁，这几乎是一个奇迹；他是我们中开创戏剧诗歌的人，没被人教过，就像本·琼森告诉我们的，也没有学习，应该是靠自己的天分表演了这么多。在某种程度上，他让他之后的作家都不值一提。机会是公平的，他会愉快地处理自己和弗莱彻风格上的不同之处以及他们相互模仿的程度。但是，作为后辈，我不能对自己的表现过分自信，保持沉默会显得谨慎些。然而，我希望我可以毫无夸耀地肯定，模仿他使得我在整幕剧中超越了自我；尤其是，我比较喜欢把安东尼与温提狄阿斯放在第一幕，而不是我写的其他部分。

献词

致敬爱的陛下、托马斯、丹比伯爵、拉提美尔子爵、英国约克郡的奥斯本男爵、财务大臣、陛下最尊贵的枢密院，以及获得最高贵嘉德勋章的骑士。

敬爱的陛下：

在大人物看来，诗人们的感激是一件很令人困扰的事情，因为你们的利益往往会因此面临危险：使徒的威胁信件，无法低调行善，或者不得不对他们的沉寂妥协。但我承认，我对您给我的溺爱并不惊奇。因为以陛下的权威，您同样有权利喜欢诗歌，这些诗歌原本就属于伟人和贵族们——

Carmen amat, quisquis carmine digna gerit.

那些为战争而生的人和那些能将战争转换成诗歌的人在本性上有一定的联系。尽管我们显得要差一些，但至少两者合二为一的时候这种联系还是显现了出来。当我们激励彼此从您那儿学来那些美德时，我们就都不是共同体中一无是处的成员。

对于那些竭力推翻政府的人来讲，打击诗人和历史学家的确迎合了他们的利益。因为将要发生的会被忘记，不用再为将来的事情担忧。但陛下领导下的臣子们则是国家的先知，他们会做很多公正的事情来保护这个国家。同样，为了保留自己的言行记录，他们必须珍惜那些记录他们言行的人。这些记录能让他们日后获得后辈们的爱与尊敬。陛下的统治在英国历史上占据了相当大的一部分，尤其是其盛世年华。万能的陛下，无所不知，善于管理，认为财政部的收入有助于获得便利和益处，但事实上财政部管理无序，并已消耗殆尽。所有的事物都是一片混乱，杂乱无章，毫无头绪，如果不解决，甚至会带来毁灭。因此，陛下不仅要将这些不和谐的事物分开，还必须（请允许我如此大胆地表达）创造它们。你们的敌人已经深深卷入了你们的工作，在他们看来，你们的进步是毁灭的前奏。如果你们发现自己并未出现收入不足和财政混乱的情况，他们就会趁机垄断金融，以加重公共灾难。而另外，你们的朋友对你只能报以同情，并不能帮到你；无法为你提供长期的帮助或建议，一切都要靠自己，这样才能保证自己的安全。当你的勤奋、坚定不移和谨慎不再被外界干扰时，它们就能帮到你。最大的美德最好本身值得信赖；因为一个天才的上司只会帮助自己该帮助的人；当我们只是感激上帝与自然时，这是最昂贵的一种债务。我的主上，这就是你的公正的嘉奖。你已经找到一条通往光辉的道路，通过那些为你的毁灭而设计的道路，你不仅重新获得王权，并增加了统治时期的收入，丝毫没给臣子们增添担心。沉重的债务既取决于王室，也依赖于普通的臣民。你的统治使这些都变得不足挂齿，取得了民众的满意。一个行动是如此的伟大和光荣，因为你所面临的情况没有寻常法律可循。如果由一个能力不足的人接管，情况则会让人苦恼不堪，毫无希望，也超出了财政部的补救能力。为众生谋福利还能不伤害任何人的利益，毫无疑问，这应该是你命运中最幸福，也是最不被人嫉妒的部分；很快得到了臣民的祈祷和皇子的称赞；通过自己的谨慎言行，让他有机会表现出自己最高贵的（如果有最高贵的）皇室美德，把正义分配给该得到的人，把慷慨和同情给需要的人。皇子们对待臣民的态度最能从选择他们的部长中体现出来。那些人就像介乎灵魂与肉体之间的动物的灵魂，两种本性都或多或少地掺杂一些，在两者之间进行交流。一个生性公正、谦虚的君主，会依法治国，上帝会用他的灵魂制定国家宪法使他快乐。这样的帝王会让我们幸福，除了构建能让我们得到福利和自由的国度以外，他不会再有其他愿望。我认为，具有这样优秀品德和合乎所有守法公民意愿的皇子，最好让自己传达臣民的忧虑，而不是皇室成员的。他如此生动地表现出同样的美德，以至于你看起来不过是一个诠释他的副本。节制肯定会造就伟大，但稳定的性情对于有身份的大臣也同样是必要的；他混合了两种等量的品德，这使他可以像一道地峡般隔在专制权力和无政府状态之间。对任何人来讲这都是件艰巨的任务，除非是非凡卓越的天才。身居一线，披荆斩棘。做民族代表该做的事情，既不加强帝王不容置疑的特权，也丝毫不放弃。我的陛下，这些都是一个高贵的英国人应有的美德，事实上这些也是所有英国人该有的美德；世上没有人能够使用它们，除了有幸生在平等、泰然自若的政府下的我们；这个政府拥有超越联邦的所有自由带来的好处和所有君权的标记，且没有暴政的危险。英国人具有的天性和人的理智，培育出了我对“共和国”这个似是而非的名字的厌恶；这个名字嘲弄自由，这种制度下所有没有加入政府的人都是奴隶；他们是带有卑下标记的奴隶，而不是绝对主权下的臣子。没有基督教君主政体是如此绝对的，但它受法律的限制；但当执行法律的权力时，也没有对他们进行进一步的检查；人民必须受苦，还没有任何救济，因为他们被自己的代表们压迫。如果我必须为这些和我生来平等的人效力，他们的数量会加重我的羞辱和枷锁。我们的政府超越其他所有政府的天性，非常适合我国的国情和人民的脾性；一个岛屿更适宜商业和防御，而非在欧洲大陆扩张领土；因其地处偏远，以及海洋带来的不便，使得英勇的居民的所获不那么容易保存。因此，无论是君主制下的一股专断权力，还是联邦制下的众多成员，都不能使我们比现在的自己更强大。当不再征求或不再需要人们的同意时，就可能会更频繁地征集税务；但国内不足时就只能扩展域外疆土。这是我们的邻国教会我们的，他们的国王将领土延伸到最远的地方，但他们并不一直是最快乐的人。因此我们无法通过一次侵略战争，至少是陆战，来获得胜利，我们政府似乎生来就只为防守；轻松获得民意有助于增强保护它的力量。Felices nimium, bona si sua nôrint, Angligence! 然而，我们之间有一些不愿有丝毫不足的人，他们对幸福贪得无厌，会告诉人们一个改变就可以让他们更快乐。事实上，这是他们老祖宗的政策，当他自己被扔下荣誉的站台后，就会引诱人类同他一起反抗，告诉他们，这样也许会比过去的自己更自由；比他们的本性所应允的更加自由，或者，恕我大胆，超越了上帝的能力范围。我们已拥有了自由人享有的所有自由，而且所有超越它的都是合法的。但如果这只是他们伪装的良心上的自由，我们的教会必须做点事情。而我们教会的工作是如此的适当，没有涉及严重的迫害；它的教律也很简单，它应允给持不同政见者的自由比其他任何教派应允的都要多。同时，那些尝试在教会或国家进行创新的人需要假装什么权利？谁让他们成为受托人，讲更接近自己国家的语言，并让他们成为英国自由的守护者？如果说他们是非凡的，那让他们用奇迹来说服我们；他们连普通职业都没有，还扰乱孕育并保护他们的国家。他经常更换自己的党派，始终用自身利益来统治它，对公众利益没有表示一点诚意；他只为自己改变，把人民当成获取财富的工具。然而，各年龄段的经验可能让他知道，先蹚浑水的人，很少钓到鱼；正如晚年开始叛乱的人享有不了事业的果实，只会因自己的篡夺被摧毁。这不足以让他们回答，他们只想要改革一个政府，但不是颠覆它——所有的起义都是建立在这样的借口之上；这是惊人的权力的根源，这是服从。每一个抗议的人体内都有叛国的种子；他们用含糊的词语来表达自己，也因此更危险，因为他们可以进行所有恶劣的叛乱，还不受法律的惩罚。我的主上，如果我有足够大的空间来整理这些思绪，就像它们应得的那样，我就不应该一笔带过。因为一个国家里没有人是不足取的，不享受福利的；如果他是一个真正的英国人，他必须在同一时间被愤怒点燃，报复破坏他国家的人。除了陛下，还有谁比你更适合让生来就忠心的我不惜鞍前马后？为了皇室，你的先祖几乎毁了自己的庄园，你父辈令人难忘的忠诚和苦难锻造了后嗣的忠诚。但我希望，上帝的深谋远略和你的谨慎管理将会阻止你在表现自己热情的时刻，还在为他现在的权威而痛苦；你父亲的命运就是为自己的统治忧虑，作为他的儿子，你可以有个更好的命运。你和你妻子的家族通过联姻确立的关系，可以为你指认幸福的征兆。除了为自己的王子和国家而战的军队将领的忠诚和勇气，以及行动和死亡以外，还有什么配在英国的编年史中占据更大的篇幅？琳茜伯爵的荣誉和勇气是如此的突出，谱写成一首英雄诗都不为过；因为他是因此而殉教的第一人，也是他的不幸的皇家主人的榜样。

但是，毕竟，我的陛下，请恕我说出自己的想法，我们眼中的你比你眼中的自己要快乐；事业的繁重、焦虑和烦恼，让你远离了自己，成为公共财物。你的隐私和朋友被剥夺了，生命中几乎没有自己的时间。如果那些嫉妒你的运气的人不想要好心情，可能会更加遗憾；当他们看到你被一大群追求者盯着，又不能拒绝她们的强求时，会理所当然地认为，你真正失去的东西比你用威严得到的要多很多；只有一个仆人伺候的绅士比有一列侍从跟随的你要安静、舒适得多。原谅我，我的主上，如果在这个问题上我说得像个哲学家一样；使人不安的财富，是不能让一个人快乐的；当一个聪明的人无法决定自己的行为时，他一定会深感不安。

这最后的一点让我想到一个能及时解救你的方法。这就是，当我同情你对自由的向往时，我却不合时宜地让你逗留了如此长的时间。我把自己该做的工作推迟到这么晚，现在我都耻于开始。因此，送给你的这首诗我就不多说了，因为我不知道你是否愿意用一个小时来读它，你可以在读的时候就扔掉它。作为作者，我只求你继续保护它。

我的陛下。

您最感激

最卑微

最服从的仆人

约翰·德莱顿

开场白

大量评论家徘徊在今天，像秃鹰等待军队的猎物，都在撕裂戏剧的框架！他们用叫声预示着一些可怕的事件，垂死的诗人跟随着这股气味。我们让它消失；你看着你的时间：他手无寸铁地奋斗到这一天——没有自己的韵律——带来了一个经常讲到的童话，和狄多的故事一样伤感，也几乎一样古老。

英雄，你的智慧会这么称呼他，软化他的气概，还几乎不会抱怨。他有点儿淫荡，但有一颗善意的心；经常哭泣；很少打架，但非常善良。总之，一个模式，与同伴配合。我可以列举更多：妻子和情妇，对你们大部分人来说，两个（坦白地说）都很好：妻子好性情，情妇忠诚。现在，诗人，如果他关心你的名声，那就坦诚相待。一个勇敢的人不屑于一天吵一次架，就像赫克托耳卷入每一个小冲突。

让那些没有智慧的人吹毛求疵，他们需要证明自己能够思考。错误就像稻草，漂在水面。欲寻珍珠，须潜水下。

纨绔子弟也许会被委托弄平所有他们能弄平的，就像矮子很乐意削断一个人。愚笨的人就像跳蚤，那么小巧轻盈，我们很少能知道它们的存在，除了咬人。但是，至于富人，每天的盛宴让他们厌倦，为了改变，就到他们可怜的佃户家里做客。用普通的棕色酒杯畅饮啤酒，从炭火中抓起家常的火腿薄片。所以你，摆脱了更高层次的欢乐，也许可以在这里做一次忏悔。

由于丰硕的秋天已经过去，葡萄和桃子随你品尝，从我们的穷诗人的膳食中挑出好的，干瘪的水果像冬天能够提供的。

剧中人物

马克·安东尼
爱里克萨斯　女王的阉人
温提狄阿斯　安东尼的大将
杜拉贝拉　安东尼的朋友
塞拉片　爱西斯神庙的祭司
麦瑞思　另一个祭司
安东尼的众侍从
克莉奥佩特拉　埃及女王
卡密恩、伊拉斯　克莉奥佩特拉的侍女
奥克塔维亚　安东尼的妻子
安东尼的两个小女儿

场景——亚历山大城

第一幕

场景——爱西斯神庙。

【爱西斯神庙的祭司塞拉片及麦瑞思上

塞拉片　凶兆和怪事如此频繁，人们都已经习以为常。我们富饶的尼罗河不定期泛滥，水势凶猛。湍急的洪水甚至连守堤的人都冲走了；人和牲畜都待在比水位更高的树顶上。而后，洪水又穿过水藻迅猛退去，留下些大鱼在岸上喘气。搁浅的海豚用它们巨大的尾巴拍击着退浪。而它们身旁的海马在泥浆里翻滚，弄得泥浆四溅。

【爱里克萨斯从他们身后上

麦瑞思　天佑我们避过这些灾祸！

塞拉片　昨夜12点到今天凌晨1点，当我经过神庙的一条安静的走廊时，一阵旋风突起，“呼——呼”作响震动整个屋顶。周遭的门也被猛烈地拍击着。守护托勒密斯王朝祖坟的铁门倏地被吹开，死人都显灵啦！每一个墓碑前面都整齐地列着一个武装着的鬼魂，连小王都抬起了他不光彩的头。紧接着一阵呜咽，一个悲凉的声音响起：“埃及要完了！”吓得我毛骨悚然，腿脚打战，没看完这个恐怖的场景，我就吓得趴在了冰冷的过道上。

爱里克萨斯　你是在做梦吧？或是自己编排了这么个故事，来吓唬我们埃及的小孩们，让他们从小就害怕祭司？

塞拉片　我亲爱的大人，我没有看到您，也不知道您会听到这些话，但我所说的都是真的。

爱里克萨斯　你是吃祭祀的饭吃撑了，没有消化，才做这种愚蠢的梦吧。

塞拉片　我知道自己的职责，这种事不会再发生了。

爱里克萨斯　这种事不应该发生，更不应该在这种时候发生，即使是真的。从南边的山丘开始，都被罗马占据着，像暴风雨一样，随时都会在我们头顶爆发。

塞拉片　我们羸弱的埃及人表面上在为安东尼祈祷，奴性的心却早已认定奥达维这个主子了。

麦瑞思　那为什么安东尼还在梦中浪费光阴，而不再尝试着挽回在亚克定的损失？

爱里克萨斯　他认为这是无法挽回的。

塞拉片　但敌人似乎也没有加紧围攻。

爱里克萨斯　怪就怪在这里，恺撒的得力大将麦克纳斯和亚格力帕都是他的对头。被他赶出家门的妻子奥克塔维亚也在伺机报复。他的旧友杜拉贝拉因为一些私怨，现在也巴不得他早早毁灭。但是，为什么战争双方一点动静都没有，似乎都在睡觉！

塞拉片　这真是奇怪。过去的几天安东尼都没和克莉奥佩特拉见面，却待在爱西斯神庙这里，整日忧心忡忡。

爱里克萨斯　这倒是真的。我们很担心他希望通过不见面来治愈心中的情伤。

塞拉片　如果他败了，或是向罗马求和，埃及就只能成为罗马疆土的一部分了。我们的丰收必定用来救济他们的饥荒。如果安东尼站得稳的话，那我们的亚历山大城就能与骄傲的罗马齐头并进，而命运将会像巨大的克罗萨斯铜像一样，横跨两边，在这里也可以建立一个同样辽阔的帝国。

爱里克萨斯　我多么希望这些统治人类的暴君能够消亡——他们自相残杀；但是，我们力不从心，所以我们只得依靠一股力量，随着它生存或是消亡。

塞拉片　女王怎能受得了这种打击？

爱里克萨斯　哦，塞拉片，她依然深爱着这个失败的男人，她将自己和他的失败紧紧缠绕。如果她能放弃他，把他送到他猎人的手中，她就能拯救全国百姓。但是，这是不可能的。因此，我不得不改变我的策略和想法，用尽方法将他留在这座神庙里，但愿这样就能将他们分开。好了，现在你知道所有的真相了，再也不要提及什么凶兆。好好工作，安抚民心。

【温提狄阿斯和安东尼的一名侍从边说边上

塞拉片　这些罗马人会偷听我们的谈话。那个陌生人是谁？威风凛凛，气宇轩昂，仪表堂堂，样子真是不凡。

爱里克萨斯　哦，那是温提狄阿斯，我们国王镇守东方的大将，他是向罗马人证明帕西亚也可以被征服的第一人。当安东尼从叙利亚回来时，把他留下来镇守罗马的边疆。

塞拉片　您好像很了解他。

爱里克萨斯　再清楚不过了。当克莉奥佩特拉在西里西亚与安东尼会面的时候，我第一次看到他。他是我们埃及的死对头。虽然我恨他，但是，不得不承认他的优点：没有一个罗马人像他那样骁勇善战；忠诚的主将，但是是作为一个朋友，而非奴隶。他从不和安东尼一起寻欢作乐，但在安东尼冷静的时候，他能够主持大局，提供建议。总之，他是一个典型的罗马人：直爽，残暴，粗鲁。不知道他的到来会不会对我们不利。我们走开一点，好好观察他。我还要告诉你我来这里的目的，以及目前我们的工作。

【他们退到舞台的一角，温提狄阿斯和侍从来到舞台前面

温提狄阿斯　你说不要见他吗？我觉得我必须见到他。

侍从　他已经下令，任何人都不见，违者处死。

温提狄阿斯　我给他带来一些消息，会让他重振精神，充满活力。

侍从　他连克莉奥佩特拉都不见。

温提狄阿斯　要是他从来没见过她就好了！

侍从　他不吃不喝，不眠不休，什么事情都不做，只是一心想事情。如果要说话，他就对自己讲，叫喧着要向这个世界挑战，将它毁灭。有时候他紧咬嘴唇，大声咒骂奥达维这个小子，随后轻蔑地笑着，喊道："都拿走吧，这个世界才不值得我关心呢。"

温提狄阿斯　这就是他的脾气。总是遵从道德，但相对于他伟大的灵魂来讲，道德有时不免显得狭窄。于是他就不再遵从道德，而是掉进罪恶的深渊，违背本意，胡作非为。但当危险让他察觉出自己的错误时，他就会觉得罪恶，对自己的恶行百般责难，不肯原谅自己犯下了凡人才会犯的错。他其他方面确实也不是一个凡人——他不能这样毁了自己。

【爱里克萨斯和两个祭司上前

爱里克萨斯　你们已经领完命令，现在上前，大声宣布命令。

塞拉片　罗马人，埃及人，静听女王谕旨。克莉奥佩特拉命令：停止劳作，举行仪式欢庆世界的主人的诞辰，安东尼的生日。愿安东尼和克莉奥佩特拉长存！愿上天能听到我们的祈祷！每个公共场合一律同声欢庆。

温提狄阿斯　好漂亮的话！

塞拉片　把你们戴着桂冠的祖先的画像挂在门前。柱子上缠满桂枝，路上撒满花瓣。让祭司立马来祭祀，倒满美酒，邀请众神与你们同乐。

温提狄阿斯　诅咒这张宣读命令的嘴！安东尼处于危险当中，他们却在庆祝，怎可能是安东尼的朋友？可耻的罗马人，把你们祖先的图像都藏起来吧，免得他们看到这群不肖子孙，脸都气红了。

爱里克萨斯　我们对安东尼的爱是无可估量的，所以今天应该庆祝，天神都在为他工作，每个吉祥之星都在为他闪耀，庇护他、保佑他。我们的女王连自己的生日都只是像平日一样对待，让它悄无声息地过去。

温提狄阿斯　希望他俩的生日隔得极远，越远越好，这样他毁灭的就会是别的王子，而不是我们的安东尼！

爱里克萨斯　尽管你们的陛下变得不仁，他仍然会温柔地对待我们的女王，不会因为她太爱他而责备她。

温提狄阿斯　不会说话的祭品会责备祭司吗？它知道他不会是它的刽子手。天啊，她用自己的爱来装饰他的毁灭，让他用金色的冠带来掩饰屠杀，让毁灭变得可爱：她让他远离曾经的自己。我告诉你，阉人，她使得他没有了男子气概。现在哪个罗马人看见他时还能认出他来？从前他是半个世界的主人，现在变成了一个女人的玩物。失去了曾经的荣耀，蜷缩在世界的一个小角落里。哦，安东尼！勇敢的战士，称职的朋友！如天地般宽宏大量，你就是第二个造物主！只要你能创造新世界，你就能将它们毁灭。打仗的时候像罗马的祖先那么勇敢，取得胜利以后却比守在家中的贞洁女还要可怜！

爱里克萨斯　除了这些美德外，希望你还能加上一条：他对深爱他的女王始终忠诚。

温提狄阿斯　我希望自己不会加上这一条！我为什么要和你浪费我宝贵的时间！你是克莉奥佩特拉的心腹和得力助手，是使安东尼走上这条路的人。滚去告诉你的女王，温提狄阿斯来了，来结束她对安东尼的诱惑。你们埃及人去打你们的小鼓去，不要把女音混到我们罗马人的号角中。你们要是不敢为安东尼打仗，那就滚回你们的庙宇去，在那里祷告，过你们的懦夫节。

（爱里克萨斯和塞拉片下）

【安东尼的侍从再次上

侍从2　陛下驾到，闲人离开，凡仍在此逗留者处死。

侍从1　我可不敢违背他。

【与另一侍从下

温提狄阿斯　我敢。不过我要先偷偷观察一下他，摸摸他的脾气。剩下的就只能靠运气了。

【温提狄阿斯退后，安东尼上，神情不安

安东尼　他们告诉我今天是我的生日，那我将要用双倍的悲哀来纪念它。给我生命的这一天值得我这么做。为什么我要像流星一样高悬空中，发出光芒，直到火光散尽，迅速陨落，任由恺撒来践踏？

温提狄阿斯　（旁白）我用灵魂发誓，这很悲哀，真的很悲哀。

安东尼　现在算算你的成就吧，安东尼，难道你就是为这而生的？年轻时暴殄天物，年老了就只能挨饿。

温提狄阿斯　（旁白）悲哀使他备受打击，如今这暴风雨已将他从根拔起，使他倒在地上。（安东尼倒地）躺下吧，帝王的影子。你躺着的那块土地现在是你仅有的帝国：现在这块土地刚好容得下你，过些时日，当你变成了灰，装在一个小匣子里时，它会显得辽阔很多。那时，奥克塔维亚（克莉奥佩特拉是不会活着看见你这样的），那时你的一切都将为奥克塔维亚所有，然后这个寡妇会亲手把你带到恺撒面前；而恺撒这只鳄鱼则会假惺惺地流泪，看着自己在这个世界上的对手安静地躺在面前。我不敢想下去了。

安东尼　给我奏乐，要悲伤一些的，我要将自己的忧伤化为长吁短叹。——（音乐轻缓）这就合我的胃口了。等等，我幻想自己变得狂野了，变成这世上的一个平民，被全世界抛弃，也抛弃了全世界。住在茂密的森林里，伸开手脚躺在枯萎的橡树下，把头枕在长满青苔的树皮上，仿佛我也是从树皮上长出来的。我蓬乱的头发像一丛杂草，垂落在我苍白的脸上。一条淙淙汩汩的小溪从我脚下穿过。

温提狄阿斯　我感觉我也在那儿。

安东尼　山羊跳到我身边来喝水，当我看着它们的时候，它们并不害

怕，把我当成它们的一员。多来一些这样的幻想，多一些。它使我平静了许多。（轻音乐再次响起）

温提狄阿斯　我必须打断他，我再也受不了了。

【温提狄阿斯来到安东尼的面前

安东尼　（跳起）你是温提狄阿斯吗？

温提狄阿斯　你是安东尼吗？我还是我，但你已经不是我们分别时的你了。

安东尼　我很生气。

温提狄阿斯　我也是。

安东尼　我想一个人待一会儿，走开！

温提狄阿斯　陛下，我敬爱你，所以我不会离开你。

安东尼　不会离开我？你是从哪里学来这种回答的？我是谁？

温提狄阿斯　你是我的陛下，除了上帝以外我最爱的人。即使我说得过分了一点，也不能算错：你集美德于一身，是上帝的化身。

安东尼　我是罪恶的化身，那样你依然不愿离开我吗？

温提狄阿斯　我不敢保证说我不愿意，但我是真的不敢离开你。我大老远地赶来看你，你却一见面就这样责骂我。

安东尼　现在你已经看到我了，你满意了吗？如果是我的朋友，你已经看够了吧；如果是我的敌人，那你看得太多了吧。

温提狄阿斯　看，陛下，这不是普通的眼泪。（哭）我都四十年没哭过了，但现在我哭得像个娘们儿。我实在是情不自禁。

安东尼　我的天，他哭了！可怜的好老人，他哭了！豆大的泪珠从他爬满皱纹的脸上一颗颗地滚落。

——不要哭了，温提狄阿斯，不然我会愧疚死的。我的耻辱使你流泪，你的眼泪又让我觉得羞愧。

温提狄阿斯　我会尽力不哭。

安东尼　朋友的眼泪真的有传染性，瞧，我也哭了。相信我，我并不是因为悲伤才哭，而是因为你在哭。

——因为你在哭！

温提狄阿斯　陛下！

安东尼　陛下！为何这样称呼我？这是胜利时的称谓，打了胜仗的士兵，没有觉察到自己的伤口，才会这样称呼自己的将军。但我再也听不到这样的称呼了。

温提狄阿斯　我敢保证你能再听到。

安东尼　亚克定，亚克定！哦！——

温提狄阿斯　你老把它放在心上。

安东尼　这儿，它就在这儿，白天它就像一块铅，夜里就像梦魇，扰得我辗转难眠——

温提狄阿斯　把它赶出去，痛快一点。

安东尼　不要逼我说出我的耻辱。我输了一场战争——

温提狄阿斯　朱利阿斯也打过败仗。

安东尼　你是在安慰我，都没说出自己的想法；朱利阿斯一仗打到底，输得坦荡。但安东尼——

温提狄阿斯　继续说下去。

安东尼　安东尼——好，你让我说下去的——像懦夫一样逃走了，而他的将士们还在抗争。逃得最早，温提狄阿斯。你想诅咒我，我允许你这样做。我知道你来就是为了骂我。

温提狄阿斯　确实如此。

安东尼　那我帮你。

——我曾经是一个人，温提狄阿斯。

温提狄阿斯　是的，还是个很勇敢的人。但是——

安东尼　我知道你想说什么。但我失去了理智，轻而易举地玷污了将士们的名誉。在我全盛时期，我静坐着，任由别人打压。幸运之神对我的青春微笑，向它求婚，并在我壮年时让我穿上紫袍。当我刚刚当上王时，民心像潮水般朝我靠拢。我是国家的希望，人们都把我当成未来和平的保障。我是那么伟大，那么开心，那么受人爱戴，命运都不能将我摧毁。直到我自寻烦恼，和幸运之神作对，叫它滚开，并对它嗤之以鼻。即便如此，它还是去而复返。但我白天的毫不在乎和夜晚的穷奢极欲终于使它转身离开，一去不回。帮帮我，士兵，帮我诅咒这个疯子，这个自讨苦吃的傻瓜。请你帮忙诅咒我。

温提狄阿斯 不。

安东尼 为什么不？

温提狄阿斯 你已经明白了自己做过的事情，认识到了自己的失败。像一只蝎子，先被别人激怒，而后疯狂地寻求报复。我会带点药膏，洒在你的伤口上，治愈你心里的痛苦，重拾你的好运。

安东尼 我知道你会这样做。

温提狄阿斯 我确实会。

安东尼 哈哈哈哈！

温提狄阿斯 你笑了。

安东尼 对，我笑了。我看到好管闲事的爱情把甘露给死人喝。

温提狄阿斯 那么，你愿意这样吗？

安东尼 我愿意。

温提狄阿斯 我说你不应该这样。试试你的运气。

安东尼 我已经尽最大的努力试过了。你认为我会没有理由地深感绝望吗？不，当我发现一切无可救药的时候，我就让自己与世隔绝，对这个世界不屑一顾。现在我正由衷地做着这件事情，我认为它不值得拥有。

温提狄阿斯 恺撒不这么想，他会因为得到了自己原本得不到的东西而感谢你。你会像杜丽那样被处死，是吗？伸出你的脖子来，老老实实让恺撒砍断。

安东尼 不，我会杀死自己，我已下定决心。

温提狄阿斯 如果时间到了，我会和你一起去死。但现在命运召唤我们活下去，去战斗，去征服。

安东尼 你一定是在做梦，温提狄阿斯。

温提狄阿斯 不，是你在做梦。你在懒散中睡掉了自己的时间，还误称其为哲学。起来，为了荣誉。十二支军团在等着你，盼你做主帅。我带领他们经历千辛万苦，忍受高温和饥饿，从帕西亚开到尼罗河。看看他们晒伤的脸，满是伤疤的面颊和开裂的手，这对你有好处。这真是一种美德。他们愿意出卖残废的身体，但你买不起那样整齐的军队。

安东尼　你让他们安顿在哪里？

温提狄阿斯　我说过，在小叙利亚。

安东尼　把他们带到这里也许是条活路。

温提狄阿斯　他们不会来。

安东尼　为什么你给了我希望又让我失望，使我更加绝望？他们要造反吗？

温提狄阿斯　他们无比坚毅和忠诚。

安东尼　那为什么不愿前来救我？哦，戏弄我。

温提狄阿斯　他们希望你能尽快赶去带领他们。

安东尼　我被包围了。

温提狄阿斯　只有一条路被阻断了，想想我是怎样到达这里的？

安东尼　我不会动。

温提狄阿斯　他们也许想得到一个好一点的理由。

安东尼　没有一个战士能询问我行动的理由。他们为何拒绝前行？

温提狄阿斯　他们说不愿为克莉奥佩特拉打仗。

安东尼　他们说什么？

温提狄阿斯　他们说不愿为克莉奥佩特拉打仗。为何他们要打仗，让她当王，而让你成为奴隶？帮你得到王国，然后你会因为一个吻，就在午夜的盛宴上把王国交给她？而后她会重新给新珠宝命名，她会叫她的项链为某某国的贡品，每个耳环也会被取个新征服的省的名字。

安东尼　温提狄阿斯，我允许你指责我所有其他的过错，但是，如果你想活命，就绝不要说克莉奥佩特拉一个字，我所能失去的所有东西都抵不上她。

温提狄阿斯　看吧，神们，你们把人类交到了怎样的一个人手里！把欧洲、非洲、亚洲放在天平上，都比不过一个卑贱女子的重量。我想天神们都跟安东尼一样浪荡吧，所以才会把这个世界交到了这个骄奢无度的人手中。

安东尼　你越来越猖狂了。

温提狄阿斯　我敬爱你，所以我有特权这样说。

安东尼　敬爱？！那是傲慢，是无礼！你们是一群懦夫；而你是个妒忌我的叛徒，表面看起来忠诚，实则是为了来这里作威作福。如果你和我平等，武力和第一个恺撒一样强大，那我一定会杀了你，而不用担心玷污了我的名声。

温提狄阿斯　你杀死我好了，你已经做得很过分了——叫我叛徒。

安东尼　难道你不是一个叛徒？

温提狄阿斯　就因为我做了别人不敢做的事情，揭示了你是什么样的人？如果我真是那样的人，我就没有必要来找晦气的你，和你共患难，同生死。有什么能阻止我将我的常胜鹰部队送到奥达维的手中？那时我才算一个叛徒，一个光荣开心的叛徒——还没有人敢这样称呼我。

安东尼　原谅我，战士。我太冲动了。

温提狄阿斯　你把我想错了，认为我这把老骨头会背叛你。杀了我吧，陛下，但你没有必要这么做了，你的无情比你的刀剑都要残忍。

安东尼　我没有这么想，我是因为愤怒才说了刚才的话。请你原谅我。你为何要说我不愿听到的话来激怒我？

温提狄阿斯　除了你，没有哪个王值得我这么忠心，也没有人敢像我这样冒险。在你被爱情蒙蔽双眼之前，你是人类最好的领袖，值得骄傲和夸耀。那么完美，连塑造你的天神们都要怀疑自己的技艺，并且赞叹着——好运弥补了我们设计上的缺陷。他们嫉妒心作怪，不然你一定会被设计得长生不死，当上帝要炫耀自己的手艺时，只需要照你的样子做一个就可以了。

安东尼　但克莉奥佩特拉——你接着说吧，趁我现在还能听下去。

温提狄阿斯　没了。

安东尼　你不敢相信我的情绪，但你可以相信。只有你真的爱我，其他人都是在恭维我。

温提狄阿斯　上帝保佑你说了那样的话。我可以相信你爱我吗？请你再说一次。

安东尼　我真的爱你。说吧，说吧，说吧。（拥抱他）你的夸赞并不公正，但我该得到这样的称赞，我要弥补一切。和我一起做你想让我做的事情吧，把我引向胜利！你认识路的。

温提狄阿斯　你愿意离开这个——

安东尼　请不要诅咒她好吗，我会离开她的。尽管天神都知道我爱她胜过爱我自己的生命以及我征服的土地和帝国，除了光荣以外，但我仍将离开她。

温提狄阿斯　这才是我的主人。那么我们要打仗吗？

安东尼　我保证，老战士。你将再次看到我身披铁甲，带领我们的打败过帕西亚的老部队大声呼喊——来吧，跟着我！

温提狄阿斯　哦，现在我听到了陛下的召唤！这些话已经让奥达维失败了。天神们，让我看到那一天，如果我还能再活十年，我愿拿它们来换这一天。我会感激你们做了这样的交换。

安东尼　哦，克莉奥佩特拉！

温提狄阿斯　你又来了？

安东尼　已经完了。在我的最后一声叹息中她走了。恺撒应该知道，一个人被迫离开自己的爱人后会做出什么样的事情。

温提狄阿斯　在我看来，你的另一个灵魂在召唤你：你看起来神采奕奕，说话像个英雄，行动像天神。

安东尼　你点着了我心头的火，我的灵魂已经武装起来，我全身都充满勇气。再来一次，那种作战的欲望抓住了我，这种欲望曾引领我冲上卡歇斯的阵营：陡峭的山峰挡不住我的去路，尽管战戟在头顶咔咔作响，箭头插满我的盾牌，我还是占领了敌人的战壕，那时我的前锋们还只杀到山下的平原。

温提狄阿斯　天神啊，天神，再来一次这样的光荣吧！

安东尼　来吧，我的战士！我们的壮志铁臂还和从前一样，我再次盼望遇到我们的敌人。你和我就像时间和死亡，走在我们的部队前面，让敌人尝尝命运的滋味，从他们中间杀出一条血路，杀得他们的先头部队投降，然后我们在那里收获胜利的果实。（下）

第二幕

【克莉奥佩特拉、伊拉斯和爱里克萨斯上

克莉奥佩特拉　我该怎么做？我该去哪里？温提狄阿斯说服了他，他要离开了。

爱里克萨斯　他为你去打仗。

克莉奥佩特拉　那他离开前应该来看我呀。不要再骗我了，他一旦离开，我就会失去他，我所有的希望就都破灭了。

爱里克萨斯　这个感情脆弱的人就是我们无所不能的女王吗？

克莉奥佩特拉　我不是女王，这样还不是女王吗？被盛气凌人的罗马人包围，每时每刻都在等待胜利者的枷锁？这些都还是小事。安东尼离开了，除了他我还能哀悼什么呢？来吧，奥达维，我没有什么可以再失去了。准备好你的绳索，此时我应当做一名俘虏。安东尼让我知道了做奴隶的命运。

伊拉斯　让理智来帮帮你。

克莉奥佩特拉　我已经没有了理智，以后也不会有。我爱得发疯，为了爱，疯狂也是值得的。假惺惺的悲伤只适合庸俗的爱情，庸俗的人。但我的爱超越了一切，一开始就没了理智，现在我已完完全全迷失了。不，我为此自豪，多么希望安东尼此刻能见到我。你以为他不会叹气吗？尽管他必须离开我，但我敢肯定他一定会叹气。他天生高贵，性情温和，我很了解他。啊，不，我不了解他，我只了解过去的他，但一切都过去了。

伊拉斯　你也不要再耿耿于怀了。忘了他吧，夫人。

克莉奥佩特拉　不，绝不，伊拉斯。他曾经属于我，尽管一切都过去了，但我曾经拥有他的场景依然存在。

爱里克萨斯　就当他是个朝三暮四、冷酷无情、忘恩负义的人吧。

克莉奥佩特拉　我做不到，如果我可以，这些想法也都是徒劳的。尽管他朝三暮四、冷酷无情、忘恩负义，我依然爱他。（卡密恩上）现在又有什么消息，我的卡密恩？他会不会发发善心，不再把我抛下？我是该活下去还是死去？——不，现在我是活着，还是死了？当他给你答复的时候，命运就决定了我的生死。

卡密恩　我找到他了，夫人——

克莉奥佩特拉　准备了长篇大论？如果你带来了安慰，那就赶紧给我，我不奢望别的。

伊拉斯　我知道他爱你。

克莉奥佩特拉　如果他发善心的话，在他开口之前，他的眼睛就已经告诉了我。但现在他试着把他的话变得委婉一些。如果他让我死，那就让我去死吧，卡密恩，不要再掩饰了，直接告诉我，他说什么了。

卡密恩　我看见他被他的铁军包围，他的战士们默不作声，面无表情地站在那里。他用威严的眼光一扫，就能看出所有将领的希望或担心。我看得出他已下定决心，但似乎并不开心。当看到我在人群中挤来挤去的时候，他脸都红了，下令他们让路。

爱里克萨斯　这才叫人欣慰。

卡密恩　温提狄阿斯严厉地盯着我看，他皱着眉，似乎是让我回去，还很不高兴地给我让路。我把你告诉我的话说了一遍，杂乱无章。我把你的叹息和眼泪都告诉了他，当我向他提出你可怜的请求，请求再见一面时，他内心在呻吟。每次我提到你的时候，他就会叹气，像心碎了一样。但总是躲避着我的眼睛，愧疚地低下头。此时他看起来不像那个威风凛凛、一点头就震慑全军的安东尼。他做出要擦眼睛的样子，遮住脸，趁机擦掉了一滴将要流出的泪。

克莉奥佩特拉　他真的哭了吗？我还值得他哭吗？如果你接下来要说的话会让人不开心，那就不要再说了。就让我心满意足地去死吧。

卡密恩　他对我说——他太了解自己了，见了你，就无法拒绝你的任何请求。因此——

克莉奥佩特拉　你是说他不愿见到我？

卡密恩　因此，他恳求你不要动用自己的权力，这会让他无力反抗，他会像他所应该的那样永远敬爱你。

克莉奥佩特拉　这是安东尼对克莉奥佩特拉用的词吗？多么软弱无力的词：敬爱！我鄙视这个词，鄙视我自己爱上一个敬爱我的人。他应该把这个词用在冷酷的奥克塔维亚身上。敬爱是给妻子的。我不是他的妻子。我是那种愚蠢到自己没有欲望就没有能力给别人欲望的人吗？

爱里克萨斯　爱情蒙蔽了你的双眼，使你判断失误。就像直的东西放在水里看起来就变弯曲了。但我仍然拥有理智，能够看清楚安东尼跟你，这个可怕的男人，就像吓坏了的奴隶，想避开他的主人逃走。我以生命作保证，如果你追他，他一定会拖着一条链子，这是为了防止他跑掉。

克莉奥佩特拉　我可以相信你吗？

爱里克萨斯　在任何环境下我都看得出来他爱你。他确实一心为了利益和名誉，但他多疑，谈判商量的时候还在寻求援助。

克莉奥佩特拉　他发话了，他害怕见到我。

爱里克萨斯 你想让他怎么办？他显示出了自己的弱点：害怕打仗，你要紧紧抓住机会。难道他说得还不够直白吗？我听出了他的画外音——“来救我吧，克莉奥佩特拉，来呀。来帮我从温提狄阿斯那里解救出来；来看看我，给我一个离开他的理由”。我听到了他的号角声。他一定会经过此地。求求你先退避一会儿，让我先劝劝他，那样他会更容易听从。

克莉奥佩特拉 我听你的。但我害怕一切都没用。

【同卡密恩、伊拉斯下

爱里克萨斯 我也担心会这样。尽管我隐藏了自己的想法，好让她勇敢一些，但是，这是我们最后一条路了，命运保佑我成功！（退下）

【仪仗队上，其中一人拿着鹰旗。接着安东尼和温提狄阿斯上，其他将领随后

安东尼 奥达维是个瞎碰运气的人，什么本领都没有。

温提狄阿斯 他没有勇气吗？

安东尼 只能说他不是个懦夫而已。哦，这是个最冷血的青年，打起仗来顾虑最多！如果他冒险（听说他在伊利亚时曾冒险攻打一座城市），这是因为他别无选择。那时全世界都盯着他看，他靠那次冒险活了七年。但是，如果是暗中报复的话，他一定不会失败。

温提狄阿斯 我听说你向他挑战过。

安东尼 对，温提狄阿斯。你知道他是怎样答复我的吗？他回答得太没骨气了！他说，他有很多种死的方法，可是我没有。

温提狄阿斯 没用的人！

安东尼 他有很多种死的方法，但他宁愿选择其他死法，也不愿决斗。

温提狄阿斯 他首先应该选择得疟疾或发高烧而死。

安东尼 不，应该是疟疾，不是发高烧，他是个冷血的人，不会因发高烧而死去。

温提狄阿斯　或是老死在床上。

安东尼　对，这才是他的选择。他应该像灯一样活到油尽，慢慢地爬到生命的尽头。哦，海格力斯！一个人不愿为伟大的事业冒生命危险，为什么能得到上天的垂怜？为什么他应该统治八万人，而这些人比他都要勇敢？

温提狄阿斯　你为他征服了这个世界。菲利比之战就是证明：你用刀剑打天下，却和他平分战果。

安东尼　我真是个傻瓜，我把这只小鸟养在自己的翅膀上，当我累了休息时，他就乘机爬到我的头上。好老天爷，这就是——这就是那个轻视我、让我让位的人吗？驱赶我，把我追到世界的边缘，然后像扫垃圾一样把我除掉。

温提狄阿斯　陛下，我们没有时间了，军队都上马了。

安东尼　那就下令前进。我迫不及待地要离开这座牢笼般的城市，去召集你的军团。然后在开阔的地方再次显露身手。带路吧，我的救星。

【爱里克萨斯上

爱里克萨斯　伟大的陛下，威武雄壮，情深义重，离别前克莉奥佩特拉有话送给您。

温提狄阿斯　油嘴滑舌的东西！

爱里克萨斯　一千个祝福，一万次祈祷，千百万声祝福，盼你凯旋。她还送你千百万声叹息，千百万颗眼泪，千百万次拥抱，千百万个吻别，只怕这些你已厌倦了。

温提狄阿斯　（旁白）假情假意！

爱里克萨斯　她现在不祈求你能留下来，她不敢这样希望，她现在运气不好，你也不再深爱她。她只有在最美，而你能给她更多恩宠的时候才敢怀这种希望。

温提狄阿斯　（旁白）我一定要拿出男子的气概来。

——女王想要什么？

爱里克萨斯　首先，有这么多尊贵的战士陪你勇敢地去追名逐利——这对她那样喜爱安定的人来讲太危险了——她将自己的关心和挂念都交给战士们，希望他们照顾好你。

温提狄阿斯　对啊，亚克定之战就证明了。

安东尼　让他讲下去，温提狄阿斯。

爱里克萨斯　你们，当陛下奋勇杀敌，不顾一切往前冲时，请你们倒在他脚下，就像她一样，阻止他踏上死路。告诉他，这个天神也不是刀枪不入。克莉奥佩特拉虽未前来送行，但她会和你一起受伤。她请求你们戴上这些小玩意儿，这样你们就能记住她的请求。当你们归来的时候，她会用（把珠宝分给众将领）埃及所有的珍宝来换回这些小玩意儿。这个是给伟大的温提狄阿斯的，她永远都不会把你算作敌人，因为你们爱着同一个人。

温提狄阿斯　告诉她，我不需要。贫穷并不让我觉得可耻，所有的珍宝都无法动摇我温提狄阿斯的信念。我希望看到这些珠宝和她剩余的珠宝都摆在正确的地方。

安东尼　那么谁才应该戴这些珠宝呢？

温提狄阿斯　可怜的奥克塔维亚。

安东尼　你应该收起这些字眼。

温提狄阿斯　她也可以收起她的贿赂。

安东尼　难道我不应该有些纪念品吗？

爱里克萨斯　当然可以，一件亲切的纪念品。你俘虏了我们的女王——

安东尼　我的情人。

爱里克萨斯　你的情人。你的情人说要把自己的灵魂送给你，但你在很久以前就拥有了它。她谦卑地请求你收下这只红玉手镯，用流血的心做成的，这是她的象征，希望能戴在你的胳膊上。（献手镯）

温提狄阿斯　现在，我尊贵的陛下——我以荣誉的名义请求你，为了你的人格，为了你自身的安全——不要碰这些有毒的礼物，它们已被送礼者染上了病毒。不要碰它们。它们带着最下流的病毒，比被乌头草浸泡过的丝绸还要毒。

安东尼　不，你现在变得太犀利了，温提狄阿斯。一位女士相赠的礼物戴起来应该很光荣。为什么要拒绝她的手镯！我以我的灵魂保证，当我独自躺在营帐里相思时，这只手镯能帮我度过难眠的冬夜。数数我胳膊上的小珠子，就像数着一次次温柔的拥抱，一个个温情的亲吻，她狂热的爱时时都在。这有什么害处呢？

爱里克萨斯　没有，一点危害都没有，我的陛下。但对她来讲，一切都过去了。

安东尼　（欲将手镯系紧）我们战士都太粗鲁——帮我系紧它。

爱里克萨斯　说实话，我们朝臣做这些事情也太粗鲁，所有的男人都是这样的。我也这样，虽然我已不算个男人。但我可以说吗？

安东尼　当然，你尽管说。

爱里克萨斯　那么，陛下，只有女人的手来帮你戴才合适，送手镯的女王是最合适的。

温提狄阿斯　该死！这阉人是要毁了你。你不会见她吧？

【爱里克萨斯对一个侍从低语，侍从下

安东尼　只是去跟她道别。

温提狄阿斯　我想把一个黑人洗白。你在自投罗网，自取灭亡，她的眼睛像恺撒一样，会将你毁灭。

安东尼　你担心得太早了。我对自己的决定始终如一，我相信自己的力量。我不应该让她觉得我像个野蛮的非洲人。我是罗马人，在人性的统治下长大。一个客人受到主人善意的款待，离别的时候总该道声谢吧。

温提狄阿斯　你不知道自己在她面前是多么的软弱，像个婴儿，你抵不住她的一颦一笑，一声叹息就足以让你解除武装。

安东尼　瞧，她来了。现在你会发现自己错了。

——神啊，我感谢你们。我把危险夸大了，此刻她每走进一步，危险就要小一些。

温提狄阿斯　一切都完了。

【克莉奥佩特拉、卡密恩、伊拉斯上

安东尼　夫人，我们又见面了。

克莉奥佩特拉　这是相会吗？然后，我们必须分开了？

安东尼　我们一定要分开。

克莉奥佩特拉　谁说我们一定要分开？

安东尼　我们各自的悲惨命运。

克莉奥佩特拉　我们的命运都是自己一手造成的。

安东尼　是的，是我们自己造成的。我们深爱着彼此，这让我们都走向毁灭。

克莉奥佩特拉　天神们用嫉妒的眼光看着我的欢乐。在天上，我没有朋友；在地上，人类都想着把我们分开，你也和他们一样，武装起来对付我。

安东尼　我为后代做的事情，日后会被证明是正确的，所以听我说吧。如果我混淆是非，随你怎么骂我。现在请你静静地听我说。

克莉奥佩特拉　既然你这样命令我，那我就不再吱声。

温提狄阿斯　我喜欢这样子，他显示出了自己的威严。

安东尼　全是因为你我才失败的。

克莉奥佩特拉　天啊！是我毁了你！

安东尼　你答应过我要保持沉默的，现在我还没开口，你却开口说话了。

克莉奥佩特拉　好吧，我听你的。

安东尼　我第一次见到你的时候，是在埃及。在恺撒还没见过你的眼睛之前，你把爱情给了我。但那时你懵懂无知。因为你，我让你的父亲坐上王位，我想时机成熟的时候，你会明白的。然而恺撒插足我们，贪婪的手不等果实成熟，就把青果摘下来了。他是我的主上，此外他还比我强大，我争不过他。但我先得到了你的心，尽管他先享有了你。后来，我在西里西亚看到你和罗马作对，我饶恕了你。

克莉奥佩特拉　我为自己辩解过——

安东尼　你又开口说话了。我依然爱着你，接受了你的蹩脚理由，将你拥入怀抱，尽管你已被恺撒玷污，有一半不属于我。我和你一起到埃及，对世事不闻不问，对国家大事也不予理睬，整日整日地和你待在一起。

温提狄阿斯　（旁白）是的，真让人难以启齿。

安东尼　在你脚边跳舞时度过的日日夜夜见证了我有多爱你，你所做的一切都是在消耗我的热情。时间悄然而逝，除了我的爱，你什么都看不到。又是一天，还是只有爱情。太阳都看累了，但我从未感觉厌倦。我每天见你，整天和你在一起，每天都一样，但每天都感觉新鲜，渴望多看看你。

温提狄阿斯　这些都是真的。

安东尼　这让我的妻子福尔维亚心生嫉妒，（她有理由这样做）在意大利发动战争，好让我回去。

温提狄阿斯　但你并未回去。

安东尼　当我躺在你的臂弯时，这个世界一刻不歇地从我的手中溜走，而我什么都没抓住——为此，我要感谢你的爱情。

温提狄阿斯　说得好，终于说到家了。

克莉奥佩特拉　我可以说话了吗？

安东尼　如果我说了一句假话，你可以开口；如果没有，那就不要。你的沉默告诉我，我所说的都是真的。福尔维亚死了。（天神们原谅我，她是因为我的无情才死的）为了维持世界和平，我娶了奥克塔维亚，恺撒的妹妹。在她年轻貌美的时候，我娶了她。我赞美她时都会觉得脸红，因为我抛弃了她。你在召唤我，我的爱服从这致命的召唤。这样做引来了罗马的军队，都是你的错。我本该打陆战的，因为我擅长陆战，你阻止了我。当我打海战的时候，你却丢下我，自己逃走了。（这是我名誉的污点，一生的耻辱）我竟然不知道自己当了逃兵，我以为只是跟着你走。

温提狄阿斯　那时她正急急忙忙地升起自己的紫帆，逃跑都要讲究排场，竟带走了我们一半的兵力。

安东尼　这都是你的错。你还想接着摧毁我吗？这个忠实的人，我唯一的好朋友，召集了十二支军队，这是我最后的机会。现在你已经看到了，还死死地盯着他们看。如果有什么想说的，那就说吧，你现在自由了。

爱里克萨斯　（旁白）她站在那里不知所措，眼里满是绝望。

温提狄阿斯　现在叹口气吧，挡住他的去路。准备一滴眼泪，用它来换取安东尼的军队。他们好像可以用来买卖。

克莉奥佩特拉　我的判官，当你严厉谴责我时，我该怎样为自己辩解？难道我要用你对我的爱来为自己辩护？现在你已经不再爱我，还想着摧毁我。爱情一旦过去，最好忘记它。不要让它发酸，变恨。如果毁灭我能让陛下高兴，我宁愿承认自己是有罪的。但是，我以前哪会想到这样做能让你高兴？你用犀利的眼睛搜寻我的错误，如此残忍地想要置我于死地，细细数落一切，想要把我归为罪人。说吧，主上，我只讲到这里。虽然我是罪有应得，是不是该你给我处罚？

安东尼　不，你误会我了。你以为我是在为离开寻找借口，为了给自己开脱，就把所有的过错都推给你吗？

克莉奥佩特拉　如果不是这样，那我低头致谢。如果我的无知并不碍事，那我就毫不羞愧地承认这一点。

温提狄阿斯　从此以后，我想她不会为任何事情感到羞愧了。

克莉奥佩特拉　你看起来很伤感（这表明你还是善良的），因为恺撒先占有了我的身体，尽管你更应当拥有它。我为此感到抱歉，我的主上，我比你更难过。如果我一开始就是你的，我就不用做第二次选择。我永远都不可能是他的，我永远都是你的。但你说恺撒先占有了我的爱。不是这样的，主上，他是第一个拥有我身体的人，而你是第一个得到我爱情的人。恺撒爱我，可我只爱安东尼。如果说我之后还是服从了他，是因为我觉得对王霸天下的人应该这样。我抑制自己，像对待一个暴君一样，他强迫我做什么我就做什么。

温提狄阿斯　妖精！妖精！就算她所吹嘘的爱情是真的，她不还是毁了你吗？我请求你记住这致命的后果。

克莉奥佩特拉　后果确实——我敢于向我最大的敌人宣战，如果他说这一切都是我策划的。我是真的爱你，我让你远离不安分的妻子——福尔维亚也是如此。是的，他会说，你为了我离开了奥克塔维亚，你为了一无是处的我放弃了自己的丰功伟业，却为何要责怪我接受了你的爱情？我时常想出现另一个恺撒，像第一个那么伟大，像第二个那么年轻，来向我求爱，为了你，我一定会拒绝他。

温提狄阿斯　不错，不错，但亚克定呢，陛下，想想亚克定。

克莉奥佩特拉　即使说起那场战争，我也不怕他的攻击。不错，是我让你打海战的，但我没有背叛你。我是逃走了，但没有投奔敌人。我很害怕。如果我是个男人，我就用不着害怕了！那些嫉妒你爱我的人不会嫉妒我们的友谊。

安东尼　我们都不开心。如果不是其他的事情使得我们分开，那一定是我们的坏运气。说吧，你是不是想留我在这儿，继续毁灭下去？

克莉奥佩特拉　如果你是在征求朋友的意见的话，那就离开；但如果你是问一个爱人，那请留下。即使你要毁灭——这个词真的说不出口，也还是请你留下来吧。

温提狄阿斯　这就是她吹嘘爱情的后果！她拼命地想要拽住你，陪她一起毁灭。但如果离开你，她也能逃亡的话，她一定会松手，急忙上岸，绝不回头！

克莉奥佩特拉　那就先看看这个，再来评判我的爱。（递给安东尼一封信）如果我不能和你同生死，共患难，这不是很好的方法吗？

安东尼　赫拉克勒斯在上，这是奥达维的笔迹！我认识他的字迹。这就是出自那只魔掌，尽管年轻，但在杀人方面已将我远远抛下——快来看，温提狄阿斯，他把埃及和整个叙利亚都送给她当礼物，只愿她离开我，投奔他。

克莉奥佩特拉　即便这样，你还是要离开我！你离开了我，安东尼，而我依然爱着你，我真的爱你。我已经拒绝了一个国王，这只是件小事。我可以不要生命，不顾一切，只愿和你在一起。天哪，没有你，我宁愿死去！这个请求很难实现吗？

安东尼　比和你在一起要容易一些，这是上天唯一能做的。

爱里克萨斯　（旁白）他动摇了，我们赢了。

克莉奥佩特拉　不，你应该离开。你的事业在召唤你离开。是的，你心爱的事业是如此有吸引力，以至于我柔弱的臂膀挽留不住你。（拉着他的手）走吧，离开我，战士（因为你已不再是我的爱人）。让我死吧，把我推离你的怀抱，不管我是否脸色苍白，心惊肉跳。当你们出发的时候，就让一个人气喘吁吁地跟在后面喊，“她死了”。士兵们则会欢呼，你可能会叹口气，表现出你们罗马人惯有的严肃。一旦温提狄阿斯责备一声，你就立即舒展眉头，就像世上没出现过我这个人似的。

安东尼　天啊，你说得太过分了，我受不了了。

克莉奥佩特拉　那我该怎么办？我只是一个被爱人抛弃的弱女子。

——让我再吸最后一口气。此刻谁都不要再嫉妒我在你的怀里。我很快就会死去，越快越好，以结束你的烦恼。

安东尼　死！我宁愿让我消亡。让我把天柱打断，把天压塌，来压碎这个世界！我的眼睛，我的灵魂，我所有的一切！（拥抱她）

温提狄阿斯　这玩意儿能跟你的命运、荣誉和名声相提并论吗？

安东尼　你说什么，温提狄阿斯？——她比它们都重要。我们现在不仅战胜了恺撒，我的女王是清白的，并深爱着我。这就是拖我走向毁灭的人！"但如果离开我，她依旧能够逃亡的话，她一定会松手，急忙上岸，绝不回头！"跪下来，求这被你冤枉的人饶恕你。

温提狄阿斯　我宁愿死也不下跪。你走不走？

安东尼　走！去哪儿？让我远离正义吗？信仰、名誉、美德，一切美好事物都不许我离开她，离开这个把我的爱看得比国王都要重要！天神啊，把这个地球给你的恺撒小儿玩吧；把这个没用的世界贱卖给他吧。除了克莉奥佩特拉，什么都不会让我开心。

克莉奥佩特拉　她整个都是你的。我内心满是欢愉，真想在大庭广众之下做些出格的事情，来表达我的爱。这个愚蠢的、不懂柔情的世界会认为我疯了。

温提狄阿斯　哦，女人！女人！女人！所有天神行善的力量都没有你们作恶的力量大。（下）

安东尼　我们的人都已经武装好了——打开那正对着恺撒阵地的大门，我要报复他的阴谋。长久的忍耐让我们更容易取得胜利。我还没走就急着回来了，因为我所知道的所有快乐都在敲打着我的记忆之门。

——我多么盼望黑夜的降临！那时两颗相爱的心就可以重拾爱情的甜蜜。就算死也要赢一次恺撒。（下）

第三幕

【克莉奥佩特拉、卡密恩、伊拉斯、爱里克萨斯和一列埃及侍从从一个门进；安东尼和罗马侍从从另一个门进。两边入口处都备好音乐，安东尼这边先响起喇叭声，克莉奥佩特拉那边以鼓声等回应。卡密恩和伊拉斯拿着一顶桂冠站在他们中间。埃及人跳一支舞。仪式完毕后，克莉奥佩特拉为安东尼加冕

安东尼　作战时我在想这两只雪白的手臂将怎样把我紧紧拥入怀中，使我在爱情中融化。沉浸在这甜蜜的幻想中，我勇往直前，我全力杀敌。

克莉奥佩特拉　来吧，到我这儿来，我的战士，来到我的怀抱！你离开我的怀抱已经太久了。当我再次紧抱你，再次独占你时，我要用破碎的软语、柔情的叹息诉说你的残忍。我要罚你，我要用热吻在你脸上烙满红印。

安东尼　我的爱人，你比维纳斯更美！

克莉奥佩特拉　我的英雄，你比马尔斯还要伟大！

安东尼　你使我们搭配得天衣无缝，我的爱人！假如我来自费力格林草原，那儿的巨人被我的剑砍倒，山顶被我削平，来掩埋那些尸体。迎接我吧，我的女神！让恺撒像富尔肯一样撒下他的密网吧。只要能躺在你的怀里，天地看了都会羡慕，它们以为只有它们才可以拥抱。让那些把我们分开的人脸红。我要一往情深地爱下去，不管他们皱起的眉头，因为我们都是超凡脱俗的神。爱你永无止境。享有了你，你还像个新人儿一样，永恒的春天就藏在你的怀抱，成熟的果子刚落下，花儿就开始盛开，来填满空位。我给你的爱越多，我的爱就越丰裕。

【温提狄阿斯上，站在旁边

爱里克萨斯　呵呵，现在危险已经过去，你的将军来了！他不和你们一起欢乐，也对你们的胜利不理不睬，只是皱着眉头，板着面孔，像是在嫉妒你的成功。

安东尼　现在，我以我的灵魂起誓，他是爱我的，是真的爱我。我做了坏事他从不奉承我，只是用他的美德感化我，即使是现在，我都认为他有权利责备我。我们进庙里面去吧，我要避免和他碰面，他逼我逼得太紧。

【所有人下，安东尼正要离开时，温提狄阿斯拉住了他的长袍

温提狄阿斯　陛下！

安东尼　（回头看）又是这一套，我求你免了吧。

温提狄阿斯　就听这一次，陛下。

安东尼　放开我的长袍，不然，我以天神海格力斯的名义起誓——

温提狄阿斯　我以海格力斯父亲的名义起誓，这样更权威一些。我带来了一些消息，也许你会想知道。

安东尼　你知道我们被监视了，在这儿等我，我马上回来。

温提狄阿斯　尽管他对我的宠爱日渐消退，但我仍然爱他。我爱这个日渐毁灭的人，而且我敢肯定天神们也像我一样爱着他。他的美

德和他的罪行交织着，使得天神们只罚了他的过，没有赏他的功。

【安东尼上

安东尼　你看，没有你的帮助，我们依然能胜利。我们把对方打得落花流水，隔得老远看见我们，他们就像从狮爪中逃脱的野狗，在远处吠叫。一面舔着伤口，一面虚弱地喊着要接着打。五千个罗马士兵，面朝上死在了平原上。

温提狄阿斯　这很好，但是，他们能丧失五千兵力，还会有另外的一万兵力。你可以趁着这个机会，在恺撒还没有多大胜算的时候，跟他讲和。

安东尼　哼，想都不要想，温提狄阿斯！那小子想让我毁灭，他不会跟我讲和的。他正暗藏祸心，考虑怎样才能获得更大的优势。他是世上最冷血的杀手，杀人不眨眼，面色丝毫不改。

温提狄阿斯　在他的军队中，有没有你的朋友可以劝动他？麦格纳斯或者亚格力帕，他们也许能帮上忙。

安东尼　他们和恺撒是一伙的，我们要么用武力解决这个问题，要么就等着灭亡。

温提狄阿斯　我也许能找到其他人帮忙。

安东尼　谢谢你的厚爱。再打四五次这样的胜仗，就不劳你费神了。

温提狄阿斯　不要妄想了，恺撒正加紧防备。我知道，陛下，您总是以少胜多。但你是从一个小城获得补给，而且是从埃及人那里。而恺撒拥有整个世界，在他背后有无数个国家如潮水般涌入，想要填补你留下的空缺。再想想吧。

安东尼　为什么你不让我依靠自己，却要向外界寻求帮助？让我苦思冥想，在荒野上跑来跑去，只是为了找一个朋友？倒霉的人没有朋友。不，我还真有一个，他是罗马最英勇的一个青年，恺撒对他的宠爱胜过女人。他能改变他的决心，就像火能把蜡融化一样。他能把铁石般的恺撒融化，并把他塑造成自己想要的样子。

温提狄阿斯　这个人我倒是想见见，这个人就是我们寻遍世界想要找的人。

安东尼　他也爱我。我曾是他的灵魂，没有我他无法活下去，我们心有灵犀，毫无间隙。这么形容还不够贴切：我们相互融合，就像相遇的溪流。我们难分彼此，他就是我，我就是他。

温提狄阿斯　（旁白）他激动了，这正是我想要的。

安东尼　现在我都不需要说他的名字了——他就是杜拉贝拉。

温提狄阿斯　他现在就在恺撒的军营里。

安东尼　不管在哪儿，他都不再属于我。我不让他和克莉奥佩特拉见面，因为我怕他爱上她，这会让他不高兴。他承认对克莉奥佩特拉有好感，但因为我，他抑制了这种感情。两个人是如此的一致，真的是难能可贵，我们真不该爱上同一个人。后来他不辞而别，这就更加坚定了我的想法。

温提狄阿斯　这就说明他爱你胜过爱克莉奥佩特拉，否则他就会留下来。但他觉察出了你的妒忌心，而他又不想让他的朋友伤心，所以他走了。我想他现在也还是爱你的。

安东尼　那他早就该来见我了。

温提狄阿斯　说不定他一直都在努力为你讲和。

安东尼　他要是在这里该多好啊！

温提狄阿斯　你相信他爱你吗？我从你的眼中得到了答案，你相信。不要再隐瞒了。他派了一名使者从恺撒的军营里带了封信出来。

安东尼　我要见他。

温提狄阿斯　我马上带他来。

【温提狄阿斯下，旋即同杜拉贝拉上

安东尼　是他！正是他，神圣的友谊！（跑过去抱住他）你最终还是回来了，我的另一半！来，让我们合二为一！如果年轻的新郎在新婚之夜有我现在一半激动，那我就不要活了。

杜拉贝拉　我应该保持沉默，因为我的灵魂在做一个高尚的工作：它刚回到家，就像一个长期离家的人，在每个房间里徘徊，像个陌生人一样，想要确认是否安全。

安东尼　你见到的只是我的残骸。我比过去差了很多，此刻我正处于生命的低谷。曾经浇灌我并给我带来好运的河流现在要么干涸，要么改道。剩下的都是从我的内心流出来的，我还有一颗膨胀的心，敢于同命运对抗，要将我抬得和堤岸一样高。

杜拉贝拉　对我来讲，你仍然是这个世界的主人。

安东尼　那我就还是全世界的主宰，因为你就是全世界。如果你不在，而我还快乐得起来，我就会责备自己。我会觉得是我抢了你那一部分。但是，我的杜拉贝拉！你曾经见到过的我不是现在的我，那时，你是不是见过仆人在我的寝宫侍候我晨起？是不是见过东方的国王忘记晨拜太阳却来拜见我？他们在我的大殿里来回穿梭，在我面前鸦雀无声，留意我的眼色，我一声令下，便抢着去做，像赛跑一样。

杜拉贝拉　它们都是你幸运时的奴隶。

安东尼　幸运现在属于恺撒，我算什么？

温提狄阿斯　是你把自己变成了现在的样子，我不想奉承你。

安东尼　这是一个朋友说的话吗？

杜拉贝拉　是的，他是为了你好，我同意他的想法。我必须同意，你不应该责备我们。不然，我怎么算得上你的朋友？

安东尼　注意点儿，年轻人。你怎能玷污我的爱情。女王有眼睛，你也有灵魂。难道你不记得第一次见到她时，你还怒火中烧，因为她是杀你兄弟的帮凶？

杜拉贝拉　不要再提了，那是一个有罪的日子，现在想起都还让我羞愧难当。

安东尼　为了讲清楚为何不救他，她特地从埃及赶过来，她的大船在银色的西德努斯河上航行，丝锁金旗在水上飘荡，微风吹着紫帆，她的侍女像尼拉德一样围绕在她的软榻前。而她躺在软榻上，就像第二个海上出生的维纳斯。

杜拉贝拉　不要再说了，我不愿听下去。

安东尼　你必须听。她躺着，脸颊枕在手上，似乎只是柔弱无力地一瞥，就能抓住所有人的心。男童像丘比特一样站在她旁边，用他们彩色的翅膀为她扇风。她稍一微笑，就放出炫目的光彩，男人们贪婪的眼睛一动不动地盯着她看，从不觉得疲惫。银桨和软笛和着拍子，更是让眼前熠熠生辉，也让思想得到快感。这就是天堂，甚至比天堂都要美。她迷住了所有人的心，美得让人忘记呼吸，看到的人都会在岸上大声欢呼，以示欢迎。杜拉贝拉，那个时候你的灵魂去哪儿了？你的愤怒是不是因为惊诧而卸下武装？难道你没有避开她那媚人的眼神，躲到我的背后，偷偷对我讲："嘿，不要告诉她我把兄弟的死归罪于她？"

杜拉贝拉　能不能不要把我的弱点当作你逃避的借口？我那时正处于恋爱的季节，我的热情，我的青春，都使爱情成为一种负担。而你——

温提狄阿斯　大胆说下去。而你，他想说，已处于暮年，已经没有多少精力，你却强迫自己费尽精力，就像树干寻找树汁一样。为满足欲望，你违背天意，反其道而行。你（我不愿用那么尖锐的词）真是老糊涂了。

安东尼　哈！

杜拉贝拉　这句话说到家了。我造成的损失都是个人的，我只损失了我自己，我没有损失军队，我没有丢失领土，也没有丧失人民的爱戴。

安东尼　这是一个朋友说的话吗？

杜拉贝拉　是的，安东尼，这是一个真正的朋友该说的话。这样心软的朋友，每说一句话之前，我自己都会感到心被刺痛。不要因为我责备了你，就认为我不好，我总是在恺撒面前为你辩解。

安东尼　哦，神们，难道我活着只是为了得到恺撒的谅解吗？

杜拉贝拉　你们是平等的。

安东尼　哼，他是和我平等。只要我还穿着皇袍，他就不会高我一等。

杜拉贝拉　我从他那儿带来了和谈条件。

安东尼　光荣的条件吗？不然，我想你是不会带过来的。不过，他满腹阴谋，为了利益，可以不顾名誉。命运误会他了。本该把他塑造成一个剥削者的，他适合去售卖国土，而不是征服疆域。

温提狄阿斯　那就承认这一点。谁能够让这个性情暴躁的人接受谈判呢？

安东尼　那就只有我的杜拉贝拉了，不然就是天神。

杜拉贝拉　不是我，也不是麦格纳斯或亚格力帕，他们都是你的敌人。而我，你的朋友，一个人力量过于薄弱，只有一个罗马人能做到。

安东尼　这确实只有罗马人能够做到。让我见见那个人，保护了我的生命，我的爱情，我的荣誉，让我见他一面。

温提狄阿斯　这就是我的事情了。天啊，你知道这有多么让人开心。

【温提狄阿斯下

杜拉贝拉　你会记住你要感激的人吗？

安东尼　如果我忘记了，你就无情地对我，这是对我最大的诅咒。我的女王也会感谢他的。

杜拉贝拉　我恐怕她不会的。

安东尼　她会的。我的杜拉贝拉！你是不是还有些怨恨？

杜拉贝拉　我不愿看到她被抛弃。

安东尼　如果我抛弃她，就让幸运星远离我。她的忠诚超过了她的美貌。恺撒曾以王国为报酬来引诱她出卖我，她拒绝了。而你们还责备我太过于爱她。难道我还会抛弃她吗？

杜拉贝拉　是的，我有理由。

【温提狄阿斯和奥克塔维亚携安东尼的两个小女儿上

安东尼　是什么？（惊恐）——奥克塔维亚在这儿！

温提狄阿斯　什么，她是你的毒药吗？——还是疾病？看看她，好好瞧瞧她，还有她带来的两个孩子，在你眼中，她们是陌生人吗？难道天性没有悄悄告诉你她们都属于你？

杜拉贝拉　我的主上，即使不说你对她们的爱，也该因为羞愧好好接待她们。如果你还承认自己是个男人，就看着她们，拥抱她们，欢迎她们的到来。你应该张开怀抱，紧紧抱住她们。你的脚应该插上翅膀，把你带向她们。在你吻到她们之前，你应该先用眼神给她们一个吻。

安东尼　我不知所措地站在这儿，我不知道她们怎么来了。

温提狄阿斯　是我派人请她们来的。我悄悄把她们带到这儿，没让克莉奥佩特拉的侍卫知道。

杜拉贝拉　你们冷吗？

奥克塔维亚　我等待欢迎等了这么久，作为一个生人，我自然希望有人来欢迎，但我到底是什么人？

安东尼　恺撒的妹妹。

奥克塔维亚　这真是残酷无情。如果除了恺撒的妹妹，我什么都不是的话，你知道，我应该留在恺撒的军营里。但你的奥克塔维亚，被你伤害的妻子，纵使被你赶下床第，被你逐出家门，即便同时还是恺撒的妹妹，却仍然属于你。真的，我的心受不了你的冷漠，不让我来找你。但妻子的美德战胜了我的骄傲。我来是为了声明你是我的，我要先尽我的义务，来请求，不，来乞求你的怜悯。你的手，我的主上，这是我的。（拉着他的手）

温提狄阿斯　拉着吧，你应该这样做。

杜拉贝拉　我以我的灵魂起誓，她真的有权利这样做。她不卑不亢，做一名安分的妻子和罗马人刚好合适。

安东尼　我恐怕，奥克塔维亚，你为了我去求过你哥哥，让他饶我一命。

奥克塔维亚　求他饶命，我的主上？

安东尼　是的，求饶，我的女使。那么可怜、下作地求你哥哥饶我一命。

奥克塔维亚　我绝不可怜、下作地求饶，我哥哥也不会让我这样做。

安东尼　我只会对跪在我脚下的奴隶说，“起来吧，我让你当王”；绝不会跪下来乞求“饶了我吧，恺撒”！我怎能把一个地位平等的人当成神，似乎他能放我一条生路？不，那个词，“饶恕”，让我哽咽，我说不出来。

杜拉贝拉　你不需要求饶。

安东尼　我也不愿求饶。你们都背叛了我——我的朋友也是这样！——接受了可耻的条件。我妻子用她的祈祷和泪水买下了我，现在我必须是她的奴隶。她一生气就会骂我，因为我这条命是她给的。如果我瞅她，她就会大叫——我要告诉我哥哥。

奥克塔维亚　我的命太苦，所以不得不忍受你的误解。但我带来的条件你可以接受，无须脸红耳赤。我爱你的荣誉，因为它也是我的。没有人会说，奥克塔维亚的丈夫是她哥哥的奴隶。陛下，你是自由的，摆脱了厌恶的她。即使我哥哥想收买你的爱情，拿我做交换，来和你讲和，我也有一个和你一样的灵魂。我不要你施舍的爱情，也不向你乞求本该属于我的东西。我会告诉我哥哥我们和好了，他会收回部队，那样你就可以进军东方，而我可以留在雅典，或其他任何地方。我永远不会抱怨，只求保留妻子的名分，可以帮你摆脱麻烦。

温提狄阿斯　为了荣誉，两个人都不要施舍，以前有过这种好事吗？

杜拉贝拉　瞧，她触动了他最柔情的那部分，他因惭愧脸都红了，被她的慷慨打败了！

温提狄阿斯　瞧，他眨眼了，擦掉了一颗快落下的眼泪！

安东尼　奥克塔维亚，听了你的话，我不得不赞美你灵魂的伟大。但我不能向你提出的条件屈服，因为我只能对爱情屈服。你已经尽完了所有的责任。你愿意让我自由，愿意留在雅典，对吗？

奥克塔维亚　是的，陛下。

安东尼　那我就必须向一个不爱我的人致谢啰！也许这个人会说我薄情寡义，不知感恩。不，我受不了这种称呼。

温提狄阿斯　（*旁白*）真高兴说到这儿了。

奥克塔维亚　你要在道德上胜过奥克塔维亚吗？这点骄傲是我唯一觉得自

豪的了。你也许会想，我救了你的命，认为这是出自我的职责，而不是爱。我受伤了，我的灵魂忍受不了这种不屑和我共眠的人。

安东尼　所以你不爱我。

奥克塔维亚　所以，我的主上，我不应该爱你。

安东尼　所以你愿意离开我？

奥克塔维亚　所以我应该离开你——如果我可以。

杜拉贝拉　她的灵魂太伟大了，在受了这么多伤害之后，还说她爱你。她让你看到她的爱，她的谦逊慎言表明了她的意思。

安东尼　哦，杜拉贝拉，我该怎么做？我发现自己的灵魂在悄悄地退缩。但是，愿和我同生死的克莉奥佩特拉该怎么办？她一定要被我抛弃吗？我同情奥克塔维亚，但我更应该同情克莉奥佩特拉不是吗？

温提狄阿斯　正义和同情都站在奥克塔维亚这边，而不是克莉奥佩特拉那边。一个人愿意同你一起毁灭，但她首先毁掉了你。而另一个，你毁过她，而她却愿意保护你。从任何一点来看，她们的美德都不是等量的。

安东尼　哦，我的心乱了！

奥克塔维亚　好老天爷，让他安静一会儿！到我这儿来，我的主上。如果我能原谅你，我想你就应该接受我的原谅。看看这两个孩子，难道她们不是你的吗？为什么她们站在这儿，却被你忽略了？就像她们只属于我一人。去他那儿吧，孩子们，快去。跪在他面前，拉着他的手，跟他说话。你们可以和他讲话，因为你们也是他的，不用不好意思。去，把爸爸拉到我这儿来，把他从那个坏女人手里拉到我们这边来。你，阿格里普拉，拉着他的胳膊；你，安东尼娅，抱住他的腰。如果他把你们推开，把你们摔在地面上，你们也要忍受，孩子们。因为你们都是我的，而我生下来就要学着忍受。

【孩子们走向他

温提狄阿斯　这个场景真实感人，陛下！

杜拉贝拉　朋友！

奥克塔维亚　夫君！

两个孩子　爸爸！

安东尼　我认输。把我带走吧，奥克塔维亚。把我带走吧，孩子们。都过来吧。（拥抱她们）我对你们的爱欠得太久，经常跑出去，放纵自己。现在我应该补偿一切。

奥克塔维亚　值得祝福的时辰！

杜拉贝拉　可喜的改变！

温提狄阿斯　我的喜悦难以言表，但我肯定是已经喜形于色了。

安东尼　（对奥克塔维亚说）你胜利了，你想去哪儿，我们就去哪儿，即便是你哥哥的军营。

奥克塔维亚　那里的一切都是你的。

【爱里克萨斯匆匆忙忙地上

爱里克萨斯　女王，我的女主人，陛下，你的——

安东尼　已经过去了——奥克塔维亚，今晚你得留下来，明天，恺撒就和我讲和。

【安东尼引奥克塔维亚先下，杜拉贝拉和孩子们随后

温提狄阿斯　你又来多事了。滚，你这个好管闲事的阉人，一定要是第一个去报信的，赶紧地，我可爱的阉人，快跑。

【温提狄阿斯下

爱里克萨斯　这个只会打仗的大老粗，这个呆头呆脑的英雄，这个没有思想的死神傀儡。平庸沉闷之类的美德早已超出我的智慧。欢愉在我还是婴儿时就远离了我，别人穷奢极欲，而我自幼就被剥夺了当男人的希望。被自然淘汰，连最普通的孩子都能继承的东西我却没有。不过，我的权位使我远离蔑视，但现在，一切都完了。如果克莉奥佩特拉听从了我的劝告，她早就在被他抛弃之前把他抛弃了。她可以为爱而死，但她已经尝过爱情的滋味。天啊，我都没有尝过快乐，也要为她的爱

情而死，这样公平吗？（克莉奥佩特拉、卡密恩、伊拉斯和一列随从上）夫人，我看到了不该看到的东西！奥克塔维亚在这儿。

克莉奥佩特拉　不必惊慌，我已经知道了，现在正在死亡线上挣扎。

爱里克萨斯　你再也不是女王了，埃及也完了。

克莉奥佩特拉　你说埃及做什么？我的生命，我的灵魂全完了！奥克塔维亚拥有了他！——克莉奥佩特拉的爱情死敌！我的亲吻，我的拥抱，此刻都是她的啦。而我——你见过我的对手，说，她该得到这样的福气吗？她漂亮吗？能跟神媲美吗？是不是集完美于一身？是的。可怜我这种粗制滥造的货色，天神在造完她之后，用剩下的东西捏出了我。

爱里克萨斯　她真的是个了不起的人。

克莉奥佩特拉　我绝望了。一个奇迹！

爱里克萨斯　（鞠躬）奇迹。我指的是德行，但要说到美貌，夫人，你让所有的奇迹都不值一提。

克莉奥佩特拉　我太性急了。（给他一枚戒指）把这个拿着当赏赐。不，我怕你在奉承我。

卡密恩　她来了！她在这儿！

伊拉斯　快走，夫人，恺撒的妹妹！

克莉奥佩特拉　即使她是雷神杰夫的妹妹，眼里闪着她哥哥的电光，我也要看看我的对头。

【走向奥克塔维亚和温提狄阿斯，奥克塔维亚直面她。她们的随从分立两边

奥克塔维亚　我不用问你是不是克莉奥佩特拉，你傲慢的姿态——

克莉奥佩特拉　就显示出我是一个女王。我也不用问你是谁。

奥克塔维亚　一个罗马人。一个可以册封女王、也可以废除女王的人。

克莉奥佩特拉　你的主上，就是为我效劳的那个人，是个罗马人。

奥克塔维亚　他曾经是个罗马人，直到他在埃及当了奴隶，丧失了自己的身份。现在我来了，要带他离开这里。

克莉奥佩特拉　住嘴，住嘴！我的情人朱诺。他厌倦了家庭的阻碍，才选择和我简简单单地在一起。

奥克塔维亚　我对此并不质疑。你玩这套把戏已经很久了，他不是第一个落入圈套的人，恺撒就可以证明。

克莉奥佩特拉　我并不爱恺撒，我只是感激他对我的爱。你能说的最坏的话应该是，人类最伟大的人做过我的奴隶。在我看来，我的第二个爱人远在他之上，在法律上，他应该属于你，但他把爱情给了我。

奥克塔维亚　（走近她）我想在近处看看这张脸，长时间以来，它一直占有我的权利。我倒要看看，它有怎样的魔力，迷住所有人，毁了我的夫君。

克莉奥佩特拉　你真该好好看看。如果你有这一半的魅力，你就不会失去他的心。

奥克塔维亚　一个罗马的贵妇，一个安分的妻子是不需要这些的！这是我们女人的耻辱。凭借着这些伎俩，让罪恶成为欢愉，难道你不觉得可耻吗？

克莉奥佩特拉　你没有这些魅力才会觉得脸红。上天赐予我这些魅力，来取悦世上最英勇的人，我不应该感谢它们吗？我为何要觉得可耻或不光彩？他爱我的时候，我有魅力；当我不再爱他时，上天会把我变得平庸的。

奥克塔维亚　你没那么爱他。

克莉奥佩特拉　我比这更爱他，也更该得到他。

奥克塔维亚　你不爱他，也不该拥有他。你毁了他。是谁在罗马欺骗了他？克莉奥佩特拉。是谁让他在国外备受嘲弄？克莉奥佩特拉。是谁在亚克定背叛了他？克莉奥佩特拉。是谁让他的孩子成了孤儿，使我成了可怜的寡妇？还是克莉奥佩特拉。

克莉奥佩特拉　但是，最爱他的人也是克莉奥佩特拉。如果你受了苦，那我受的苦更多。你还背负妻子的名号，名正言顺地得到人们的同情，而全世界都在谴责可怜的我。我没了荣誉，毁了名声，玷污了我皇室的荣耀，还背负着情妇的骂名。我现在只剩下一条命，如果他需要，我连命都可以给他，因为我爱他。

奥克塔维亚　那么就这样吧，你想怎样就怎样。

【和随从下

克莉奥佩特拉　这就是我想要的。我只为他活着，现在他走了，我的世界晦暗了，每件东西都在我面前舞动，都在死亡的迷宫里漂流。当有人和我对着干时，我仍能提起精神，不让对手得逞的！但现在他走了，我一下子虚弱了。

爱里克萨斯　我还有精神重整旗鼓，帮你出主意，好打败她，不然她就会打败你。

克莉奥佩特拉　只会说空话的家伙！扶着我，我的卡密恩。不，还有你的手，伊拉斯。我的悲伤太过沉重，足以把你们都拉下来。带我去个安静的房间，把窗帘都放下，让我一个人待着，让悲伤与我为伴。在那儿，我要为他的无情哭泣，就像可怜的婴儿哭到入睡。（下）

第四幕

【安东尼和杜拉贝拉上

杜拉贝拉　为什么你要把它推到我身上？你不可以自己告诉她，你们必须分开吗？

安东尼　我做不到。我可以剜掉一只眼睛，另一只不掉眼泪。但是，杜拉贝拉，“离别”这个词太伤人了！我不相信我的舌头能对她说出这样的话。只要看她一眼，我就会流泪，就会融化，直到我再次迷失。

杜拉贝拉　那就让温提狄阿斯去。他天性粗鲁。

安东尼　不，他的话太伤人。他的话会杀了她。你，只能你去。

杜拉贝拉　我本性温和，只要听到故事里可怜的情人去世，泪水就会模糊我的眼，我的男子气概也没了。为了不让她伤心，我会说得委婉一些，那样她就不会相信这回事。

安东尼　所以——所以只有你去了，你是最合适的。把你当成我，当你说话的时候，不要用犀利的话语，让我们和和气气地分手，就像两个人刚相爱时那样，你能做到吗？

杜拉贝拉　你说的话我都记住了。如果一定让我去说，我就这样说。

安东尼　那我就把这个艰巨的任务交给你了。好运。我让她接见你。（朝门口走去，又走回来）我忘记了，告诉她，我讲和的时候也会替她讲和。如果我的话对恺撒有效，她的王位和尊严都会被保留。

——一定要记得哦。

杜拉贝拉　放心吧，我不会忘记的。

【安东尼再次走到门口，又回来

安东尼　还要告诉她，我是迫不得已的。我不想这么做，我是逼着自己这样做的。希望她不要恨我，我仍然会怀念她。

——一定要让她答应。

杜拉贝拉　相信我，我一定会记得的。

安东尼　就这么多了。（走出去，又回来）你能再原谅一次我对她的溺爱吗？告诉她，尽管我们再也不会见面，如果我听到她另有新欢的话，我会心碎的。

——现在我必须走了。我每回来一次，就感觉心软一次。我怕自己会让她也留下，那样的话，我们两个都会毁灭。（下）

杜拉贝拉　男人不过是稍大一点的孩子，我们的欲望和他们一样善变，一样迫切，一样空虚。灵魂将它自己关在黑屋子里，能清楚地看到外面的一切，却看不见里面的事物。就像鼹鼠，在土里瞎忙活，尽做傻事，还让外面的人都知道。当我发现安东尼的爱情会毁了他，我责备他。但也希望我就是他，甘愿被摧毁。

【温提狄阿斯上

温提狄阿斯　一个人自言自语？也担心了？也许我猜得没错，他曾经爱过克莉奥佩特拉，也许这种爱还在。

杜拉贝拉　哦，友谊！友谊！你没法回答这个问题，理智更做不到。尝试不忠，成功无望。如果我赢了，也没什么用，一切都是疯狂。但这种时候是公平的。穿他脱掉的皇袍对他有什么危害呢！

温提狄阿斯 没有，一点都没有。这正是我所希望的，破坏她和安东尼的关系。

【克莉奥佩特拉和爱里克萨斯边说边上，卡密恩和伊拉斯从另一边上

杜拉贝拉 她来了！她的愁容如此迷人！悲伤的时候看着也如此甜蜜。但是，时不时一个忧郁的笑容会打破沉寂，就像冬夜里的电光，显示出白昼的光明。

温提狄阿斯 希望她也爱他！她的阉人也在那儿？这不是个好征兆。走近点，甜蜜的妖魔，那样我就可以听见你的讲话了。

爱里克萨斯 相信我。（杜拉贝拉走到卡密恩和伊拉斯那边，似乎在和她们讲话）试试让他嫉妒。嫉妒像一面磨光的镜子，可以放在唇边，试试有没有断气。如果有呼吸的话，镜子上就会潮湿。

克莉奥佩特拉 我同意，嫉妒是爱情的证据。它能揭露疾病，让它显示出来，但无法治愈疾病。

爱里克萨斯 这是你最后能做的了，也是最有效的。这个杜拉贝拉当试验品真是合适。他英俊、勇敢、年轻，看起来天生就是勾引弱女子的。人们都怀疑他八成是爱上你了，你只要给他一点柔语或一瞥，就能点燃他的爱火。然后，你就可以把他当成一艘燃着的船，顺风而行，去点燃安东尼的嫉妒之心。

克莉奥佩特拉 我可以这样做吗？哦，不，我爱得如此情真意切，我不懂得隐瞒。我天生就是当妻子的，像只单纯、无害、居家的鸽子，不假情假意，善良无欺。但命运却让我当了情妇，把我扔到这个大千世界，没有教会我用虚情假意的手段去骗取快乐。

爱里克萨斯 逼着自己这样做。最后你的爱人会回来，加倍珍惜他曾一度唯恐失去的爱人。

克莉奥佩特拉 我必须试一试。但是，我多么的不情愿！

【爱里克萨斯下，克莉奥佩特拉走到杜拉贝拉面前

温提狄阿斯 现在这幕场景越来越清晰了，他们的话我都能听见。

克莉奥佩特拉　（对杜拉贝拉）你正和我的侍女讲话，我可不可以分享你们的快乐？

卡密恩　我们在谈论您，夫人。

克莉奥佩特拉　怎么可能！你们都说了些什么？

伊拉斯　在赞美您的美貌！

克莉奥佩特拉　那只是诗。你们的才子加拉斯和提布赖斯赞美过希腊名妓西德瑞斯和罗马名媛德里娅，并把这些传授给了你们。

杜拉贝拉　这些罗马才子没有来过埃及，不然，西德瑞斯和德里娅就不会得到称颂。我来过，如果我是个诗人，就会选择一个高贵的人儿。

克莉奥佩特拉　你在奉承我。但这是你们民族的缺点：你们所有的臣民都爱溜须拍马，善于作假。你的朋友跟你一样。我敢肯定，他不是让你来讲这些话的。

杜拉贝拉　是的，夫人，他让我来——

克莉奥佩特拉　他让你来——

杜拉贝拉　有一件不太愉快的使命。

克莉奥佩特拉　有多么不愉快？对你，还是对我？

杜拉贝拉　夫人，对我们两个都不愉快。你一定会伤心，而我也会因为你伤心而难过。

克莉奥佩特拉　你，卡密恩，还有你们，站远点儿。

——（旁白）撑住。

——现在你可以说你那让人伤心的事情了，我已经准备好了，也许我已经猜出是什么了。

杜拉贝拉　我希望你能够……因为告诉你这个消息是件吃力不得好的差事。在你们女人当中，我最怕的就是怕惹你不开心。

克莉奥佩特拉　在你们男性中，我最能原谅你，如果你应该得到原谅。

温提狄阿斯　多么美妙的调戏！女人！女人！该死，始乱终弃的人！

克莉奥佩特拉　首先我被抛弃了，对吗？

杜拉贝拉　但愿我不用回答这个问题。

克莉奥佩特拉　让你这么为难，那就不要谈了。下次被人抛弃的话，我也许会更伤心。下次我的国土就会没了。
——永别了，埃及！还有其他的吗？

杜拉贝拉　夫人，我怕你太过悲伤，没了理智。

克莉奥佩特拉　不，不，我没有发疯。我能够忍受命运。新欢可以赶走旧爱，就像毒能攻毒。

杜拉贝拉　夫人，你能够抑制悲哀，真让我很欣慰。你已经听到了最坏的消息，一切都没他那么虚伪。

克莉奥佩特拉　不，上天不允许人虚伪。

杜拉贝拉　一些人是始终如一的。

克莉奥佩特拉　始终如一应该得到回报，这是一定的。

杜拉贝拉　即使得不到，也会存一些希望。

温提狄阿斯　我发誓，我听够了，但怎样处理这件事情呢！我得好好想想。（下）

杜拉贝拉　我来是为了告诉你一些让人不开心的消息。我以为这些消息会让你害怕听到。但你却如此愉快地接受了，这样我的任务就轻松多了。我的舌头已经传话完毕，现在可以谈谈自己了。

克莉奥佩特拉　等等，杜拉贝拉。先告诉我，是我的主上选中你的，还是你毛遂自荐来完成这项差事的？

杜拉贝拉　他挑选的。作为他最好的朋友，他托我来说这些话。

克莉奥佩特拉　我听到的消息如此委婉，语调也很柔和，让“离别”这个刺耳的词舒缓了不少。

杜拉贝拉　不，你误会了。他挑了一些最尖锐的话讲。怒目而视，眉头紧锁，他的脸残酷至极，愤怒使得他浑身发抖，就像地震。他大声喘气，就像爆发的埃特拉火山，声音吓人，“永远滚开，让她走，辱没了我的名声，毁掉了我所有的希望”！（正说着时，克莉奥佩特拉似乎越来越担心，最后瘫坐在地上）“把她逐走，越远越好，赶到人际罕见的地方，她的毒会攻害人心”。

克莉奥佩特拉　天哪，我再也听不下去了！

杜拉贝拉　救命，救命！——浑蛋，该死的浑蛋！我做了些什么！

卡密恩　救命，揉揉她的太阳穴，伊拉斯。

伊拉斯　赶快把她的腰往前弯。

卡密恩　上天保佑，她醒过来了。

克莉奥佩特拉　不要让他靠近我。为什么你们要把我带回到这个恶心的世界，这个虚情假意、背信弃义、伤天害理的世界？可怜可怜我，让我走吧。一定有一个长久安宁的地方，我要去那里。蔑视我的主上也无法打破那里的沉寂，不能唤醒沉睡的灵魂，也不能说吓坏我的话语。
——无情啊，无情！

杜拉贝拉　（跪下）相信我，这些都不是真的。这次你一定要相信我。我歪曲了他的话，我的朋友从来没这么说过。你是没看到多少次他去而复回，每次都要加一些更委婉的话。多么亲密的分别，分别的时候他差点就被爱情征服了，他是多么不情愿离开！我这个叛徒，因为爱你才说了那些谎话（我可以为你撒谎，我还有什么是不能做的呢？）现在这个自我谴责的罪人跪在你的面前请求宽恕。

克莉奥佩特拉　我们是多么容易相信我们所希望发生的事情！起来吧，杜拉贝拉，如果你有罪，都是因我而起，爱得太深让我满心罪恶。我表现出来的感情都是虚造的，为了唤醒他的嫉妒心，挽回我的爱情。但这持续不了多久。哦，我宁愿自我灭亡，也不愿扰乱他的心。

杜拉贝拉　我发现你的心被围墙包围，使得人们靠近不得。你的心就像透明的水晶，一眼就能看穿，却坚硬无比，永远都刺不穿。我的朋友，我的朋友，你丢掉了多么珍贵的宝藏！你像个小孩子，把无尽的财富扔进海洋，没有人能打捞起来！

克莉奥佩特拉　你能不能请求他允许我和他说一小会儿私话？就像一个要穿过大片旷野的流浪者，因为预先知道附近没有热情的饭馆可以填饱肚子，所以索性在痛苦的旅行开始之前，先吃得饱饱的。现在我也一样，在分别前，我想让我饥饿的眼睛饱餐一顿。如果死亡离我还远的话，我还有很远的路要走，而且再也不回来了。

【温提狄阿斯和奥克塔维亚在后面出现

温提狄阿斯　现在你可以发现——哦，甜心，甜心！你是真的想要这只美丽的手吗？

杜拉贝拉　我愿意把这当成回报。（拉着克莉奥佩特拉的手）不要收回去，这是我唯一乞求的。

温提狄阿斯　他们转向我们啦。

奥克塔维亚　邪恶的眼睛这么快就找到目标了！

温提狄阿斯　就跟没看到他们一样，接着走。（他们上）

杜拉贝拉　见到陛下了吗，温提狄阿斯？

温提狄阿斯　没有。我去找他，但听说他想一个人待着。只有自由民西帕克斯和他在一起。

杜拉贝拉　你知道他在做什么吗？

温提狄阿斯　在给他指示，让他把信带给他的兄弟恺撒。

杜拉贝拉　那么，我一定能找到他。

【杜拉贝拉和克莉奥佩特拉下

奥克塔维亚　多么可耻的勾当！

温提狄阿斯　她看起来，我想，似乎在说，“把你的老头带走，奥克塔维亚。谢谢你了，我在这里更好”。但是，我们该怎么利用这个发现呢？

奥克塔维亚　让它就这样吧。

温提狄阿斯　我同情杜拉贝拉，她太危险了。她的眼睛拥有一种魔力，这种魔力超过了能把月亮吸引下来的色萨兰的魔力。至于口才，海绿色的赛任把自己的谄媚之音传授给了她。所以当她说话的时候，黑夜换白天，而那些听到的人还没有察觉到。她是如此的妖媚，老年人看到她都会变成少年。神圣的祭司看到她的笑容，都会手舞足蹈，忘记庄重，他们祝福她撩拨人心的眼睛。即使是我这么恨她的人，看到这种美色，都忍不住惊喜。一面诅咒，一面想要得到。安东尼一定还对她念念不忘，如果现在不斩断情丝，也许还会旧情复燃。我知道，现在他一定在替她向恺撒讲和。

奥克塔维亚　你说得很对。

——但应该再进一步，（走开）看看他是不是喜欢我们这次的发现。为她讲和！想想我就来气。不可以这样，也不应该这样。

温提狄阿斯　他的卫队来了。我先说，你帮我。

【安东尼上

安东尼　奥克塔维亚，我在找你，我的爱人。你的信都写好了吗？我已经给完指示了。

奥克塔维亚　我的主上，我的信都写好了。

安东尼　温提狄阿斯。（把他拉到一边）

温提狄阿斯　我的主上，什么事？

安东尼　一句私话。

——你什么时候见过杜拉贝拉？

温提狄阿斯　就在刚刚，我的主上。他在跟克莉奥佩特拉道别。

安东尼　小点儿声。

——是我让他去的，去帮我道别。

温提狄阿斯　看起来是这样的。（大声说）像是在替你道别。

安东尼　再小点儿声。

——我的道别？你话里有话。我的道别？他是听从我的命令去的。

温提狄阿斯　那么他确实听从了你的命令。我想，（大声说）是你让他极尽温柔，还有爱情。

安东尼　她该有多么伤心，这个可怜的遭人遗弃的人儿！

温提狄阿斯　她把它当成理所当然的事情，和你分别，就像和恺撒还有其他新欢分别一样。

安东尼　你污蔑了她，（大声说）你用最无耻恶毒的话来污蔑她！

温提狄阿斯　我没想到会让你不开心。我已经说完了。

奥克塔维亚　你看起来心烦意乱，我的主上。（上前）

安东尼　一点小事。你先下去吧，我的爱人。

温提狄阿斯　确实是点小事。他让——

安东尼　住嘴。你不听从命令，（大怒）小心命不保。

奥克塔维亚　那么就不是小事了。

温提狄阿斯　（对奥克塔维亚）这是小事，就跟没事一样。你和我一样，也看到了的，因此这就不算秘密了。

安东尼　她看到了！

温提狄阿斯　是的。她看见年轻的杜拉贝拉——

安东尼　年轻的杜拉贝拉！

温提狄阿斯　年轻，我认为他年轻，而且英俊。其他人也是这么想的。但这有什么关系？是你命令他去的，也许是这样，还带着一些善意的使命。她高兴地接受了，笑一笑，很快他就牵着她的手，捏它，贪婪地吻它。她脸红了，叹了口气，笑了笑，脸又红了。最后她抓住时机跟他密语，脸紧紧地靠近他。而他，一边说着悄悄话，一边吻她，后来她大声说："从一而终的人应该得到回报。"

奥克塔维亚　这是我耳闻目见的。

安东尼　这是个什么样的女人？你们看见谁在和我的朋友调情？不会

是克莉奥佩特拉吧？

温提狄阿斯　就是她，我的陛下。

安东尼　我的克莉奥佩特拉？

温提狄阿斯　你的克莉奥佩特拉，杜拉贝拉的克莉奥佩特拉，所有男人的克莉奥佩特拉。

安东尼　你在撒谎。

温提狄阿斯　我没有撒谎，我的陛下。这很奇怪吗？难道情妇就应该被抛弃，还不能变心吗？你知道她不习惯孤独的夜晚？

安东尼　我不愿再想这件事情了。我知道这是假的，也看出这是你们的阴谋。你不需要这么做，奥克塔维亚。克莉奥佩特拉的忠贞对你有什么坏处呢？她再也不是我的啦。我知道了，也原谅你们。不要再这样了，亲爱的。

奥克塔维亚　你害怕发现她不忠吗？

安东尼　如果真是这样的话，我会害怕。尽管一切都过去了，我不愿看到这个世界嘲笑我先前的选择，让他们认为我曾经爱过的人是如此的肤浅。我原谅你们两人。

温提狄阿斯　我都这么大把年纪了，难道你还认为我在你耳边胡言乱语？如果上天是对的，那他一定不公。

安东尼　即使天地都能做证，我也不愿相信她被污染了。

温提狄阿斯　那我就从地狱给你带个证人来证明她确实如此。——（看见爱里克萨斯进来，又准备离开）不，不要走开。你一定要留下来。

爱里克萨斯　您有什么事吗，陛下？

温提狄阿斯　让你做你最痛恨做的事情——说真话。你是克莉奥佩特拉的私人顾问，是她的床笫顾问，是她淫荡时间的顾问。你知道她每晚的变化，也知道她在什么日子做了什么事情。

爱里克萨斯　我英明的大人！

温提狄阿斯　了不起的老鸨！不要修饰，不要韵律，不要标点。只要一句简单明了的真话，这就是我想要的。我亲耳听到你的女王和杜拉贝拉调情。说吧，我想从你的供词中知道，他们之间还有什么事情，他们让你做了什么事情，还有，他们什么时候寻欢。

安东尼　说真话，爱里克萨斯，不管是取悦或是冒犯温提狄阿斯，不要担心。你的女王被人污蔑，你应该为她澄清。大胆说吧。

奥克塔维亚　（旁白）看看他是怎么怂恿他的！他是多么害怕发现她不忠！宁肯闭上眼睛，被人误导，也不愿听真话。

爱里克萨斯　如果被爱人的伟大所吸引，难道爱情不能为一个女人的脆弱辩护吗？那么，尊贵的奥克塔维亚，你都应该原谅我的女王对陛下的爱情。那么，勇敢的温提狄阿斯也应该对她过去的作为有个公平的评价。

安东尼　这很好，说的是真话。听着，温提狄阿斯。

爱里克萨斯　对你，最高贵的陛下，她炽烈的爱情没有得到谅解，但这也说得过去。即使没有王冠，她美貌的魔力也已经引得印度和麦罗埃在遥远的地方唉声叹气。她脚下堆满了各国的权杖，她愿意统治哪里，就选择哪里。她认为只有一个罗马人才配拥有她，而在所有的罗马人中，只有安东尼。他舍弃妻子的身份，也蔑视这种合法的感情。

安东尼　这是实话。

爱里克萨斯　尽管爱情和你的丰功伟业让她蔑视荣誉，最后天神还是逼着她睁开了她不愿睁开的眼睛，让她看到了自己对美丽的奥克塔维亚造成的伤害。她侵占了奥克塔维亚的合法床位。这次败仗的恶果让她更是坚定了这样的想法。

温提狄阿斯　（旁白）哦，你是在兜圈子吗？看看他，这个人开始替她掩饰了，开始长篇大论起来。

——不要怕，阉人，陛下给了你自由说话的权利。

爱里克萨斯　不然，我怎敢把我被抛弃的女王做的事情讲出来，冒犯他的耳朵！但我不敢肯定，她已完全变心。

安东尼　不，我要你的命，我命令你，不许说出那可怕的字眼！

奥克塔维亚　（旁白）我一定要忍受这些吗？好天爷，赐我点儿耐心。

温提狄阿斯　说下去，好阉人。我的好阉人，继续。

爱里克萨斯　杜拉贝拉爱她已经爱了很久。他是除了我天神般的主上之外，最配得上女王的人。如果她遇到他的热情，特别是在她被她的爱人抛弃了的时候——

安东尼　滚开！我听不下去了。让恶鬼立刻拖你下地狱，克莉奥佩特拉来了，你也加入他们，帮忙折磨她！

【爱里克萨斯被安东尼推下

奥克塔维亚　这样不好，真的，我的陛下，这样对我太无情了。你怎么可以对一个被人抛弃、无情无义的妓女这么关心，这样动真感情。

安东尼　奥克塔维亚，让我静一静，我现在太乱了。我说让我静一静。

奥克塔维亚　主上！

安东尼　我让你走！

温提狄阿斯　听他的吧，夫人。最好走开一会儿，看看怎么样。

奥克塔维亚　我哪里得罪你了，我的主上，你非得让我离开吗？我虚情假意、臭名昭著吗？我也是克莉奥佩特拉吗？如果我是她，像她那么卑贱，你也不会让我离开。只会搂住我的脖子，接受我荒谬的借口，奉承我的虚伪。

安东尼　够了，够了，奥克塔维亚。我已经承受了足够多的悲哀，你还来加重我的负担。我想休息一会儿，重振我剩下的勇气，来帮帮我。

奥克塔维亚　私下你会为你的情人伤心，因为她背叛了你。你只有一半回到了我的身边，你的情义全部都留给了她。我听说，我的主上，你在为她谈条件，为她拟条约。这就是你爱我的证据！

安东尼　你不是我的朋友吗，温提狄阿斯？或者说，你变成了另外一个杜拉贝拉，看着这个泼妇在这儿发火？

温提狄阿斯　好夫人，听话，去休息吧。

奥克塔维亚　是的，我会走的，但走了就再也不会回来。你再也见不到这个泼妇了。我的主上，我的陛下，爱情遇到长期的无情和蔑视，是不会长久的。再去找她吧，你选择了她，她在等你的召唤。可怜的人儿！她的虚情假意曾得到了你的爱，再借这个虚假的告别让她回到你的心中。至于受伤的我，尽管所受到的不公正待遇不让我留下，我的职责告诉我，我还是你的。我的温存和善良都应该转移到我们的爱情结晶上，她们会轮流陪伴我度过孤独的夜晚。那么，做最后的告别吧，既然我得不到整个你，我也不屑要你的一半。（下）

温提狄阿斯　该打的上天，破坏了我最好的计划。我应该再尝试着劝她回来。哦，不，我怕这是徒劳。（下）

安东尼　为什么我的心要这么直白，这么诚实？不知道掩饰自己的悲伤和弱点，要把所有的事情都展示给这个世界？我本应该掩饰一下情绪，对于克莉奥佩特拉的虚情假意，我应该强颜欢笑，那样奥克塔维亚就会相信我，并留下来。但我天生就是浅溪，一眼就能看到底。我的缺陷全部暴露，被人耻笑。

——瞧，他来了。（杜拉贝拉上）他侮辱了“朋友”这个神圣的词，使它变得恶毒！他用可靠老实的外表来粉饰暗藏着的恶毒的心。那张脸真的是很诚实，但上天错配了它，给他安上了背信弃义的品质，使得他做起坏事更容易。

杜拉贝拉　嗨，我的朋友！

安东尼　嗯，杜拉贝拉，你帮我送信了吗？

杜拉贝拉　是的，很不情愿。

安东尼　不情愿？你是不是不忍心我和她分开？你应该很希望我们这样啊。

杜拉贝拉　为什么？

安东尼　因为你爱我。她收到信以后，是不是和你送信时一样难过？

杜拉贝拉　她爱你，爱到发疯。

安东尼　嗯，我知道。你，杜拉贝拉，根本不知道她有多爱我。我应该抛弃这个美人吗？这个近乎完美的人儿？

杜拉贝拉　如果她是我的，我做不到。

安东尼　但起初你是这样劝我的，为什么现在变卦了？

杜拉贝拉　一开始我就说我不适合去，我听不得她的叹息，见不得她的眼泪，心里满是怜悯。但现在，你也会动恻隐之心的。因为我答应她，让她来跟你做最后的道别。瞧，她来了。

【克莉奥佩特拉上

安东尼　不忠诚的杜拉贝拉！

杜拉贝拉　哪里不忠诚了，我的主上？

安东尼　为什么会这样？杜拉贝拉不忠诚，克莉奥佩特拉不忠诚。你们都不忠诚，都背信弃义。走近点，你们两个狼狈为奸的小人，两条恶毒的小蛇。我好心把你们暖在怀中，你们却把我咬死。

杜拉贝拉　我的陛下，难道我应该这样被你责骂吗？

克莉奥佩特拉　上天能不能给我更新奇的折磨？能不能找到比让我们分开更残忍的诅咒？

安东尼　是的。如果命运公平的话，应该有更残忍的。上天应该用更新奇的方法来惩罚这种罪行。滚石、秃鹰都太轻了，都是杰弗年轻时发明的，那时还没见过比这更邪恶的罪行。你们罪恶滔天，天神们不得不寻找等量的惩罚。两个，两个这样的！——我找不到合适的词了——两个这样的！我把我的灵魂锁在你们胸膛，没有欲望，没有快乐，没有生机，只有你们。当我拥有世界的一半时，我把它送给你们作为我心灵的嫁妆。我无所作为，也没有成果，我只有你们。一个朋友和一个情人就是这个世界给我的全部。哦，克莉奥佩特拉！哦，杜拉贝拉！你们怎能背叛这颗柔软的心？它像婴儿一样大胆放心地躺在你们怀里睡觉，怎会料到你们背信弃义？

杜拉贝拉　如果她对不起你，就让她天诛地灭。

安东尼　如果她对不起我！你把过错推得一干二净。你敢发誓你不爱她吗？

杜拉贝拉　不及我对你的爱。

安东尼　不及？发誓，我说你敢发誓你不爱她吗？

杜拉贝拉　绝没超过友谊的范围。

安东尼　绝没超过？友谊没有允准你任何事情。你背叛誓言——又不敢发誓你不爱她。只敢说不及爱我，没有超过。卑鄙的伪君子，不敢亲自对她说你不爱她，也不敢对我说你爱她！温提狄阿斯都听到了，奥克塔维亚看到了。

克莉奥佩特拉　他们是我的敌人。

安东尼　可爱里克萨斯不是，他，他承认了。除了地狱，他知道得最清楚，他承认了。为什么我要在你之外寻找证据？（对杜拉贝拉）你，我让你帮我道别。你回来却请求让她留下。

杜拉贝拉　我该怎么回答？如果爱过有罪的话，那我罪孽深重。如果为那段爱赎罪可以洗掉我的罪过，我已赎过罪。如果我的罪过不可饶恕，也不能让她受罪，她是无辜的。

克莉奥佩特拉　啊，一个深爱着的女人什么事情做不出来？她把所有的快乐都寄托在那颗心上面，为了留住这颗心，她会拒绝什么方法？是我鼓励他的，是我勾起他的爱火，让你嫉妒，这样我就可以再次拥有你。但一切都是徒劳的，我作不了假。尽管我的爱情冲垮了所有的堤坝，但又再次淹没了我的心。命运抓住时机，于是，一小会儿的虚情假意就毁掉了我一生的忠诚。

安东尼　你们的虚情假意就像蜘蛛网，一击就破。

杜拉贝拉　原谅你的情人吧。

克莉奥佩特拉　原谅你的朋友吧。

安东尼　你们先说服自己。你们相互开脱，你们有什么证据可以证明所做的一切只是为了燃起我的嫉妒之心？

克莉奥佩特拉　我们自己，还有老天爷。

安东尼　罪人为罪人开脱。我的情人和朋友，你们再也得不到人类的谅解，他们把你们驱逐出去。不要让我看见你们！我不愿杀我爱过的男子，也不能伤害一个女人。走开，我不知道自己还能忍多久。因为我每多待一分钟，就会想起有人对不住我，我的正义和复仇之心就会在我体内呐喊，超越了我的同情心。

杜拉贝拉　因为我们犯了错，所以上天让我们悲伤。但它会满心欢喜地去原谅有罪的人。仁慈是上天的本性，所以上天的报复也是有限的。上天宁肯不要最高级的美德，也不会无限度地去惩罚。

安东尼　我可以原谅一个敌人，但不能原谅一个情妇和一个朋友。被自己信任的人背叛是最可怕的。一颗随便的心会被他的卫士刺死。我听不下去了，永远不要让我看到你们！

克莉奥佩特拉　什么？永远！我一刻也离不开你的视线，我必须要离开吗？我的快乐，我唯一的快乐，全都在这儿。我该去哪里？我自己的王国？因为你，我已经失去了。或是去罗马？因为你，他们恨我。或许我该去更广阔的世界流浪，一个绝望的女人，因为爱你被你驱逐。听我说，听我说，公平一点，我不要求垂怜。如果我得罪了你，那就杀了我，不要驱逐我。

安东尼　我不要听你的，我心里有个糊涂蛋在为你开脱，但荣誉堵住了我的耳朵。

克莉奥佩特拉　你就可怜可怜我，听我说！你愿丢掉一个跟随你、蜷缩在你脚下的奴隶吗？他一点怜悯心都没有了。瞧，他是否肯再为我流一滴眼泪，是否会再看我一眼，是否给我一个温情的告别。铁石心肠！让所有的天神都看看，判断他是否真的爱过我！

安东尼　不要再说了。爱里克萨斯！

杜拉贝拉　说假话的坏蛋！

安东尼　（对克莉奥佩特拉）你的爱里克萨斯，你的。

克莉奥佩特拉　天啊，这是他的诡计，他设计的，利用嫉妒心重获你的爱情。听他说，让他和我当面对质，让他说。

安东尼　听的，我听的。

克莉奥佩特拉　如果他没法帮我澄清——

安东尼　他是你的人，对你察言观色。让不让他说都由你做主，我不会再被你们说服了。

克莉奥佩特拉　那我们必须道别了？永别了，我无情的主上！现状对我不利，所以我不得不带着你不公正的评判永远离开你。我曾经有多爱你，你知道；现在我有多爱你，我知道，这是我唯一的安慰。即使你无情，我也爱你，比你最爱我的时候还要爱。如此真切。我永远都不会忘记，只要一想到你曾经是我的挚爱，死也愿意。

安东尼　老天爷，他们在为离别哭泣！我也要哭吗？我要是哭了就证明他们是无辜的。我不能哭。但一想到我不能原谅他们，我就想哭。

——活着，卑贱地活着，这是你们罪有应得，是你们把我变成这样。远离彼此的视线，不要让我知道你们见过面。让千山万水隔绝你们的爱情。除了太阳和晴天，不许看同一样事物。现在，各走各的路。为你们各自的悲惨命运和我的命运哀悼吧，你们不忠，我再也不会相信你们了。（各自下）

第五幕

【克莉奥佩特拉、卡密恩和伊拉斯上

卡密恩　上天，公平点儿。这样的好人都受到惩罚，让人觉得机会统治一切。机会都打乱了，逼着人只能听天由命。

克莉奥佩特拉　我的眼睛都要哭出来了，我曾得到过他的心，却无力留住他。该诅咒的迷恋，明明知道我还要沉迷！天神可以做证，你们都听见他赶我走。他满口誓言，嘲笑你们！——我想死的心都有，我受不了了。（她拔出匕首，被她们拖住）你们可以拖住我——但我可以屏住呼吸，先杀死我的心，然后扼杀我的爱情。

【爱里克萨斯进

伊拉斯　救命，爱里克萨斯，快来帮忙！女王绝望了，她的灵魂在爱与恨的交织中挣扎，努力在寻找出路。

克莉奥佩特拉　让我走。你在这儿，叛徒！——终于可以泄愤了。给我走开，让我杀了他。

爱里克萨斯　是的，我自作自受，我说的话不合时宜。我能撑住一个将要倒下的帝王吗？置身于她的王权之下，迟早都会被压得粉碎。一个臣子想要维持一个坚决要自取灭亡的帝王，简直是痴心妄想。

克莉奥佩特拉　我平心静气地和你理论。难道你没有欺骗我，让我光明正大的爱情走上弯弯曲曲的嫉妒小道？现在结果如何？奥克塔维亚走了，可是克莉奥佩特拉也被驱逐了。你，你这个坏蛋，把我的船推进大海，只是为了证明自己能否将它驶回来，为此我付出了惨痛的代价。它不可能回来了，我迷路太远，我被你给毁了。走开，你这个骗子、叛徒、怪物、恶魔！——我说完了。你，还有我的悲哀，把我沉得这么低，我都没有力气诅咒你。

爱里克萨斯　假设岸边有个翻了船的水手，爬上陡峭的悬崖，虚弱无力。如果上面伸出一只援助之手，冒着生命危险，把他拉到安全地带，他会回过头来咒骂那个救他的人吗？你也一样，只要再走一步，你就到达那里了。

克莉奥佩特拉　沉到底处，再也浮不起来了。

爱里克萨斯　奥克塔维亚已经走了，杜拉贝拉遭驱逐了。相信我，夫人，安东尼是你的啦。他的心从没弄丢过，他开始嫉妒了，这是爱情最后隐藏的地方，他躲在树荫处，在静默中观看，聆听呼唤它回去的声音。会有人把这件未完成的工作做完，我只是把这件工作变简单了再交到他手中。

克莉奥佩特拉　小心，不然——

爱里克萨斯　不然，你的沉默威力无边。

——安东尼已经上了帕罗斯山，从那里，他可以看到我们埃及的战船在和恺撒的舰队作战。要么死亡，要么胜利！如果是前者，命运就破灭了我的希望。如果我们赢了，胜利者就属于你。

【幕后传来远处的吼声

卡密恩　放心吧，夫人。你能听到那喊声吗？

【第二声离得更近了

伊拉斯　听，声音越来越大了。

爱里克萨斯　是从港口传来的。这么大声，表明一定在附近。好消息，仁慈的天神们！

克莉奥佩特拉　欧西里斯保佑我们。

【塞拉片上

塞拉片　女王在哪儿？

爱里克萨斯　这个懦弱的祭司瞪着眼睛太可怕了，就像还没从惊吓中恢复过来。她的神们，还有她更宝贵的祭品，都有危险。

塞拉片　可怕，太可怕！埃及已经完了。我们的末日来了。我们国家的王从她古老的皇位上沉入万丈深渊。时间翻到我们光荣的最后一页，现在已经合上了书本。

克莉奥佩特拉　说得再直白些。说吧，你从哪里来。尽管你的脸，你惊慌失措的眼睛已经显示了我们的命运。你还没开口说话，就已经吓到我们了。

塞拉片　我从帕罗斯来的，（不用管我，你想想看）我们国家最后的希望，你的海军——

克莉奥佩特拉　打败了吗？

塞拉片　不是，他们不打。

克莉奥佩特拉　那么，他们逃走了吗？

塞拉片　也不是。我跟着安东尼看到你装备精良的舰队开出去，他在高处挥三次手，他们就回应三次欢呼。那就是虚伪的命运，就像谄媚的妓女，想要离开破产的浪子，在分别的时候还笑吻他，要将奉承进行到底。装备精良的船队快出发，驶向敌方。确实，他们很快就遇上了，但不像遇见敌人。过了一会儿，我们看见他们扔起帽子。罗马人像接待朋友一样接待了埃及船队，让他们开到罗马后方。现在他们一起开到港口来了。

克莉奥佩特拉　够了，塞拉片。我已经听到了我的命运。

——这真的没有必要，天神们。当我失去了安东尼，你们的工作就已经做完了，这不过是多余的恶意。

——我的主上在哪儿？他怎能忍受这样的打击？

塞拉片　他的怒火溢于言表。他三次瞄准恺撒的战船，想上岸杀敌。撤下后就破口大骂，说你出卖了他。如果他现在找到你——

爱里克萨斯　我们避而不见，安全要紧，直到你能澄清为止。

克莉奥佩特拉　我想留下。

爱里克萨斯　你不能留下。赶紧进你的庙里，我赶到恺撒那里去。

克莉奥佩特拉　恺撒！不，我跟他毫无瓜葛。

爱里克萨斯　我可以劝劝他放你一条生路，让那个疯子自取灭亡。

克莉奥佩特拉　下作的小人！你是要背叛他吗？不要让我看到你！我不想听一个叛徒说话。就是因为你，我们才有现在的下场。

——塞拉片，你最诚实，帮我想想办法。但要快，每一分钟都很珍贵。

塞拉片　去休息，你不能再见安东尼了。是爱里克萨斯引起的这场叛乱，就让他去冒险。让他去帮你澄清。既然他愿卖弄他谄媚的口才，帮你从恺撒那里求得生路，那就让他试试，去跟安东尼讲。

爱里克萨斯　天啊！我不敢去。我一定会死的。

克莉奥佩特拉　奴才，你是罪有应得。

——我不怕我的主上，我也不愿躲着他。我知道他很高贵。他认为我虚情假意，驱逐了我，他不屑要我的命。但我一定要忠诚，和他一起面对死亡。

爱里克萨斯　哦，可怜可怜我吧，让我跟随你。

克莉奥佩特拉　如果你动一动，我就杀了你。求饶吧，如果你现在想活命。我很珍惜我自己的命。

——过来，好塞拉片。

【克莉奥佩特拉、塞拉片、卡密恩下

爱里克萨斯　我不应该这么害怕死去。就像懦夫手里的雪球，抓得越紧，化得越快。可怜的理智！一点用都没有！即使有你，精神和肉体这对恋人，还是害怕最后的分别。让我想想，我该说些什么才能避免一死？不管克莉奥佩特拉怎么样了。

安东尼　（幕内）哪条路？这是哪儿？

温提狄阿斯　（幕内）这是去庙里的路。

爱里克萨斯　天啊！我听到了他的声音。我还没准备好，我撒谎的天赋没有了。这只宫廷的恶魔在我需要的时候抛下了我。我不敢留下，也不敢走远。（下）

【安东尼和温提狄阿斯上

安东尼　哦，兴高采烈的恺撒！你领导着人类。不要以为是你征服了安东尼，而是罗马征服了埃及。他们背叛了我。

温提狄阿斯　诅咒这群奸贼！他们的天地让他们天生就有种奴性。他们年轻的灵魂用呼出的第一口气污染这个世界。

安东尼　天神是不会造出这么龌龊的人的。他们是太阳和尼罗河的私生子，虽然幻化成人形，但他们母亲的淤泥涂满了他们的灵魂。

温提狄阿斯　这个国家都是叛徒。他们的女王更是他们精神的缩影。

安东尼　我们的勇气有没有可能帮帮我们？有没有一个天神还没有发誓要让我灭亡？有没有最后一线希望？如果有，我想我不会输给恺撒这个小子。这个世界仍有一半是安东尼的，虽然砍掉了一手一脚，灵魂还是回到我这儿来了。

温提狄阿斯　我们还有三个军团在这儿。剩下的都在最后一次攻击中死掉了。如果死是你的意愿，我现在就想死——这些都足够我们杀死很多敌人来陪葬。

安东尼　三个军团已经够了。我们不要把我们的命运之星分开了。我们要并肩作战，用恶意的眼神检查对方的行动。你每杀掉一个人，我就杀掉另一个还债。

温提狄阿斯　现在知道我爱你了吧。一点都没有骗你。以我剩下的几小时生命起誓，我喜欢罗马人勇敢的命运。我不愿意做恺撒，活得比你长。当我们脱下肉身，一同升天的时候，我要向天上众神们炫耀——瞧，这就是和安东尼一块儿去世的人！

安东尼　说不定，我们从他们中间杀出一条血路，和我的旧部会师？这很值得一试，跳过鸿沟，把我们摇摆不定的命运抛在脑后。

【爱里克萨斯颤抖着上

温提狄阿斯　看，看，那个坏蛋！克莉奥佩特拉所有的狡猾和虚假都印在那张脸上！能从这双颤抖的眼睛里看到克莉奥佩特拉的样子！在开口之前他就盘算着撒谎！让我先杀了他。（拔剑）

爱里克萨斯　饶了我，饶了我！

安东尼　住手。他不值得你杀。

——你的命我不屑要，你可以自己留着，但不许为你的女王说一个字，管好你的嘴巴。

爱里克萨斯　陛下，她走了。在那里她再也不会因为爱情或你而痛苦了。

安东尼　逃到她的杜拉贝拉那里去了吧！去死，叛徒！我收起我的承诺！去死！（欲杀他）

爱里克萨斯　住手！她没有逃。

安东尼　她逃了。我的眼睛看出了她的虚伪。我的整个一生都在做一个有关爱情和友谊的金色的梦，但现在梦醒了。我就像一个商人，从梦中醒来，发现船在下沉，他所有的财富都要扔掉。忘恩负义的女人！她追随我就像燕子追随夏天，在我柔情的阳光中孕育她的幼儿，在我晨起时唱着谄媚的歌。但是，现在我的冬天来了，她就张开自己的翅膀，去寻找恺撒的春天。

爱里克萨斯　不要这么想。她生命中的一切都跟你连在一起。如果是她将海军出卖给罗马，这样的贿赂能帮她轻而易举地去恺撒那里。

温提狄阿斯　她先送过去，随后才能更受欢迎。

安东尼　这样再明白不过了。不然她会准备好为自己澄清了。

爱里克萨斯　她太苦命了。她忍受不了被你指责，把自己关在庙里，垂头丧气，毫无表情的脸上默默流着泪。她喃喃自语，谁都听不清楚。最后，她抬起头，眼神看起来就像临死前的路克里斯——

安东尼　我的心有了预感——

温提狄阿斯　没事的。

——继续说。

爱里克萨斯　她拔出了匕首，在我们阻止之前，她就插进了自己的胸膛。然后她转向我，去告诉我的主上，帮我做最后的道别，问问他是不是还怀疑我的忠诚。她还没说完，就去世了。她最后一口气时还喊着你的名字，只喊出了一半，另一半就和她一起埋葬了。

温提狄阿斯　值得称颂的天神！

安东尼　那么你们是无辜的，我可怜的爱人，你真的死了吗？清白和死亡这两个词应该分开。要是你不忠的话，死了也就罢了。要是你是清白的，就应该活着。但你是清白的，却死了！而我谋杀了清白的人，忠诚的人！我的言语无法表达我的愧疚！

温提狄阿斯　有这么严重吗？天神们太慈悲了，因此你应该感谢他们！

安东尼　（对爱里克萨斯）你为什么在这儿？你是要监察我的灵魂，看看它是不是在哭泣？滚开，你不配看一个罗马帝王在干什么。

爱里克萨斯　（旁白）他仍然爱她。他的悲伤告诉了我。好极了！当发现她还活着时，他就能谅解她了。我救了我自己，还有她。但是，天啊！罗马人！命运变得太快，超出了我的才智，让我无力招架。（下）

温提狄阿斯　要是她早点儿死就好了！在奥克塔维亚离开之前，你就应该讲和了。现在看起来太没骨气，也不会被接受。来，站起来吧，让我们一同死去。

安东尼　我不想打了，战争已经没了意义。我的气已经消了。

温提狄阿斯　恺撒已经到门口了。

安东尼　那么，让他进来吧。欢迎他的到来。

温提狄阿斯　什么爬到你的心里了？

安东尼　我不屑活下去，只求自己能从枷锁中解脱出来。

温提狄阿斯　勇敢地去做吧。

安东尼　我想，但不是去打仗，温提狄阿斯！现在我为什么而打？——我的女王去世了。我是为了她才变得伟大。我的权力，我的帝国只是为了收买她的爱情。被征服的国王只是我的中间人。现在她死了，就让恺撒统治这个世界吧。

——这个世界成了一个空圈，没有了珠宝，我是为了珠宝才奋斗的。我的生命没有意义，生命中所有的光彩都消失了。

温提狄阿斯　你是要做俘虏吗？

安东尼　是的，我愿被俘。但是，作为一个罗马人，我应该死去，我的温提狄阿斯。我要把自己的灵魂带到恺撒到不了的地方，在那里结束自己的生命。那时这个世界会有一个主，知道听命于谁。我们两个各霸一方，互相争斗，这个世界都变形了。让他一个人在上面走吧，我已经厌倦了。我的火炬熄灭了，这个世界站在我面前，就像黑夜来临前的沙漠。我要躺下来，再也不漂泊了。

温提狄阿斯　我会伤心，但我不会苟活于世，和你一同死去。我见过不同形式的死亡，我不介意选择哪一种。我只是觉得困扰，我承受的生命竟是如此的破旧，不值得相赠。我真的希望能光辉一点。就像两只辛苦的狮子，最后我们应该张开爪子，去伤害包围我们的人。

安东尼　我也这样想过。温提狄阿斯，你必须活着。

温提狄阿斯　我不能，陛下。

安东尼　难道你不愿活着，为我说些好话，帮我保护名声，不让别人恶言相赠？

温提狄阿斯　那谁来保护我？因为我还活着，你却死了。

安东尼　不，我命令你这样做。

温提狄阿斯　要是我们死得值当，我们的死亡会为我们开脱，我们不需要证人。

安东尼　你爱过我，我却无以为报。我必须死，杀了我吧，希望我的死能帮你去跟恺撒讲和。

温提狄阿斯　谢谢你的仁义。你说我爱你，作为回报，你却让我变成叛徒。我可以认为你是在利用我吗？——难道你要我临死都怨恨你吗？

安东尼　原谅我吧，罗马人。我听到克莉奥佩特拉的死讯，我的理智就管不住我的口舌，让我想到什么就说什么。我已经想好了，请不要拒绝我。

温提狄阿斯　我向天起誓我不会这么做。

安东尼　先杀了我，然后自杀。在死之前，你应该为你的朋友服务。

温提狄阿斯　把你的手给我。我们马上就能再见了。现在，永别了，陛下！——（拥抱）我想这个称呼太过生疏，最后我不应该这样叫你。死亡消灭了一切区别，永别了，朋友！就这些了——我不愿啰啰唆唆，我也不愿看着你，并杀了你，求你把脸转过去。

安东尼　我会的。一定要一刀毙命。

温提狄阿斯　我的剑会做到的。（自杀）

安东尼　哦，你弄错了，你不应该先杀了自己，还给我，连死你都要抢先。

温提狄阿斯　我真的抢先了一步。但这是我第一次骗你，如果这可以让你谅解我的话。

——还有你，天神们，饶恕我，如果你们愿意。我宁愿背信弃义而死，也不愿杀死我的朋友。（死）

安东尼　永别了！我的领路人，连死都要帮我带路！我的女王还有你都走在我前面了，我拖住了荣誉的后腿。

——这么快？死也不过如此。死神对他很粗心，却又一如既往的善良。他没敲门，死神就来到门口，拥抱他，像在说——随时欢迎你，朋友是不需要通报的。书本惯坏了他，所有做学问的人都是胆小鬼。这些不需要我多想，死亡，就我所知，只是不再思想。我满足了。（剑落地声）我没有刺中自己的心，没用的手！你不应该在这种时刻犯错。像个伟人，摆架子，让我等候召见。

——（幕内传来脚步声）也许是恺撒的人，要是他发现我还活着，怀疑我会自杀，那就糟了！我要赶紧的，在他们找到我之前。（站起来）

【克莉奥佩特拉、卡密恩、伊拉斯上

克莉奥佩特拉　我的主上在哪儿？他在哪里？

卡密恩　他躺在那儿，温提狄阿斯死在他旁边。

克莉奥佩特拉　我的眼泪都预知到了，我来得太晚了。该死的爱里克萨斯！（跑向他）

安东尼　你还活着？还是我不知道自己死了，而你是第一个来见我的鬼魂？

克莉奥佩特拉　帮我把他扶起来，快点儿来帮忙！

【她们把他扶到椅子上

安东尼　我知道了，我们都还活着。坐下来，我的克莉奥佩特拉。我要好好利用最后的时光，和你多待一会儿。

克莉奥佩特拉　你怎么样了？

安东尼　好像一个匆忙离家的人，所有的都收拾好了，只是在匆忙中忘记了一颗珍珠，为此，他又回去了。为了你，我也回来了。

克莉奥佩特拉　天神哪，你对我残忍太久了，现在给点仁慈，把他稍纵即逝的生命还给我吧！

安东尼　它不会的，我亲爱的。我强迫自己的灵魂留下，说你没有虚情假意。

克莉奥佩特拉　现在说我是忠诚的已经太晚了。我会证明给你看，我会和你一块儿死去。我不知道爱里克萨斯捏造了我的死讯。当我知道后，就赶过来阻止这不幸的后果。我的舰队背叛了你和我。

安东尼　那杜拉贝拉——

克莉奥佩特拉　在他爱我之前，我就不太尊重他，而现在我都恨他了。

安东尼　够了，我的时间不多了。你说你会和我一起死，我相信你。因为现在我相信你说的一切，那样我们就可以更友善地分别。

克莉奥佩特拉　我就来。不要怀疑，我的生命，我就来，马上就来。恺撒再也不能把我们分开。

安东尼　当你还在世的时候，不要为我最后的不幸伤心。想想我们曾经辉煌的日子，上天确实已经推迟了风暴，直到我们的黄昏才来。十年的爱情，一刻都没丢失，每时每刻都很开心——我们度过了怎样的日子？现在我们都死去，手牵手迈向坟墓，情侣鬼魂会成群结队地来欢迎我们。

克莉奥佩特拉　你的话语就像临死前的天鹅的歌声，太过甜蜜，无法持续太久。你恨我恨了那么久，就不能再爱我一个小时吗？

安东尼　不能，一分钟都不能。

——这个吻——比我留给恺撒的一切都要宝贵。（死）

克莉奥佩特拉　再说一遍，我愿用千百个吻换这句话。我的主上，我的主上！说话啊，如果你还有生命。如果你不能说话，对我做个手势，或是看我一眼！做点什么表明你还活着。

伊拉斯　他走远了，听不到你的呼喊。现在你看到的只是一块没有感觉的土，灵魂遗留下来的东西。

卡密恩　记住，夫人，他不愿你难过。

克莉奥佩特拉　我听他的话，我没有爱过罗马人，不知道如何当他的妻子。他的妻子——我的卡密恩，那是我向往的名号。现在我死也要当他的妻子。让愚蠢的奥克塔维亚活着吧，为他的死难过。我高贵的命运将我们紧紧相连，如此牢固，罗马的法律都破坏不了。

伊拉斯　那么你也要死吗？

克莉奥佩特拉　为什么你要问这个问题？

伊拉斯　恺撒有同情心。

克莉奥佩特拉　让他同情那些需要他同情的人吧。我可怜的主上没有和他定合约，没有说死后要把我让给他。让我对恺撒的骄傲低头！什么！在他胜利的时候，随着他游街，使安东尼的朋友躲在角落里摇头叹气，诅咒我这个毁掉他的人！我不会这么做。

卡密恩　不管你决定做什么，我都跟着你，即使是死。

伊拉斯　我只是为你害怕，但是没有你，活着更害怕。

克莉奥佩特拉　那么，现在该怎样做就怎样做。快点儿，我的朋友，在这座城落入恺撒之手前，我们赶紧办完这件事。我的主上担心地看着，害怕我受到惊吓。不要让他等他的爱人等得太久。你，卡密恩，把我的皇冠和最珍贵的珠宝拿来，还有我给他做的胜利之冠，虽然他现在死了。你，伊拉斯，把能治愈我们所有疾病的解药拿来。

伊拉斯　毒蛇吗，夫人？

克莉奥佩特拉　还要我说两次吗？（卡密恩和伊拉斯下）当他们把生命强加给我时，死是多么甜蜜，冲入死神的黑暗住处，先抓住他。如果他和我的爱人一样，他一定不可怕。我们现在静静地待着，难道这不像爱人吗？我可以亲吻这苍白冰冷的嘴唇。奥克塔维亚看不到我，我宁愿看到他这样，也不愿看到他躺在奥克塔维亚的怀里。

——呵呵，欢迎，欢迎！

【卡密恩和伊拉斯上

卡密恩　我们该做什么？

克莉奥佩特拉　简单的仪式，朋友。但必须隆重。首先，这个桂冠应该戴在我英雄的头上，他并不卑微，也没有丢盔弃甲。

——只有你可以战胜自己，也只有你值得这样的胜利。

卡密恩　你要这些皇室的仪式做什么？

克莉奥佩特拉　傻得很，我要用这些去见我的爱人。像我第一次在西德诺斯河堤上看到他时一样，美得像个仙子。这次我也要一样的装扮，我的第二次婚姻应该和我的第一次婚姻一样体面。快点儿，你们都快点儿，来装扮安东尼的新妇。

卡密恩　弄好了。

克莉奥佩特拉　现在让我和我的主上坐在一起，我要这个位置。因为我也要和他一样，征服恺撒，和他共享山河。

——我不朽的爱情！不许不恭敬的手把你移开，永远都留在这里！在你生前，埃及没能给你一份安宁；死后，就让埃及补给你吧。

——把那个篮子递给我。

伊拉斯　毒蛇就躺在这些果实的下面。

克莉奥佩特拉　（拨开叶子）欢迎，你这善良的骗子！最熟练的贼，钥匙轻轻开启生命之门，还能不被察觉，就把我们偷走。你完成了死神的使命，甚至做得比他都好。轻轻地抚摸我们的身体，死神就站在旁边，被他自己的影子欺骗，还认为我们睡着了。

塞拉片　（幕内）女王呢，她在哪儿？臣民投降了，恺撒已经兵临城下。

克莉奥佩特拉　他来得太晚了，无法干涉我死亡的权利！快点儿，露出我的胳膊，激起毒蛇的愤怒。（伸出她的胳膊，又缩回来）懦弱的肉身，难道你和恺撒密谋好了要来背叛我？难道你不属于我了吗？我要强迫你这么做，不听他的差遣。我要把我自己、我的灵魂交给安东尼。（转身向一边，露出流血的胳膊）拿走，一切都妥当了。

塞拉片　（幕内）打开门，看住这个叛徒。

卡密恩　下一个就是我们啦。

伊拉斯　现在，卡密恩，为了不辜负我们伟大的女王和女主人。（她们让毒蛇咬自己）

克莉奥佩特拉　好了，死亡，我感觉你就在我的血管里。我盼望快点去寻找我的主上，那样我们就可以快点见面。一阵强烈的麻醉感爬满了每个地方，现在在我的头部，我的眼皮闭着，我的爱人在迷雾中消失。我去哪儿找他？在哪儿？把我转向他，让我躺在他的胸膛！——恺撒，你再也不能把我们分开了。（死）

【伊拉斯倒在她的脚下死去，卡密恩站在她的椅子后面，为她梳头。塞拉片，两个祭司，被捆的爱里克萨斯，埃及人上

祭司　塞拉片，瞧，死神做了些什么！

塞拉片　这正是我担心的。

——卡密恩，梳好了吗？

卡密恩　是的，梳好了，像个女王一样，她们家族最后一个女王。（倒地，死）

爱里克萨斯　这是真的，她做得真好，死去比活着被罗马人抓去庆祝强。

塞拉片　那对恋人坐在一起，像在给半壁江山发号施令！她脸上的笑容表明，她愿为他而活，也愿为他而死，到另一个世界去魅惑他。恺撒刚刚进来，没有时间悲哀了，看住那个奸贼，那是我们的安全保障。

——安息吧，值得祝福的一对，远离人世的风险，百年长存，命运所有的风暴都已掠过你们的坟墓。最后的盛名告诉我们，没有哪对恋人能生得如此伟大，或是死得如此甜蜜。

（下）

尾声

和争论者一样，当理由不成立时，诗人们一定还有余地——那就是抱怨。花花公子、纨绔子弟和傻瓜，会修饰自己的缺陷，这就是他们所有的机智。我们疑惑的是，这种差异是如何在我们这群愚人的诗歌和你们的散文间生长。至于信念，争吵能正确理解这场用自己的血和肉铸成的内战。老练的作者讨厌花哨的外衣，发誓要在镀金的车厢里步行，因为这样可以观察到每个涂鸦的人。他会尽可能快地变成花花公子。装扮，然后询问他的神谕——镜子，粉色或紫色能否成为他的脸。对于我们可怜的人，他既不责骂，也不祈祷，也不会因为你喜欢他的作品而欣赏你的智慧，他和贝叶斯先生不一样。他尽可能做到最好，如果他不能让人愉悦，他就会悄悄地求得安逸。然而，如果他能叫动自己的陪审团，他会以平等的名义请求站起，或倒下。让人的雄心壮志转动恺撒的力量，却让你为因为爱而失去这个世界的人悲伤！

但如果一些守旧的女士认为，最后一个时代是不可以在他的戏剧中复制的，天神就会帮助那个为满是皱纹的法官辛苦劳作的人。不要让年轻貌美的人加入，因为如果你激起了太多敌人的动机，年轻的智慧和火花就会为他所用。取悦所有的人不是一个人的事情。

造谣学校

The School For Scandal

〔英〕 理查德·布林斯莱·谢里丹

主编序言

理查德·布林斯莱·谢里丹，政治家，剧作家，1751年10月30日生于都柏林一个俊杰辈出的家庭。祖父托马斯·谢里丹是著名的詹姆士二世党人，历史学家。父亲与祖父同名，杰出的演员，剧院经理兼作家。

谢里丹接受的是律师职业教育，但其喜剧《情敌》的大获成功使他与戏剧结下了不解之缘。在《情敌》之前他还写过闹剧《圣帕特里克日》，喜歌剧《陪媪》，改编作品范布勒的《斯卡波罗之游》《造谣学校》（1777）以及爱国情节剧《皮札罗》。曾担任过朱瑞街剧院经理一职，并两次在剧院的重建中发挥重要作用，剧院在谢里丹的管理下有过一段明显的繁荣时期，他对那时的戏剧产生了重要影响，但频繁的剧场活动使他陷入了严重的经济危机。

1780年，谢里丹成为众院议员，此后活跃于政界30余年之久，曾多次主持内阁会议，被认为是那时最睿智、最雄辩的演说家。他发表了弹劾华伦·海斯丁的著名演说，在法国革命中，他强烈要求让法国拥有自治权，反对英国通过征服来传播其政治主张的企图，他还反对对美战争，这赢得了议会的认同。由于他的不懈努力，新闻自由取得了胜利。在其职业生涯里，他始终是一个正直、勇敢、主张思想自由的人。

在《造谣学校》中，谢利丹将风俗喜剧推到了英国的最高点，成为公众心中永恒的经典，仅次于莎士比亚戏剧。他使剧中人物约瑟夫·瑟菲斯、彼得爵士、提泽尔夫人及造谣和拍卖场面成为英国戏剧舞台上永恒的辉煌。

1816年，谢利丹逝世后被隆重地安葬在威斯敏斯特教堂。

查尔斯·艾略特

一幅肖像

致克鲁夫人，有关于喜剧《造谣学校》

理查德·布林斯莱·谢里丹　著

告诉我，你们这造谣学校里一本正经的能手，
痛斥戒律，贬低规则，
人生活在那儿不会疲惫，也没有名气，
不会附庸风雅，也不像你自己，
甚至你愿意协助她提高知名度，
哪怕是出于嫉妒和无言的赞美！
请注意！——一位偶像要吸引你的眼球——
诽谤的女儿们啊，我要召唤你们！
你们来裁决这是肖像表现的，
还是缪斯和爱神的痴想。
注意，你们精明智慧，初次评判，
你们是这孩子气年纪里有威望的审查员，

凝视的眼睛及起皱的前额，
与年轻漂亮格格不入，
精明，谨慎，或是出于天性，无情，
在女子的疯狂行为里，勇敢无畏！——
留心，你们善于编造珍贵的故事，
制造影射无效的证据，
你们实践的记忆，相当精确，
细节无一遗漏，除了真相！——
留心，你们所有爱吹嘘的人——年老的或是年幼的——
毒舌下活生生的诽谤！
在我的主题映衬之下，我这番老套的话仿若
恶魔中的圣人，或者诽谤的赞美诗。
来吧，温柔的阿莫雷特（这名字是在诗行里歌颂你们美丽的名声）；
来吧——除了你谁来寻求缪斯？
当天神脸上泛起红晕，你们有意微笑，
带着羞怯的优雅和踌躇的眼神，
这就是我夸赞的完美偶像，他拥有的——
自负的缪斯啊！你能描绘出比她还谦逊的，
或是模仿到一点亲和力——
你能祝福同肤色、同血统的人吗？
她的外形及脸庞平凡得算不上奇迹——
诗人应学习这不朽的诗行，
雷诺兹的艺术作品对你折服；
那艺术可能是对自然和上帝的增光加彩：
格兰比的脸颊或许又会增光，
抑或望向德文目光中最纯真的微笑！
要描绘出那美好的赞美甚是困难，
其评判奚落了谄媚之徒的敬意！
但赞美阿莫雷特我们是错不了的，

不会对上帝过分高估，或是去奉承她！
但由于命运的固执——
她会怀疑我们说的事实，不会视之为对她的赞美。
装扮时尚，却不是靠服装，
简洁来自品位，而非粗心；
动作谨慎，举止温和，
不拘泥于审慎，或过分温和。
阿莫雷特没有这种情况，不会矫揉造作。
她皱眉得不像是女神，也没有女王的步姿。
行为举止中散发的魅力难以抗拒，毫无惊喜。
这与她的表情相得益彰——
这不及端庄，更像是优雅！
她纯洁脸上的本色，
是上帝赐予的，赞美之声不绝于耳，
神圣的手，局部都来不及护理，
可能已是微红，
她的心中——
放置着谦虚——其他全被温柔的人占据。
但谁能冒险一绘她的嘴唇？
用微笑代替——所有的语言都苍白无力。
就让爱神亲自去指导他们的动作吧，尽管他不会去支配她的言语。
你们看见她说话，却听不见，
因听不到远方她的话语遗憾。
看见嘴唇，你们仍然可以假装
去猜测她说了什么，发誓有这样的感觉：
身着优雅，面带忧伤，
他们带着目的款款而来，却在思考中驻足！
但你看得更远一点了吗？带着迷人的惊喜，
她眼里些许的犹豫不决，

好奇他们多久休息，
在短暂的失色及瞬间的闭合——
啊！在那儿你看不到隐藏的丘比特，
他羞于掌管，用嫉妒的关怀
掩饰或揭开神圣之光的笑容，
对于凡人来说，不是太丰富、太致命了吗？
也没有，喜欢满足于这样快意的报复，
宽容的酒窝渴望一个安全的静居处。
尽管她宁静的心中容忍不了，
屈服的皱眉出现在她易变的表情，
我坚信，爱神及她的计谋，
仍让她的微笑更加致命怜悯！
于是对女人而言，拥有所有的智慧美貌
便可光鲜美丽而来，
虚荣达到的高度可能被认为
是她的特权，是自然的过错。
然而温柔的阿莫雷特，在心中，
至高无上就跟魅力一样，拒绝虚荣；
对于她的美貌半信半疑，
她机智地在以前锋利的标枪上装倒钩。
她阅读所有女性所能接触到的知识，
尽管格雷维尔，或是缪斯本应不吝赐教，
渴望进步，不害怕看出
一个女人的优雅能学到多少；
在米勒的话语中她不会检验
阿波罗的女祭司，而是阿波罗的爱，
真理乐意拥有的那些标志都体现着优雅，
羞怯的脸红，以及温言细语。
不管她说什么，尽管充满理智，

显示了女性怀疑的温柔色调；
用魅力装扮，机智的出现是多么可爱，
多么优雅的场面，当她穿着那长袍！
她的天赋，她喜欢的想法，
高尚的思想表现了一颗有活力的内心：
追求欢乐，通过沉思来习得，
渴望愚弄，通过坦率来支配，
嘲笑愚蠢，她极力隐藏。
对天赋的敬畏，拥有这是她的骄傲！

和平，闲散的缪斯！你的血统不再延续，
但出现了一个话题，你最热情的赞美是错误的。
对于她的优点，尽管你写不出
无力的诗行，注意不到公认的赞扬，
已由羡慕的列车坚定地传播，
并在造谣的地方投下了致命的阴郁！
看吧！每个无精打采的老巫婆，带着责骂的口吻，
抱怨所有你歌颂的热忱——
拥有所有的徽章——大体如此。
你鼓舞着我，是我的偶像——克鲁！

前言

加里克先生　著

造谣学校！告诉我，我恳求你，
那儿需要一所学校来教你流行艺术吗？
不需要上课，世故的人这样认为，
他们可能会教授我们吃喝。
流言蜚语所致，忧郁会
让我们美丽的人痛苦——让他们看这文章吧，
如此混乱困扰了他们这强大的混合物，
你将渴望什么——这就足够了。
“天哪”！我的沃伍德夫人（她喜欢嚼舌根，爱添油加醋）呼喊着，
中午起来，整晚都在牌桌前就着浓茶造谣——
“保佑我吧，多么与众不同！
把文章给我，利斯普——多么自由勇敢！（抿茶）
昨晚有人看见L勋爵和D夫人在一起
因为盐散发的魅力让人头痛！（抿茶）

假如B夫人仍要继续卖弄风骚的话，
我们希望她关上，或者我们拉开窗帘。
说得好，波兹——所有人公开辱骂她，
但是，我们自己，（抿茶）我们不能拒绝赞美。
现在，利斯普，你来读——从那破折号和星号的地方。”
“好的，夫人——住在离格罗夫纳广场不到二十英里，
他清楚地知道，
他应该会看出W夫人的想法，
沃伍德尖酸刻薄”——“哦！我就那样！一个恶棍！
把它扔到火里，别再让那恶劣的文章出现在我房间。”
由此我们取笑我们的朋友，他们能感受到恶语如飞镖，
刺进了我们心里，我们自己必须变聪明。
难道是因为我们的诗人太过年轻，
认为他能阻止如春潮般流言蜚语的全面侵袭？
他们知道这世界渺小，知道它的规则吗？
唉！不久恶魔就会站起来而非倒下。
怪物如此强壮，如此敏捷，没有阻碍，
把造谣的头颅砍下，他仍在饶舌。
为你曾有过许多的微笑骄傲，
我们年轻的堂吉诃德又走在了路上：
为了显示自己的感激之情，他提起他的笔，
去寻找造谣这九头蛇怪物的巢穴。
有了你们的喝彩，所有对冒险的不满都会忍受——
他将会战斗——用书写的形式——像真正的护卫那样，
直到最后一滴血——即是墨水——为你而流。

剧中人物

（原剧于1777年在特鲁里街剧院上演）

彼得·提泽尔爵士………………………………………………… 金先生 饰
奥利弗·瑟菲斯爵士……………………………………………… 耶茨先生 饰
哈利·班普爵士……………………………………………… 高德里先生 饰
本杰明·巴克百特爵士…………………………………………… 多德先生 饰
约瑟夫·瑟菲斯…………………………………………………… 帕默先生 饰
查尔斯·瑟菲斯…………………………………………… 史密斯先生 饰
卡尔里斯…………………………………………………………… 法伦先生 饰
斯内克……………………………………………………………… 帕克先生 饰
克拉布特里……………………………………………… 帕森斯先生 饰
罗利………………………………………………………………… 艾金先生 饰
摩西……………………………………………………… 巴德利先生 饰
崔普……………………………………………………… 拉马斯先生 饰
提泽尔夫人……………………………………………… 阿宾顿夫人 饰
斯尼威尔夫人…………………………………………………… 雪莉小姐 饰

坎德夫人………………………………………………………… 蒲柏小姐 饰
玛丽亚……………………………………………………… 霍普金斯小姐 饰
先生们、女士及仆人

场景：伦敦

第一幕

场景一——斯尼威尔夫人的化妆室。

【斯尼威尔夫人在她的化妆室梳妆；斯内克则在喝着巧克力饮料

斯尼威尔夫人　斯内克先生，你说，这几段都是插入进来的吗?

斯内克　是的，夫人。是我亲自仿抄的，它们的来历不会让人怀疑的。

斯尼威尔夫人　你散播过柏瑞特夫人与博欧斯托上校的绯闻吗?

斯内克　以夫人您的身份当然希望消息可以在一列火车中流传开来。通常情况下，我想二十四小时内它就会传到克拉克凯特夫人耳朵里。到那时，你知道，这件事就圆满了。

斯尼威尔夫人　哎呀，真的，克拉克凯特夫人是个聪明人，而且拥有大量产业。

斯内克　是的，夫人，她年轻时就已经相当成功。就我所知，她已经致使六对婚姻关系破裂，三位儿子失去其继承权，四人被迫私奔，许多起严厉禁闭，九桩分居赡养费，两起离婚案件。

非但如此，我曾不止一次发现她在“县镇杂志”聚会上与人对谈，也许他们在之前的生活中根本互不认识。

斯尼威尔夫人　她当然很有天赋，但其举止真是荒唐。

斯内克　的确是这样。她通常是精心设计，口无遮拦，别出心裁；但她色泽晦暗，形式夸张，缺乏色彩的精致，讽刺手法也不成熟，这当然不及夫人您的造谣。

斯尼威尔夫人　你太抬举我了，斯内克。

斯内克　完全不是那么回事。人人都知道斯尼威尔夫人您的一句话或是一个眼神比许多人费大量细节描绘的效果还好，即使他们碰巧知道了一点真相来支持其观点。

斯尼威尔夫人　是的，我亲爱的斯内克。当我通过努力获得成功时，我不会虚伪到不承认自己是喜悦的。年轻时，我因造谣中伤受过伤害，我承认，从那时起我就知道没有什么比得上让他人的名誉沦落到跟我那时一样更快乐了。

斯内克　这再正常不过了。但是，斯尼威尔夫人，您最近找我去做的事，老实说，我不清楚您的动机是什么。

斯尼威尔夫人　我猜你是指我的邻居彼得·提泽尔爵士一家的事吧？

斯内克　是的。他家有两个年轻兄弟，父亲死后，彼得爵士就当起了他们的监护人。哥哥性格尤其温和，人们都说弟弟是他们国家里最骄奢淫逸的人，没有朋友，且品行不端。哥哥曾公开承认是夫人您的爱慕者，显然也是您所喜欢的；弟弟倾慕于彼得爵士的保护人玛丽亚，她也自称爱上了他。现在，面对这种情况，我是完全不能理解的，您，拥有为数不少的遗产，又是骑士遗孀，为什么不接受瑟菲斯先生这样好脾气、有前途的一个人呢？我更不明白，为什么您会如此热衷于破坏他弟弟查尔斯和玛丽亚之间的感情呢？

斯尼威尔夫人　好吧，现在我就解开你的疑惑，我必须告诉你，我与瑟菲斯先生之间的交往并没有一点爱情存在。

斯内克　哦!

斯尼威尔夫人　他真正喜欢的人是玛丽亚，也许是喜欢她的财产，但发现弟弟是自己的对手后，他不得不戴上了矫揉造作的面具，并得益于我的协助。

斯内克　我还是不解的是，为什么您对他的成功这么感兴趣?

斯尼威尔夫人　天哪！你也太迟钝了吧！难道你就猜测不到迄今我还因羞愧甚至对你都隐藏的弱点吗？我非得坦白说查尔斯——那个骄奢淫逸的浪荡子，声名狼藉之徒——才是我真正热切渴望，愿意牺牲一切得到的人吗?

斯内克　现在，你的行为的确是前后一致的了，但你怎样和瑟菲斯先生达成对外保密的共识呢?

斯尼威尔夫人　为了我们共同的利益。很早之前我就认清了他的真面目。我知道他狡猾，自私，恶毒——总之，他是一个感情用事的无赖；他被彼得爵士及所有认识他的人误认为是一个深谋远虑、判断力强、慈悲善良的模范青年。

斯内克　是的，彼得爵士还信誓旦旦地说在英国还没人比得上他。总之，爵士赞扬他是一个感情丰富的人呢。

斯尼威尔夫人　真是这样，他靠感情及虚伪已完全将彼得爵士搅进了与玛丽亚有关的利益之中。而可怜的查尔斯却在家中没有朋友，我担心他在玛丽亚的心中很有分量，我们的策略必须是针对她来设计的。

【仆人上

仆人　是瑟菲斯先生来了。

斯尼威尔夫人　带他进来。（仆人下）他差不多总是这个时候来看我。这就难怪人们会认为他是我情人了。

【约瑟夫·瑟菲斯上

约瑟夫·瑟菲斯　我亲爱的斯尼威尔夫人，今天您还好吗？这位斯内克先生，您好。

斯尼威尔夫人　斯内克刚才还在嘲弄我俩的关系呢，但我已经告诉他我们的真正意图了。你知道他对我们的帮助会有多大，相信我，我是不会信错人的。

约瑟夫·瑟菲斯　夫人，我不可能怀疑斯内克先生的敏感及洞察力的。

斯尼威尔夫人　好了好了，现在就别恭维我了，告诉我你什么时候见过玛丽亚，或是说说对我更重要的你弟弟的情况？

约瑟夫·瑟菲斯　我离开您之后就没见过他们了，但我确定他们没见过面。你的一些流言已经对玛丽亚造成了很大的影响。

斯尼威尔夫人　啊！我亲爱的斯内克！这都要归功于你。但你弟弟的困扰会有所增加吗？

约瑟夫·瑟菲斯　每时每刻都会增加。我得知他昨天家里又遭到扣押。简言之，他的挥霍无度与铺张浪费比我听到的还要夸张。

斯尼威尔夫人　可怜的查尔斯！

约瑟夫·瑟菲斯　是啊，夫人，尽管他有种种恶习，人们还是情不自禁同情他。可怜的查尔斯！我真希望我能帮助他，我不是不愿与弟弟分担痛苦的人，即使这都是由于他行为不当造成的，也应该——

斯尼威尔夫人　天哪！你要假高尚，忘记你是和朋友在一起啦。

约瑟夫·瑟菲斯　是的！我会一直保持我的观点，直到见到彼得爵士再说。但是，把玛丽亚从这样一个浪荡子身边解救出来的确是一件善事，要说谁能挽救我弟弟，也只能是拥有夫人您这般卓越成就及同情心的人了。

斯内克　斯尼威尔夫人，我看又有人来了，我去仿抄我向你提到过的那封信，瑟菲斯先生，失陪了。

约瑟夫·瑟菲斯　先生，请便。（斯内克下）斯尼威尔夫人，我真是很遗憾，您居然那么信任那家伙。

斯尼威尔夫人　何出此言呢？

约瑟夫·瑟菲斯　最近我发现他频繁地与老罗利说话，老罗利以前是家父的管家，您知道的，罗利不是我朋友。

斯尼威尔夫人　所以你认为他会背叛我们？

约瑟夫·瑟菲斯　没有什么比这更有可能的了，好好想想我说的话，斯尼威尔夫人，那家伙甚至连自己的恶行都不能诚实面对。啊！玛丽亚。

【玛丽亚上

斯尼威尔夫人　玛丽亚，亲爱的，你好啊！出了什么事了吗？

玛丽亚　嗯，还不是我那讨厌的爱慕者，本杰明·巴克百特爵士，他刚刚和他那令人厌恶的叔叔克拉布特里来拜访我的监护人，所以我溜出来了，跑到这里来躲避他们。

斯尼威尔夫人　就是这样？

约瑟夫·瑟菲斯　如果我的弟弟查尔斯在场，小姐，也许你就不会如此惊慌。

斯尼威尔夫人　不，你言重了。我敢发誓，是玛丽亚听说了你在这儿的缘故。但是，亲爱的，本杰明爵士到底做了什么让你会如此躲避他？

玛丽亚　哦，他没做什么，而是因为他说的话，他老是诽谤他认识的所有人。

约瑟夫·瑟菲斯　是的，最糟糕的是，不认识他的人，也没什么好处，因为他骂陌生人就跟骂自己最好的朋友一样，他叔叔也很糟糕。

斯尼威尔夫人　但我们应该想想看，本杰明爵士是一位智者，还是诗人。

玛丽亚　夫人，对我来说，机智如果与恶毒同流合污了就不值得尊敬了。瑟菲斯先生，你怎么认为呢？

约瑟夫·瑟菲斯　当然，小姐，对于刺在别人心上的笑话予以嘲笑，那就成了恶意中伤的主谋。

斯尼威尔夫人　不掺杂一点病态的恶作剧就不可能机智了，心怀恶意就像是刺人的倒钩，你认为呢，瑟菲斯先生？

约瑟夫·瑟菲斯　当然，夫人。缺乏嘲弄意味的交谈就会单调乏味。

玛丽亚　好吧，我不会讨论人们能容忍谣言到什么程度。但我敢肯定的是，如果一个男人这样造谣的话就很可耻了。我们女人高傲，嫉妒，会竞争，有上千的动机来贬低对方，但男性造谣者在他能够中伤人之前得有女人的懦弱。（仆人上）

仆人　夫人，坎德夫人在下面，如果夫人有空的话，她就下车。

斯尼威尔夫人　请她进来吧。（仆人下）玛丽亚，现在的这个人很合你的品位，虽然坎德夫人有点多嘴，但是大家都认为她脾气好，是最好的人。

玛丽亚　是啊，她卑鄙地用天生的好脾气和仁慈之心来做的坏事，比老克拉布特里直接的伤害还多。

约瑟夫·瑟菲斯　老实说，确实如此。斯尼威尔夫人，每逢我听说当前的言语对我的朋友不利时，我就会想到，坎德夫人的辩护反而会把他们置于危险之中。

斯尼威尔夫人　嘘！她来了。

【坎德夫人上

坎德夫人　我亲爱的斯尼威尔夫人，近来可好？瑟菲斯先生，你有听到什么消息吗？那也没关系，我觉得人们听到的除谣言之外也别无他物。

约瑟夫·瑟菲斯　是这样的，夫人。

坎德夫人　哦！玛丽亚！孩子，怎么？你和查尔斯之间的事都吹了吗？我猜他是一个挥霍无度的人吧，镇上的人谈论的无非是这个了。

玛丽亚　我很遗憾，夫人，镇上的人吃饱了没事可做了。

坎德夫人　是的，是的，孩子，但又不能封住人们的嘴啊。我承认听到这话我也很心痛，事实上我又从同一个地方听说你的监护人彼得爵士和提泽尔夫人最近处得不如想象那般和睦。

玛丽亚　大家这么爱管闲事，真是岂有此理。

坎德夫人　是啊，孩子，但又能怎样呢？人们要说——又不能阻止。啊！就在昨天，我听说嘉达保小姐跟菲拉格利福勒特爵士私奔了。哎呀！人们听说的什么不重要，但可以肯定的是，我是从一位权威人士那儿听说的。

玛丽亚　这些流言真是太可恶了。

坎德夫人　没错，孩子——无耻！真是太无耻了！世人都这么爱搬弄是非，没人例外。喏，现在谁会怀疑你的朋友普林小姐行为轻率呢？这就是人的病态，他们说上周她和她的舞蹈老师刚要踏上一辆开往约克的马车时被他叔叔拦下了。

玛丽亚　我保证这种谣言毫无根据。

坎德夫人　啊！绝对没有根据，我敢发誓，也许上个月流传的菲斯提诺夫人和卡西诺上校的绯闻故事更没根据了，尽管这件事还有待澄清。

约瑟夫·瑟菲斯　人们这样肆意造谣，太可恶了。

玛丽亚　确实如此，但就我看来，传播谣言的人一样可恶。

坎德夫人　他们的确可恶，搬弄是非的跟制造是非的人一样恶劣——这是一句老话了，也相当正确，但就像我刚才所说的，我们又能怎么办呢？今天，克拉克凯特夫人向我证实说，哈利梦先生和太太终于像他们其他的朋友那样成了夫妻，此外她还暗示说，临街的一位寡妇用不可思议的方式治好了她的浮肿，还把身体恢复了。那时，塔特小姐也在场，她证实巴弗洛勋爵发现他的妻子在一个臭名昭著的屋子里，哈利布凯和汤姆送特也因相似的理由要比剑决斗。但是，天哪，你认为我会散播这些消息吗！不，不会！就像我刚才所说的，搬弄是非者跟制造是非者同样糟糕。

约瑟夫·瑟菲斯　啊！坎德夫人，如果人人都像你这样克制、这样好脾气就好了！

坎德夫人　瑟菲斯先生，我承认我受不了有人在别人背后中伤，如果是关于我们熟人的丑闻，我总是喜欢往最好的方面想。另外，我希望你弟弟完全被毁了的传言不是真的。

约瑟夫·瑟菲斯　恐怕他的处境非常糟糕了，夫人。

坎德夫人　啊！我也这样听说了——但你一定告诉他要振作精神，几乎人人都是这样：斯宾德勋爵、托马斯斯普林特爵士、昆兹上校以及尼基特先生，这周内我都听到过他们所有人的流言，所以，如果查尔斯也毁了的话，他会发现他认识的人也毁了一半，这样他心里会感到安慰一点的。

约瑟夫·瑟菲斯　毫无疑问，夫人——这的确是一个让他心里好过的理由。

【仆人上

仆人　克拉布特里先生和本杰明·巴克百特爵士来了。

斯尼威尔夫人　玛丽亚，你看，你的爱慕者找你来了，你这次可是躲不掉了。

【克拉布特里和本杰明·巴克百特爵士上

克拉布特里　斯尼威尔夫人，请允许我吻您的手。坎德夫人，我看您不认识我的侄儿本杰明·巴克百特爵士吧？夫人，他相当聪明，还是一位诗人呢，斯尼威尔夫人，对吧？

本杰明·巴克百特爵士　啊！别这样说，叔叔！

克拉布特里　不，这是事实。我还曾在猜字谜还是猜画谜里支持他与全国最好的诗人一较高下呢。夫人您听过他上周写的关于“弗利索夫人羽饰着火”那首短诗吗？——本杰明，快再说一遍，或者念念昨晚在德朗棋夫人家座谈会上作的字谜。来念吧，第一首是“鱼类的名字”，第二首是“一位伟大的海军司令”，而且——

本杰明·巴克百特爵士　叔叔！哎呀！请您——

克拉布特里　夫人，我保证你们听到他敏捷的才思会很惊讶的。

斯尼威尔夫人　本杰明爵士，我想听，你以前没出过书吧。

本杰明·巴克百特爵士　老实说，夫人，付印的话就未免太俗气了吧，拙作为数不多，而且大多是针对特定人物的讽刺罢了，我发现把他们私下拿给聚会上的朋友看，还流传得广一些。我还有些爱情悲歌，如果这位小姐能微笑支持的话，我也愿意公之于众。

【指着玛丽亚

克拉布特里　（对玛丽亚）老天在上，小姐，它们会让你永垂不朽！你会像彼特拉克笔下的劳拉或是沃勒描绘的莎嘉莉萨一样流芳百世的。

本杰明·巴克百特爵士　（对玛丽亚）是的，小姐，我相信你在精美的四开书上看见这些诗，你会喜欢它们的，这些诗行就像清澈的小溪从牧场边流淌而过。天哪！它们一定会是这一类中最优雅的了！

克拉布特里　女士们，的确如此，但你们听说过这个消息吗？

坎德夫人　什么？先生，你是指——

克拉布特里　不，夫人，不是那一则。

——是奈斯莉小姐要下嫁给她的仆人。

坎德夫人　不可能！

克拉布特里　不信你问本杰明爵士。

本杰明·巴克百特爵士　夫人，那是真的，一切已成定局，结婚礼服都定制好了。

克拉布特里　是的，他们还说是有紧迫的理由呢。

斯尼威尔夫人　哦，我以前也有所耳闻。

坎德夫人　不可能——奈斯莉小姐是一个如此谨慎的人，我看有人会相信这种传闻。

本杰明·巴克百特爵士　啊，天哪！夫人，那就是人们一听便信的原因了。她一向谨慎保守，人们相信实际上一定另有隐情。

坎德夫人　啊！肯定地说，流言蜚语对她这样谨慎的人来说跟体格最强壮的人发高烧一样是致命的。但有种小名誉，总是境况不佳，却比上千看似精力充沛的正经女人还要耐久。

本杰明·巴克百特爵士　是的，夫人，有人害怕名誉受损就跟知道自己有缺点的人一样，尽量避免一丝风吹草动，小心谨慎地补给他们缺乏的活力。

坎德夫人　哦，但这也许全是错的。本杰明爵士，你知道的，微不足道的小事往往变成最有杀伤力的流言。

克拉布特里　夫人，我发誓，确实是那样。你们知道去年夏天派普小姐在顿桥是怎样失去情人及人格的吗？——本杰明爵士，你还记得吗？

本杰明·巴克百特爵士　啊！当然记得——那事再古怪不过了。

斯尼威尔夫人　怎么回事？

克拉布特里　哦，一天晚上，在蓬托夫人的聚会上，话题碰巧转到了国内繁殖诺瓦斯考西亚品种绵羊的事上。人群中一位年轻的女士说："我知道了一些实例，我的一位表亲，莉蒂希娅派普小姐养的绵羊一胎生了两只。""什么！"道尔杰邓迪吉女士（你们知道她是耳聋的）惊叫起来，"派普小姐生了对双胞胎？"这种错误，就如你们想象的那样，使在座的人哄堂大笑。但是，第二天，到处都在这样传了，几天之后，全镇的人都信以为真了，说莉蒂希娅派普小姐实际上生了一对龙凤胎，不到一周，就有人说知道孩子的父亲，连小孩寄养的农舍都一清二楚。

斯尼威尔夫人　太古怪了！

克拉布特里　确实如此，我可以保证。啊！天哪！瑟菲斯先生，你的叔叔奥利弗爵士要回来了，请问这事是真的吗？

约瑟夫·瑟菲斯　事实上，我还不知道呢，先生。

克拉布特里　他长期居住在东印度群岛。我看你都不记得他了吧？他回来听到你弟弟的事会很难过吧！

约瑟夫·瑟菲斯　先生，查尔斯的确很轻率，但我希望不会有爱管闲事的人让奥利弗爵士对他产生偏见。他可以改邪归正的。

本杰明·巴克百特爵士　他当然可以，对我而言，我从不相信他像人们说的那样完全没规没矩，虽然，他失去了所有的朋友，我得知，没有人比犹太人更有发言权。

克拉布特里　是的，侄儿。如果旧犹太区是一个行政区的话，我相信查尔斯会当上总督的，在那儿没有谁比他更受欢迎。天哪！我听说，他付的年金跟爱尔兰唐提保险金一样多，生病了的话，人们会在犹太教会堂祈祷他早点康复。

本杰明·巴克百特爵士　还没人活得比他还光彩。人们告诉我，他招待朋友时，跟一打的保证人一起吃饭，前厅里还有二十个商人等着，每位客人的椅子背后都有一名办事员。

约瑟夫·瑟菲斯　先生们，这对你们来说可能是消遣，但是，请你们稍微考虑一下我这个做哥哥的感受。

玛丽亚　（旁白）他们恶言恶语，真是难以容忍！——（大声地）斯尼威尔夫人，我得告辞了，我不太舒服。（下）

坎德夫人　啊！天！她的脸色都变了。

斯尼威尔夫人　嗯，坎德夫人，送送她，她可能需要你的帮助。

坎德夫人　夫人，我也真心希望如此——可怜的女孩，谁知道她的情况是怎样了。（下）

斯尼威尔夫人　她只不过是听不惯攻击查尔斯的言语罢了，尽管他们之间还在闹矛盾。

本杰明·巴克百特爵士　年轻小姐的喜好显而易见。

克拉布特里　但是，本杰明，你不能放弃追求她。跟着她，逗她开心。给她念念你自己写的诗吧。去吧，我会助你一臂之力的。

本杰明·巴克百特爵士　瑟菲斯先生，我无意伤害你；但是，你弟弟是彻底完了。

克拉布特里　哦，天哪！他彻底完了——一点钱都筹不到了！

本杰明·巴克百特爵士　我听说，所有的可动产都卖光了。

克拉布特里　我在他家里看见了一样东西。除了远远望见的几个空瓶子和框在壁板上的家庭照片外，空无一物。

本杰明·巴克百特爵士　很遗憾，我听到对他不利的流言蜚语。（欲离去）

克拉布特里　啊，毋庸置疑，他干了很多不好的事。

本杰明·巴克百特爵士　但是，他是你的弟弟——（欲离去）

克拉布特里　我们下次有机会再告诉你吧。（克拉布特里和本杰明·巴克百特爵士退场）

斯尼威尔夫人　哈，哈！他们没说完一件事就离开真是太不容易了。

约瑟夫·瑟菲斯　我相信，对于夫人您和玛丽亚来说都是不会欣然接受流言的。

斯尼威尔夫人　我怀疑她的爱比我们想象中的还要深。今晚整个家族会聚在这儿，所以，你可以就在这儿用餐，我们也可以有机会进一步

观察。其间，我会去谋划一下，你可以研究一下情绪。（下）

场景二——彼得·提泽尔爵士家中。

【彼得·提泽尔爵士上

彼得·提泽尔爵士　一位老光棍娶了一位年轻妻子，他还能期待什么呢？六个月前我们结婚，我成了最幸福的人——从那时起我就像条可怜的狗似的！我们去教堂就小吵小闹，教堂的钟声还没敲完就大吵起来。度蜜月时，我曾经就差点被气死，朋友们向我道喜前，我就失去了所有生活的乐趣。虽然我精挑细选——一个土生土长的农村女孩，除了一件丝绸衣服外对奢侈完全没有概念，她除了每年的跳舞比赛会之外，不知其他的消遣挥霍方式。但现在，城里所有时尚奢侈的东西她都有份儿，装得好像她从没在格罗斯夫诺广场以外的地方看见树林和草坪似的。我被所有的熟人嘲笑，报纸上也大做文章。她挥霍我的财产，与我所有的幽默作对，最糟糕的是，我怀疑我还爱上了她，否则我不会忍受她的这些缺点。但是，我不会软弱到拥有它。

【罗利上

罗利　哦！我尊贵的彼得爵士，您还好吧？

彼得·提泽尔爵士　糟糕，罗利管家，非常糟糕。我遇见的除了苦难就是烦恼。

罗利　昨天以来发生什么事了？

彼得·提泽尔爵士　对于一个已婚男人来说，这问得好！

罗利　不！彼得爵士，我肯定，你心烦肯定不是因为尊夫人。

彼得·提泽尔爵士　怎么，有人告诉你她死了吗？

罗利　别，别这样啊，彼得爵士，您爱她，尽管你们的性格有点不合。

彼得·提泽尔爵士　但都是她的错，罗利，我自己是世上脾气最好的人，就是不喜欢别人取笑，所以每天我对她讲有千次之多。

罗利 确实。

彼得·提泽尔爵士 啊！最特别的是，每次我们出现纷争的时候，都是她的错！但斯尼威尔夫人和她在她家里遇见的人都助长了她顽固的脾气。好了，更加令我烦心的是，玛丽亚，既然是我的保护人，我就应该拥有一个父亲的权利，她也决心跟一个叛逆之徒，拒绝了我为她精挑细选的丈夫人选，我想，这意味着她打算委身于他那放荡的弟弟了。

罗利 彼得爵士，你知道吗，对于这两位年轻人的事，我倒是与你的看法不同。我只希望对于哥哥你不要被自己的看法蒙蔽了。至于查尔斯，我用性命担保，他一定会改邪归正的。他们有钱的父亲，我曾经尊敬的主人，像他这年纪时，差不多也很野，但他去世时，却没有一个心地善良的人不为他的离去惋惜。

彼得·提泽尔爵士 你错了，罗利。你知道的，他们父亲去世后，我就成了他们俩的监护人，直到他们叔叔奥利弗爵士愿意早点让他们独立。当然，其他人不会比我更有机会去评判他们心地是好是坏，但我一生中都没看错人。约瑟夫真是同龄青年人的楷模。他重感情，言行一致；但另一位呢，我敢说，如果他继承了一丝美德的话，也早就像他其他继承的遗产一样挥霍掉了。啊！我的老朋友，奥利弗爵士，他发现自己部分的财产遭人滥用时会有多痛心。

罗利 很遗憾，你对这位年轻人如此不满，因为这也许是他财产最危险的时期。我来这儿给你带来的消息绝对让你大吃一惊。

彼得·提泽尔爵士 什么！快说给我听！

罗利 奥利弗爵士回来了，此刻已经在镇上了。

彼得·提泽尔爵士 怎么可能！太让人惊讶了！我没想到他这月就回来了。

罗利 没错，但他走这趟路快得让人意外。

彼得·提泽尔爵士　我将很高兴见到我的老朋友。我们已有十六年没见面了。以前我们经常一起——但他有没有吩咐我们不要告诉侄子们他回来的消息呢?

罗利　绝对不要。他想在他俩知道前考验一下他们的品行。

彼得·提泽尔爵士　啊！要知道他们的优点没什么技巧——但是，他应该有自己的方法。可他知道我结婚的事吗?

罗利　知道，而且很快就会来向你道喜的。

彼得·提泽尔爵士　嗬！这就像是举杯祝福一个肺痨的朋友健康一样！啊！奥利弗在嘲笑我呢。我们曾一起批判过婚姻，但他已经一直坚持。不久他就会来我家——我要立即吩咐人接待他。但是，罗利，不要说我和我夫人不合。

罗利　无论如何我也不会说的。

彼得·提泽尔爵士　我受不了诺尔的幽默，所以我要让他反思一下，原谅我！我们夫妻很幸福。

罗利　我理解你——但你们必须小心，他在你家的时候不要发生不合。

彼得·提泽尔爵士　我们必须那样——但那不可能。啊！罗利，老光棍娶了一年轻妻子，就该——不——罪与罚相伴而来。

第二幕

场景一——彼得·提泽尔爵士家中。

【彼得爵士及提泽尔夫人同上

彼得·提泽尔爵士　夫人，夫人，我受不了了！

提泽尔夫人　彼得爵士，彼得爵士，你受得了受不了随你便，但我本该有自己的方式去做事，而且我也要这样。哈！虽然我在农村受的教育，但我也很清楚伦敦的上流女子结婚后也是不对任何人负责的。

彼得·提泽尔爵士　很好，夫人，很好。所以做丈夫的就没影响力，就没权威了？

提泽尔夫人　权威！当然没有！如果你要想用权威来管我，那你就该收养我，而非娶我。我肯定你那时是老糊涂了。

彼得·提泽尔爵士　够老！啊！又来了。好吧，夫人，我的生活可以因你的坏脾气闷闷不乐，但不想被你的奢侈毁掉！

提泽尔夫人　我奢侈！我肯定不如上流社会的女人奢侈！

彼得·提泽尔爵士　不，不，夫人，你不要在无谓的奢侈上一掷千金。这毕竟是生活！冬天在你化妆室里装饰的花就多得足以让万神殿变成温室，并且可以在圣诞节举行园游会了。

提泽尔夫人　所以，彼得爵士，花在天冷时昂贵还是我的错了？你应该怪天气，而不是怪我。对我来说，我倒希望四季如春，玫瑰满径。

彼得·提泽尔爵士　哦，夫人——如果你生来如此，你谈这些我就不觉得奇怪了。但是，你忘了我当初娶你时你什么情况吗？

提泽尔夫人　不，不，我没忘。那段时间我处境艰难，否则，当初就不会嫁给你。

彼得·提泽尔爵士　是，是，夫人，你那时出身卑微——是个普通的乡绅女儿。夫人，你回忆一下，我初次见你时，你穿着漂亮的有花纹的抹布衣服，坐在绣架前，腰间挂着一串钥匙，头发绾成髻，你房间挂着你自己做的毛线水果。

提泽尔夫人　嗯，是的！我记得很清楚，当时我过的生活很特别。每天我的工作就是检查乳品房，照看家禽，摘录家庭账簿，并给阿姨黛博拉的宠物狗整理毛发。

彼得·提泽尔爵士　是，是的，夫人，的确如此。

提泽尔夫人　然后，你也知道的，我的晚间娱乐活动！没有材料做花边，就画样式；与牧师玩纸牌；替阿姨读布道文；或是在父亲猎狐回来后，弹旧竖琴帮他催眠。

彼得·提泽尔爵士　很高兴你记性这么好。是的，夫人，是我把你从这些消遣中带走了！但现在，你要求得有你的马车——两人面对面坐着——座位前要有三个搽了粉的仆人；夏天时，还要一对小白马载着你去肯辛顿公园。我想，你坐在短尾马的马车上，与人共乘，背对仆人时，满足得都忘了辛酸往事了吧。

提泽尔夫人　不——我发誓我没那样做，我否认仆人跟马车的事。

彼得·提泽尔爵士　夫人，这就是你当时的处境。我替你做了什么呢？我让你跻身上流社会，有钱，有地位——简言之，都是因为我娶了你。

提泽尔夫人 好，那么，你还可以做一件事增加我的义务，那就是——

彼得·提泽尔爵士 我想，是让你当寡妇吧？

提泽尔夫人 嘿！嘿！

彼得·提泽尔爵士 感谢你，夫人——别自以为是了，尽管你的不当行为搅乱了我平静的内心，但从不会让我心碎，我保证：我十分感激你的暗示。

提泽尔夫人 那你为什么还老是对我不满，在每笔高雅的开支上跟我过不去。

彼得·提泽尔爵士 夫人，我说，你嫁我之前有过这些高雅的消费吗？

提泽尔夫人 天啊，彼得爵士！你是要让我不赶时髦？

彼得·提泽尔爵士 时髦！你嫁我之前赶过时髦吗？

提泽尔夫人 在我看来，我还认为你希望你夫人是个有品位的人呢。

彼得·提泽尔爵士 啊！——又来了——还品位呢！哼！夫人，你嫁我时就没品位了！

提泽尔夫人 的确如此，彼得爵士！我承认，嫁你之后，我就不该又装出有品位的样子。但现在，彼得爵士，既然我们每天例行的吵架已经结束，我想我该去斯尼威尔夫人那儿赴约了。

彼得·提泽尔爵士 啊！那儿又是一个重要的场合——那儿你又有一群迷人的熟人！

提泽尔夫人 不！彼得爵士，他们都是有钱有地位的人，而且对于名誉特别坚持。

彼得·提泽尔爵士 是，他们用报仇雪恨之心坚持名誉；他们认为除了自己其他人都不该有品格。哼！什么东西！许多囚车里的坏蛋做的坏事也不如这些造谣生事、搬弄是非、毁人名誉的家伙。

提泽尔夫人 那你能禁止人们言论自由吗？

彼得·提泽尔爵士　啊！他们让你变得跟这伙人一样糟糕了。

提泽尔夫人　哎哟，我相信我很厚道了。

彼得·提泽尔爵士　确实厚道！

提泽尔夫人　但我发誓我对自己骂的人没有恶意。我说某人的坏话，纯粹是出于开玩笑，他们对待的方式理应跟我一样。但是，彼得爵士，你答应过你也要来斯尼威尔夫人家。

彼得·提泽尔爵士　好，好的，我会的，仅仅是为了保全我自己的信誉。

提泽尔夫人　那，说真的，你得快点，随后跟来，不然就迟到了。我先走了。（下）

彼得·提泽尔爵士　啊——劝她让我收获颇多啊！可是，她在反驳我说的每件事时多么迷人，挑战我的权威时又是多么可爱！好吧，既然我不能让她爱我，和她吵吵架也是挺有趣的；我想她竭力折磨我时才会这么强势。（下）

场景二——斯尼威尔夫人家。

【斯尼威尔夫人、坎德夫人、克拉布特里、本杰明·巴克百特爵士、约瑟夫·瑟菲斯同上

斯尼威尔夫人　不，我们一定要听一听。

约瑟夫·瑟菲斯　对的，没错，无论如何，也要听听你的短诗。

本杰明·巴克百特爵士　哦！别为难我了，叔叔！我胡扯的。

克拉布特里　不，不是；临场发挥得很好了！

本杰明·巴克百特爵士　但是，夫人们，你们应了解当时的情况。你们必须知道，上周某天，贝蒂柯丽葛女士坐着一辆敞篷马车在海德公园闲

逛时，她要我为她的小马作点诗，于是我拿出随身携带的笔记本，不一会儿工夫，就写了如下的诗行——我一定从没见过如此漂亮的两匹小马，其他的马都是小丑，但它们梳理整洁。给它们这样的头衔肯定错不了，它们腿太细，尾巴太短。

克拉布特里　各位女士，瞧，一挥而就，还是在马背上完成的。

约瑟夫·瑟菲斯　简直就是太阳神骑在马背上——真的，本杰明爵士！

本杰明·巴克百特爵士　哦！天哪，先生！没什么——没什么大不了的。

【提泽尔夫人，玛丽亚同上

坎德夫人　我一定要一份诗稿。

斯尼威尔夫人　提泽尔夫人，彼得爵士会来吗？

提泽尔夫人　我想他会立刻来听候您的差遣的。

斯尼威尔夫人　玛丽亚，亲爱的，你脸色好严肃。来吧，坐下和瑟菲斯先生一块玩牌吧。

玛丽亚　我对玩牌兴致缺乏——但是，如果夫人高兴，我愿意玩。

提泽尔夫人　（旁白）我很惊讶瑟菲斯先生居然会坐下来跟她玩牌，我还以为他会在彼得爵士来之前把握机会与我说话呢。

坎德夫人　现在，真是气死我了，你们都这么爱搬弄是非的话，我就跟你们断绝来往。

提泽尔夫人　怎么了？坎德夫人？

坎德夫人　他们不承认我们的朋友符蜜容小姐长得漂亮。

斯尼威尔夫人　哦！她确实长得漂亮。

克拉布特里　夫人，我很高兴你这样认为。

坎德夫人　她的肤色清新迷人。

提泽尔夫人　是的，在脂粉刚涂上去的时候。

坎德夫人　嗬！我发誓她的肤色是自然的，我看过她妆前妆后的样子。

提泽尔夫人　夫人，我也确定你看过：晚上卸妆，早上又化妆。

本杰明·巴克百特爵士　是的，夫人，她不但来来去去，而且，她的仆人也能捧着走呢！

坎德夫人　哈！哈！哈！我不喜欢你这么说！但是，说真的，现在，她的姐姐长得不错，或者以前也很漂亮呢。

克拉布特里　谁？艾芙葛林太太？哦！天！若她的人生是一小时的话，她现在就五十六分钟了！

坎德夫人　现在你确实是弄错了。她最多五十二三——我觉得她看起来不会超过这个年龄。

本杰明·巴克百特爵士　啊！除非看到她的真面目，否则只从她的脸，无从判断。

斯尼威尔夫人　罢了，罢了，如果艾芙葛林太太真的费力气来修复岁月的伤痕，你们也得承认她的心灵手巧取得的效果。至少比寡妇欧克粗心大意地填嵌自己的皱纹好。

本杰明·巴克百特爵士　不，现在，斯尼威尔夫人，你对寡妇太苛刻了。别这样，不是她化妆技术不好——她给脸上完妆后，草草地与脖子接起来，看起来就像是一尊修缮过的雕像，内行人立马会发现头是现代的，躯干是古代的。

克拉布特里　哈哈哈！说得好，侄儿！

坎德夫人　哈哈哈！好了，你逗笑我了，不过我不喜欢你那样说。你觉得森普小姐怎样呢？

本杰明·巴克百特爵士　呃，她的牙齿很漂亮。

提泽尔夫人　是的，所以她不说话不笑时（几乎不可能发生），也从不闭嘴，只留下一条缝，就像——这样。（示其齿）

坎德夫人　你怎么可以这么心地不良？

提泽尔夫人　不，我承认这比普瑞夫人努力掩饰掉了的门牙要好多了。她吮着嘴唇，留下一条缝隙，像极了穷人盒子的缝隙，她所

有的话似乎都是从嘴边溜出来的一样，就像——这样：你好吗，夫人？是的，夫人。（模仿）

斯尼威尔夫人　很好，提泽尔夫人。我看你别这么苛刻了。

提泽尔夫人　替自己朋友辩护是不会公平的。但彼得爵士来了就扫了大家的兴致了。

【彼得爵士上

彼得·提泽尔爵士　女士们，大家好。

——（旁白）天哪，这群人都在这儿！我想，他们每句话都可以置人于死地。

坎德夫人　彼得爵士，很高兴您来了。他们太爱挑刺了——尤其是提泽尔夫人。

彼得·提泽尔爵士　坎德夫人，对你来说那一定很痛苦。

坎德夫人　嗯，他们容不得别人品行好；即使是我们脾气好的朋友波西夫人也容不得。

提泽尔夫人　天哪，你是说昨晚在夸德莉尔夫人家的那个胖寡妇?

坎德夫人　是的，胖是她的不幸；但她努力减肥，你就不该再讥讽她了。

斯尼威尔夫人　确实如此。

提泽尔夫人　是，我知道她差不多全靠酸性物质和少量乳浆过日子，用滑车束腰。夏天中午最热的时候，你经常可以看见她梳着鼓手一样的辫子，骑着矮胖的小马，打着圈慢跑，跑得气喘吁吁的。

坎德夫人　谢谢提泽尔夫人你为她辩护。

彼得·提泽尔爵士　是的，辩论得很不错。

坎德夫人　事实上，提泽尔夫人跟莎罗小姐一样爱挑刺。

克拉布特里　是的，她就是一个怪人，装出爱挑刺的样子——是没有任何可取之处的怪人。

坎德夫人　你一定不是这样苛刻的人。她是我的近姻亲，对于那个人，你们应多多体谅她；我给你们说，对于她那样一个条件很不利的还努力让别人看成是三十六岁的人。

斯尼威尔夫人　虽然，她的确还很漂亮——至于她眼里的缺点，就她在烛光下看过的书来说，一点也不奇怪。

坎德夫人　是啊，再看她的行为举止；用我的话来说，就是特别优雅。她从没接受过教育，众所周知，她母亲是威尔士卖女帽的小贩，父亲在布里斯托尔开糖厂。

本杰明·巴克百特爵士　啊！两位的脾气都太好了！

彼得·提泽尔爵士　（*旁白*）是啊，该死的好脾气！都是他们自己的说辞！天哪！

坎德夫人　对我而言，我承认我受不了朋友被人说坏话。

彼得·提泽尔爵士　哦，肯定。

本杰明·巴克百特爵士　啊！你真是有道德的人。坎德夫人您和我可以坐上整一小时听史达柯夫人谈感情。

提泽尔夫人　噢，我保证史达柯夫人很喜欢饭后甜点。因为她就像法国水果一样，砸开就看见格言——用颜料和谚语组成的。

坎德夫人　哦！我决不会加入嘲笑朋友的行列。所以我经常对我的表妹奥葛尔说，你们知道她对美貌的批判是多么自命不凡。

克拉布特里　嗯，是真的！她的脸最奇怪，从来没见过，集合了世界各国的所有特点。

本杰明·巴克百特爵士　实际上，她还有——爱尔兰人的额头——

克拉布特里　苏格兰人的头发——

本杰明·巴克百特爵士　荷兰人的鼻子——

克拉布特里　澳大利亚人的嘴——

本杰明·巴克百特爵士　西班牙人的肤色——

克拉布特里　中国人的牙齿——

本杰明·巴克百特爵士　简言之，她的脸就像是温泉浴场里的斯巴公共餐台上的客人一样——没有哪两个人是来自同一国家。

克拉布特里　或者是战争结束时的会议——所有的成员，甚至是她的眼睛，似乎都有不同的利益关系，只有她的鼻子和脖子才像开始争论的成员。

坎德夫人　哈！哈！哈！

彼得·提泽尔爵士　（旁白）天哪！——他们和这人一周聚餐两次！

坎德夫人　哦，我相信你们不会不笑，所以——我必须得说，奥葛尔夫人——

彼得·提泽尔爵士　夫人，夫人，对不起——我无法堵住这几位先生的嘴。但是，坎德夫人，我说他们正在非议的那位女士是我一位特别的朋友时，我希望你不要参与进来。

斯尼威尔夫人　哈！哈！哈！说得好，彼得爵士！不过你太残忍了——自己对玩笑反应淡漠，又暴躁地不愿承认别人的机智。

彼得·提泽尔爵士　啊！夫人，真正的机智比夫人您所理解的更接近于好脾气。

提泽尔夫人　是的，彼得爵士。我相信它们关系密切，也绝不会被联合起来。

本杰明·巴克百特爵士　或者，把它们想成一对夫妻，因为人们几乎没看过它们在一起。

提泽尔夫人　但彼得爵士如此敌视流言，我相信他会让议会立法的。

彼得·提泽尔爵士　天哪，夫人，如果国会觉得名誉受损跟在庄园偷猎一样重要的话，他们会考虑为维护名誉立法案，我相信会有很多人为立法案感激他们的。

斯尼威尔夫人　哦，天！彼得爵士，你要剥夺我们的基本人权吗？

彼得·提泽尔爵士　啊，夫人，那时就不允许任何人攻击别人，毁人名誉，只有老年仆人和绝望的寡妇才有资格。

斯尼威尔夫人　去你的，可恶！

坎德夫人　但是，真的，你对那些听什么就传什么的人不会那么严苛吧？

彼得·提泽尔爵士　是的，夫人，我也想用规范商人的法律来应对他们。在所有传播谣言的案件里，捏造谣言的人没被找到的话，受害人有权利对任何一个背书人提出要求。

克拉布特里　就我而言，我相信，谣言并非捕风捉影。

斯尼威尔夫人　来吧，女士们，我们去隔壁房间坐下来打牌吧？

【仆人上，对彼得爵士低语

彼得·提泽尔爵士　我要跟他们一块儿。——（仆人下）（旁白）我会神不知，鬼不觉地离开的。

斯尼威尔夫人　彼得爵士，您要走了吗？

彼得·提泽尔爵士　夫人，很抱歉，我还答应了别人要做一件事，所以不得不离开了。但我的观点已经阐述得很明确了。（下）

本杰明·巴克百特爵士　哦——当然，提泽尔夫人，您先生真是一个怪人。如果他不是您丈夫的话，我倒可以给您讲讲他的一些事情，一定会让您真心发笑的。

提泽尔夫人　哟，请不要有顾虑；来吧，给我们讲讲。（除了约瑟夫·瑟菲斯和玛丽亚，其他人同下）

约瑟夫·瑟菲斯　玛丽亚，我看你对这群人不满意呀。

玛丽亚　我怎么可能满意？如果对那些从没伤害过我们的人的弱点或不幸发出恶意的微笑也算是机智或幽默的一种，老天就让我双倍地愚笨吧！

约瑟夫·瑟菲斯　他们表面坏，本性并不坏；他们内心并不恶毒。

玛丽亚　他们的行为还是很可耻；我觉得，他们口无遮拦的原因除了心中天生的无法控制的恶毒之外再无其他。

约瑟夫·瑟菲斯　毋庸置疑，小姐；我总是有这样一种感觉，胡乱传播流言比因报复而扭曲事实更可鄙。但是，玛丽亚，你既然能替其他人着想，你就只对我一个人不友善？我的爱情难道就该被拒绝？

玛丽亚　为什么你要改变话题来困扰我呢？

约瑟夫·瑟菲斯　啊，玛丽亚！你不会那样对我的，忤逆你的监护人彼得爵士的意思，但放荡的查尔斯仍是我的一个劲敌。

玛丽亚　妄想！但是，不管我对那不幸的年轻人有什么感情，我确定不会因更多的阻碍就放弃他，因为他的不幸让他失去甚至是他哥哥的尊重。

约瑟夫·瑟菲斯　不会的，但是，玛丽亚，不要皱着眉头离我而去。我以所有的诚实之名，发誓——（跪下）

【提泽尔夫人上

（旁白）天哪，提泽尔夫人在这儿！——（大声对玛丽亚说）你不准——不，你不应该，尽管我对提泽尔夫人万分尊敬——

玛丽亚　提泽尔夫人！

约瑟夫·瑟菲斯　要是彼得爵士怀疑——

提泽尔夫人　（趋前）请问这是什么？他把她当成我吗？——孩子，隔壁房间有人找你。

——（玛丽亚下）请问这都是怎么回事？

约瑟夫·瑟菲斯　啊！是全天下最不幸的情况！玛丽亚有点怀疑我对于你幸福的关心，还威胁说要将她怀疑的事告与彼得爵士，你来的时候，我还在用尽办法跟她理论。

提泽尔夫人　对的！但你似乎理论的方式太温柔了——你总是跪着理论吗？

约瑟夫·瑟菲斯　哦，她还小，我想夸张一点——但是，提泽尔夫人，什么时候您才会像您承诺的那样来评论我的书房呢？

提泽尔夫人　不，不去了。我开始觉得那会太轻率了，你知道，我接受你做我的情人，是不以超出时尚需要为界限的。

约瑟夫·瑟菲斯　确实—— 一个纯粹的柏拉图式的情人，每位妻子都是有资格做的。

提泽尔夫人　当然，一个人不能赶不上潮流。但是，我还留着许多农村人的偏见，尽管彼得爵士的幽默让我苦恼，那不会激怒我去——

约瑟夫·瑟菲斯　你力所能及的唯一报复方式。我赞赏你的节制。

提泽尔夫人　别——你这曲意奉承的家伙！有人要找我们的——我们还是加入他们一起吧。

约瑟夫·瑟菲斯　但我们最好不要一起回去。

提泽尔夫人　好吧，不要逗留。我保证玛丽亚不会再来听你理论的。（下）

约瑟夫·瑟菲斯　我的策略真的让我陷入了两难的境地！一开始，我只想讨好提泽尔夫人，那样她就不会和玛丽亚合力与我为敌；我也不知怎的，我就成了她的情人。我真心地希望我从没获得如此好的名声，它们让我干了很多让人讨厌的坏事，我担心最后暴露于大众。（下）

场景三——彼得·提泽尔爵士家中。

【奥利弗·瑟菲斯爵士及罗利同上

奥利弗爵士　哈！哈！哈！我的老朋友结婚了，对吧？—— 一位来自农村的年轻妻子。哈！哈！哈！老光棍虚张声势了这么久，最后还是成人夫了！

罗利　奥利弗爵士，但你不要拿这件事揶揄他，我保证这是他的痛处，虽然他才结婚十七个月。

奥利弗爵士　那他才在后悔的凳子上坐了半年！——可怜的彼得！但你说他已经完全放弃了查尔斯——从不见他，对吗？

罗利　他对他的偏见让人吃惊，我肯定他的偏见又因嫉妒查尔斯与提泽尔夫人一起而大大加深了，邻居一群搬弄是非的人又极力误导，这就极大影响了查尔斯的名声。但事实是，我相信，如果要说提泽尔夫人对他俩一人有偏见的话，他的哥哥更受喜爱。

奥利弗爵士　啊！我知道这儿有一群恶毒、精明的爱说长道短之徒，男女都有，靠毁人名誉打发时间。在年轻人还小，不知道好名声价值的前几年就夺走了它。但我保证我不会对我侄子有偏见！哦，不。如果查尔斯没做过错事或坏事的话，我就替他还了铺张浪费欠下的债。

罗利　那么，我用性命担保，你会让他改过自新的。啊，先生，你的心没有抛弃他，我前主人的儿子总算还有一个朋友，这简直让我如获新生。

奥利弗爵士　什么！罗利，我能忘记我在他这年纪时的样子吗？啊，我哥哥和我那时都不是精明的年轻人；但是，我相信你还没见过比你先前的主人更好的人吧？

罗利　爵士，回想一下，我坚信查尔斯可能是以他家为荣的。呃，彼得爵士来了。

奥利弗爵士　是的，的确是他！天哪！他变化太大了，看来一副结婚安定了的模样！这么远都能看见他脸上的“丈夫”两字。

彼得·提泽尔爵士　哈！奥利弗爵士——我的老朋友！万分欢迎你回英国来！

奥利弗爵士　谢谢，谢谢，彼得爵士！我很高兴看见你一切都好！

彼得·提泽尔爵士　啊！我们多久没见面了——十六年了，奥利弗爵士，这期间一定发生了许多事情吧！

奥利弗爵士　啊，我愿与你分享。但是，天哪！你居然结婚了，对吧，老朋友？好吧，好吧，那也难免。所以——我真心希望你幸福快乐！

彼得·提泽尔爵士　谢谢，谢谢，奥利弗爵士。

——是的，我已经进入了——幸福的大道上；但现在我们就不谈那个了。

奥利弗爵士　是的，是的，彼得爵士。老友初次见面开始就不应该倒苦水。不该，不该，不该。

罗利　（对奥利弗爵士旁白）请小心，先生。

奥利弗爵士　好吧，我侄儿中有一个是野蛮的痞子，对吗？

彼得·提泽尔爵士　野蛮！啊！我的老朋友，我为你的失望感到痛心；事实上他是一个迷失的年轻人。但是，他哥哥能让你欣慰；约瑟夫，年轻人就该像他那样——全世界每个人都说他好。

奥利弗爵士　很遗憾听到那样的说法，他人品好得不像一个正直的人了。每个人都说他好！呸！那他对仆人跟笨蛋都鞠躬伏地，对天才和有品德、诚实正直的人也一样。

彼得·提泽尔爵士　什么，奥利弗爵士！你这是在怪他没有与人为敌吗？

彼得·提泽尔爵士　是的，如果他足够优秀的话，就会。

彼得·提泽尔爵士　罢了，罢了——你了解他了就会相信的。他的话很具有启发性，他声称他的感情最高贵。

奥利弗爵士　啊，他的感情简直就是折磨！如果他的嘴里带着一点道德来问候我，我马上就恶心了。但，彼得爵士，不要误会我。我并不是在为查尔斯的缺点辩护。在我对他俩下定论之前，我打算考验一下他们的内心，为此我和我的朋友罗利已制订好了计划。

罗利　彼得爵士就会承认这次是他错了。

彼得·提泽尔爵士　哦，我用性命担保约瑟夫是正人君子。

奥利弗爵士　好吧——来，给我们拿瓶好酒来，我们祝年轻人健康，并给你讲讲我们的方案。

彼得·提泽尔爵士　那就走吧！

奥利弗爵士　彼得爵士，不要对老朋友的儿子如此苛刻。唉！他在人生之路上走偏了一点我并不觉得遗憾。就我个人而言，我讨厌看见年轻人不得不如履薄冰的谨慎样儿；这就像常春藤缠着小树，会毁掉小树的成长的。（同下）

第三幕

场景一——彼得·提泽尔爵士家中。

【彼得·提泽尔爵士、奥利弗·瑟菲斯爵士、罗利同上

彼得·提泽尔爵士　那，好吧，我们先看这人，然后再喝酒。但是，罗利，这是怎么了？我不知你们的计划。

罗利　先生，我提到的这位斯坦利先生，是他们母亲的近亲。他曾是都柏林的一位商人，但被一连串的不幸毁了。他被拘禁后，通过信件向瑟菲斯先生和查尔斯求助。瑟菲斯闪烁其词，说以后帮忙，查尔斯做了所有力所能及的事帮助他；现在，他还在尽力筹钱，在他自己处境艰难的时期，其中一部分我知道他是想用来帮可怜的斯坦利的。

奥利弗爵士　啊！他才是我哥哥的儿子。

彼得·提泽尔爵士　但是，奥利弗爵士自己是怎样——

罗利　呃，先生，我会通知查尔斯和他哥哥说斯坦利获得了向朋友求助的机会；他俩没见过他，就让奥利弗爵士假装他，至少这样爵士可以对他俩本性是否仁爱作一个公平的评价。相信

我，先生，你会发现弟弟尽管愚昧，爱挥霍，仍然像我们不朽的诗人所描绘的那样——

“心中充满怜悯，手慷慨大方得好似白昼，尽显慈善”。

彼得·提泽尔爵士 呸！他没有什么东西可给的时候，慷慨大方或是解囊相助有什么用？好吧，好吧，如果你高兴的话，就来测试吧。但为了查尔斯的事，你带给奥利弗爵士查问的那人呢？

罗利 在下面，等着他的指示，没人比他能提供更多的情报了。——奥利弗爵士，这是一位很友好的犹太人，说句公道话，他已经竭尽全力让你的侄子正确地认识他的奢侈了。

彼得·提泽尔爵士 请带他进来。

罗利 （命仆人）请摩西先生上楼。

彼得·提泽尔爵士 但是，请问你为什么认为他就会讲真话？

罗利 啊，我已让他相信，除了奥利弗爵士的慷慨赠予，他已经无法取回查尔斯的债务，他也知道奥利弗爵士回来了；所以，出于自己的利益，你可以放心他会说实话的。我手里还有另外一个证据，斯内克，我发现了他伪造信件，不久就可以请来消除彼得爵士您对查尔斯和提泽尔夫人的偏见。

彼得·提泽尔爵士 那件事我已经听够了。

罗利 最诚实的犹太人来了。

【摩西上

——奥利弗爵士在那儿待着。

奥利弗爵士 先生，听说最近你跟我侄子查尔斯有不少交往？

摩西 是的，奥利弗爵士，我已经为他竭尽了全力；但他在来向我求助之前已经毁了。

奥利弗爵士 那真是太不幸了；因为你没机会一显身手。

摩西 一点机会也没有；我不知道他的困境，直到他已经负债上千镑。

奥利弗爵士　真是太不幸了！但我猜你已经竭尽全力帮他了，对吧，摩西？

摩西　是的，他也知道。今晚我打算带一位城市里来的绅士找他，两人还不认识，我相信，他会借他一些钱的。

彼得·提泽尔爵士　什么，一位查尔斯以前从没借过钱的人？

摩西　是的，伦敦塔附近喀啦奇修道院里的一位普利敏先生，以前是位经纪人。

彼得·提泽尔爵士　奥利弗爵士，我有一个想法！——你说，查尔斯还不认识普利敏先生？

摩西　不认识。

彼得·提泽尔爵士　那么，彼得爵士，现在你有一个比穷亲戚的老一套浪漫故事更好的机会来让自己满意：和我的朋友摩西一起去，冒充普利敏，那时我保证你会看见你侄儿所有“辉煌”的行径。

奥利弗爵士　呃，相比之下我更喜欢这个方案，随后我用史丹利的名义去看约瑟夫。

彼得·提泽尔爵士　确实——你可以那样。

罗利　哦，这肯定对查尔斯相当不利，但是，摩西，你理解彼得爵士，可以信任你吗？

摩西　看我的吧。

——（看表）我该走了。

奥利弗爵士　我随时相陪，摩西——但是，坚持住！我忘了一件事——我怎样伪装成一个犹太人呢？

摩西　不需要——普利敏是一个基督徒。

奥利弗爵士　是吗？我很遗憾听到你说的这件事。但是，再问一下，难道我这么衣着讲究就不像一个放债的人吗？

彼得·提泽尔爵士　当然像；如果你坐你自己的马车去，也没什么不妥的——对吧，摩西？

摩西　对。

奥利弗爵士　好吧，但我该怎样说？一定有些我该知道的高利贷行话和待人方式吧？

彼得·提泽尔爵士　哦，不需要学太多。我觉得最重要的一点是，你的要求一定要很过分。对吧，摩西？

摩西　的确，那是很重要的一点。

奥利弗爵士　我保证我不会不提过分要求的。我至少会要八分或一厘的利钱。

摩西　如果你向他要的低于那价钱的话，你会立马被识破的。

奥利弗爵士　嘿！什么！那要多少钱呢？

摩西　那就看情况了。如果他看上去不急着用钱，你就要四五分利；如果他处境艰难，急需用钱的话，你就要双倍。

彼得·提泽尔爵士　奥利弗爵士，你学的真是一个诚实的好行业！

奥利弗爵士　真的，我也这样认为——也不是毫无利益可图的。

摩西　那么，你得记着，你自己没钱，但为了他，不得不向朋友借。

奥利弗爵士　哦！我从一个朋友那儿借的，对吧？

摩西　而且你的朋友是条没良心的狗；但你也不得不那样做了。

奥利弗爵士　我的朋友是条没良心的狗，对吧？

摩西　是的，他自己也没钱，不得不卖掉股票，损失惨重。

奥利弗爵士　他不得不以惨重的损失卖掉股票，对吧？呃，他真是太好了。

彼得·提泽尔爵士　老实说，奥利弗爵士——我是指，普利敏先生——你很快就要精通这笔交易了。但是，摩西！你不会让他违背年金法吧？我认为那样才合适。

摩西　非常合适。

罗利　令人惋惜的是现在年轻人必须要到成年能自行做决定的时候才会毁掉自己。

摩西　啊，太遗憾了！

彼得·提泽尔爵士　辱骂公众，允许这样一项法案，唯一目标是保护不幸和轻率的人免于高利贷的贪婪毒害，并给少数人继承遗产的机会，不会将即将获得的财产毁了。

奥利弗爵士　对，所以咯——我们一起去的时候，摩西还要教我一些。

彼得·提泽尔爵士　你的时间不多了，你的侄儿就住在附近。

奥利弗爵士　哦，别担心！我的老师如此能干，虽然查尔斯住在临街，要是转过街角我还变不了流氓就是我的错了。（与摩西同下）

彼得·提泽尔爵士　所以，现在，我想奥利弗爵士就会相信；罗利，你太偏心了，还想替查尔斯另作安排。

罗利　没有，我发誓，彼得爵士。

彼得·提泽尔爵士　好吧，去带斯内克来吧，我要听听他要说什么。我看见玛丽亚了，想去跟她谈谈。

——（罗利下）对提泽尔夫人和查尔斯的怀疑是否不公，我倒乐于听听别人怎么说。在这个问题上我从没对我的朋友约瑟夫敞开心扉——我决定跟他谈谈——他将真心地说说他的想法。

【玛丽亚上

孩子，瑟菲斯先生和你一起回来的吗？

玛丽亚　没有，先生，他有事。

彼得·提泽尔爵士　哦，玛丽亚，你不觉得，与那温和的年轻人谈得越多，你更应当回报他的偏爱吗？

玛丽亚　彼得爵士，事实上，您老是强求这件事，让我很困扰——您逼我说，在所有特别注意我的男士中，我最喜欢瑟菲斯先生。

彼得·提泽尔爵士　呃——太倔强了！不，不，玛丽亚，你喜欢的只有查尔斯。显然，他的恶习和愚蠢已经获得你的芳心了。

玛丽亚　先生，你这太不厚道了。你知道的，我按照您的意思不见他，也不与他联络；我已经听到了够多的谣言了，使我相信他不值得我的喜爱。但我的理智强烈谴责他的恶行，我的心为他的不幸深感遗憾的话，这也无罪吧。

彼得·提泽尔爵士　好吧，好吧，你高兴你就同情他；但把你的心跟手交给一个更值得的人吧。

玛丽亚　那人绝不是他哥哥！

彼得·提泽尔爵士　去吧，固执任性的人啊！但要小心啊，小姐；你从不知道一个监护人的权威是什么；不要逼我告诉你。

玛丽亚　我只能说，你不会有什么理由。真的，遵照先父的意志，短时期内由您代替他；但如果您逼我太紧了，我就不会这样想了。（下）

彼得·提泽尔爵士　从没有人像我这样命运多舛，每件事都让我烦恼！结婚还不到两周，她的父亲，一位健康的老人就死了。我认为他是故意的，他要拿照顾他女儿来折磨我。

——（提泽尔夫人在外面唱歌）我的帮手来了！她好像心情很好的样子。如果我能让她爱我，哪怕是一点点，我也很高兴啊！

【提泽尔夫人上

提泽尔夫人　啊！彼得爵士，你刚才没有和玛丽亚吵起来吧？我一不在你就冲人发脾气。

彼得·提泽尔爵士　哦！提泽尔夫人，你总是有能力让我随时拥有好心情。

提泽尔夫人　我希望如此；这个时候我就希望你脾气好。现在就脾气好，给我两百镑，行不行？

彼得·提泽尔爵士　两百镑；什么，难道我不可以既心情好又不必付钱！既然你对我开口了，我想我就拒绝不了你了。你可以拿到钱，但你要给我写一张借据。

提泽尔夫人　哦，不——那——握手为凭也行吧。（伸出手）

彼得·提泽尔爵士　那你就不准再责备我不给你一份独立的财产了。我本来想给你一个惊喜的；但我们能一直这样生活下去吗？

提泽尔夫人　如果你乐意的话。我不在乎多久不吵架，除非你承认你厌烦了。

彼得·提泽尔爵士　好吧——那让我们以后比一比，谁最温和有礼。

提泽尔夫人　彼得爵士，我保证你性情善良。你现在看起来和我们结婚前一样，你曾经和我漫步于榆树下，给我讲你年轻时的风流韵事，并且还会抚摸我的下巴；还问我是否会爱上一个对我百依百顺的老头子——对吧？

彼得·提泽尔爵士　是的，是的，而且你当时又善良又仔细——

提泽尔夫人　啊，的确如此，熟人骂你，嘲笑你时，我总是站在你这边。

彼得·提泽尔爵士　确实！

提泽尔夫人　对了，我的表妹苏菲说你是一个古板、暴躁的老光棍，嘲笑我嫁给一个老得可以当我父亲的人时，我也总为你辩护，并说，无论如何我不认为你丑。

彼得·提泽尔爵士　谢谢你。

提泽尔夫人　而且我敢说你是一个很好的丈夫。

彼得·提泽尔爵士　你预言得很正确；现在我们就是最幸福的一对夫妻——

提泽尔夫人　不会再有分歧了？

彼得·提泽尔爵士　不会，绝对不会！——同时，事实上，亲爱的夫人，你必须注意你的脾气；因为，亲爱的，在我们所有的小吵小闹中，你想想，总是你先开始的。

提泽尔夫人　请你原谅，我亲爱的彼得爵士；事实上每次都是你挑起的。

彼得·提泽尔爵士　现在，看，又来了吧，留心——这样前后矛盾可不是示好的方法。

提泽尔夫人　那么，亲爱的，你就不要再开始了。

彼得·提泽尔爵士　看吧，现在！亲爱的——你又来了。你没发觉，在我的人生中你总是做一些事惹我生气。

提泽尔夫人　不，你知道，你生气没有任何理由，亲爱的——

彼得·提泽尔爵士　又来了！现在你又想吵了。

提泽尔夫人　不啊，我肯定不会，但是，如果你要这么暴躁的话——

彼得·提泽尔爵士　哼！是谁先吵的？

提泽尔夫人　当然是你。我什么也没说——你的脾气真是让人难以忍受。

彼得·提泽尔爵士　不，不，夫人，是你自己脾气太不好了。

提泽尔夫人　哈，你就是我表妹苏菲说的那种人。

彼得·提泽尔爵士　你的表妹苏菲就是一个莽撞无礼的吉普赛人。

提泽尔夫人　你这大狗熊，我确定，竟骂我亲戚。

彼得·提泽尔爵士　现在如果我还努力向你示好的话，就让婚姻的不幸加倍地折磨我！

提泽尔夫人　这样更好。

彼得·提泽尔爵士　不，不，夫人，显然你从没在乎过我，我真是疯了才会娶你——一个鲁莽、放荡的村姑，竟拒绝了周围半数正直乡绅的求婚！

提泽尔夫人　我肯定我真是个笨蛋才会嫁给你——一个看见女人就追的老光棍，五十岁了还单身，仅仅是因为他从没遇到一个肯嫁他的人。

彼得·提泽尔爵士　啊，啊，夫人；但你以前很乐意听我说话；以前就是没人向你示过爱。

提泽尔夫人　不！我不是拒绝了笛维·特瑞尔爵士吗？人人都说他会是很好的伴侣，因为他的财产和你一样多，我们结婚后不久，他就痛苦地摔断了他的脖子。

彼得·提泽尔爵士　我和你玩完了，夫人！你是一个无情无义的人——但一切都结束了。我相信你坏事都会。是的，夫人，我现在相信关于你和查尔斯的传闻了。是的，夫人，你和查尔斯的事，不是毫无根据——

提泽尔夫人　小心，彼得爵士！你最好别含沙射影！我保证，我不会接受无缘无故的怀疑的。

彼得·提泽尔爵士　非常好，夫人！很好！你愿意的话咱们随时可以分居分生活费。是的，夫人，或者是离婚！为了所有老光棍的利益，我会做榜样的。分居吧，夫人。

提泽尔夫人　同意！同意！现在，我亲爱的彼得爵士，我们再一次达成共识，我们将会是最幸福的一对，不会再吵架了，你知道，哈哈哈！我明白，你就要发脾气了，我只会打扰你——所以，再见吧！再见！（下）

彼得·提泽尔爵士　真是不幸啊！难道我就不能让她生气！啊，我就是最悲惨可怜的家伙！但我不会忍受她那平心静气的模样；不，她可以让我心碎，但她不能捺住性子。（下）

场景二——查尔斯·瑟菲斯家中。

【崔普、摩西、奥利弗·瑟菲斯爵士同上

崔普　这儿，摩西！稍等一下，我去看看——这位先生是？

奥利弗爵士　（对摩西旁白）摩西先生，我叫什么名字？

摩西　普利敏先生。

崔普　普利敏——很好。（吸着鼻烟，下）

奥利弗爵士　让仆人来判断，不会相信主人完了。但是，天哪！——确定这是我哥哥的家吗？

摩西　是的，先生；查尔斯先生从约瑟夫先生那儿连同家具、相片等一块儿买下来的，就跟老先生留下来的是一样的。彼得爵士认为这是他的一大铺张浪费行为。

奥利弗爵士　我觉得，另一位为了经济的原因卖给他才更该受责骂。（崔

普又上）

崔普　先生们，我主人请你们稍候片刻；他有客人，还不能与你们谈话。

奥利弗爵士　如果他知道是谁要见他的话，也许他就不会派你这样传话了。

崔普　是的，是的，先生；他知道你在这儿——我没有忘记普利敏；不，不，不。

奥利弗爵士　很好；请问，先生，你叫什么名字呢？

崔普　叫崔普，先生；我叫崔普，请多指教。

奥利弗爵士　好吧，那么，崔普先生，我猜你这地方不错吧？

崔普　是的——这儿只有三四个人，日子还过得比较愉快；但我们的工资有时会拖欠，也不是很多——每年五十镑，还得自备袋子和花束。

奥利弗爵士　（旁白）袋子和花束！真是该死！

崔普　对了，摩西，你能帮我把那张账单打个折扣吗？

奥利弗爵士　（旁白）也想筹钱！——天哪！我想他跟他主人一样有苦恼之处，并且冒充债权人和讨债人。

摩西　说实话，这不可能，崔普先生。

崔普　啊，真是意外！我的朋友卜拉虚在背面签过名了，我认为他在账单背后签名了，那就跟现钞一样。

摩西　不，那没用。

崔普　数量不多——不过二十镑。嘿，摩西，你就不能从我的年金里扣除吗？

奥利弗爵士　（旁白）年金！哈！哈！一个仆人靠年金筹钱。天哪，好样的，奢侈！

摩西　好吧，但你必须确保你的身份。

崔普　哦，我真心保证！如果你高兴的话，我也可以用我的命保证。

奥利弗爵士　（旁白）这可不只是脖子的问题。

摩西　你没有其他东西可以抵押了吗？

崔普　我主人的衣橱里最近已经没什么值钱的东西了；但我可以给你

一些他的冬衣作抵押，按照衡平法十一月前赎回——不然你就可拥有法国天鹅绒，或是蓝色衣服和银器——那些东西，我想，摩西，几对花边，作为抵押品——嘿，我的伙计，怎样？

摩西　好，好吧。（铃响）

崔普　啊，我听到铃声了。我看，先生们，现在我可以替你们引荐了。别忘了年金，摩西！这边请，先生们，你们知道，我用身份保证。

奥利弗爵士　（旁白）如果这人是主人的影子，这真是座奢侈的殿堂！

【下

场景三——另一房间中。

【查尔斯·瑟菲斯、哈利·班普爵士、卡尔里斯一众绅士们正喝着酒

查尔斯·瑟菲斯　天哪，这是真的！——这个时代在大退化啊。我们的许多熟人有品位、有思想、有礼貌；但是，该死，他们不会喝酒。

卡尔里斯　确实如此，查尔斯！他们在桌上吃各种山珍海味，却唯独拒绝酒和智慧。哦，当然社会难以忍受他们！因为以前一杯勃艮第葡萄酒下肚，他们就调侃社会风气，现在他们的谈话就像他们喝的水一样，有着香槟的粗俗和胀气，却没有它的气质或香味。

男士甲　但那些比嗜酒更爱玩的人都干了什么？

卡尔里斯　对！哈利爵士自己为了赌博而节食，并且现在是为了玩采用冒险的养生方法。

查尔斯·瑟菲斯　那就太糟糕了。什么！你不会训练马而不喂它玉米吃吧？天哪，我觉得自己除了微醉的时候从没如此成功过；让我扔一瓶香槟，我从没输过。

全体　嘿，什么？

卡尔里斯　至少我没觉得自己失败过，这两种感觉完全一样。

男士乙　啊，这我相信。

查尔斯·瑟菲斯　那么，戒酒的人怎能装作相信爱情？情人可以靠酒来检验他自己的心。斟一打满杯的酒对着十几个美人，浮在最上面的那个就是让你最着迷的。

卡尔里斯　现在，查尔斯，老实招来，你真正最爱的人到底是谁。

查尔斯·瑟菲斯　我只是同情你才不说她的名字。如果我敬她一杯，你就得敬她的同辈一轮，毕竟——这是不可能的。

卡尔里斯　哦！那么我保证找一些成圣的女子或异教女神也行。

查尔斯·瑟菲斯　那么，好，干杯，好家伙！干杯！玛丽亚！玛丽亚！——

哈利爵士　玛丽亚？谁啊？

查尔斯·瑟菲斯　哦，该死的姓！——这太正式，不便登记在情人的日记上——玛丽亚！

全体　玛丽亚！

查尔斯·瑟菲斯　但是，现在，哈利爵士，留心，我们一定要找到最漂亮的女孩。

卡尔里斯　不，哈利爵士，没有研究过。虽然你的情人少了一只眼，你拿一首歌当借口，我们仍会起身举杯。

哈利爵士　啊，歌倒有！没有情人可给，就唱一首歌吧。（唱）

这杯酒敬年方十五的娇羞女子，
这杯敬五十岁的寡妇，
这杯敬爱炫奢侈的轻佻女子，
这杯敬请勤俭持家的主妇。

合唱　传杯同祝贺——
干杯为姑娘，
我相信她会是我们敬酒的好借口。

这杯敬我们称赞的有迷人酒窝的人，
现在，先生，也敬没有酒窝的姑娘，

这杯敬有一双蓝色眼睛的女孩，
这杯敬有一只眼睛是蓝色的女孩。

合唱　让我们传杯同庆贺。

这杯敬酥胸如雪的少女，
这杯敬肤色褐如浆果的女孩，
这杯敬愁容满面的妻子，
这杯敬快乐的年轻女子。

合唱　让我们传杯同庆贺。

为了她们的笨拙，或她们的苗条，
年轻的或年老的，我不只在乎一种人；
所以请斟满，
斟满你的酒杯，不，要斟至杯沿，
让我们一同为她们祝贺。

合唱　让我们传杯同庆贺。

全体　好哇！好哇！

【崔普上，对查尔斯·瑟菲斯低语

查尔斯·瑟菲斯　先生们，我先失陪。
——卡尔里斯，暂时替我，好吗？

卡尔里斯　唉，请问，查尔斯，现在怎么了？我猜是你那位举世无双的美人突然来访吧？

查尔斯·瑟菲斯　肯定不是！实话告诉你吧，是依约而来的一位犹太人和一位经纪人。

卡尔里斯　哦，该死！请犹太人进来吧。

男士甲　啊，务必让经纪人也进来。

男士乙 是的，是的，犹太人和经纪人都请进来。

查尔斯·瑟菲斯 天哪，完全同意！——崔普，带二位进来吧。

——（崔普下）我可以告诉你们，其中有一人我不认识。

卡尔里斯 查尔斯，大方点吧，给他们一些勃艮第葡萄酒，或许他们就会真诚些。

查尔斯·瑟菲斯 哦，去死吧，不给！酒只会激起他们的本性；给他们喝酒，只会刺激他们要流氓。

【崔普、奥利弗·瑟菲斯爵士、摩西同上

查尔斯·瑟菲斯 正直的摩西，请进，普利敏先生——是这位绅士的名字，对吗，摩西？

摩西 是的，先生。

查尔斯·瑟菲斯 崔普，看座。

——请坐，普利敏先生。

——倒酒，崔普。

——（崔普看座，倒酒后下）请坐，摩西。

——来吧，普利敏先生，这杯敬您；祝高利贷生意的成功！

——摩西，给先生的酒斟满。

摩西 祝高利贷大获成功！（喝酒）

卡尔里斯 对，摩西——高利贷就是谨慎勤奋，理应成功。

奥利弗爵士 那么这杯——祝成功！（饮酒）

卡尔里斯 不，不，那不行！普利敏先生，您这样喝可不行，得一饮而尽。

男士甲 起码得一饮而尽。

摩西 哦，先生请见谅——普利敏先生可是位绅士啊。

卡尔里斯 所以喜欢好酒啰。

男士乙 给摩西一个一夸脱的酒杯——这个简直是叛变，完全藐视主人。

卡尔里斯 现在，干杯！喝了，一滴不剩。

奥利弗爵士 不，绅士们，请——没想到各位会这样招待我。

查尔斯·瑟菲斯　不，哎呀，不要这样；普利敏先生是生客。

奥利弗爵士　（旁白）天哪！我真想从这群人当中脱身。

卡尔里斯　该死！如果他们不喝，我就不和他们坐一起了。来吧，哈利，隔壁房间有骰子。

——查尔斯，你跟这些先生们谈完事情后要加入我们吗？

查尔斯·瑟菲斯　我会的！我会的！——（哈利·班普爵士等人同下，卡尔里斯随后）卡尔里斯！

卡尔里斯　（返回）什么！

查尔斯·瑟菲斯　可能我需要你的帮助。

卡尔里斯　哦，你知道我总是随时待命；不管是话、字条，或是债券，在我看来都一样。

摩西　先生，这位普利敏先生是一个严守道义和隐私的绅士，而且他一向言出必行。普利敏先生，这是——

查尔斯·瑟菲斯　啊！好了。先生，我朋友摩西是一个很正直的人，但有点不善言辞；跟我们打完招呼他得花一个小时的时间。普利敏先生，实际情况是：我是一个爱挥霍想借钱的年轻人；你嘛，我觉得你是一位谨慎的老人，还有钱可借出。我怕借不到钱，笨得给人家五分利；而你，我猜，如果能拿到十分利的话，也够聪明了。现在，先生，我们都认识了，就不必拘于礼数，直接谈生意吧。

奥利弗爵士　开门见山，正合我意。我知道，先生不是一个爱奉承恭维的人。

查尔斯·瑟菲斯　哦，不，先生！我一直认为简单交易最好。

奥利弗爵士　先生，我就更喜欢您了，但是，你搞错了一件事；我没有钱可借给你，但我相信我可以从一个朋友那弄到钱；可他是一条没良心的狗。对吧，摩西？他必须把股票卖掉来借钱给你。对不对，摩西？

摩西　是的，确实！你知道我一向实话实说，不屑于撒谎！

查尔斯·瑟菲斯　好吧。讲真话的人通常这样。但是，普利敏先生，这些都是小事。什么！我知道借钱没有不必还的。

奥利弗爵士　嗯，但你拿什么担保呢？我猜，你没土地吧？

查尔斯·瑟菲斯　寸土寸地都没有，只剩下窗子的框架！

奥利弗爵士　我猜，股票也没有吧？

查尔斯·瑟菲斯　除了家畜，什么都没有——只有一些猎犬和小马。但是，普利敏先生，您对我亲戚的情况都熟悉吗？

奥利弗爵士　老实说，我知道。

查尔斯·瑟菲斯　我在东印度群岛有一个非常有钱的叔叔，奥利弗·瑟菲斯爵士，他是我最大的希望，你大概认识他吧？

奥利弗爵士　事实上，这是我第一次听说。

查尔斯·瑟菲斯　是的，是的，就是这样。摩西知道真相，对吧，摩西？

摩西　哦，是的！我发誓。

奥利弗爵士　（*旁白*）天哪，他们就要让我相信我在孟加拉了。

查尔斯·瑟菲斯　现在我看，普利敏先生，如果你同意的话，我就以奥利弗爵士的命担保；虽然这位老人对我很慷慨，我向你保证，我听到他发生不幸的话也会很遗憾的。

奥利弗爵士　我保证我也有同感，但你提到的协议恰好是你能为我提供的最糟糕的保证——我即使长命百岁，也看不见本金。

查尔斯·瑟菲斯　哦，是的，你会的！到奥利弗爵士去世时，你知道，你可以来向我要钱。

奥利弗爵士　那么我猜我应该是你人生中最不受欢迎的讨债人了。

查尔斯·瑟菲斯　是吗？我想你是怕奥利弗爵士生活安好吧？

奥利弗爵士　不，我可不怕；虽然我听说他在基督教世界里跟他那个年纪的人一样健康矍铄。

查尔斯·瑟菲斯　现在，你的消息又错了。不，不，天气把他害苦了，可怜的奥利弗叔叔。是的，是的，我听说他身体每况愈下——最近变化特别大，连他最亲近的人都快不认识他了。

奥利弗爵士　不！哈！哈！哈！最近变化特别大，连他最亲近的人都快不认识他了！哈！哈！哈！天啊——哈！哈！哈！

查尔斯·瑟菲斯　哈！哈！——听到这件事，你很高兴吧，普利敏？

奥利弗爵士　不，不，我没有。

查尔斯·瑟菲斯　就是，就是，你有——哈！哈！哈！你知道那会增加你的胜算。

奥利弗爵士　但有人告诉我奥利弗爵士就要回来了；不，有人说他已经到了。

查尔斯·瑟菲斯　呸！我当然比你清楚他回国了没有。不，不，我相信他此刻还在加尔各答呢。是吗，摩西？

摩西　哦，是的，当然。

奥利弗爵士　很好，就像你说的，你一定知道得比我清楚，虽然我是从权威人士那儿听说的。对吧，摩西？

摩西　当然，毫无疑问！

奥利弗爵士　但是，先生，我知道你急需几百镑钱，你就没有可以变卖的东西吗？

查尔斯·瑟菲斯　你是指什么呢？

奥利弗爵士　现在，比如，我听说你父亲留下了大量沉重的旧奖杯。

查尔斯·瑟菲斯　哦，天哪！早就没了。摩西可以讲得比我更清楚。

奥利弗爵士　（旁白）天哪！家里面所有竞赛赢来的奖杯和纪念碗全没了！——（大声地）那么据说他的书房是最珍贵、最有价值的地方之一了。

查尔斯·瑟菲斯　是的，是的，确实——对于个人来说太多了。对我而言，我生性爱交流，所以我认为把这么多的知识埋在心底，太可耻了。

奥利弗爵士　（旁白）天啊！那在家中可就像传家宝一样啊！——（大声地）请问，书都怎样了？

查尔斯·瑟菲斯　那就得问拍卖商了，普利敏先生，因为我不觉得摩西还能告诉您。

摩西　我对书的事一无所知。

奥利弗爵士　罢了，罢了，我看，家里是没什么东西了吧？

查尔斯·瑟菲斯　确实不多了；除非你对这些家庭照片还感兴趣。我有一间房里挂满了祖先的照片；如果你喜欢旧画的话，你可以很廉价就买到它们！

奥利弗爵士　嘿！什么！你不会连祖先都卖吧？

查尔斯·瑟菲斯　他们中的每个都卖，价高者得。

奥利弗爵士　什么！你的叔祖父母也卖？

查尔斯·瑟菲斯　嗯，我的曾祖父母的也卖。

奥利弗爵士　（旁白）现在我是放弃他了！——（大声地）真是岂有此理，难道你对自己的亲戚都这么冷酷无情？天哪！你把我当作剧中的夏洛克，用自己的血肉来筹钱？

查尔斯·瑟菲斯　不，我的经纪人，不要生气；你关心的是，是否物有所值？

奥利弗爵士　好吧，我来当买主；我想我能处理好家族照片的事。——（旁白）哦，这件事我绝不会原谅他，绝不！

【卡尔里斯上

卡尔里斯　来啊，查尔斯，怎么还不来？

查尔斯·瑟菲斯　我还不能来。真的，我们要到楼上进行一笔买卖；这位普利敏要买下所有祖先的照片！

卡尔里斯　哦，买去烧掉！

查尔斯·瑟菲斯　不，如果他乐意的话可以以后再烧。待着，卡尔里斯，我们需要你的帮助；啊，你来当拍卖人——跟我们一起来吧。

卡尔里斯　哦，要我去，我就去。我拿拍卖槌的本事跟拿骰子盒一样好！走吧！走吧！

奥利弗爵士　（旁白）唉，真不检点！

查尔斯·瑟菲斯　来吧，摩西，我们少人了的话，你就来当估价官。天啊，普利敏，你似乎不喜欢这桩生意？

奥利弗爵士　哦，喜欢，很喜欢！哈！哈！哈！是的，是的，我想拍卖一个人的家庭这真是稀有的笑话——哈！哈！——（旁白）啊，这挥金如土的人啊！

查尔斯·瑟菲斯　真的！一个人缺钱的时候，如果又不对自己的亲戚随便一点，又怎能获得帮助！

奥利弗爵士　我绝不原谅他；绝不！绝不！（同下）

第四幕

场景一——查尔斯·瑟菲斯家中画室。

【查尔斯·瑟菲斯、奥利弗·瑟菲斯爵士、摩西、卡尔里斯同上

查尔斯·瑟菲斯 请进，先生们，请进来——他们都在这儿，瑟菲斯家族的照片，远溯到诺曼底公爵征服英国的时期。

奥利弗爵士 嗯，我认为，收藏品都很好。

查尔斯·瑟菲斯 啊，啊，这些都是表现出了肖像画的真正精神；毫无矫揉造作的姿态或是表情。不像现代拉斐尔的作品，他总是给你最强的相似性，设法让你的肖像跟你自己完全脱离开来；所以你可以看透本人，又不会损伤它。不，不，这些画的优点就是高度的相似性——所有都跟本人一样呆板古怪，除了人性外，其他什么都不像。

奥利弗爵士 啊！我们再也看不见这些人了。

查尔斯·瑟菲斯 我希望不会。好吧，你看，普利敏，我是一个多么有家族意识的人；每晚我坐在这儿，身边围绕着我的家族。但是，来吧，拍卖人先生，到你的台上去吧；这把得了痛风的旧椅子

是我祖父的，它还用得上。

卡尔里斯　啊，对，还行。但是，查尔斯，我没有拍卖槌，一个拍卖人怎么能没有拍卖槌呢？

查尔斯·瑟菲斯　啊，确实。我们这儿是什么羊皮纸？哦，全份的族谱。（放下族谱）给你，卡尔里斯，这红木可不寻常，给你这家传的红木，好伙计！用这当拍卖槌，现在你可以用祖先自己的族谱来拍卖祖先了。

奥利弗爵士　（旁白）真是不近人情的家伙！——祖先死了，还要谋财！

卡尔里斯　是的，是的，上面的确是你家族谱的清单；真的，查尔斯，这是你找的东西中最方便做生意的了，这不仅可以当拍卖槌用，也是交易品的一览表。好吧，开始——要卖了，要卖了，要卖了！

查尔斯·瑟菲斯　好极了，卡尔里斯！来，这是我的叔祖父，理查德拉符临爵士，当年是一位了不起的好将领，我保证。他参加过马博罗公爵领导的所有战争，眼睛上的伤痕就是在麻尔帕拉格战役中留下的。你觉得如何，普利敏先生？你瞧——他可是位英雄！现代的军官不用羽饰，但他戴着假发，衣着整齐，有着将领应有的姿态。你出价多少？

奥利弗爵士　（对摩西）让他开价。

摩西　普利敏先生让你开价。

查尔斯·瑟菲斯　好吧，那么，出十镑，他就是你的了，我相信对一位军官来说，这不贵。

奥利弗爵士　（旁白）天哪！他那著名的叔祖父理查德就卖十镑！——（大声地）很好，先生，我买了。

查尔斯·瑟菲斯　卡尔里斯，我的叔祖父理查德成交了。

——现在，这是他未结婚的妹妹，也是我的叔祖母黛玻拉，是奈乐用他最好的方式画的，极其逼真。给你，你瞧，牧羊女的她正在牧羊。卖五镑十便士——光羊群就值这个价。

奥利弗爵士　（旁白）啊，可怜的黛玻拉！一位给自己定下这个价码的人！——（大声地）五镑十便士——成交。

查尔斯·瑟菲斯　我的叔祖母黛玻拉成交！现在，这两位是他们的表妹表弟。——你瞧，摩西，这些画有些历史了，那时男士戴假发，女士留真发。

奥利弗爵士　是的，没错，当时的头饰比现在略低些。

查尔斯·瑟菲斯　好吧，这两幅卖同样的价格。

摩西　真是一笔好买卖。

查尔斯·瑟菲斯　卡尔里斯！——这是我的外曾祖父辈，一位学识渊博的法官，在西部巡回裁判区声名显赫——摩西，你为他估个价吧？

摩西　值四个金币。

查尔斯·瑟菲斯　四个金币！天哪，他的假发都不止这个价。——普利敏先生，你对法官很尊重，我们就以十五个金币成交吧。

奥利弗爵士　好的。

卡尔里斯　成交！

查尔斯·瑟菲斯　这是他的两位兄弟，威廉和华特卜郎特，都是议员，著名的演说家；并且，最特别的是，我看，这是他们第一次被人买卖。

奥利弗爵士　确实很特别！出于对议会的尊重，我买了，你出个价吧。

卡尔里斯　说得好，普利敏！四十金币就成交。

查尔斯·瑟菲斯　这是个有趣的人——我不知是什么亲戚，但他曾是诺威奇的市长：卖八镑。

奥利弗爵士　不，不，市长只值六镑。

查尔斯·瑟菲斯　来，用金币算，我再给你两位市议员。

奥利弗爵士　成交。

查尔斯·瑟菲斯　卡尔里斯，市长和市议员成交。但是，该死！我们这样零售要花一整天；干脆批发吧；你意下如何，普利敏？剩下的家族肖像给我三百镑吧。

卡尔里斯　那样就最好。

奥利弗爵士　好吧，好吧，都依你；我全要了。但有一幅画你总是越过。

卡尔里斯　什么，长靠椅那边那个不好看的人！

奥利弗爵士　是的，先生，我就是指那幅；但无论如何我不觉得他是一个不好看的家伙。

查尔斯·瑟菲斯　什么，那幅？哦，那是我叔叔奥利弗！这是他去印度之前画的。

卡尔里斯　你叔叔奥利弗！天哪，那么你们就绝不可能是朋友了，查尔斯。对我来说，那只是我见过的神色最严肃的人；一种不宽恕人的眼神，一副剥夺别人继承权的面容！就是一个固执的浑蛋。你不也这样认为吗，普利敏？

奥利弗爵士　说实话，我不这样认为，先生；我觉得他是这个房间里的人中最正直的一个，不管是活着的还是已故的。但我想奥利弗叔叔和其他的画一起卖啰？

查尔斯·瑟菲斯　不，放手！我不会与可怜的叔叔分开。这位老人家对我很好，我有房子放他的照片时我就要留着不卖。

奥利弗爵士　（旁白）这小子毕竟是我侄儿！——（大声地）但是，先生，不知怎么我对那肖像特别着迷。

查尔斯·瑟菲斯　很抱歉，你肯定是不能得到它的。啊！难道你买得还不够多吗？

奥利弗爵士　（旁白）我原谅他的一切！——（大声地）但是，先生，如果我想要，我就会不惜一切代价。剩下的东西值多少钱，我就出同样的价钱。

查尔斯·瑟菲斯　别开玩笑了，经纪人；我告诉过你我不会与它分开的，这事到此为止。

奥利弗爵士　（旁白）这可真像他父亲！——（大声地）好吧，好吧，我放弃。

——（旁白）以前我没仔细观察过，但是，我从没见过这样一个如此像他的人。

——（*大声地*）钱，就开张支票给你。

查尔斯·瑟菲斯 呀，这就八百镑！

奥利弗爵士 你真的不愿把奥利弗爵士割爱与我吗？

查尔斯·瑟菲斯 没门儿！不！我再一次告诉你。

奥利弗爵士 那差额没关系，下次结清就好。但请保证一定履行契约；你是一个正直的人，查尔斯——请见谅，先生，我太放肆了。

——来吧，摩西。

查尔斯·瑟菲斯 啊，真是一个古怪的老人家！——但是，听着，普利敏，你要准备地方来收纳这些先生们。

奥利弗爵士 当然，当然，这一两天之内我就把他们接走。

查尔斯·瑟菲斯 但是，等等，你要派一辆气派的车来接他们，我相信，他们都习惯了坐自己的马车。

奥利弗爵士 会的，我会的——奥利弗除外。

查尔斯·瑟菲斯 对，这个从印度回来的欧洲人除外。

奥利弗爵士 你真的打定主意了吗？

查尔斯·瑟菲斯 真决定了。

奥利弗爵士 （*旁白*）真是可爱又奢侈的家伙！——再见了！——来吧，摩西。

——（*旁白*）现在看谁还敢说他是一个放荡无礼的人。（*与摩西同下*）

卡尔里斯 啊，这是我见过的最古怪的人了！

查尔斯·瑟菲斯 呃，我认为他是经纪人中的佼佼者。我很好奇，摩西怎么认识这样一位正直的人呢——哈！罗利来了。

——卡尔里斯，说我过一会儿就陪他们一起玩。

卡尔里斯 好吧——但不要让那老笨蛋说服你，把钱耗在发霉的旧账上，或者其他类似无聊的事情上；查尔斯，商人最是漫天要价的家伙。

查尔斯·瑟菲斯　真的，付给他们钱只会鼓励他们。

卡尔里斯　除此之外别无其他。

查尔斯·瑟菲斯　啊，对，别担心。

——（卡尔里斯下）对了！这真是个怪老头。我看看，这五百三十镑的三分之二都是我的了。天哪！我发现一个人的祖先的亲戚价值比我原想的还要高！——女士们，先生们，有礼了，也非常感激。（向画像鞠躬）

【罗利上

哈！罗利！啊，你来得真是时候，与你的老相识告别。

罗利　是的，我听见他们刚要离开。但是，我好奇你在这么多的困扰之下竟有这么好的兴致。

查尔斯·瑟菲斯　啊，问题就在这里！困扰我的事情确实很多，我就不能再沮丧低落了；但是，运气来了，我就会富有，扬眉吐气。但是，我猜你正在好奇我跟这么多的近亲分离却并不怎么悲伤；老实说，他们影响了我，但是，你看，他们毫发未损，我又难过什么呢？

罗利　你偶尔地严肃一下还真是不容易。

查尔斯·瑟菲斯　是的，我现在确实是这样。来吧，正直的罗利，给你，立即帮我把它兑换了，然后立马拿一百镑给斯坦利。

罗利　一百镑！想想吧——

查尔斯·瑟菲斯　啊，别说了！斯坦利急需用钱，如果你不快点的话，可能会有别的人说他更有权利要这笔钱的。

罗利　啊！问题来了！我还要用这句老话来催逼你——

查尔斯·瑟菲斯　慷慨之前要先公正。

——啊，所以我能的话我就会这样；但公正就是又老又跛的老太婆，我内心不能容忍她赶上慷慨的步伐。

罗利　但是，查尔斯，相信我，考虑一小时——

查尔斯·瑟菲斯　啊，啊，很好；但是，唉，罗利，老天在上，我有就会给；所以，去你的节俭！现在就赌一赌吧。

场景二——另一间房。

【奥利弗·瑟菲斯爵士、摩西同上

摩西　呃，先生，我想，就像彼得爵士说的，你已经见识了查尔斯先生的扬扬得意的样子了；真是遗憾，他太奢侈了。

奥利弗爵士　没错，但他没有卖掉我的画像。

摩西　而且沉迷于酒色之中。

奥利弗爵士　但他没有卖掉我的画像啊！

摩西　还嗜赌成性。

奥利弗爵士　但他没有卖掉我的画像。哦，罗利来了。

【罗利上

罗利　哦，奥利弗爵士，我听说你买了——

奥利弗爵士　是的，是的，我们这年轻的浪荡子已经把他的祖先像旧挂毯一样卖掉了。

罗利　而且他还委托我把部分卖得的钱给你——我是指给急需用钱的老斯坦利。

摩西　啊！最可惜的就是这个；他真是该死的慈善家。

罗利　我在大厅里留下了一个袜商和两个裁缝，我肯定，他们拿不到钱，而这一百镑会让他们满意。

奥利弗爵士　好吧，好吧，我会替他还债，他的施舍也由我付。但现在我不再是一个经纪人了，还是请你将我以老斯坦利的身份介绍给他哥哥。

罗利　现在还不行；你知道的，彼得爵士打算这个时候去他那儿看他。

【崔普上

崔普　啊，先生们，原谅我不曾来送你们；这边请——摩西，有话

跟你说。（与摩西同下）

奥利弗爵士　你看看这个家伙！你相信吗，他在我们来的途中拦下了犹太人，竟想在他见到主人前筹钱！

罗利　确实！

奥利弗爵士　是的，他们正在计划一场年金交易。啊，罗利，在我那个时代，仆人就是穿得衣衫褴褛，对他们主人的愚蠢行为也是很满意的；但现在他们却有自己的坏毛病，就像他们穿的生日服装一样，光鲜耀眼。（同下）

场景三——约瑟夫·瑟菲斯家中的书房。

【约瑟夫·瑟菲斯及其仆人上

约瑟夫·瑟菲斯　没有提泽尔夫人的来信吗？

仆人　没有，先生。

约瑟夫·瑟菲斯　（旁白）真是奇怪，如果她不能来的话，居然没有送信。彼得爵士当然不会怀疑我。但我希望不要因为和他妻子的摩擦而失去这位女继承人；但是，查尔斯的轻率以及坏名声正是我喜欢看到的。（敲门声）

仆人　先生，我猜这肯定是提泽尔夫人。

约瑟夫·瑟菲斯　等等！开门之前先确定到底是不是她。如果是我弟弟的话，我有特别的话要给你说。

仆人　是提泽尔夫人，先生；她总是把车停在隔壁街的女帽店那儿。

约瑟夫·瑟菲斯　等等，等等；拉下窗帘——可以了。

——我对面的邻居是一位生性好奇的老处女。

——（仆人拉下窗帘，下）这件事很棘手。提泽尔夫人最近怀疑我看上了玛丽亚；但她绝不能知道那个秘密——至少，要等我对她更有把握的时候再说。

【提泽尔夫人上

提泽尔夫人　啊，现在在自言自语宣泄感情？你也有烦躁的时候？哦，天哪！别装忧郁了。我发誓我以前真的不能来。

约瑟夫·瑟菲斯　啊，夫人，守时对上流社会的女人来说是一种永恒不变，不会时髦的品质。（看座，待提泽尔夫人坐下后落座）

提泽尔夫人　我觉得，你应该同情我。你知道彼得爵士最近对我发脾气，也嫉妒查尔斯——这是最好的消息，不是吗？

约瑟夫·瑟菲斯　（旁白）我真高兴，我造谣的朋友还在造谣。

提泽尔夫人　我希望他会让玛丽亚嫁给他，然后或许才会相信，对吗，瑟菲斯先生？

约瑟夫·瑟菲斯　（旁白）我才不希望。

——（大声地）哦，当然希望！那时我亲爱的提泽尔夫人就会相信她怀疑我对这个傻女孩有任何企图是大错特错了。

提泽尔夫人　好了，好了，相信你好了。但是，别人用最恶毒的话来说你，不气人吗？而且我不知道我的朋友斯尼威尔夫人散播了多少我的流言，所有都毫无根据，我真是太生气了。

约瑟夫·瑟菲斯　啊，夫人，那种情况肯定很气人——毫无根据；是的，是的，这真是一大耻辱，人们相信一个人的谣言时，就算应得这种结果，还是让人不快。

提泽尔夫人　嗯，真的，那我就原谅他们的恶毒；但是，攻击我这种清白的人，而且从没说过别人的坏话——就算是朋友的坏话；彼得爵士如此暴躁多疑，但我知道我自己的心是正直的——真是变态！

约瑟夫·瑟菲斯　但是，我亲爱的提泽尔夫人，如果你在受煎熬的话就是你自己的错了。一个丈夫毫无根据地怀疑自己的妻子，又收回对她的信赖，原本的婚姻关系已经破裂，而她就为了女性的尊严设法以智取胜。

提泽尔夫人　确实！所以，如果他无缘无故怀疑我，治疗他的嫉妒之心的最好办法就是干脆给他讲原因？

约瑟夫·瑟菲斯　毫无疑问——你的丈夫绝不应该被你欺骗；那样你可以表现脆弱来恭维他的洞察力。

提泽尔夫人　真的，你讲得很有道理，我觉得自己清白——

约瑟夫·瑟菲斯　啊，我亲爱的夫人，那就大错特错了！你认为你清白就是你最大的伤害。是什么让你怠慢了理解，疏忽了世人的观点？哦，是你那自认为的清白。又是什么让你不顾及自己行为的后果，犯了一千次的小冒失？哦，是你那自认为的清白。是什么让你对彼得爵士不耐烦，对他的怀疑愤愤不平呢？哦，又是你那自认为的清白。

提泽尔夫人　确实如此！

约瑟夫·瑟菲斯　现在，我亲爱的提泽尔夫人，如果你能犯点小错，你想不到自己会变得多小心，多乐意去迁就你丈夫。

提泽尔夫人　你真这样认为？

约瑟夫·瑟菲斯　哦，当然；然后你就会发现所有的流言都不翼而飞了，因为——简言之，你现在的人品就像一个多血症的人，因为过分健康而死去。

提泽尔夫人　罢了，罢了，你的药方就是以犯错来为自己辩护，以抛弃美德来维护好名声吗？

约瑟夫·瑟菲斯　当然，相信我，夫人。

提泽尔夫人　好吧，这真的是最怪的说法，避免诽谤的最新方法了！

约瑟夫·瑟菲斯　这是一个绝对可靠的方法，相信我。谨慎就像经验一样，必须付出代价。

提泽尔夫人　啊，如果我的理解一旦确信——

约瑟夫·瑟菲斯　哦，当然，夫人，你的理解应该确信。是的，是的，上天不会让我劝你去做你认为是错的事。不，不，我还有很强的荣誉心，也不允许我这样想的。

提泽尔夫人　难道你不觉得我们的讨论应该不谈荣誉吗？（起身）

约瑟夫·瑟菲斯　啊，我看，你所受过的农村教育的坏影响还跟随着你。

提泽尔夫人　恐怕真的还有；我会公正地向你承认，如果我被人怂恿做错了事，那就是彼得爵士对我不好，而非听了你这尊贵的逻辑。

约瑟夫·瑟菲斯　那么，以我这只手为誓，虽然他不值得——（拉她的手）

【仆人上

该死，你个笨蛋——你要干吗？

仆人　原谅我，先生，我想你不会愿意不经通报就让彼得爵士上来吧。

约瑟夫·瑟菲斯　彼得爵士！——哎哟——天哪！

提泽尔夫人　彼得爵士！哦，天哪！完了！我完了！

仆人　先生，不是我让他进来的。

提泽尔夫人　噢！我真是完了！我的下场会怎样呢！逻辑先生——哦，天哪，先生，他上楼了——我躲后面去——我不会再这么轻率了——（藏进门帘之后）

约瑟夫·瑟菲斯　把那本书拿给我。（坐下。仆人装作摆椅子）

【彼得·提泽尔爵士上

彼得·提泽尔爵士　啊，随时都这么上进——瑟菲斯先生，瑟菲斯先生——（拍约瑟夫肩膀）

约瑟夫·瑟菲斯　哦，我亲爱的彼得爵士，请原谅我。——（打呵欠，放下书）这破书看得我都想瞌睡了。啊，我很感激你这时来。我相信，这房间整理好了，你还不曾来过。你知道的，书是唯一让我沉溺的东西。

彼得·提泽尔爵士　真整洁啊！不错，不错，那很好；你甚至把门帘都做成知识的来源——我看，上面还有地图。

约瑟夫·瑟菲斯　哦，是的，我发现那门帘大有用处。

彼得·提泽尔爵士　我敢说那真是有用，当你急着找东西的时候。

约瑟夫·瑟菲斯　（旁白）啊，急着藏东西也有用。

彼得·提泽尔爵士　呃，我有点私事——

约瑟夫·瑟菲斯　（对仆人）退下吧。

仆人　是，先生。（下）

约瑟夫·瑟菲斯　请坐，彼得爵士——请——

彼得·提泽尔爵士　好了，现在只有我们了，有一件事，我亲爱的朋友，我想向你吐露一件事——是事关我心情平静的大事；简而言之，我亲爱的朋友，提泽尔夫人最近的行为让我很不高兴。

约瑟夫·瑟菲斯　哦！真为你难过。

彼得·提泽尔爵士　很明显的是，她一点也不在乎我；但是，更糟糕的是，我有相当可靠的证据推测她已经另觅新欢了。

约瑟夫·瑟菲斯　真的！你太叫我吃惊了！

彼得·提泽尔爵士　是的！而且，你不要对别人说，我想我已经发现那个人是谁了。

约瑟夫·瑟菲斯　怎么会！你吓我一大跳。

彼得·提泽尔爵士　啊，我亲爱的朋友，我知道你会同情我的！

约瑟夫·瑟菲斯 是的，相信我，彼得爵士，这个发现对你我的伤害是一样的。

彼得·提泽尔爵士 我相信。啊！拥有这样一位可以信任，甚至家庭秘密都可以告诉的朋友，真值得高兴。但是，你不猜猜我指的是谁吗？

约瑟夫·瑟菲斯 我不知道。不可能是本杰明·巴克百特爵士！

彼得·提泽尔爵士 哦，不是！是查尔斯，你怎么看？

约瑟夫·瑟菲斯 我弟弟！不可能！

彼得·提泽尔爵士 哦，我亲爱的朋友，你内心的善良误导了你。你是以己度人。

约瑟夫·瑟菲斯 当然，先生，诚实正直的心总是不愿意相信别人的背叛。

彼得·提泽尔爵士 真的；但你的弟弟无情无义——他本人肯定不这么认为。

约瑟夫·瑟菲斯 但我不禁想到提泽尔夫人太有原则了。

彼得·提泽尔爵士 嗯，但原则在年轻英俊的小伙子的奉承之下又算得了什么呢？

约瑟夫·瑟菲斯 那倒是。

彼得·提泽尔爵士 那么，你知道，我们之间的年龄差距足以让她喜欢上我这事变得不太可能；如果她很脆弱，而我又公之于众的话，全镇的人只会嘲笑我这个愚蠢的老光棍娶了这么一位女孩。

约瑟夫·瑟菲斯 那是真的，很确定——他们会嘲笑的。

彼得·提泽尔爵士 但他又来了——我的老友，奥利弗爵士的这个侄儿竟想要欺负我，太伤我心了。

约瑟夫·瑟菲斯　啊，问题就在这。一旦忘恩负义给伤害之箭装上了倒钩，受伤的危险就加倍了。

彼得·提泽尔爵士　对——我可以说是他的监护人；我也经常在家里款待他；我的生活中从不会拒绝给他——我的忠告！

约瑟夫·瑟菲斯　啊，实在让人难以相信！肯定有些人会干出下流的事；但是，对我来说，除非给我确凿的证据，否则我不相信。当然，一旦确定是他的话，他就不再是我弟弟了——我跟他断绝关系；这样一个破坏主客之道，勾引朋友妻子的人就该被当成是社会的败类。

彼得·提泽尔爵士　你们俩真是大不相同啊！多么高尚的情感！

约瑟夫·瑟菲斯　但我相信提泽尔夫人的贞操。

彼得·提泽尔爵士　我也想对她朝好的方面想，消除我们之间一切争吵的根源。她最近不止一次斥责我不给她钱财；而且，我们最后一次吵架中，她几乎暗示说即使我死了，她也不会伤心。现在，我们在花销上似乎有不同的看法，我已经表明了她以后可以随心所欲，用自己的方式花钱；而且，如果我死了，她就会发现我活着时，对她的利益并不是不感兴趣。我的朋友，这是两份契约的草稿，我想听听你的看法。这一份讲明，我活着时她一年还可拥有八百镑；另一份是，我死后，她可以继承大部分遗产。

约瑟夫·瑟菲斯　彼得爵士，这种行为真是太慷慨了——（旁白）我希望这不要惯坏我的学生。

彼得·提泽尔爵士　是的，我决定让她没有理由来抱怨，虽然我要过些时日才让她知道继承遗产的事。

约瑟夫·瑟菲斯　（旁白）能不告诉她，就不告诉。

彼得·提泽尔爵士 我的朋友，如果你愿意，我们就谈谈你追玛丽亚的事情。

约瑟夫·瑟菲斯 （小声地）哦，别，彼得爵士；如果你乐意的话，就下次吧。

彼得·提泽尔爵士 我很困惑，似乎你追她的事情没什么进展。

约瑟夫·瑟菲斯 （小声地）我求你别说了。你的幸福出了问题的时候，我的失望又算什么！——（旁白）该死，再说下去，我就完蛋了！

彼得·提泽尔爵士 虽然你讨厌我把你的情况告诉我妻子，我肯定在这件事上她不会跟你为敌的。

约瑟夫·瑟菲斯 彼得爵士，请放过我吧。我们刚才谈论的事情太影响我了，我都不能思考我自己的事了。一个替朋友分担痛苦的人绝不能——

【仆人上

什么事，伙计？

仆人 先生，你弟弟在街上正与一位先生讲话，而且说他知道你在家。

约瑟夫·瑟菲斯 该死，笨蛋，我不在家——今天我出去了。

彼得·提泽尔爵士 慢着——等一下——我想到了一个主意——说你在家。

约瑟夫·瑟菲斯 好吧，好吧，请他进来。——（仆人下）（旁白）但他会打断彼得爵士的话。

彼得·提泽尔爵士 我的好朋友，拜托，我恳求你。查尔斯来之前，让我找个地方藏起来，然后你拿我们刚才讲的事斥责他，他的反应可能会立马让我很高兴。

约瑟夫·瑟菲斯 哎呀，呸，彼得爵士！你这是要我参与如此卑鄙的把戏？——连我的弟弟也要？

彼得·提泽尔爵士　不，你告诉我你相信他是无辜的；所以你就更应该给他一次机会来澄清自己，那么你也会让我的心得到休息。来吧，你不会拒绝我的。（起身）这儿，门帘后面将——嘿！糟糕！这儿似乎已经有一人在偷听了——我发誓我看见了一条衬裙！

约瑟夫·瑟菲斯　哈！哈！哈！啊，真是滑稽。彼得爵士，我告诉你，虽然我觉得搞阴谋的人最卑鄙，但是，你知道，那并不意味着那人就是约瑟夫无疑！啊，这是一位法国女帽商，就是让我苦恼的笨家伙；为了保全名誉，先生，你来之前，她就跑到门帘后边躲着了。

彼得·提泽尔爵士　啊，约瑟夫！约瑟夫！我从来没想过你——但是，天哪，我说我妻子的话都让她听见了。

约瑟夫·瑟菲斯　哦，你放心，她听到的就只有这些了！

彼得·提泽尔爵士　不！那么，让她听完吧。
——这个壁橱也可以。

约瑟夫·瑟菲斯　好吧，那你去那儿吧。

彼得·提泽尔爵士　狡猾的家伙！狡猾的家伙！（躲进壁橱）

约瑟夫·瑟菲斯　真是千钧一发！我的处境真是奇怪，把妻子和丈夫用这样的方式分开。

提泽尔夫人　（偷窥）我能溜出去吗？

约瑟夫·瑟菲斯　快藏好，我的宝贝！

彼得·提泽尔爵士　（偷窥）约瑟夫，替我狠狠地骂他。

约瑟夫·瑟菲斯　回去，我亲爱的朋友！

提泽尔夫人　（偷窥）你能把彼得爵士锁在里面吗？

约瑟夫·瑟菲斯　安静，我的心肝！

彼得·提泽尔爵士　（偷窥）你确定女帽商不会瞎说乱谈？

约瑟夫·瑟菲斯　快进去，快进去，我亲爱的彼得爵士！天啊，我真希望有把钥匙把门锁上。

【查尔斯·瑟菲斯上

查尔斯·瑟菲斯　哈喽！哥哥，怎么了？你的人一开始还不让我进呢。什么！你跟一位犹太人还是女孩在一起？

约瑟夫·瑟菲斯　都不是，弟弟，我可以向你保证。

查尔斯·瑟菲斯　但为什么彼得爵士溜掉了呢？我以为他跟你在一起。

约瑟夫·瑟菲斯　他刚才在，弟弟；但一听说你来了，他就走了。

查尔斯·瑟菲斯　什么！这老先生是害怕我向他借钱吗？

约瑟夫·瑟菲斯　不是，先生；但是，查尔斯，我遗憾地发现最近你给这位老人家制造了大量令其不安的理由。

查尔斯·瑟菲斯　是的，他们告诉我我让很多高尚的人不安。但是，请问怎么会这样呢？

约瑟夫·瑟菲斯　坦白告诉你吧，弟弟，他认为你在想方设法从他那儿抢走提泽尔夫人的感情。

查尔斯·瑟菲斯　谁，我吗？天哪，我发誓，我没有。

——哈！哈！哈！所以这个老家伙已经发现他娶了位年轻妻子，对吗？——或者，更糟糕的是，提泽尔夫人发现她嫁了个老头？

约瑟夫·瑟菲斯　弟弟，这件事不能开玩笑。嘲笑别人的人——

查尔斯·瑟菲斯　对的，对的，就像你刚才要说的——那么，说正经的，我从没有过你刚才指责我的那种想法，我以名誉发誓。

约瑟夫·瑟菲斯　（大声地）好吧，彼得爵士听到你这样说一定非常满意的。

查尔斯·瑟菲斯　老实说，我一度以为夫人似乎对我有好感；但是，我以灵魂发誓，我从没给过她一点鼓励。而且，你知道我喜欢玛丽亚。

约瑟夫·瑟菲斯　当然，但是，弟弟，即使提泽尔夫人对你动了真情——

查尔斯·瑟菲斯　什么，啊，约瑟夫，我绝不会蓄意地干出有损名声的事情；但如果一个漂亮的女人故意要投怀送抱——而且那个漂亮的女人还嫁了一位老得可以当他父亲的人——

约瑟夫·瑟菲斯　够了！

查尔斯·瑟菲斯　哟，我想我应该要感激——

约瑟夫·瑟菲斯　什么？

查尔斯·瑟菲斯　我要借一点你的道德，就那样。但是，哥哥，你知道你多让我吃惊，竟把我跟提泽尔夫人扯在一起；因为，我总觉得你才是她的最爱。

约瑟夫·瑟菲斯　哦，真可耻，查尔斯！反唇相讥就太愚蠢了。

查尔斯·瑟菲斯　不，我发誓我见过你们眉来眼去的——

约瑟夫·瑟菲斯　不，不，先生，这可不能开玩笑。

查尔斯·瑟菲斯　天啊，我是说真的！你不记得那天，我来这儿的时候——

约瑟夫·瑟菲斯　不，查尔斯，请你——

查尔斯·瑟菲斯　而且看到你们在一起——

约瑟夫·瑟菲斯　啊，先生，我坚决否认——

查尔斯·瑟菲斯　还有一次，你的仆人——

约瑟夫·瑟菲斯　弟弟，弟弟，跟你有话要说！——（旁白）天哪，我必须堵住他的嘴。

查尔斯·瑟菲斯　我说，告诉我——

约瑟夫·瑟菲斯　嘘！我求求你，彼得爵士已经听到了我们说过的一切。我知道你想要澄清自己，不然我也不会同意的。

查尔斯·瑟菲斯　怎么，彼得爵士！他在哪儿？

约瑟夫·瑟菲斯　小点声，在那儿！（指着壁橱）

查尔斯·瑟菲斯　哦，天哪，我要把他找出来。彼得爵士，出来吧！

约瑟夫·瑟菲斯　哦，不——

查尔斯·瑟菲斯　我说，彼得爵士，出庭了。

——（拉着彼得爵士上）什么！我的监护人！——什么！变成检察官，着便衣来找证据了是吗？哦，呸！哦，呸！

彼得·提泽尔爵士　查尔斯，拉我一把——我怀疑你，是我的不对，但你不能对约瑟夫发火——那是我的主意！

查尔斯·瑟菲斯　真的？

彼得·提泽尔爵士　我还你清白。我保证不会像以前那样认为你坏；我听到的一切真让我大为满意啊！

查尔斯·瑟菲斯　啊，那么，真庆幸你没有听到更多的事。对吗，约瑟夫？

彼得·提泽尔爵士　啊！你原本想对他反唇相讥的。

查尔斯·瑟菲斯　啊，啊，那是开玩笑的。

彼得·提泽尔爵士　是的，是的，我很清楚他的为人。

查尔斯·瑟菲斯　但是，这事你既然怀疑我，也怀疑他。对吗，约瑟夫？

彼得·提泽尔爵士　好了，好了，我相信你。

约瑟夫·瑟菲斯　（旁白）真希望他们俩离开书房。

彼得·提泽尔爵士　也许，以后我们不会再像陌生人一样了。

【仆人上，对约瑟夫·瑟菲斯低语

仆人　斯尼威尔夫人在下面，说她要上来了。

约瑟夫·瑟菲斯　斯尼威尔夫人！天哪！不能让她来这儿。（仆人下）先生们，原谅我——我必须送你们下楼了：有人有特别的事来找我。

查尔斯·瑟菲斯　好啊，你可以在别的房间见她。彼得爵士和我很久没见面了，我有些事想跟他说说。

约瑟夫·瑟菲斯　（旁白）他俩绝对不能留在一起。
——（大声地）我打发了斯尼威尔夫人，就立马回来。
——（对彼得爵士旁白）彼得爵士，不要说法国女帽商的事啊！

彼得·提泽尔爵士　（对约瑟夫·瑟菲斯旁白）我！不会说的！——（约瑟夫·瑟菲斯下）啊，查尔斯，如果你跟你哥哥多来往的话，我们对你改过自新的事就会多存希望。他是一个重情重义的人。世间再没有任何事比一个重感情的人来得高贵了。

查尔斯·瑟菲斯　呸！他这个人太道德了；他说他特别在乎他的好名声，我想他会让一位牧师进门，也不会让女孩来的。

彼得·提泽尔爵士　不，不——别啊，别——你冤枉他了。不，不。约瑟夫不是浪荡子，但在那方面他也不是圣徒。

——（旁白）我真想告诉他——我们该好好地嘲笑约瑟夫一番。

查尔斯·瑟菲斯　哦，该死！他是个真正的高士，一位年轻的隐士！

彼得·提泽尔爵士　啊——你别骂他了：这可能会让他碰巧听见的。

查尔斯·瑟菲斯　呀，你不会告诉他？

彼得·提泽尔爵士　不——但是——这边走。（旁白）啊，告诉他吧。

——（大声地）听着——你想好好地嘲笑约瑟夫一番吗？

查尔斯·瑟菲斯　太想不过了。

彼得·提泽尔爵士　那么，我保证，我们会的！我被你找到这事，我要向他报仇。我来的时候，他跟一个女孩在一起。（低语）

查尔斯·瑟菲斯　什么！约瑟夫？你开玩笑！

彼得·提泽尔爵士　嘘！——一个法国女帽商——最好笑的是——她现在就躲在书房。

查尔斯·瑟菲斯　有这种事！

彼得·提泽尔爵士　嘘！我告诉你。（指向门帘）

查尔斯·瑟菲斯　躲在门帘后！啊，我们揭穿她吧！

彼得·提泽尔爵士　别，别，他要回来了——你不要，真的！

查尔斯·瑟菲斯　啊，天哪，我们偷窥一下这可爱的女帽商了！

彼得·提泽尔爵士　绝对不行！——约瑟夫永远不会原谅我的。

查尔斯·瑟菲斯　我会支持你的——

彼得·提泽尔爵士　哦，他来了！（查尔斯·瑟菲斯拉下门帘）

【约瑟夫·瑟菲斯上

查尔斯·瑟菲斯　提泽尔夫人，真是太神奇了。

彼得·提泽尔爵士　夫人，真是恶劣！

查尔斯·瑟菲斯　彼得爵士，这位是我见过的最聪明的法国女帽商之一了。天啊，你们好像在玩躲猫猫取乐，我看不出谁不知道秘密。请问夫人您能告诉我吗？别说！——哥哥，你愿意解释一下这件事吗？什么！连彼得爵士也变哑了吗？——彼得爵士，虽然我把你从暗处找了出来，也许现在你不再一无所知了！都沉默！——好吧——虽然我不知道事情的原委，我猜你们都知道了；所以就请你们自己解决吧。

——（欲离去）哥哥，很遗憾发现你对那位高尚的先生制造了这么多不安的理由。

——彼得爵士！世间再没有什么比重感情的人高贵了！（下）

约瑟夫·瑟菲斯　彼得爵士——尽管——我承认——形势对我不利——如果你愿意对我有耐心的话——我一定会——但我会把每件事解释得让你满意。

彼得·提泽尔爵士　请说吧，先生。

约瑟夫·瑟菲斯　事实是，先生，提泽尔夫人知道我对你的保护人玛丽亚动了心思——呃，先生，提泽尔夫人担心你会吃醋——知道我和你们家的交情——她，先生，呃——来这儿——是为了——我可以解释这些主张——但你一来——她太担心了——就像我说的——你会吃醋——她就躲起来了——相信我，这就是整件事情的真相。

彼得·提泽尔爵士　解释得很清楚，我发誓夫人应该也会担保你说的一切没错。

提泽尔夫人　一个字也不会担保，彼得爵士！

彼得·提泽尔爵士　怎么！难道你不认为他的谎言值得附和吗？

提泽尔夫人　这位先生告诉你的简直是胡说八道。

彼得·提泽尔爵士　我相信你，我以灵魂发誓，夫人！

约瑟夫·瑟菲斯　（对提泽尔夫人旁白）该死，夫人，你要出卖我吗？

提泽尔夫人　好个虚伪先生，我要为我自己辩护了。

彼得·提泽尔爵士　啊，让她说吧，先生；你会发现她会编一个比你更好的故事，还不用人提示。

提泽尔夫人　听我说，彼得爵士！——我来这儿跟你的保护人无关，也不是为了这位先生的所谓主张。但我来这儿，是被他的花言巧语骗的，如果不是牺牲了你的名誉来成全他的卑劣行为，至少也是听了他的虚情假意。

彼得·提泽尔爵士　现在，我相信就快真相大白了！

约瑟夫·瑟菲斯　这女人疯了！

提泽尔夫人　没有，先生；她已经恢复了理智，你自己的狡猾给了我方法。——彼得爵士，我不期待你会相信我，但你对我表现出的温柔，我相信你想不到竟会让我亲耳听到，这已经深深地打动了我的心，我在离开这儿不会因为曝光而感到羞耻，以后也会用真诚的行动来表达我的感激。至于那个油腔滑调的伪君子，勾引他诚实朋友的妻子时，还对他的监护人说了一些冠冕堂皇的鬼话——现在我才发现他是如此卑鄙，我决不再听他的话来表示自重了。（下）

约瑟夫·瑟菲斯　别信这些，彼得爵士，老天知道——

彼得·提泽尔爵士　真是浑蛋！我走了，好好反省一下吧。

约瑟夫·瑟菲斯　彼得爵士，你太冲动了；你听我说。拒绝承认错误的人——

彼得·提泽尔爵士　哦，去你的重感情！（约瑟夫·瑟菲斯说着，与彼得爵士同下）

第五幕

场景一——约瑟夫·瑟菲斯家中书房。

【约瑟夫·瑟菲斯与仆人同上

约瑟夫·瑟菲斯 斯坦利先生！为什么你会认为我该见他呢？你肯定知道他是有求而来的。

仆人 先生，我本不让他进来，但是，罗利先生跟他一起来的。

约瑟夫·瑟菲斯 呸！你个笨蛋！居然以为我现在还有心情接见穷亲戚！——好吧，那你为何还不让那家伙进来？

仆人 是，先生。

——呃，先生，彼得爵士发现夫人又不是我的错——

约瑟夫·瑟菲斯 快去，笨蛋！——（仆人下）的确命运还从没对我这种人开过玩笑！我在彼得爵士心中的好人品，我对玛丽亚的希望，顷刻之间毁于一旦！现在我还要怀着难得的“愉快”心情去倾听别人的困扰！我不能给斯坦利一种仁慈的情感。

——唉！他来了，罗利还跟他一块儿。但是，我必须振作起来，脸上装出一点慈善的样子。（下）

【奥利弗·瑟菲斯爵士与罗利同上

奥利弗爵士　什么！他不见我们？那是他，对不对？

罗利　是他，先生。但我觉得你来得有点太突然了。他神经脆弱，见一位穷亲戚会受不了的，我本应该先去告诉他一下。

奥利弗爵士　哦，去他的神经！亏彼得爵士还赞扬他是心地最仁慈的人！

罗利　至于他的想法，我不能妄下定论；因为，说句公道话，他的仁慈跟这个国家里任何一位先生一样，空谈多，付出实际行动少，但他有不少做善事的方法。

奥利弗爵士　他的行为中还是有一丝慈善之心的。

罗利　或者，不如说是口头说说罢了，奥利弗爵士；因为我相信他对“慈善始于家”深信不疑。

奥利弗爵士　而且，我猜，他是善行止于家，而且从没有走出门外。

罗利　我怀疑你会发现情况就是这样；但他要来了。我不能再打扰你了；你知道，你一离开，我就进去宣布你本人已到。

奥利弗爵士　真的；随后你来彼得爵士家找我吧。

罗利　那我先失陪。（下）

奥利弗爵士　我不喜欢他的殷勤。

【约瑟夫·瑟菲斯上

约瑟夫·瑟菲斯　先生，让您久等，我真是万分抱歉。——我猜，是斯坦利先生吧。

奥利弗爵士　请指教。

约瑟夫·瑟菲斯　先生，请坐——请坐，先生。

奥利弗爵士　亲爱的先生——不必了——（*旁白*）太客气了！

约瑟夫·瑟菲斯　之前我未能得幸认识您，斯坦利先生；但我很高兴见你一切安好。我想，你跟我母亲很亲，斯坦利先生，对吗？

奥利弗爵士　是的，先生；是很亲近，我害怕，我现在的贫穷会让她有钱的孩子丢脸，我原本不该麻烦你的。

约瑟夫·瑟菲斯　亲爱的先生，不必抱歉——即使是一个陌生人陷入了困境，也有权向有钱的亲戚求助的。我当然希望自己是有钱阶级的一员，能为你减轻痛苦。

奥利弗爵士　如果你的叔叔，奥利弗爵士在这儿，我就有个朋友了。

约瑟夫·瑟菲斯　我也希望如此，先生，真心诚意地希望；相信我，先生，他肯定会帮您的。

奥利弗爵士　我不需要别人帮助——我的穷困会帮我找到人的。但我想他的慷慨能让您代他行善的。

约瑟夫·瑟菲斯　我亲爱的先生，你真是搞错了。奥利弗爵士是一位有钱人，很有钱；但斯坦利先生，贪婪是老年的恶习。我亲爱的先生，我很肯定地告诉你，他几乎没为我做过任何事；虽然人们另有想法，就我而言，我不会选择反驳这种传言。

奥利弗爵士　什么！他从没给过你金银条——卢比——宝塔金币？

约瑟夫·瑟菲斯　哦，亲爱的先生，从没有这类东西！不，不；偶尔会给一些礼物——瓷器、围巾、工夫茶、印度鸣禽、鞭炮——就这一点，相信我。

奥利弗爵士　（旁白）这就是一万两千镑换来的感激！——印度鸣禽和鞭炮！

约瑟夫·瑟菲斯　那么，我亲爱的先生，我恐怕你已经听说了我弟弟的奢侈：几乎不会有人相信我为那不幸的年轻人所做的一切。

奥利弗爵士　（旁白）至少我不信！

约瑟夫·瑟菲斯　钱我已经借给他了！事实上我真该骂；这是一个弱点，但是我不想申辩——现在我感到很愧疚，因为这剥夺了我真心为你效劳的乐趣，斯坦利先生。

奥利弗爵士　（旁白）伪君子！——（大声地）那么，先生，你不能帮助我了？

约瑟夫·瑟菲斯　现在，我不得不说，我不能了；但是，我有能力了，我就会告知你。

奥利弗爵士　真是很遗憾——

约瑟夫·瑟菲斯　我也是，相信我；同情别人，却没有能力为其减轻痛苦，这比求助于人并遭人拒绝还让人痛苦。

奥利弗爵士 善良的先生，就此告辞了。

约瑟夫·瑟菲斯 您让我深感愧疚，斯坦利先生。——威廉，开门送客。（呼仆人）

奥利弗爵士 哦，亲爱的先生，不必多礼了。

约瑟夫·瑟菲斯 那再会。

奥利弗爵士 再见。

约瑟夫·瑟菲斯 我有能力帮助你时，就会告知与你的。

奥利弗爵士 先生，你真是太好了！

约瑟夫·瑟菲斯 在此期间，我希望您健康快乐。

奥利弗爵士 多承关爱。

约瑟夫·瑟菲斯 先生，衷心感谢。

奥利弗爵士 （旁白）现在我满意了。（下）

约瑟夫·瑟菲斯 这就是当好人的坏处；它老招来需要帮助的不幸之人，而要不花分文就获得仁慈的美名还得大费一番口舌，纯慈善的含金量在一个好人的清单里是一笔昂贵的花销；与此相比，我不用好品行，而是依靠法国镀金器皿般的虚情假意来展示我的慈善，还不用交税。

【罗利上

罗利 瑟菲斯先生，您好；我担心打扰您，但我这件事需要立刻见您，这张便条会说明一切的。

约瑟夫·瑟菲斯 很高兴见到罗利先生——（旁白）奥利弗·瑟菲斯爵士！——我叔叔到了！

罗利 是到了，真的；我们刚刚分开——经过快速的航行，他还相当好，迫不及待去拥抱他的好侄儿了。

约瑟夫·瑟菲斯　真想不到！——威廉！如果斯坦利还没走的话，把他留下。（呼仆人）

罗利　哦，我想，大概是追不上了。

约瑟夫·瑟菲斯　你一起来的时候为什么不告诉我？

罗利　我以为你有特别的事。但我必须去通知你弟弟，让他到这儿来见你们的叔叔。他十五分钟后就到。

约瑟夫·瑟菲斯　是吗。呃，他回来我真是太高兴了。

——（旁白）真的，还从没有这么倒霉过！

罗利　见到他很好，你会很高兴的。

约瑟夫·瑟菲斯　哦！听到这我真是太高兴了。

——（旁白）偏偏在这个时候！

罗利　我会告诉他你是多么迫不及待地想见他。

约瑟夫·瑟菲斯　好的，当然；请代我向他致意。真的，我一想到要见他，我心中就有说不出的感觉。（罗利下）他偏偏这个时候来当然是我最大的不幸了。（下）

场景二——彼得·提泽尔爵士家中。

【坎德夫人与女仆同上

女仆　夫人，我家夫人现在不想见任何人。

坎德夫人　你告诉她是她朋友坎德夫人了吗？

女仆　说了，夫人；但她请您见谅。

坎德夫人　再去通报一下；即使是片刻我也乐意见她，因为我肯定她现在很困扰。

——（女仆下）亲爱的，多可怜啊！我对情况一无所知！在我到他人家里去散播消息前，我们一定要让整件事见报，并且详尽地列出当事人的名字。（本杰明·巴克百特爵士上）哦，亲爱的本杰明爵士！我猜你已经听说——

本杰明·巴克百特爵士　关于提泽尔夫人和瑟菲斯先生——

坎德夫人　而且彼得爵士发现——

本杰明·巴克百特爵士　哦，这肯定是最奇特的一件事了！

坎德夫人　呃，我的人生中从没有如此惊讶过。我真替所有的当事人感到遗憾。

本杰明·巴克百特爵士　唉，我一点也不同情彼得爵士：他对瑟菲斯先生太偏爱了。

坎德夫人　瑟菲斯先生！啊，有人看到提泽尔夫人和查尔斯在一起。

本杰明·巴克百特爵士　不，不，我告诉你：瑟菲斯先生是情夫。

坎德夫人　不可能！查尔斯才是。瑟菲斯先生故意带彼得爵士去揭发他们的。

本杰明·巴克百特爵士　我告诉你我这消息来自一个——

坎德夫人　我的也来自一个——

本杰明·巴克百特爵士　那一位从另一位得知，另一位又——

坎德夫人　直接从一个人那儿知道的。但是，斯尼威尔夫人来了；也许她知道整件事情的原委。

【斯尼威尔夫人上

斯尼威尔夫人　啊，我亲爱的坎德夫人，我们朋友提泽尔夫人的事可真让人伤心啊！

坎德夫人　啊，我亲爱的朋友，谁会想到——

斯尼威尔夫人　呃，果真不能相信一个人的外表；虽然我总觉得她太活泼了。

坎德夫人　真的，她的行为有点太肆无忌惮了；但那时她还年轻！

斯尼威尔夫人 而且，还真有一些优点。

坎德夫人 确实。但你听说了详细情况了吗？

斯尼威尔夫人 没有；可人人都说瑟菲斯先生——

本杰明·巴克百特爵士 啊，对；我告诉过你瑟菲斯先生才是情人。

坎德夫人 不，不，是跟查尔斯幽会。

斯尼威尔夫人 和查尔斯！坎德夫人，你提醒了我！

坎德夫人 是的，是的；他才是情夫。瑟菲斯先生，说句公道话，他只是去告发而已。

本杰明·巴克百特爵士 呃，我不和你争了；但是，不管事实是怎样，我希望彼得爵士的伤不会——

斯尼威尔夫人 我也没听说过，一点都没。

本杰明·巴克百特爵士 不会吧！什么，一点都没说决斗的事？

坎德夫人 一个字都没有。

本杰明·巴克百特爵士 哦，也对；他们离开房间前打斗的。

斯尼威尔夫人 请说给我们听听。

坎德夫人 啊，给我们讲讲决斗的事。

本杰明·巴克百特爵士 “先生”，彼得爵士在发现之后就说，“你就是最忘恩负义的家伙”。

坎德夫人 啊，对查尔斯说——

本杰明·巴克百特爵士 不，不是——是对瑟菲斯先生——“这个最忘恩负义的家伙；我虽然老了，先生，”他说，“我坚持立马去决斗。”

坎德夫人　啊，那肯定是对查尔斯说的；因为瑟菲斯先生不可能在自己家里决斗。

本杰明·巴克百特爵士　天啊，夫人，完全不是——“立马跟我决斗”。——正在这个时候，夫人，提泽尔夫人看见彼得爵士身处危险之中，情绪异常激动地跑出书房，查尔斯跟在她后面，叫人去拿嗅盐和水；那时，夫人，他们开始拿剑决斗了——

【克拉布特里上

克拉布特里　是用枪，侄儿，是枪！我从一个绝对的权威人士那儿听说的。

坎德夫人　哦，克拉布特里先生，那一切都是真的啰！

克拉布特里　太真不过了，夫人，彼得爵士伤得很重——

本杰明·巴克百特爵士　左腹侧被刺穿——

克拉布特里　是被子弹击中胸腔的。

坎德夫人　天啊，可怜的彼得爵士！

克拉布特里　是的，夫人；但这种事能避免，查尔斯原本也会避免的。

坎德夫人　我告诉过你他是谁；我知道那人就是查尔斯。

本杰明·巴克百特爵士　我看，我的叔叔对此事一无所知。

克拉布特里　但彼得爵士用最重的话责骂他——

本杰明·巴克百特爵士　那是我告诉你的，你知道——

克拉布特里　侄儿，就让我来说吧！——并且坚持立马——

本杰明·巴克百特爵士　我刚才说过了——

克拉布特里　啊，侄儿，也让别人知道些事情吧！梳妆台抽屉上还放着两支枪，（因为瑟菲斯先生好像前晚上才从盐丘回家，他在那儿跟一位儿子在伊顿中学读书的朋友一起参加狂欢节）不幸的是，两把枪都上了膛。

本杰明·巴克百特爵士　我没听过这事。

克拉布特里　彼得爵士和查尔斯各拿了一把，好像他们同时开火。查尔斯射中目标，而彼得爵士射偏了；但最奇特的是，子弹击中壁炉旁的一尊莎士比亚小铜像，以直角弹出窗外，射中一位邮差，这人正来门边送一封来自桑普顿诺郡的超重信。

本杰明·巴克百特爵士　我承认，我叔叔的解释真是更加详细；但我相信我说的是真实的。

斯尼威尔夫人　（旁白）我对这件事比他们想象中的还要感兴趣，我必须去找更可靠的消息。（下）

本杰明·巴克百特爵士　啊！斯尼威尔夫人的惊讶是情理之中的事。

克拉布特里　是的，是的，他们的确说——不过那都不重要了。

坎德夫人　但是，请问，彼得爵士现在在哪儿？

克拉布特里　哦！他们把他带回了家，他现在正在家中，虽然仆人们奉命说他不在。

坎德夫人　我想是这样，提泽尔夫人，我猜，在照顾他。

克拉布特里　是的，是的；刚才我看见了一位医生先我一步进去了。

本杰明·巴克百特爵士　嘿！看谁来了？

克拉布特里　哦，就是他；是医生，肯定是。

坎德夫人　嗯，当然！一定是医生；我们就会知道了。

【奥利弗·瑟菲斯爵士上

克拉布特里　呃，医生，有希望吗？

坎德夫人　啊，医生，病人怎样了？

本杰明·巴克百特爵士　医生，那伤不是尖头剑伤吗？

克拉布特里　是子弹击中胸腔，赌一百镑！

奥利弗爵士　医生！尖头剑伤！子弹击中胸腔！——哎哟！你们疯了吗，

好人们？

本杰明·巴克百特爵士　也许，先生，你不是医生吗？

奥利弗爵士　真的，我是的话，就要感谢大家给我的这种身份了。

克拉布特里　那么，我猜，你只是彼得爵士的一位朋友。但是，先生，你一定听说过他出了意外了吧？

奥利弗爵士　一个字都没听说过！

克拉布特里　也没听说过他伤得很严重？

奥利弗爵士　混账的重！

本杰明·巴克百特爵士　刺穿了身体——

克拉布特里　击中了胸腔——

本杰明·巴克百特爵士　被一位瑟菲斯先生——

克拉布特里　啊，是弟弟。

奥利弗爵士　嘿！瞎扯什么！你们描述的各不相同。但是，你们都认为彼得爵士伤得很重。

本杰明·巴克百特爵士　哦，是的，在那点上我们的看法达成一致。

克拉布特里　是的，是的，我相信那毫无疑问。

奥利弗爵士　啊，我看，出在那种情形下的人一定是最不小心的人了；他来了，走路的样子完全像没事的人一样。

【彼得·提泽尔爵士上

我的心肝啊，彼得爵士！我保证你来得正是时候；因为我们刚刚以为你没救了。

本杰明·巴克百特爵士　（对克拉布特里旁白）天啊，叔叔，这也恢复得太快了！

奥利弗爵士　呃，怎么回事！被剑刺伤身体，子弹击中胸部，你怎么就起床了呢？

彼得·提泽尔爵士　剑伤和子弹！

奥利弗爵士　对，这些先生想不用法律和药物就杀了你，还想叫我当医生，做共犯。

彼得·提泽尔爵士　呃，这都怎么回事？

本杰明·巴克百特爵士　我们很高兴，彼得爵士，决斗的事不是真的，对于你别的不幸我们真心感到遗憾。

彼得·提泽尔爵士　（旁白）呃，原来这样，已经传遍全镇了！

克拉布特里　但是，彼得爵士，这当然应该怪你这把年纪还结婚。

彼得·提泽尔爵士　先生，这关你什么事？

坎德夫人　真的，但彼得爵士是个好丈夫，很值得同情。

彼得·提泽尔爵士　去你的同情，夫人！我一点都不稀罕。

本杰明·巴克百特爵士　但是，彼得爵士，你不必介意这种场合下你遇见的嘲笑和讥讽。

彼得·提泽尔爵士　先生，先生！我自己家里的事我自己管。

克拉布特里　这不是非同寻常的事，也还叫人安慰。

彼得·提泽尔爵士　我坚持自己处理这事；直话直说，我坚持你们立马离开我家！

坎德夫人　好啦，好啦，我们这就走；别担心，我们会尽最大努力报道这件事。（下）

彼得·提泽尔爵士　滚出我家！

克拉布特里　并且会说别人对你有多糟糕。（下）

彼得·提泽尔爵士　滚出我家！

本杰明·巴克百特爵士　看你是多么耐心地忍受这一切。（下）

彼得·提泽尔爵士　朋友！阴险小人！恶神！哦！他们会被自己的恶毒呛到！

奥利弗爵士　彼得爵士，他们真是太可气了。

【罗利上

罗利　我老远就听到了怒骂；是什么惹您生气了，先生？

彼得·提泽尔爵士　呸！还需要问吗？我有过不让人生气的一天吗？

罗利　罢了，我不是好打听。

奥利弗爵士　呃，彼得爵士，我已经用我们计划好了的方式去见过我的两位侄儿了。

彼得·提泽尔爵士　他们真是一对宝贝！

罗利　是的，奥利弗爵士相信你的判断是正确的，彼得爵士。

奥利弗爵士　是的，我发现约瑟夫的确不错。

罗利　啊，就如彼得爵士所说的，他是一个重感情的人。

奥利弗爵士　而且还言行一致。

罗利　听他说话真是深受启发啊！

奥利弗爵士　哦，他就是同龄青年人的楷模啊！——但怎么了，彼得爵士？你不像我想的那样加入到赞扬你朋友约瑟夫的行列中来。

彼得·提泽尔爵士　奥利弗爵士，我们生活在这该死的邪恶世界，越少赞美越好。

罗利　什么！彼得爵士，你不是说，您一生中从不会犯错吗？

彼得·提泽尔爵士　呸！去你们的！我看你们讥讽的样子，你们已经听说了整件事了。跟你们在一起，我简直快疯了。

罗利　那么，就不再让您烦恼了，彼得爵士，事实我们已经全部知道了。我遇见提泽尔夫人从瑟菲斯先生家回来，很低声下气地请求我向您说情。

彼得·提泽尔爵士　奥利弗爵士都知道这事了吗？

奥利弗爵士　每个细节都知道了。

彼得·提泽尔爵士　什么，也知道我们躲在橱柜和门帘后的事，对吗？

奥利弗爵士　是的，是的，还知道法国女帽商的事。哦，这故事极大地娱乐了我啊！哈！哈！哈！

彼得·提泽尔爵士　是很有趣。

奥利弗爵士　我敢说，我一生中从没这么笑过：哈！哈！哈！

彼得·提泽尔爵士　哦，太滑稽了！哈！哈！哈！

罗利　真的，约瑟夫重感情！哈！哈！哈！

彼得·提泽尔爵士　是的，是的，他的感情！哈！哈！哈！虚伪的家伙！

奥利弗爵士　啊，而且查尔斯那家伙还把彼得爵士从橱柜里找出来了：哈！哈！哈！

彼得·提泽尔爵士　哈！哈！真有趣，真的！

奥利弗爵士　哈！哈！哈！啊，彼得爵士，我真想在门帘拉开时看一下你的脸：哈！哈！

彼得·提泽尔爵士　是的，是的，在门帘拉开时我的脸：哈！哈！哈！哦，我真的无脸见人了！

奥利弗爵士　别啊，别，嘲笑你也不公平，我的老朋友；但是，我实在忍不住。

彼得·提泽尔爵士　哦，请不要因为我的缘故而忍住不笑。这一点都没伤害到我！我自己也在笑整件事。是的，是的，我觉得成为熟人的一个笑柄也还挺好玩的。哦，对了，然后一天早晨读报看到关于瑟先生——提夫人——和彼爵士——那也很有趣！

罗利　别装模作样了，彼得爵士，你也鄙视傻子的嘲笑吧。但我看见提泽尔夫人下楼去了隔壁房间；我想你跟她一样一定迫不及待地想和解。

奥利弗爵士　也许我在这儿使她不便来找你。好吧，我就留下老实的罗利来当和事佬；但他必须把你们都带到瑟菲斯先生家，也就是我现在要回去的地方，如果不能让那个浪荡子悔改，至少将他的虚伪揭露出来。

彼得·提泽尔爵士　我会诚心去你表明身份的那个地方去，虽然在那儿发现了卑鄙和不幸。

罗利　我们随后就来。（奥利弗·瑟菲斯下）

彼得·提泽尔爵士　罗利，你瞧，她没朝这儿来。

罗利　是没有，但是，你看，他离开了开着的那间房的门。看，她正在哭呢。

彼得·提泽尔爵士　一个妻子当然该有一点悔意。难道你不觉得让她悲伤一会儿对她有好处吗？

罗利　哦，你太小肚鸡肠了吧！

彼得·提泽尔爵士　呃，我不知道怎样想。你还记得我发现的那封她给查尔斯的信吗？

罗利　完全是伪造的，彼得爵士！故意放在你看得见的地方。这一点我打算让斯内克叫你相信的。

彼得·提泽尔爵士　希望我会对那满意。她在看这边。她这一转头，多么优雅！罗利，我去找她。

彼得·提泽尔爵士　好吧。

彼得·提泽尔爵士　但是，人们知道我们和解的话，会十倍地笑话我的。

罗利　让他们笑吧，回击他们的恶毒方式就是让他们知道你俩有多幸福。

彼得·提泽尔爵士　真的，我会这么做的！而且，如果我没有弄错的话，我们还是这个国家里最幸福的一对。

罗利　不，彼得爵士，人一旦消除了怀疑——

彼得·提泽尔爵士　等等，罗利！如果你还尊重我的话，就不要让我听见你的任何的仁义道德之言，我听的仁义道德已经多得够我用一生了。（同下）

场景三——约瑟夫·瑟菲斯家中书房。

【约瑟夫·瑟菲斯与斯尼威尔夫人同上

斯尼威尔夫人　不可能！彼得爵士不会马上和查尔斯和解？也当然不会反对他和玛丽亚的结合？这想法简直让我精神错乱。

约瑟夫·瑟菲斯　生气有用吗？

斯尼威尔夫人　不，狡猾也没用。哦，我真是笨蛋，白痴，竟会跟一个爱犯错的人合作！

约瑟夫·瑟菲斯　当然，斯尼威尔夫人，我是最大的受害者；但你看我冷静地承受这场意外。

斯尼威尔夫人　那是因为你的心中并没有失望；你为了利益，只想到了玛丽亚。如果你对她的感觉跟我对那个不知感激的浪荡子一样，你的脾气或虚伪就不能阻止你气恼了。

约瑟夫·瑟菲斯　但为什么你把对这种失望的责备加在我身上？

斯尼威尔夫人　这不是你造成的吗？你不是对彼得爵士干出了流氓的事，还排挤你弟弟，你非得去诱骗他的妻子？我憎恨这种如此贪婪的行径；这是不公平的霸道行为，而且绝不会成功。

约瑟夫·瑟菲斯　呃，我承认我该骂。我承认我偏离了做坏事的正常轨道，但是我觉得我们还没有完全失败。

斯尼威尔夫人　不！

约瑟夫·瑟菲斯　你告诉我自从我们见面，你就考验过斯内克，你还相信他对我们是忠心的吗？

斯尼威尔夫人　我的确相信。

约瑟夫·瑟菲斯　并且说，如果必要的话，他同意发誓证明，查尔斯现在对夫人您信誓旦旦，他先前给您的一些信就可以证明？

斯尼威尔夫人　这也许真的会有帮助。

约瑟夫·瑟菲斯　好，好，现在还不算太晚。
——（敲门）但是，听着！这可能是我的叔叔，奥利弗爵士；先退到那个房间去；等他走了我们再深入探讨。

斯尼威尔夫人　好吧，但是如果他也发现破绽？

约瑟夫·瑟菲斯　哦，我不担心。彼得爵士为了自己的信誉他也会守口如瓶的——您放心吧，我会很快找出奥利弗爵士的弱点！

斯尼威尔夫人　我相信你的能力，但一次只能做一件坏事。

约瑟夫·瑟菲斯　我会的！我会的！——（斯尼威尔夫人）啃！遭受了如此不幸，还被邪恶的同伙逗来逗去真是挫败啊！呃，无论如何，我的人品比查尔斯好多了，我当然——嘿！——什么——来人不是奥利弗爵士，又是斯坦利。该死，他现在回来要弄我！奥利弗爵士就要到了，发现他在这儿的话——而且——（奥利弗·瑟菲斯爵士上）啊，斯坦利先生，为什么偏在这个时候回来折磨我？你现在不准待在这儿，真的。

奥利弗爵士　先生，我听说你叔叔奥利弗要到这儿来，虽然他一直对你很吝啬，我倒想试试他能帮我什么。

约瑟夫·瑟菲斯　先生，现在你不可能待这儿，我请求你——另找时间来吧，而且我向你保证，你会得到帮助的。

奥利弗爵士　不，我非见奥利弗爵士。

约瑟夫·瑟菲斯　该死，先生！那么我坚持请你立马离开。

奥利弗爵士　不，先生——

约瑟夫·瑟菲斯　先生，我坚持！——来啊，威廉！请这位先生出去。先生，你让我为难，不是一时半会儿的事了——真是厚颜无耻。（推他出去）

【查尔斯·瑟菲斯上

查尔斯·瑟菲斯　嗨！现在怎么了？你这儿留下了我的小经纪人吗？该死，哥哥，不要伤害普利敏。怎么了，我的伙伴？

约瑟夫·瑟菲斯　哼！他也和你在一起过，对吗？

查尔斯·瑟菲斯　老实说，是的。怎么，他是有一点正直——但是，约瑟夫，你真的也没借钱，是不是？

约瑟夫·瑟菲斯　借钱！不！但是，弟弟，你知道我们在这儿等奥利弗爵士——

查尔斯·瑟菲斯　哦，天啊，确实！当然不能让他发现这小经纪人在这儿。

约瑟夫·瑟菲斯　但斯坦利先生坚持——

查尔斯·瑟菲斯　斯坦利！为什么他叫普利敏呢？

约瑟夫·瑟菲斯　不，弟弟，是斯坦利。

查尔斯·瑟菲斯　不，不，是叫普利敏。

约瑟夫·瑟菲斯　好吧，不管他叫哪一个——但是——

查尔斯·瑟菲斯　对，对，斯坦利或普利敏，就像你说的，都是同一个人；我猜他用的名字有上百个，在咖啡馆里还会用A和B呢。（敲门）

约瑟夫·瑟菲斯　天哪，是奥利弗爵士在门口。

——现在我请求，斯坦利先生——

查尔斯·瑟菲斯　对，对，我也请求，普利敏先生——

奥利弗爵士　先生们——

约瑟夫·瑟菲斯　先生，你真的该走了！

查尔斯·瑟菲斯　对，当然撵他出去！

奥利弗爵士　这种不敬——

约瑟夫·瑟菲斯　先生，这是你自己的错。

查尔斯·瑟菲斯　一定要撵他出去。（一齐将奥利弗爵士推出去）

【彼得爵士、提泽尔夫人、玛丽亚、罗利同上

彼得·提泽尔爵士　我的老朋友，奥利弗爵士——嘿！真是惊奇——这两位孝顺的侄子——初次拜访就对他们叔叔动粗！

提泽尔夫人　奥利弗爵士，我们正好来救你。

罗利　确实。我看，奥利弗爵士，斯坦利的身份不能保护你啊！

奥利弗爵士　普利敏的身份也不行：穷困潦倒的前者没有从那位仁慈的先生那儿要到一文钱；另一个身份使我遭遇了比我祖先更糟糕的事，没有出价就被拍卖成交了。

约瑟夫·瑟菲斯　查尔斯！

查尔斯·瑟菲斯　约瑟夫！

约瑟夫·瑟菲斯　现在这事的原委清楚了！

查尔斯·瑟菲斯　很清楚。

奥利弗爵士　彼得爵士，我的朋友，罗利也是——看一下我那大侄子。你们知道他从我的慷慨赠予得到的东西；而且你们也知道我多欣然愿意把我一半的财富信任地托付给他。想想看我发现他满口谎言，毫无怜悯之心，忘恩负义时是有多么失望！

彼得·提泽尔爵士　奥利弗爵士，如果不是我亲眼见到了他的卑鄙、奸诈、虚伪，听到你这番言论肯定会大吃一惊的。

提泽尔夫人　如果这位先生还不承认那些罪行的话，就请让我揭穿他的人品。

彼得·提泽尔爵士　那么，我相信，我们需要增加更多；如果他还有自知之明的话，他就会觉得他的事被公之于众是最好的惩罚了。

查尔斯·瑟菲斯　（旁白）如果他们像这样批判我那“诚实”的哥哥，他们不久会说我什么呢？（彼得爵士、提泽尔夫人、玛丽亚退出）

奥利弗爵士　至于那个挥金如土，他的弟弟——

查尔斯·瑟菲斯　（旁白）啊，现在轮到批判我了；该死的家族肖像会毁了我！

约瑟夫·瑟菲斯　奥利弗爵士——叔叔，您能让我辩解一下吗？

查尔斯·瑟菲斯　（旁白）呃，如果约瑟夫能高谈阔论辩解一番，我自己就可以想起一点了。

奥利弗爵士　（对约瑟夫·瑟菲斯）我猜你想自圆其说吧？

约瑟夫·瑟菲斯　我想我会。

奥利弗爵士　（对查尔斯·瑟菲斯）呃，先生——我猜你也能自圆其说吧？

查尔斯·瑟菲斯　我没那样想过，奥利弗爵士。

奥利弗爵士　什么！——我看是普利敏已经知道太多秘密了吧？

查尔斯·瑟菲斯　确实，先生；但他们是家族秘密，你知道的，不该再被提起。

罗利　好了，奥利弗爵士，我知道说到查尔斯干的蠢事你是生不起气的。

奥利弗爵士　我的心啊，就是生不起气来；也严肃不起来。彼得爵士，你知道这家伙拿他所有的祖先跟我讨价还价，把法官和将军按英尺卖给我，而且把没结过婚的姑妈像破瓷器一样贱卖。

查尔斯·瑟菲斯　老实说，奥利弗爵士，在家族油画这件事上我做得有点随便，这是事实。我的祖先也可能会批评我，这也不能否认；但我是真心的告诉你——我以灵魂发誓我是真诚地——如果我的蠢事曝光了，我看起来不感到受屈辱的话，那是因为现在见到你这位慷慨的资助人，我很是满足。

奥利弗爵士　查尔斯，我相信你。再握个手吧：长靠椅边上那个难看的小家伙跟你讲和了。

查尔斯·瑟菲斯　那么，先生，我对您本人更加感激了。

提泽尔夫人　（趋前）但是，我想，奥利弗爵士，查尔斯在这儿更急着跟一个人和解。（指着玛丽亚）

奥利弗爵士　哦，我已经听说了他所爱的人；请这位年轻的小姐见谅，如果我没猜错的话——那脸红——

彼得·提泽尔爵士　好了，孩子，说说你的感受吧！

玛丽亚　我没什么可说的，但听到他开心我也很高兴；对我来说，不管我有多值得赢得他的喜爱，我愿意让给一位比我更有资格的人。

查尔斯·瑟菲斯　怎么，玛丽亚！

彼得·提泽尔爵士　呀！现在又有什么不可思议的事？他像一个无可救药的浪荡子时，你都不愿嫁给别人；现在他看来就要改过自新了，我看你又不要他了！

玛丽亚　他自己的心和斯尼威尔夫人知道原因。

查尔斯·瑟菲斯　斯尼威尔夫人！

约瑟夫·瑟菲斯　弟弟，事关重大，我有义务在这关键时刻说说，但为了正义，我不得不说，斯尼威尔夫人所受的伤害不能再隐藏下去了。（开门）

约瑟夫·瑟菲斯　上。

彼得·提泽尔爵士　嘿！另一位法国女帽商！天啊，我猜，他的每间房都藏有一位！

斯尼威尔夫人　忘恩负义的查尔斯！你可能很惊讶吧，是你的背叛逼得我让你来感受这窘境的。

查尔斯·瑟菲斯　拜托，叔叔，这是你另一个计划吗？因为，说实话，我不明白。

约瑟夫·瑟菲斯　我看，先生，再有一个人的证据，这事就明朗了。

彼得·提泽尔爵士　那个人，我想，是斯内克先生。

——罗利，你把他带来，真是相当正确的做法，请让他出来吧。

罗利　请进，斯内克先生。（斯内克上）我想会很需要他的证词。但是，不巧的是，他来是为了对抗斯尼威尔夫人，而不是支持她的。

斯尼威尔夫人　浑蛋！最后居然背叛我！说吧，你这家伙，真要跟我作对吗？

斯内克　我向夫人表示万分抱歉：为了让我在这件事情上说谎，你慷慨地给了我很多钱；但很不巧有人付双倍的价钱让我说实话。

彼得·提泽尔爵士　阴谋与反阴谋，天啊！我希望夫人您满意您的把戏。

斯尼威尔夫人　希望你们都受尽羞耻和失望的折磨！（欲离去）

提泽尔夫人　慢着，斯尼威尔夫人——你走之前，我还要感谢你和那位先生费心，冒充我写信给查尔斯，还自己写回信；而且请你代我向造谣学校致意，你是校长，并告诉他们说，提泽尔夫人因为停止业务，而且不再毁人人格请求退回他们所授的造谣文凭。

斯尼威尔夫人　你也是，夫人！——可恶——无礼！愿你丈夫再活五十年！（下）

彼得·提泽尔爵士　哎哟！好大的脾气！

提泽尔夫人　真是恶毒的人！

彼得·提泽尔爵士　什么！她最后的愿望不恶毒吧？

提泽尔夫人　哦，不！

奥利弗爵士　好了，先生，现在你还有什么要说的呢？

约瑟夫·瑟菲斯　先生，我很惊讶，斯尼威尔夫人竟无耻地用这种方式教唆斯内克先生做伪证欺骗我们大家，我不知道说什么了。但是，我最好还是跟着她，以免她的报复之心会伤害我的弟弟。我想尽力——（下）

彼得·提泽尔爵士　最后还装道德高尚！

奥利弗爵士　啊，约瑟夫，如果可以的话你就娶她吧。油和醋！——啊，你们一起会很好的。

罗利　我看现在我们就不需要斯内克先生了吧？

斯内克　在我走之前，我再次请求大家原谅我受人利用给在场诸位带来的不安。

彼得·提泽尔爵士　好了，好了，你终于做了一件好事将功赎罪了。

斯内克　但我请求大家，绝不要把这件事说出去。

彼得·提泽尔爵士　嘿！什么！你还为自己一生中做过的一件正确的事感到羞耻吗？

斯内克　啊，先生，想想看——我靠坏品行生活；一旦有人知道我的这正直的举动，我就会失去我世上的所有朋友了。

奥利弗爵士　好吧，好吧——别担心，我们不会说任何赞美之词来背叛你的。（斯内克下）

彼得·提泽尔爵士　真是个难得的家伙！

提泽尔夫人　瞧，奥利弗爵士，现在不需要劝你侄儿和玛丽亚和好了。

奥利弗爵士　啊，对，本就该这样，啊，我们明早就举行婚礼。

查尔斯·瑟菲斯　谢谢，亲爱的叔叔。

彼得·提泽尔爵士　什么，你这家伙！你都不先问一下女孩愿不愿意？

查尔斯·瑟菲斯　哦，我早就问过了——一分钟之前——她用眼神表示同意了。

玛丽亚　真丢脸，查尔斯！——我反对，彼得爵士，连一个字都没说——

奥利弗爵士　呃，那么，说得越少越好；希望你们相亲相爱，此情不渝。

彼得·提泽尔爵士　希望你们和睦相处，就像提泽尔夫人跟我一样！

查尔斯·瑟菲斯　罗利，我的老朋友，我相信你也会恭喜我；我觉得欠你太多了。

奥利弗爵士　确实，查尔斯。

彼得·提泽尔爵士　啊，老实的罗利总说你会改过自新的。

查尔斯·瑟菲斯　什么，说到改过自新，彼得爵士，我没有保证过，我是证明我打算去做。但这会是我的监督者——我温柔的指导者。

——啊！这眼睛照亮的美德之路我还能离开吗？
虽然，亲爱的女孩，你的美丽会消失，
你仍将统治我，因为我会服从：
一个摆脱蠢事而又谦虚的人，
附近只有爱和你可以庇护：（对观众）
你们可以消除所有焦急恐惧，
如果你们同意，谣言就会消去。（同下）

尾声

科尔曼先生作，
提泽尔夫人念，
我，一个快活欢乐的迟到者，
像一阵风现在必须吹走一切，
把我所有的关心，我的心思，我的誓言，
都给一个无趣、愚钝、暴躁的人——我的丈夫！
所以我们善良的诗人愿意写——各种各样的
让人哭泣的诗歌，惹人发笑的戏剧！
娶了年轻聪明妻子的老光棍们，
可以从我们的剧中吸取经验来对照你们的生活：
每一位都把他的爱人带到城里，一切错误归咎于她——
伦敦会证明名誉的源头。
完全投入吧，就像是它提供的冷水浴，
当原则松懈，振作精神；
这就是我的例子：我不得不哀叹
骄奢淫逸的美梦已经破裂。

而且，美人你！曾经是位可爱的妻子，
就是为了精致生活而生的天才，
像我一样过早就在全盛时期被摧毁，
像我一样沦落到如此凄凉的地步？
省钱——当我只知道怎样花钱的时候！
离开伦敦——就像我开始评论那般！
那么我必须照顾这报晓的公鸡，
这有着忧郁滴答声的时钟；
在若干孤立的农家小院里，
周围有狗、猫，以及哇哇啼哭的小孩。
现在我能跟卑微的牧师一起退出吗？
（当善良的彼得爵士与乡绅豪饮时）
在西洋双陆棋戏中我的灵魂受到侮辱，
那是对纸牌游戏的渴望，还是在烦恼地孤注一掷？
主要部分是七！亲爱的声音必须停止，
它消失在圣诞节火炉旁的熟鸟蛤里；
关于时尚的时间总是过得太快。
对平静的心情说再见，再见了，满足！
再见了搔首弄姿的人，
把垫子从它合适的位置上拿走！
那搅乱心情的鼓声！——我是说纸牌的声音，
最大王牌——第十三墩牌——王及王后！
你，吹毛求疵的人，用响亮刺耳的声音，
欢迎客人来送钱；
再见了所有声名显赫的人，
骄傲、浮夸的人，以及辉煌城市的东西！
再见！你的狂欢我不再参与，
提泽尔夫人的工作已经结束！
这些我都讲给了诗人；他笑了，并说已经明白了，明年我应该参演更深的悲剧。
同时他从他的戏剧里描绘了明智的道德，
在那些神圣的时期里——
“祝福像你一样的美人；不让她再犯错，
并在门帘拉下的时候让她不再愚笨！
不再干坏事或犯错，
或在人生的巨大舞台上不再扮演傻瓜。”

屈身求爱

She Stoops to Conquer

〔英〕 奥利弗·哥尔德斯密斯

主编序言

奥利弗·哥尔德斯密斯，跟同时期的戏剧家谢里丹一样，是爱尔兰人。1728年11月10日，他出生于朗福德，巴里玛附近的帕拉斯。父亲查尔斯·哥尔德斯密斯是位牧师，收入不高，家庭成员众多。在亲戚的资助下，奥利弗得以在都柏林的三一学院完成学业，但经历了各种徒劳的事情后，他到爱丁堡学医。为了留学，他前往莱顿，因此差不多徒步游历遍了法国、瑞士和意大利，靠替农民演奏长笛赚钱吃饭。1756年穷困潦倒的他返回英国，并在伦敦当起了医生，后来又教书，1757年他受雇于《每月评论》的老板格里菲斯，开始了文字工作。次年他重操旧业——做医生——的努力失败后，余生靠文笔及在朋友慷慨资助下勉强度日。

奥利弗的处女作是期刊，这种体裁的作品最早见于他著名的“中文信”，后又冠以“世界公民”再次出版。1764年，《旅行者》的发表使他声名鹊起，1766年，《威克非的牧师》让他名声大噪，因此他从出版商那儿得到大量工作，他挥霍的天性让他获得了安逸的生活。1768年他的第一部戏剧《善性之人》问世，大获成功。1770年的《荒村》风靡一时；1773年《屈身求爱》在考文特花园上市并获得巨大成功。但哥尔德斯密斯总是在钱到手之前就将其花费殆尽；1774年4月4日去世时，他依然负债累累。

哥尔德斯密斯和谢里丹同享他们时代“仅有的”戏剧家这一殊荣，现在的人还在读他们的戏剧，演他们的戏剧。《屈身求爱》在对话及人物塑造上不如《造谣学校》精妙，但滑稽场面颇多，让观众对亲切欢乐的玩笑欲罢不能。

查尔斯·艾略特

致塞缪尔·约翰逊

亲爱的先生——我写这部短小的戏剧给您，并不是要恭维您抬高自己。我只是想很荣幸地让公众知道，我与您有多年的交情。这可能造福人类并让他们知道，在一个角色身上可见到最伟大的智慧而丝毫不会损害最自然流露的虔诚之心。

我尤其要感谢您对这部戏剧的喜爱。不单单是感伤喜剧的创作很危险；科尔曼先生，他看了这部戏剧之后也有同感。但是，我鼓起勇气将拙作公开发表；虽然本来很有必要推迟到这一季末，我也很是感激。

亲爱的先生，我是您最真诚的朋友和仰慕者。

奥利弗·哥尔德斯密斯

开场白

戴维·加里克　著

【伍德沃先生上，穿黑衣，拿手帕拭泪
请见谅，先生们——我不能说——
我现在正在哭——而且一周了。
善良的主人说，“我穿的这件不仅是一件丧服”，
因为没有灰泥！
请问，你知道我为什么哭吗？
因为长期疾病缠身的喜剧女神现在就快死了！
如果她去世了，我的眼泪将永不止；
作为一个演员，我却挤不出一滴眼泪：
我毁了，失去饭碗——那意味着失去所有——
我宁愿惊慌失措——那无关紧要。
可爱的女孩躺在棺材上，
我和开闭器将会是这主要的哀悼者。
为了她那一点讨厌的私生血统，

感伤的人将会成功!
可怜的内德和我对所有的含义已经麻木;
我们很快能说希腊语宣泄情绪!
我们都教练成长，为了让我们振作起来，
我们不时拆掉奖杯。
我们要干什么？如果喜剧抛弃我们，
他们将把我们赶出去，再无他人能收留我们。
但我为什么不道德高尚呢？——我想象——
我心里很急迫——面容跟眼神不变——
一副说教的面孔，却毫无意义，
（脸是感伤场景里的阻碍）
所以我说："闪光的不一定是金子，
快乐似乎是甜的，实际上却是一杯苦酒。
当无知闯入，愚蠢的行为就在眼前：
知识比房子土地好多了。
不要让你的美德远行；它可能会失足，
如果它失足了，美德便不再是美德。"
我放弃——道德不适合我；
为了博你一笑，我不得不扮演悲剧。
我还有一个愿望——听到女孩病了，
今晚来了一位医生展示了他神奇的医术。
为了鼓励她，让你的肌肉运动，
他，在准备礼物，五大口药剂：
一种神奇的魅力——很确信，
如果女孩吞下了，并被治愈：
但她的病情让医生竭尽全力，
如果你拒不服药，并摆出不悦的面孔!
他在世时他自称的事实将会夸大其词，
他给的药中没有掺杂毒药。

他成功了，你们就给他学衔；
如果失败，他就拿不到任何诊费！
作为同伴的你，必须支持他，
经常提醒他，要么叫他庸医。

剧中人物

男士

查尔斯·马洛爵士…………………………………………… 加德纳先生 饰

马洛（查尔斯·马洛爵士之子）………………… 李·刘易斯先生 饰

郝嘉思……………………………………………………… 舒特先生 饰

黑斯廷斯……………………………………………… 道布尔迪先生 饰

托尼·伦普金……………………………………………… 奎克先生 饰

迪戈里……………………………………………………… 桑德先生 饰

女士

郝嘉思夫人………………………………………………… 格林夫人 饰

郝嘉思小姐……………………………………………… 勃克来夫人 饰

内维尔小姐……………………………………………… 奈吾顿夫人 饰

女仆……………………………………………………… 威廉小姐 饰

房东及若干仆人

第一幕

场景——一幢老式住宅房间内。

【郝嘉思及郝嘉思夫人同上

郝嘉思夫人　我发誓，郝嘉思先生，你真是非常特别。在全国除了我们还有谁不会偶尔到城里逛一逛，去除一点身上的锈味呢？两位霍格斯小姐以及我们的邻居格里格斯比夫人每年冬天都要用一个月的时间去除锈。

郝嘉思　嗯，而且他们带回的虚荣和做作要持续一整年。我在想为什么伦敦就不能把当地的笨蛋留在当地！在我那个时代，城里的蠢事只是慢慢地蔓延，但现在它们跑得比马车还要快。而且那些蠢事不仅在去过城里的人中间流传，还传播到了村子的每一个角落。

郝嘉思夫人　对，你们那个时代真是好时候啊；这你已经对我们讲了许多年了。我们住在这隆隆响的老房子里，看起来整个就像一家小旅馆，但我从没见过旅客。我们最好的旅客是牧师的妻子奥德费西太太和跛脚的舞蹈老师科瑞普盖特。我们所有的娱乐活动就是听你讲老掉牙的故事，尤金王子和马尔伯勒公爵。我恨死了这种过时的废话了。

郝嘉思　但我喜欢。我喜欢一切古老的东西：老朋友，旧时光，老习俗，古书和老酒；我相信，桃乐西，（拉她的手）你会承认我一向相当喜欢老妻的。

郝嘉思夫人　天哪，郝嘉思先生，你老是桃乐西、老妻啊说个没完没了。你也许是达比，但我真不是琼（注：达比和琼是一对幸福的老夫妻）。我的年龄没你想象的大，你至少多估计了一岁。二十加二十，是多么让人满意的年纪啊！

郝嘉思　我看看，二十加上二十才五十七。

郝嘉思夫人　错了，郝嘉思先生；我跟前夫伦普金先生生下托尼的时候不过二十岁；他现在还没到能自行做决定的年龄呢。

郝嘉思　我敢说，他永远也不会成年。啊，你教他教得很好。

郝嘉思夫人　那没什么。托尼·伦普金有一大笔财产。我的儿子又不靠他的知识过活。我觉得一个男孩每年花掉一千五百英镑是不会想学很多知识的。

郝嘉思　知识，确实！完全是戏法和恶作剧的合成物。

郝嘉思夫人　天性，亲爱的；天性而已。呃，郝嘉思先生，你也得让儿子有一点脾气嘛。

郝嘉思　我宁愿让他去跳饮马池，如果烧掉仆人的鞋子、吓唬女仆、欺负小猫算是天性的话，他的确有。昨天他还把我的假发拴在我的椅背上，我鞠躬的时候，害我把光秃秃的头撞在福瑞若夫人的脸上。

郝嘉思夫人　那我就该责备？这可怜的孩子总是体弱多病，不能学好。上学会要了他的命的。等他身体变强壮一点时，谁知道一两年的拉丁文会对他有作用？

郝嘉思　让他学拉丁文！猫儿拉琴。不，不；他能去的学校只有酒馆跟马厩了。

郝嘉思夫人　好了，我们现在不准斥责这可怜的孩子，因为我相信我们相处的日子不会太长了。任何看他脸的人可能都会发现他得了肺结核。

郝嘉思　呃，如果长得太胖是症状之一的话。

郝嘉思夫人　他有时还咳嗽。

郝嘉思　是的，当他喝酒被呛住的时候。

郝嘉思夫人　我真的很担心他的肺。

郝嘉思　我也是；因为有时他叫喊得就像吹响的喇叭——（托尼在幕后高呼）——哦，他来了——真是十足的肺结核病人。

【托尼跑过舞台

郝嘉思夫人　托尼，你要去哪儿，亲爱的？你不陪我和你爸爸一会儿吗，宝贝？

托尼　我赶时间呢，母亲；我不能停留。

郝嘉思夫人　亲爱的，今晚这么湿冷，你还是别贸然出去了；瞧你那副恶劣的表情。

托尼　我说了，我不能停留。三鸽酒馆那儿有人正等着我去呢。那儿还有一些好玩的事呢。

郝嘉思　对，酒店。老地方，我想也是这样。

郝嘉思夫人　一群卑劣可鄙的家伙。

托尼　也不是太卑劣。那儿有收税官迪克马金斯、兽医杰克斯朗、演奏音乐的阿米纳达以及旋转合金盘的汤姆·特威斯特。

郝嘉思夫人　亲爱的，请至少让他们扫兴一晚吧。

托尼　要说让他们扫兴，我倒不怎么介意；但我不能让自己扫兴。

郝嘉思夫人　（拦住他）你不许去。

托尼　我说过的，我要去。

郝嘉思夫人　我说你不准去。

托尼　那我们就看谁强势，到底是你还是我。（挣脱她下）

郝嘉思　（独白）唉，真是一对互相宠坏了的人。但这整个时代不是协力把理智和慎重丢到门外去了吗？我亲爱的凯特来了！时代的潮流也影响到她了。在城里生活了一两年，她也喜欢薄纱和法国艳俗的服装，就跟热衷时髦的人一样。

【郝嘉思小姐上

郝嘉思　祝福我这美丽天真的女儿！亲爱的凯特，跟平常一样穿着打扮吧。天啊！女儿，你身上穿了多少多余的丝绸啊！我可从没对这个年代的笨蛋说过，贫穷人的世界里可以穿着虚荣装饰的衣服出去。

郝嘉思小姐　你还记得我们的协定吧，爸爸。您准许我早上迎接访客及出门拜访，可以按自己的方式穿衣；晚上为了迎合你我就换上家庭主妇的衣服。

郝嘉思　呃，记得，我会坚守我们的协定；而且我相信我今晚就有机会试试你听不听话了。

郝嘉思小姐　爸爸，我不明白你的意思。

郝嘉思　坦白告诉你吧，凯特，我替你挑选的未婚夫今晚就要从城里来，我正等着。我收到了他父亲的信，他说年轻人已经出发了，而且他打算随后就来。

郝嘉思小姐　真的？要是早点知道这事就好了。天哪，我该怎么办？我不太可能会喜欢他；我们的见面会很正式，就像谈一桩生意一样，因此我的友好和敬意将没机会展示了。

郝嘉思　放心吧，孩子，我不会强迫你嫁给他的；但我选中的那位马洛先生是我常跟你提起的我的老朋友查尔斯·马洛爵士的儿子。这位年轻人已经是一位学者，而且立意报效国家。听人说他是一个善解人意的人呢。

郝嘉思小姐　真的？

郝嘉思　还很慷慨。

郝嘉思小姐　我想我会喜欢他的。

郝嘉思　而且年轻，勇敢。

郝嘉思小姐　我确信我会喜欢他的。

郝嘉思　还很英俊呢。

郝嘉思小姐　我亲爱的爸爸，别再说了，（吻其手）他是我的人了，我要定他了。

郝嘉思　但是，凯特，最奇怪的是他是这世上最害羞、最缄默的年轻人。

郝嘉思小姐　啊！你又让我心凉了半截。缄默一词可毁了对他所有的赞美之词啊，据说一个缄默的恋人以后总会变成疑神疑鬼的丈夫。

郝嘉思　相反，没有高尚品德的人心中基本不会有谦虚。他个性里最先打动我的就是这一特点。

郝嘉思小姐　他要吸引到我肯定还要有其他更能打动人的特点。但是，如果他真是那样年轻、英俊，其他的也如你所说的那样，我觉得他还是可以的。我想我是愿意嫁给他的。

郝嘉思　呃，凯特，但还有一大问题。那不是一场机会均等的赌局，他可能会不要你。

郝嘉思小姐　我亲爱的爸爸，你为什么要这样伤人面子呢？好吧，如果他拒绝，我不会因他的冷漠而心碎，我就只会因镜子的谄媚而打碎它，并且按照新的潮流打扮自己，同时留心一些更有把握的仰慕者。

郝嘉思　好勇敢的抉择啊！我要去吩咐一些仆人接待他：因为我们很少接待访客，他们就像一群首次集合的新兵一样需要训练。（下）

郝嘉思小姐　（独白）天啊，爸爸带来的消息真让我烦扰。年轻、英俊，这些他最不看重；但我首先看这些。理性、脾气好；我都很喜欢。除了沉默、害羞这两点，那对他不利。难道他就不能以他未来的妻子为激励，以此战胜他的胆怯？对，我就不能——但我真的在治好情人之前就开始处理丈夫了。

【内维尔小姐上

郝嘉思小姐　我高兴你能来，亲爱的内维尔。康斯坦莎，告诉我，今晚我看起来怎么样？奇怪吗？我今天漂亮吗，亲爱的？我今天气色不错吧？

内维尔小姐　亲爱的，相当漂亮。我再看看——天哪！——你保证金丝雀和金鱼都没出问题吧。你弟弟和猫干涉了吗？或者是小说太感人了？

郝嘉思小姐　没有，这些都没有。有人恐吓我——快吓死我了——有人用恋人来恐吓我。

内维尔小姐　他是——

郝嘉思小姐　马洛。

内维尔小姐　真的！

郝嘉思小姐　是查尔斯·马洛爵士的儿子。

内维尔小姐　哦，是我的追求者黑斯廷斯先生最亲密的朋友。他们从来没有分开过。我猜我们在城市里逍遥时你一定见过他。

郝嘉思小姐　从没见过。

内维尔小姐　我肯定他是一个非凡之人。在名流淑媛中是最谦虚的人；但他的熟人却说他在另外一群人中性格大不一样。你明白我的意思吧。

郝嘉思小姐　性格真古怪。我对他没辙的。我该做什么呢？唉，不想他了，只好走一步看一步了。亲爱的，你自己的恋情进展如何了？我母亲还是一如既往地为我弟弟托尼向你说项吗？

内维尔小姐　我刚从一次愉快的谈话中回来。她刚刚说了很多亲切的话，把她的宝贝儿子夸得完美无缺。

郝嘉思小姐　她就喜欢这样，她确实也这样认为他。像你那样的财富可是不小的诱惑。而且，因为她独揽经济大权，不愿钱从家里面流出，我一点也不奇怪。

内维尔小姐　我的财富，主要是首饰，诱惑不大。但无论如何，如果我亲爱的黑斯廷斯坚贞不渝，最后她肯定也没辙。但是，我让他以为我爱上了她儿子；她做梦也想不到我钟情的是别人。

郝嘉思小姐　我弟弟会坚持到底的。他这样讨厌你反而让我更喜欢他了。

内维尔小姐　他确实是一位脾气好的人，我肯定他宁愿看到我嫁给别人。但我阿姨招呼午后去散步的电话表明我的婚事朝着好的方向走。见鬼！我们的恋情到了关键时刻，勇气必不可少。

郝嘉思小姐　但愿上床时间到了，一切都安好。（同下）

场景二——酒馆的一间房内。

【几个寒酸的人在喝酒、吸烟。托尼在桌子前面，比其他人略高，手里拿着木槌

众人　万岁！万岁！万岁！好哇！

某人甲　现在，先生们，请安静下来听一首歌。这位少东家要唱歌了。

众人　好，唱歌，唱歌！

托尼　先生们，献丑了。我以这间酒馆名命名这首歌，就叫三只鸽子。

（唱）

用语法、废话和学识，
让校长的头脑困惑。
我坚定地相信，好酒
可以给天才更好的见识。
让他们吹嘘他们异教的众神，
他们的忘川、冥河和地狱，
他们的阴性、阳性和中性，
唯独不是鸽子。
嘿哟，嘿哟，嘿哟。

卫理会传教士下来时，
宣扬喝酒有罪，
我要跟那些流氓打一个赌，
他们也总要酒足之后才会宣传得更起劲。
但你用便士时，
换来了他们一点卑鄙的宗教信条，
我要让所有理智的人知道，
但你们，我的朋友，都是鸽子。
嘿哟，嘿哟，嘿哟。

那么，来吧，把酒杯放下，
我们欢笑、我们聪明，
烈酒香醇，我们意气风发，
祝愿快乐的三只鸽子万岁。
让他人夸耀鸟鹬或野兔，
还有飞雁、鸭子和水鸟；
空中所有快乐的飞鸟中，
我们只祝愿快乐的三只鸽子。
嘿哟，嘿哟，嘿哟。

众人　好极了，好极了！

某人甲　先生真是太勇敢了。

某人乙　我喜欢听他唱歌，因为他从没唱过低俗的歌曲。

某人丙　该死的低俗歌曲，我受不了。

某人丁　有教养的人任何时候都有教养：如果先生唱的歌曲跟主题一致。

某人丙　我喜欢其中的道理，马金斯先生。怎么，虽然我还要去耍熊，但那并不妨碍我是绅士。如果熊除了最轻柔的曲调就不舞动了，这就可能是我的毒药了；“分水曲”或“阿里阿德涅”中的舞曲。

某人乙　真遗憾少东家还没有成年。这可对在方圆十里的酒馆老板都会有好处啊！

托尼　确实会的，斯朗先生。那时我会让你知道挑选同伴是怎么回事。

某人乙　哦，他这点可真像他父亲。老东主伦普金真是我见过的最好的绅士。因为，不管是吹喇叭、寻找草丛里的野兔还是找姑娘，他从没遇到过对手。那儿有一种说法是，在全国范围内他养的马、狗以及女孩都是最好的。

托尼　呃，等我成年了，我保证不会是讨人厌的人。我一直在想着贝特宝恩赛和磨坊主的灰驴。但是，各位，高高兴兴地喝酒吧，你们不用付钱。呃，斯汀葛，怎么了？

【店主上

店主　门口来了两位坐驿车的先生。他们在树林里迷路了；而且他们正在说有关郝嘉思先生的事。

托尼　其中一人一定是来向我姐姐求爱的。他们看起来像伦敦人吗？

店主　很有可能。他们看起来酷似法国人。

托尼　那请他们到这边来，我很快就可以把他们搞定。（店主下）各位，他们对大家来说可能不是很好的同伴，所以你们还是离开一会儿吧，我会立马回来陪你们的。（众人下）

托尼　（独白）这半年来继父一直叫我小崽、小狗的。现在，只要我乐意，我就可以向喋喋不休的老家伙报仇。但我又害怕了——怕什么呢？不久之后，我就能每年挣一千五百英镑了，他吓唬不到我了。

【店主领着马洛与黑斯廷斯上

马洛　真是无聊、腻味的一天！有人说过了村庄不过四十英里，我们却走了六十英里。

黑斯廷斯　马洛，都怪你那不可理喻的沉默，不让我们在路上多问问。

马洛　我保证，黑斯廷斯，我不愿意对遇到的每一个人都心怀感激之情，也不愿意听到不礼貌的回答。

黑斯廷斯　但是，现在我们不可能听到任何回答了。

托尼　无意冒犯，先生们。但我听说你们一直在这附近找一位叫郝嘉思的先生。你们知道他住在哪儿吗？

黑斯廷斯　一无所知，先生，但如果你能提供消息的话，不胜感激。

托尼　也不知道你们来时的那条路吗？

黑斯廷斯　是的，先生，但如果你能告诉我们——

托尼　什么，先生们，如果你们既不知道去哪儿、现在在哪儿，也不知道来时的路，那我告诉你们的第一件事就是——你们迷路了。

马洛　这点我们不需要人来告诉。

托尼　请问，先生们，我可以冒昧问一下你们从哪儿来吗?

马洛　这跟指点我们去哪儿没有关系。

托尼　无意冒犯，但你知道一问换一问是很公平的。请问，郝嘉思是不是那位固执、守旧、古怪的家伙，他面目丑陋，有一个女儿和一个英俊的儿子?

黑斯廷斯　我们还没见过他；但他的家人正如你提到的。

托尼　女儿是个高大、邋遢、放荡、多嘴的瘦竹竿；但儿子是个英俊、有教养、平易近人的年轻人，每个人都喜欢他。

马洛　我们得到的消息与此不同。据说女儿漂亮、有教养；儿子是个笨蛋，是在他母亲的围裙带上长大的，被宠坏了。

托尼　呃，呃哼！——那么，先生们，我要告诉你们的就是，我保证你们今晚到不了郝嘉思先生家了。

黑斯廷斯　倒霉!

托尼　那可是条遥远、黑暗、多沼泽、肮脏危险的路。斯汀葛，告诉两位先生去郝嘉思先生家的路！（对店主使眼色）郝嘉思先生家在沼泽路，你知道我的意思吧。

店主　郝嘉思先生家！哎哟，两位，你们真是来错地方了！你们来到山脚下时，就该沿着“烂泥路”过去。

马洛　沿着“烂泥路”过去!

店主　然后直走到四条路的地方。

马洛　走到四条路交会的地方?

托尼　对，但你们只能走其中一条路。

马洛　哦，先生，你真幽默。

托尼　然后向右走，靠边走到“裂头地”：那儿你必须留意寻找车辙，继续向前走，走到农民马瑞恩家的牲口棚。之后右转，然后左转，接着再右转，直到你看到老磨坊——

马洛　老天啊！我们还不如尽早找到经线呢!

黑斯廷斯　马洛，怎么办呢?

马洛　这家酒馆的招待不太好；虽然店主可能让我们借宿。

店主　啊，先生，我们店里只有一张空床了。

托尼　而且就我所知，那已经被三位房客占了。（停顿之后，其他人似乎都为难了）我想到一个方法了。斯汀葛，我们的老板娘能不能让这些先生住在火炉旁，睡三把椅子跟一个长椅？

黑斯廷斯　我不喜欢睡在火炉旁。

马洛　我也讨厌睡三把椅子跟一个长椅。

托尼　真的吗？那么，让我看看——要是你们再多走一英里，到达鹿头；住在山上的“旧鹿头”，那是全国最好的小旅馆，怎么样？

黑斯廷斯　哦！那样的话我们就逃过今晚这次冒险了。

店主　（向托尼旁白）当然，你真的打算把你父亲家当成小旅馆，打发他们去那儿？

托尼　妈呀，你这笨蛋。让他们自己找吧。（对他们说）你们只需继续前行，直到看见路边的一幢很大的老房子。门边有一对巨大的号角。那就是标志。把车开进院子里，然后大声叫人。

黑斯廷斯　先生，我们很感激你。仆人不会走错路吧？

托尼　不，不会；但我告诉你们，虽然店主很有钱，过不久就会不理生意了；但他想被人称为绅士，就收起你的风度吧，呵！呵！呵！他会很乐意陪你们的；如果你们不介意的话，他会喋喋不休地跟你说他母亲是市议员，婶婶当过保安官。

店主　真是个难缠的家伙；但他家的酒和床是全村最好的。

马洛　呃，如果他那样招待我们，我们就不会再和他联系了。你说我们要向右转，对吗？

托尼　不，不；向前直走。我亲自陪你们走一程吧。（对店主说）啊！

店主　啊，你个可爱，招人喜欢——该死的婊子养的。（同下）

第二幕

场景——一栋老式房子。

【郝嘉思上，随后跟着三四个笨手笨脚的仆人

郝嘉思　呃，我想你们对我这三天教的餐桌规矩都记熟了吧。你们都知道自己的职务和位置，能够表现得虽然从没出过家门却也懂得待客之道。

众仆人　啊，对。

郝嘉思　他们来时你们不准突然出来盯着人家，然后像兔窝里受惊的兔子一样又窜出来。

众仆人　不，不会的。

郝嘉思　你，狄格瑞，以前在牲口棚工作，现在你要站在桌边；你，罗格，以前在地里工作，现在要站在我椅子后。但你不能站着，把手揣在兜里。把你的手从兜里拿出来，罗格；也不能放头上，你个笨蛋。看看狄格瑞的手是怎样放的。他们确实有点僵硬，但问题不大。

狄格瑞　啊，看我是怎么放的。我是过去当兵训练时学会这样放手的。而且受训的时候——

郝嘉思　狄格瑞，你不准再多嘴了。你们必须把注意力集中到客人身上。你们要听我们谈话，但自己不能讲话；你们得看我们喝酒，自己不能喝酒；你们也得看我们吃东西，自己不想着吃。

狄格瑞　哎哟，主人，那是完全不可能的。我一看见吃的东西端出来，天啊，就老想自己吃一大口。

郝嘉思　笨蛋！你就记着，在厨房里吃饱肚子跟在客厅里吃饱肚子不是一样吗？这样就能留着肚子忍住饥饿了。

狄格瑞　啊，多谢主人，我要从食品储存室里拿一片冷牛肉来忍住饥饿。

郝嘉思　狄格瑞，你太多嘴了。如果我在桌上碰巧说了些好话，或讲了个好笑的故事，你们不准哄堂大笑，得像你们不在场一样。

狄格瑞　主人您一定不要讲枪械室里的老松鸡的故事：我会忍不住笑的——哈！哈！哈！——我发誓。这二十年来我们每当听到那故事就肯定会发笑——哈！哈！哈！

郝嘉思　哈！哈！哈！这真是个好故事。呃，老实人狄格瑞，你可以发笑——但记得要小心。要是一位客人需要一杯酒，你会怎么办？来一杯酒吗，先生，如果你愿意。（对狄格瑞说）——呃，那你怎么还不动？

狄格瑞　天哪，主人，我看到吃的、喝的东西摆在桌上才有勇气，那时我就勇敢如狮。

郝嘉思　什么，没有人动吗？

仆人甲　我不会离开这个位子的。

仆人乙　我确定这不关我的事。

仆人丙　当然也不是我的事。

狄格瑞　哇哦，我确定那不会是我的事。

郝嘉思　你们这些蠢货！那时你们像这样争吵的话，客人该饿死了。哦！我觉得我必须从头再来一遍——可是，你们难道没听到

车已经进了院子了吗？到各自的位置去，笨蛋。我也会去，在门口给我老友的儿子热情的欢迎。（郝嘉思下）

狄格瑞　天啊，我忘了我该站哪儿了。

罗格　我知道我可以随便站。

仆人甲　该死，我的位置在哪儿？

仆人乙　这儿没我的事；我去干我自己的事了。（众仆人做受惊状，四处奔散下）

【一仆人持蜡烛，领着马洛和黑斯廷斯上

仆人　欢迎，先生们，非常欢迎！这边请。

黑斯廷斯　查尔斯，我们失望了一天之后又被热烈欢迎，还有干净的房间，生好的炉火。我看，这是所漂亮的房子，虽然古老却还不错。

马洛　大宅子的命运大多这样。先是为了家用开支而毁了主人，最后就像小旅馆一样收取房费。

黑斯廷斯　就像你说的，我们房客就要为所有虚华的装饰买单。我总是经常看见精美的餐柜或是大理石壁炉架，虽然这些不会真正加入到账单里，但使收费大大增加。

马洛　乔治，当旅客的在哪儿都要付钱：唯一的区别是，在好的小旅馆里你要为奢侈花大价钱；住差的小旅馆你就要被人敲诈还挨饿。

黑斯廷斯　你经常住在旅馆里。老实说，我总是觉得很奇怪，你这样见多识广，又天生判断力强，机会众多，居然会不自信。

马洛　这是英国人的弊病。但是，乔治，你告诉我哪儿可以学会你说的那种自信？我的人生不是在上学就是住在小旅馆里，跟那些担负着教男人自信重任的可爱女孩们隔离开来。我知道我还不曾认识一位端庄的女人——除了我的母亲，而在另一类女性之中，你知道——

黑斯廷斯　啊，在他们之中你已经够无礼了。

马洛　这他们是指你我二人，你知道的。

黑斯廷斯　但有名门闺秀做伴我从没见过你这样的傻子，这样的胆小鬼；你看起来就好像是要找机会溜出房间的人。

马洛　什么，兄弟？那是因为我的确想溜出房间。真的，我总是决计要打破僵局，无论如何也要喋喋不休。但我不知道怎么办，只要有一双双漂亮的眼睛朝我看一眼，我的决心就会完全崩溃。一个粗鲁无礼的家伙可能假装稳重；可我一个稳重的人要假装无礼可真会要了我的命。

黑斯廷斯　我听说你跟酒吧的女侍甚至是大学的宿舍女佣都能侃侃而谈，要是你对她们能有这样一半的风趣——

马洛　什么，乔治，我面对她们无法风趣；她们冷冰冰的，让我惊呆了。她们也许会谈论彗星或火山。或是一些别的事情；但是，我认为端庄的女人，衣着华丽，那才是最可怕的东西。

黑斯廷斯　哈！哈！哈！兄弟，这样的话，怎么能期待你结婚呢？

马洛　从没想过；除非就像国王跟王子一样，有人代替我向我的新娘求爱。如果像东方的新郎一样跟从未见过面的女子结婚，那就可能受得了。但撇开对正式求婚的恐惧，还有跟婶婶，堂表兄弟姐妹之间的插曲，最后蹦出的“小姐，你愿意嫁给我吗？”这样大胆唐突的问题。不，不，我保证那不是我的性格。

黑斯廷斯　真是同情你。但你依从父亲的要求见那位小姐时该怎么办呢？

马洛　就像我在所有女士面前表现的那样办。放低身段，对她所有的要求要么同意要么反对——除此之外，我想在未见到我父亲之前我没有勇气看她的脸。

黑斯廷斯　真想不到对朋友这样热情的人会这样冷冰冰地对待爱人。

马洛　坦白说，我亲爱的黑斯廷斯，我主要的目的是助你追求幸福而非我自己的。内维尔小姐喜欢你，她家人还不认识你；作为我的朋友你肯定会受到接待的，剩下的就交给名声吧。

黑斯廷斯　我亲爱的马洛！但我抑制了这段感情。如果我是不幸之人，需要借到一笔钱，那你就是世上我最不愿意开口求助的人。

但内维尔小姐是唯一我想要拥有的，而且那是我的，既征得了她已故父亲的同意，她自己也喜欢。

马洛　幸福的人啊！你的能力和方法足以俘获任何一位女子的芳心。而我注定仰慕异性，而且只能与我鄙视的那部分女人交谈。我一开口就结巴，还长着一张英俊的脸，这永远也不会让我在女帽商学徒或是一位叫杜瑞蓝的女士面前趾高气扬。该死！这个家伙打扰到我们了。

【郝嘉思上

郝嘉思　诸位，再次热烈欢迎你们的到来。哪位是马洛先生呢？先生，真诚地欢迎你。瞧，背对着火炉来接待我的朋友们可不是我的作风。我喜欢在门口用老方式热情地接待他们。我想看到他们的马儿和车子能有人照看。

马洛　（旁白）他已经从仆人那儿知道了我们的名字。（对郝嘉思说）我们对你的周到和好客很满意，先生。（对黑斯廷斯）乔治，我早上就一直想着要换掉我们的旅途行头了。我真是因我的衣服感到不好意思了。

郝嘉思　马洛先生，在我家你不必拘礼。

黑斯廷斯　乔治，我想你是对的：头炮打响，等于半个胜仗。我打算开始行动了。

郝嘉思　马洛先生——黑斯廷斯先生——先生们——在这儿请不要拘束。诸位，这是“自由之厅”。在这儿你们可以随心所欲。

马洛　乔治，如果我们一开始就激烈开战，结束前我们就会缺少弹药了。我想保存实力以便安全撤退。

郝嘉思　马洛先生，你们谈撤退倒让我想到了我们围攻德国时的马尔伯勒公爵。他首先召集了守卫队——

马洛　你不觉得镶金的马甲跟纯棕色很相配吗？

郝嘉思　他首先召集了可能有五千人组成的守卫队——

黑斯廷斯　我不觉得：棕色跟黄色最不搭。

郝嘉思　诸位，我说，就如我告诉你们的，他召集了可能有五千人组成的守卫队——

马洛　女孩们喜欢颜色鲜艳。

郝嘉思　五千人左右的守卫队，粮食，弹药，其他有关战争的东西都配备齐全。呃，马尔伯勒公爵对站在他旁边的乔治布鲁克斯说——你们肯定听过乔治布鲁克斯吧——我以我的公爵头衔担保，他说，但我绝不会让守卫队流一滴血。所以——

马洛　呃，我的好朋友，要是你能同时给我们一杯潘趣酒的话，就有助于继续我们猛烈的围攻的。

郝嘉思　潘趣酒，先生！（旁白）我从没见过这种不可理喻的朴实。

马洛　是的，先生，潘趣酒。我们旅途劳顿之后喝一杯温的潘趣酒会很舒服。这是“自由之厅”，你明白的。

郝嘉思　给你一杯，先生。

马洛　（旁白）在他的“自由之厅”里，这个人只允许我们做他乐意的事。

郝嘉思　（持杯）我希望这合你的心意。这是我亲自调制的，我相信你会觉得配料还不错。先生，我们干杯好吗？来，马洛先生，为我们进一步的认识举杯。（喝）

马洛　（旁白）真是个粗鲁的家伙！但是，他是一个怪人，我还是迁就他一点好了。（敬他）先生，我敬你。（喝）

黑斯廷斯　（旁白）我看这个人想跟我们打成一片，但他在学会绅士之前忘了他是一位旅馆老板。

马洛　我的老朋友，从你精致的杯子来看，我猜你在这个地方的生意一定很好。在竞选的时候你一定会很忙吧。

郝嘉思　不，先生，我不干那活很久了。自从我们的竞选人想到了互相投选票的好方法，这儿就不做以酒换选票的生意了。

黑斯廷斯　呃，那么，你没有参政。

郝嘉思　没有。实际上我像其他人一样曾经也为政府的失误烦恼过；但我发觉自己一天比一天愤怒，政府却不见变好，只好顺其自然了。正因如此，我就不再操心海德阿莱、阿莱卡恩、阿莱克罗克之类的人了。先生，我敬你。

黑斯廷斯　所以你在楼上吃饭，楼下喝酒，在家里接待老朋友，去户外消遣，还过着匆忙快乐的生活嘛。

郝嘉思　我的确很忙，毋庸置疑。教区里的半数纠纷都是在这店里和解的。

马洛　（微醉）老先生，你酒盏之间的言论可要比威斯敏斯特大厅的言论好多了。

郝嘉思　啊，年轻人，那是一点哲理而已。

马洛　（旁白）呃，这可是我第一次听旅馆老板讲哲理啊！

黑斯廷斯　那么，你就像一位经验丰富的将军一样，从四面八方攻击他们。要是你发现他们可以晓之以理的话，你就用你的哲理对付他们；要是发现他们用理由不好对付的话，就用这个攻击他们。祝你健康，我的哲理家。（喝酒）

郝嘉思　好，很好，谢谢；哈！哈！说到将军我想到了尤金王子在贝尔格莱德与土耳其人之间的战斗。你们应该有所耳闻。

马洛　我看还是别谈什么贝尔格莱德战争了，是时间谈谈晚饭的事了。在这儿你的哲理可以为晚饭准备些什么呢?

郝嘉思　晚饭，先生！（旁白）居然在别人家里对主人提出晚饭的要求！

马洛　是的，先生，晚饭，先生；我开始觉得有胃口了。我保证今晚要在食品室里大吃一顿。

郝嘉思　（旁白）这么厚颜无耻的家伙我可从没见过。（对他）什么，真的，先生，晚饭的事我也不清楚。内人桃乐西和厨子她们正在准备这些东西。我把这些事情完全交给了她们。

马洛　那样啊，真的吗?

郝嘉思　是的。而且我相信她们此刻正在厨房里讨论晚饭做些什么呢。

马洛　那我希望成为她们那个秘密团队里的一员。这是我的风格。我外出时总是自己安排晚餐吃什么。请叫一下厨师。我希望这不会冒犯到你，先生。

郝嘉思　哦，没有，先生，一点也没有；我不知道如何是好；我们的女厨，布丽姬特在这些场合下不太好沟通。要是我们要她过来，她可能会把我们都骂出厨房。

黑斯廷斯　那让我们看看你的食物清单吧。请通融一下。我一直都对饭菜的要求比较高。

马洛　（对一脸惊讶地望着他们的郝嘉思）先生，他说得没错，我也是这样。

郝嘉思　先生，在这儿你们有权要求。来，罗格，把今晚的晚饭菜单拿来：我相信已经做得差不多了——黑斯廷斯先生，你的方式让我想到了我叔叔华乐普上校。他有一个说法就是，在吃晚饭前谁也不确定究竟是吃什么。

黑斯廷斯　（旁白）自吹自擂，他叔叔是上校！很快我们就会听到他讲他母亲是保安官呢。（对马洛）我们还是看看晚饭吃什么吧。

马洛　（看菜单）看看，第一道菜；第二道菜；还有饭后甜点；天哪，先生，你觉得我们是带来了一整个木匠公司还是贝德福德公司啊，这么多饭菜怎么吃得了？只需三两样小菜，干净爽口就行了。

黑斯廷斯　你再念念。

马洛　（念菜单）第一道菜，上头写着梅干酱猪肉。

黑斯廷斯　去你的猪肉。

马洛　去你的梅干酱，照我说。

郝嘉思　但是，诸位，对饥饿的人来说梅干酱猪肉很不错了。

马洛　底下写的是牛舌跟牛脑。

黑斯廷斯　我亲爱的先生，敲你的脑袋好了，这两样我都不喜欢。

马洛　或者你可以把它们放在一个盘子里敲。我就这样。

郝嘉思　（旁白）真是被他们的厚颜无耻打败了。（对他们）诸位，你们是我的客人，你们乐意吃什么就选什么。你们还有别的什么东西想换掉或不要的？

马洛　菜单：猪肉馅儿、白煮兔肉香肠、香烤碎肉、冰冻布丁，再来一盘平纹奶酪。

黑斯廷斯　去你的拼盘；法国大使的桌上摆满了黄黄绿绿的各种菜肴，这儿跟那儿差不多，让我不知所措了。我简单吃吃就好了。

郝嘉思　对不起，先生们，我没有你们喜欢的东西，要是你们有任何特别喜欢的话——

马洛　呃，真的，先生，你的菜单太精致了，任何一部分都很好。你乐意送来的都好。晚餐太丰盛了。现在看看我们的床铺得怎样，有没有好好整理过。

郝嘉思　你们把这事交给我吧。就不麻烦你们移步了。

马洛　交给你！先生，请见谅，我总是自己亲自去查看这些。

郝嘉思　先生，这事你们就放心吧。

马洛　你看这我已经下决心了。（旁白）真是个难缠的家伙，我以前从没见过。

郝嘉思　好吧，先生，至少让我来帮你。（旁白）这或许就是现代朴实，但我还从没见过像这样过时的无礼行为。（马洛与郝嘉思同下）

黑斯廷斯　（独白）我发现这家伙的礼貌已经变成了一种麻烦。但人家来献殷勤讨好，谁又能对他生气呢？哈！我看到了谁？内维尔小姐，无论如何我真是太高兴了！

【内维尔小姐上

内维尔小姐　我亲爱的黑斯廷斯！怎么会有这样的好运气，怎么会这么巧，我们竟然见面了。

黑斯廷斯　应该我问这个问题，因为我可从没想到会在一家小旅馆里碰到亲爱的你。

内维尔小姐　小旅馆？你肯定弄错了。我的姑妈，我的监护人住在这儿。你怎么会认为这儿是一家小旅馆呢？

黑斯廷斯　有人把这儿当旅馆送我和同行的朋友马洛来的。我们在附近一户住家偶遇的一位年轻人指引我们来这儿。

内维尔小姐　那肯定是我那有出息的表哥的恶作剧了，就是我经常跟你谈到的那一位；哈！哈！哈！

黑斯廷斯　就是你姑妈极力撮合你跟他的那位？就是让我如此忧虑不安的那位？

内维尔小姐　我真心觉得你没有什么好担心的。要是你知道他有多瞧不上我，你会崇拜他的。我姑妈也知道，替他追求我，还以为她已经胜券在握了。

黑斯廷斯　亲爱的你太奸诈了！康斯坦莎，你一定知道我抓住这次与朋友同来的机会是为了得到你家人的认可的。载我们来的马儿们都累得够呛了，但它们很快就会恢复；我最亲爱的姑娘，只要你相信你忠诚的黑斯廷斯，我们就该尽快到法国去，在那儿即使是奴隶的婚姻也会得到尊重。

内维尔小姐　我不是告诉过你吗，虽然我乐意顺着你，却不愿意放弃我那点微不足道的财产。我的叔叔曾是东印度公司的董事，财产是他留给我的，主要是些首饰。不久之前，我开始劝说姑妈让我戴戴它们。我想我就要成功了。一旦成功，你就会发现我乐意让你拥有我及我的财产。

黑斯廷斯　别说那些身外之物了！我最想要的就是你这个人。在此期间，我朋友马洛可千万不能出差错。我知道他那怪脾气。如果贸然告知他，我们的计划实施之前他就会立即离开这儿。

内维尔小姐　但我们怎样才能继续瞒着他呢？郝嘉思小姐就快散步回来了；要是我们继续瞒着他会怎样呢？——过来，这样——（两人谋划着）

【马洛上

马洛　我真是受不了这些好人的殷勤了。老板似乎认为对我不管不顾是不好的行为，所以不但他自己，连他那不时髦的老婆也拍拍我的背。他们还说要来跟我们一起吃饭；这样一来，我想我就要饱受他们全家人的轮番考验了。

——这位是谁啊？

黑斯廷斯　我亲爱的查尔斯！恭喜你啊！——真是太巧了！——你猜我

刚才遇到谁了？

马洛　猜不到。

黑斯廷斯　兄弟，是我们的情人，郝嘉思和内维尔小姐。让我把康斯坦莎·内维尔小姐介绍给你认识一下。她们碰巧在隔壁吃饭，回来取马的时候来这儿拜访。郝嘉思小姐刚到隔壁房间去，一会儿就回来。不是很巧吗，嘿！

马洛　（旁白）说实话，我已经够烦了，现在有些事要让我尴尬了。

黑斯廷斯　呃，这不是世上最巧合的事吗？

马洛　哦！是的。很巧——最愉快的相遇。但是，乔治，你看，我们衣衫不整——你看我们把这次愉悦的见面推迟到明天怎么样？——明天在她家里见——那样会很方便的——而且更正式——就明天吧。（欲离去）

内维尔小姐　绝对不行，先生。你的拘礼会让她不高兴的。你凌乱的衣服说明你那急不可待的热情。而且，她知道你在这儿，希望你去见她。

马洛　哦！该死！我该怎么办？嘿！嘿！黑斯廷斯，你不准走。你明白，你要帮我。我会丑态百出的。慢着！我会鼓起勇气的。嗯！

黑斯廷斯　呃，兄弟！这只是第一次，一切都会结束的。你知道，她只是一个女人而已。

马洛　在所有的女人中，我最害怕跟她相见。

【郝嘉思小姐散步回来，戴帽上

黑斯廷斯　（介绍他俩）郝嘉思小姐，这位是马洛。把你们俩这样优秀的人凑在一起，真是我的骄傲，希望你们能互相敬爱。

郝嘉思小姐　（旁白）现在该会会我那朴实害羞的先生，见识本色的他了。（片刻之后，他似乎局促不安）先生，很高兴你平安抵达。听说你在路上发生了一些意外。

马洛　小姐，只是一点点。是的，我们的确遇到了一些小意外。呃，小姐，是很多意外，但比起对意外事件感到遗憾——小姐——不如说是庆幸——真是让人满意的结局。对！

黑斯廷斯　（对郝嘉思小姐）这可是你人生中说得最好的一次。继续坚持，要相信你会成功的。

郝嘉思小姐　先生，你怕是在恭维我吧。你见过那么多善良的人，在这个无名的乡村角落里怕是找不到什么乐趣吧。

马洛　（鼓起勇气）我活在这世上，小姐；却没什么朋友。其他人享受生活，而我只是生活的旁观者。

内维尔小姐　但我听说那归根结底也是在享受生活啊！

黑斯廷斯　（对内维尔小姐）她说得再好不过了。再次申明，你真的是那样。

马洛　（对郝嘉思小姐）呃！那么支持我吧，在我低落时请你用三言两语让我重新振作起来。

郝嘉思小姐　像你那样生活的旁观者，我担心，怕是不快乐的吧，因为你身上有太多的东西应该予以斥责了。

马洛　请见谅，小姐。我一向喜欢消遣。大多数人的蠢行与其说会让人不安，倒不如说是一种笑料。

黑斯廷斯　（对马洛）好极了，好极了。这是你迄今为止所说过的最好的话。呃，郝嘉思小姐，我看你跟马洛就快是好朋友了。我觉得我在场只会让你们的对谈变得尴尬。

马洛　一点也不会，黑斯廷斯先生。我们喜欢有你的陪伴。（对黑斯廷斯）天哪！乔治，你不要走，你怎么能离开我们？

黑斯廷斯　我们在场会妨碍你们谈话，所以我还是退到隔壁房间。（对马洛说）啊，你不想让我俩去谈谈自己的事吗？（与内维尔小姐同下）

郝嘉思小姐　（片刻之后）我看，先生，你不是一位完完全全的旁观者。女士们，我想也多少仰慕你的谈吐。

马洛　（又胆怯）对不起，小姐，我——我——我——只是学着去观察他们。

郝嘉思小姐　那么，有人说用那种方式去获得他们，是最糟糕的。

马洛　也许吧，小姐。但我只喜欢跟稳重一点、理性一点的异性交谈。我恐怕我令你生厌了。

郝嘉思小姐　一点也没有，先生；我也最喜欢跟稳重的人交谈；我可以长久地听下去。老实说，我想不出一个情感丰富的人怎么会喜欢轻快轻浮又不触及真心的谈话。

马洛　小姐，那是一种心理上的疾病。由于品位的不同，肯定会有一些人想要品位——呃——

郝嘉思小姐　我明白，先生。肯定有人会因为缺乏品位高雅的快乐，装模作样地鄙视他们无法体会到的乐趣。

马洛　小姐，我就是这意思，不过你表达得更好。我不禁要说——呃——

郝嘉思小姐　（旁白）谁曾想到这家伙在某些场合会无礼呢？（对他说）先生，你想要说——

马洛　我想说，小姐——我相信，小姐，我忘了我要说什么了。

郝嘉思小姐　（旁白）我看就是这样连说什么都忘了。（对他说）你想要说，先生，在这个虚伪的时代——关于虚伪的事，先生。

马洛　好的，小姐。在这个虚伪的时代，几乎没人在严厉的审查之下不——呃——呃——呃——

郝嘉思小姐　我完全明白你的意思了，先生。

马洛　（旁白）天哪！她比我自己还要明白。

郝嘉思小姐　你是说，在这个虚伪的时代私下里几乎没人不干自己在公开场合会大加鞭伐的事情，他们还以为赞扬美德就是在践行美德。

马洛　是的，小姐；那些满嘴美德的人，心中最是没有美德。但小姐，我肯定让你觉得无聊了。

郝嘉思小姐　完全不会，先生；你言谈举止是如此充满生气和活力，让人心情愉悦，精神振奋——请，先生，请继续。

马洛　好的，小姐。我是说——在某些场合一个缺乏勇气的人，小姐，毁掉了所有的——并且使我们处于——呃——呃——

呃——

郝嘉思小姐　我完全赞同；在某些场合缺乏勇气会使我们显得无知和愚笨不堪。我请你继续说下去。

马洛　好的，小姐。从道德上来说，小姐——但我看隔壁房间的内维尔小姐在等我们了。我不想再多打扰了。

郝嘉思小姐　先生，我一生中还没有这样愉快地交谈过。请继续吧。

马洛　好，小姐，我——但她招呼我们过去。小姐，我能得幸陪你一起过去吗？

郝嘉思小姐　呃，那么，我随后就来。

马洛　（旁白）这有趣、流利的谈话快让我崩溃了。（下）

郝嘉思小姐　（独白）哈！哈！哈！还有这种冷静而又感情丰富的谈话吗？我确定他一直很少看我。这个家伙，撇开他那不可理喻的害羞外，还是相当不错的。他很有见地，却因为羞怯而忘记，那比无知还让人劳累。要是我能教他一点自信的话，那也算是帮了熟人一点忙吧。但那个熟人是谁？——这个问题我真回答不上来。

【托尼与内维尔小姐同上，郝嘉思夫人及黑斯廷斯随后上

托尼　你跟着我做什么，表妹？你如此烦人难道一点都不难为情吗？

内维尔小姐　我想，表哥，跟自己的亲戚谈话，不该被骂吧。

托尼　对，但我知道你想跟我成为哪种关系，那可不行。我告诉你，表妹，那不行的；所以我请你跟我保持距离，我不想跟你有更近的关系。（她跟着，随他到幕后）

郝嘉思夫人　呃！黑斯廷斯先生，你真有趣。世上我最乐意谈的事就是伦敦以及那儿的时尚了，虽然我从没去过那儿。

黑斯廷斯　没去过那儿！你逗我的吧！从你的仪态举止，我还认为你一直在圣詹姆斯的拉内拉赫或者铁塔码头生活呢。

郝嘉思夫人　哦！先生，你只是随口这样说的吧。我们乡下人哪有什么举止。我喜欢城市，那会让我显得比那些粗野的邻居更高贵优雅些。但一个从没见过万神庙、石窟花园、伯勒及名人聚集

地的人如何谈得上有规矩呢？我所能做的就是从他人的话中去欣赏伦敦。我知道“流言杂志”上的私密谈话，“弯道巷的瑞克茨小姐”一发行，我就从里面的信中了解了所有的时尚。黑斯廷斯先生，你认为我的头发怎么样？

黑斯廷斯　相当优雅漂亮。我发誓，夫人。我猜你的美发师是法国人吧？

郝嘉思夫人　我是按去年的“女性备忘录”上的图自己打扮的。

黑斯廷斯　真的！这样的头发即使是在戏院的厢座里也会像城市舞会上的女市长一样引起众多人的关注。

郝嘉思夫人　我觉得，既然了解这些时尚知识，就应该尽量让自己照此行动起来；必须穿着打扮得特别一点，不然就会被淹没在人群里。

黑斯廷斯　但夫人，你无论怎样穿着打扮都不会发生那样的事。（鞠躬）

郝嘉思夫人　但老古董郝嘉思先生站我旁边时我的打扮就很重要。不管我说什么，都不能把他衣服上的一个纽扣去掉。我还时常期望他会扔掉他的亚麻色假发，像我的佩特里勋爵一样涂上脂粉。

黑斯廷斯　你是对的，夫人；因为，在女士们之中没有丑女人，所以，男士之中不容许有秃头之人。

郝嘉思夫人　但你知道他怎么回答的吗？呃，他用一贯粗鲁的语气说，我只是想让他丢掉假发，把它改造一下就自己戴了。

黑斯廷斯　真受不了！像你这种年纪可以怎么高兴怎么穿戴，而且也一定很适合你。

郝嘉思夫人　请问，黑斯廷斯先生，你认为城市里最时尚的年纪是多大？

黑斯廷斯　前些日子，四十岁最时尚；但我听人说女士的年龄是要提高到四十九岁。

郝嘉思夫人　真的。那么要时尚的话我还太年轻了。

黑斯廷斯　现在的女士没过四十岁是不戴首饰的。在上流社会，不到四十的女士，就会被当作小孩，诸如刺绣女红那样的。

郝嘉思夫人　但我侄女认为她自己是十足的女人，她喜欢首饰，那不就意味着她是我们当中年纪最大的啦。

黑斯廷斯　你的侄女，是她吗？那位年轻的先生，我猜，是你的弟弟吧？

郝嘉思夫人　是我儿子，先生。他们订下了终身。看看他们，一天分分合合十来次，就好像已经结婚了一样。（对他们说）呃，托尼，孩子，今晚你又跟你表妹说了什么甜言蜜语？

托尼　我什么甜言蜜语都没说；被人跟着到处走的滋味真不好受。天啊！现在家里除了马厩就没什么地方可以让我一个人待着了。

郝嘉思夫人　我亲爱的康斯坦莎，别在意他的话，他在你背后说的可是另一回事呢。

内维尔小姐　我表哥的举止真是大方。我在私下里准备原谅他前，他又翻脸了。

托尼　那真是个见鬼的讨厌——说辞。

郝嘉思夫人　啊！他是个狡猾的家伙。黑斯廷斯先生，你不觉得他们喜欢斗嘴吗？而且是棋逢对手。宝贝们，都过来让黑斯廷斯先生见见你。来吧，托尼。

托尼　我说，你最好不要理我。（权衡）

内维尔小姐　哦，天哪！我的头都快裂了。

郝嘉思夫人　哦，该死！托尼，真替你觉得害臊。你一个男子汉，怎么这个样子！

托尼　要是我是男子汉的话，你就应该让我拥有自己的空间。啊！我不再想被人愚弄了。

郝嘉思夫人　无情无义的家伙，我让你受教育就换来了这些痛苦吗？是我为你摇摇篮，用勺子喂你吃饭的耶！我做的那件背心就没让你变温柔吗？难道我每天为你抓药、付账的时候我不感到难过？

托尼　天啊！你有理由悲伤，因为我一出生你就给我吃药。我已经忍受了“完美妻子”里开的单子十多次了；你还想明年春天赶我去昆西。但是，啊，我告诉你，我不会再像傻子一样被摆布了。

郝嘉思夫人　那还不是为你好？所有的一切不都是为你好吗？

托尼　为我好的话，我倒希望你不要管我的事。趁我心情好的时候赶紧就此打住。要是对我好，就顺其自然吧；不要喋喋不休，不要这样强加在一个人身上。

郝嘉思夫人　错了；我从没见过你心情好的时候。要是有的话，托尼，你要么去了酒馆，要么去了狗窝。对于你那狂妄的口吻，从来就让我生气，冷酷无情的家伙！

托尼　啊！妈妈，你自己的口吻才是最狂妄的。

郝嘉思夫人　是吗？但我看他是故意要让我心碎，他就是这样。

黑斯廷斯　亲爱的夫人，让我跟这位先生说说吧。我肯定能把他说服。

郝嘉思夫人　好吧，我退下。来吧，我亲爱的康斯坦莎。看见了吧，黑斯廷斯先生，这就是我的悲惨境地：哪个可怜的女人面对这样一个亲近可爱又令人生气、桀骜不驯的孩子不觉得困扰？

【郝嘉思夫人与内维尔小姐同下

托尼　（唱）“一位年轻人骑马走过，内心多么愉快。嘀咚嘀咚嘀”——别管她。让她哭去吧，哭了她内心才会舒服一点。我见过她跟姐姐看一本书时一起哭了一小时；她们说越是让她们落泪的书，她们越是喜欢。

黑斯廷斯　我发现，我亲爱的小伙子，你对女士们都不友好？

托尼　我也发现了。

黑斯廷斯　我敢说，你对你母亲选择的女孩不是那样的吧？她给我的印象是一个漂亮且脾气好的女孩。

托尼　那是因为你不像我那样了解她。啊！我对她知根知底；在基督教的世界里没有比她更难缠的了。

黑斯廷斯　（旁白）这对于一个未婚妻来说可真是令人鼓舞啊！

托尼　我已经充分领教过她了。她的鬼把戏多得就像草丛里的兔子，或是出生第一天的小马的喘息。

黑斯廷斯　我怎么觉得她理智且沉默呢。

托尼　啊，在人前是这样。但她跟自己玩伴一起时，大吼大叫得就跟圈里的猪一样。

黑斯廷斯　但是，她吸引我的还有她的温顺朴实。

托尼　是的，她从没如此收敛过，一旦激怒了她，你就会有被扔到沟里一样的感觉了。

黑斯廷斯　呃，但你必须承认她有点漂亮吧。

——是的，必须承认她很漂亮。

托尼　啊！她整个人也就是还凑合。啊！你见过贝特·宝恩瑟后再谈美貌吧。呃，她的两眼漆黑得犹如黑刺李，脸颊又宽又红，就跟讲坛上的垫子一样。内维尔就是两个她组合而成的。

黑斯廷斯　呃，要是某个朋友把那难缠的家伙从你手中弄走，你怎么说?

托尼　最好快点。

黑斯廷斯　那他带走内维尔小姐，把幸福留给你跟你亲爱的贝琪，你会感谢他吗?

托尼　是的；但会把她弄走的那位朋友在哪儿呢?

黑斯廷斯　那人就是我。要是你帮我的话，我准备把她赶到法国去，这样的话你就不会再听到她的吵吵闹闹了。

托尼　帮你！啊，我会的，誓死帮到底。我去为你的马车找两匹马来，眨眼间就能载你们了，而且你可能会得到她一部分的财产，你想不到的首饰。

黑斯廷斯　我亲爱的少东主，你看起来真是个欢快的小伙子啊!

托尼　那，来吧，在咱们行动起来之前我让你见识一下我更好的心情。（唱）

“我们是男孩
大炮雷鸣般的响声
我们也不怕。”

第三幕

场景一——郝嘉思家中一房间。

【郝嘉思独上

郝嘉思　我的老朋友查尔斯爵士说他儿子是城里最朴实的年轻人，这是什么意思？我看他似乎是跟我谈过话的最无礼、最厚颜无耻的人了。他已经占有了火炉旁边那把舒服的椅子。在厅里就脱下鞋子，还想让我替他整理好。我想尽快知道这么一个粗鲁的人会怎样对待我女儿。她肯定会大吃一惊的。

【郝嘉思小姐上，穿着朴素

郝嘉思　呃，我的凯特，我看你已经如约换了衣服；但是，我看这没什么重要场合。

郝嘉思小姐　爸爸，遵照你的要求，我发现了一件乐事，我没有跟他们理论他们的礼仪，而是留心观察他们。

郝嘉思　但是，凯特，有时候我也会犯错，尤其是我给你选的今天这位未婚夫人选。

郝嘉思小姐　是你叫我期待一下这个特别的人，但我发现他比人们描述的还要好。

郝嘉思　真是太不可思议了！他真是让我束手无策！

郝嘉思小姐　我从没见过那样：他真是见多识广！

郝嘉思　呃，都是在国外学的——我真是笨，居然会妄想一位年轻人通过旅游就学得朴实。他在化装舞会上应该很快就学得机智。

郝嘉思小姐　对他来说这似乎都是天生的。

郝嘉思　这要得益于坏朋友及法国舞蹈老师的帮助。

郝嘉思小姐　你肯定搞错了，爸爸！法国舞蹈老师可不会教他那一脸羞怯——奇装异服——举止害羞——

郝嘉思　孩子，谁的脸？谁的举止？

郝嘉思小姐　马洛先生的：他的不好意思，他的胆怯，我第一眼看见就迷上了。

郝嘉思　那你的第一眼欺骗了你；我第一眼就觉得他是最厚颜无耻的人，真是让我大吃一惊。

郝嘉思小姐　当然，爸爸！我从没见过这样朴实的一个人。

郝嘉思　你说真的吗？我长这么大就没见过这么精神饱满，大摇大摆的家伙。对他来说布利·道森就只是个笨蛋。

郝嘉思小姐　真奇怪！他招呼我时鞠躬谦恭，说话结巴，神色严肃。

郝嘉思　看见我时就大吼大叫，趾高气扬，不讲礼节，让我失望透顶。

郝嘉思小姐　他对待我羞怯、尊重；谴责这个时代的弊病；欣赏不苟言笑女孩的精明慎辨；怕我觉得他无趣还多次道歉；离开时还鞠躬；并说“小姐，我不便再多打扰你了”。

郝嘉思　他跟我说话就像跟一个出生就认识的熟人一样随便；他抛出二十个问题，却不等我回答；我评论一些愚蠢的双关语时打断我的话；我讲我最好的故事，马尔伯勒公爵和尤金王子的时候，他质问我不擅长做鸡尾酒。呃，凯特，他要求你父亲好像我是专门做鸡尾酒的人一样！

郝嘉思小姐　我们当中肯定有人弄错了。

郝嘉思　要是他果真就是我看见的那样内向，我打定主意永远不认同他。

郝嘉思小姐　那如果他是我认为的那样，他就永远不可能要我。

郝嘉思　那我们就达成了一致——拒绝他。

郝嘉思小姐　是的；但有条件。因为要是你发现他不是那么无礼，我就更加冒昧了——如果你发现他更加彬彬有礼的话，我就更加缠扰不休了——我不知道——这家伙是一个好人——当然我们在村里的赛马会上都没遇见过。

郝嘉思　要是我们发现他是这样的话——不过那不可能。初次见面他的形象就毁了。我几乎不会被欺骗的。

郝嘉思小姐　他可能还有很多东西是你第一眼没能发现的。

郝嘉思　啊，一个女孩发现一个人的外在合她的口味，接着她就猜测他剩下的情况。对她而言，长得英俊就表示判断力强，一个上流社会的人物就代表有着所有的美德。

郝嘉思小姐　爸爸，我希望谈话是以恭维我判断力强开始，您能不要以嘲笑我的判断力结束吗？

郝嘉思　对不起，凯特。但要是那厚颜无耻的先生能找到调和矛盾的方法，也许他就能让我俩都满意了。

郝嘉思小姐　我们之中肯定有一人弄错了，我们不妨进一步观察看看会怎样？

郝嘉思　同意。但我相信我是对的。

郝嘉思小姐　我也相信我不会错得太离谱。（同下）

【托尼拿着首饰盒跑上

托尼　啊！我居然得到它们了。它们就在这里。我表妹康斯坦莎的项链；头饰及所有的东西。我母亲不会因为他们的财产而欺骗可怜的灵魂。哦！我的天啊，是你吗？

【黑斯廷斯上

黑斯廷斯　我亲爱的朋友，你是怎样应付你母亲的呢？我猜你是假装与你表妹相爱来哄她开心，最后你愿意妥协吗？我们的马很快就可以恢复体力，我们很快就可以出发了。

托尼　顺便还要付你一些费用呢；（递首饰盒）你心上人的珠宝。

留着它们吧。戴着它们，我想你一定会被人抢了。

黑斯廷斯　但你是怎样从你母亲那儿得到的？

托尼　不需你问，我会实话实说的。我动动手指就得到他们了。要是我没有母亲房里每个抽屉的钥匙，我又怎能经常出入酒馆呢？正直的人任何时候都可能会挪用自家的东西。

黑斯廷斯　太平常了。但老实告诉你；内维尔小姐无时无刻不想着从她姑妈那儿把它们拿回来。她也有可能成功了，但无疑这才是得到它们的最妙方法。

托尼　呃，你留着它们直到你知道事情会怎样再说吧。但我知道得够清楚了；她很快就要与她唯一的铁杆朋友分开了。

黑斯廷斯　要是你母亲发现首饰找不到了，她发起怒来不知会怎样呢。

托尼　你不必担心她会发火，这交给我去处理吧。我觉得她发起怒来不会像爆竹爆炸那般。啊！他们来了。莫瑞斯！普朗斯！

（黑斯廷斯下）

【郝嘉思夫人及内维尔小姐同上

郝嘉思夫人　康斯坦莎，你真叫我吃惊。你这样年轻貌美的女孩子居然想戴首饰！亲爱的，等二十年后你的美貌开始需要修饰时，你才到了戴首饰的年龄。

内维尔小姐　但到四十岁时还有什么美貌可修饰的，夫人，二十岁时当然就该利用。

郝嘉思夫人　亲爱的，你的观点我完全不能赞同。自然的美貌是万千修饰也无法媲美的。而且，孩子，现在戴首饰是很过时的。难道你没看见我们熟识的夫人——像凯尔德莱特夫人、科朗普夫人等——大都戴首饰进城，回来时却只戴着玻璃跟白铁。

内维尔小姐　但是，姑妈，除了无名之辈谁还知道我最喜欢穿着华丽的服装？

郝嘉思夫人　看看镜子，亲爱的，你有这样一双漂亮的眼睛，看看还需要别的闪亮的装饰吗？托尼，亲爱的，你觉得呢？在你眼里你的康斯坦莎表妹还需要首饰来增加她的美丽吗？

托尼　以后可能需要。

内维尔小姐　亲爱的姑妈，要是你知道它会怎样施惠于我，你就不会这样认为了。

郝嘉思夫人　一束过时的玫瑰，一些装饰品。戴上它们你看起来就像是木偶戏中的所罗门国王宫廷。而且，我确定不方便去取它们。它们可能会被弄丢，当然我知道这不会发生的。

托尼　（单独对郝嘉思夫人说）那你为何着急这样告诉她，明知道她对首饰急切渴望？给她说首饰丢了。这是让她消停下来唯一的方法。就说首饰丢了，而且我可以做证。

郝嘉思夫人　（单独对托尼说）亲爱的，你知道，我留下首饰也是为了你。所以，要是我说它们丢了，你会替我做证，对吗？哈！哈！哈！

托尼　别担心我。啊！我会说我亲眼看见有人把它们拿走了。

内维尔小姐　夫人，我不过想戴一天。把它们作为遗产展示一番而已，之后又会把它们重新锁起来。

郝嘉思夫人　老实说，亲爱的康斯坦莎，要是你能找到它们，那它们就是你的。它们真的不见了。弄丢了，我不知道；但我们必须有耐心，不管它们在哪儿。

内维尔小姐　我不信！这只是拒绝我的一个肤浅的借口。我知道它们太贵重了，所以不会随便保管，你要对丢失的珠宝负责——

郝嘉思夫人　不要惊慌，康斯坦莎。要是它们真丢了，我肯定会等价赔偿的。但我儿子知道它们丢了，还没找到。

托尼　那事我可以做证。我发誓首饰真不见了，没有找到。

郝嘉思夫人　你要接受现实，亲爱的；虽然我们丢失了我们的财富，我们也不该失去耐性。瞧我，多淡定啊。

内维尔小姐　啊，人们对于别人的不幸通常很淡定。

郝嘉思夫人　我就好奇你这样一个聪明的女孩会在这些中看不中用的东西上费心思。我们很快就会找到的；在你的珠宝找到之前你可以戴我的石榴石首饰。

内维尔小姐　我不喜欢石榴石。

郝嘉思夫人　世上最美好的事情不过是能有漂亮的肤色。你经常看见我戴着它们有多漂亮，你就会想拥有的。

内维尔小姐　所有的东西我都不喜欢。你不必再折腾了。

——还有什么事会这样气人？弄丢我自己的珠宝然后强迫我戴她那俗气的东西。

托尼　别傻了。要是她愿意给你石榴石，你就有什么算什么吧。首饰已经是你自己的了。我已经从她梳妆台抽屉里把首饰偷出来了，她还不知道。快飞到你情人身边去吧，他会告知你此事的更多细节。我去应付她吧。

内维尔小姐　我亲爱的表哥！

托尼　快走。她来了，已经弄丢了珠宝。（内维尔小姐下）啊！她怎么像轮转烟火一般一点就着。

【郝嘉思夫人上

郝嘉思夫人　见鬼！小偷！强盗！我们遭骗了，被抢了，被撬开了，完了。

托尼　怎么了？怎么了？妈妈。没什么事儿吧？

郝嘉思夫人　我们被抢了。我的梳妆台抽屉被撬开，首饰被拿走了，我完了。

托尼　哦！就那样？哈！哈！哈！我一生中从没见过干得这么好的事情。啊！我看你是真的毁在认真里了，哈！哈！哈！

郝嘉思夫人　什么，孩子，我毁在认真里！我的梳妆台抽屉被撬开了，有人拿走了所有的东西。

托尼　坚持那样说：哈！哈！哈！坚持那样说。你知道的，我会做证；叫我当证人。

郝嘉思夫人　我告诉你，托尼，被盗的所有东西都很珍贵，珠宝丢了，我彻底完了。

托尼　我当然知道它们不见了，我明白说吧。

郝嘉思夫人　我最亲爱的托尼，听我说。它们不见了。

托尼　妈妈，你真让我想笑，哈！哈！是谁拿走了它们，我知道得很清楚，哈！哈！哈！

郝嘉思夫人　还有分不清玩笑跟真事的笨蛋吗？我告诉你我不是开玩笑的，傻瓜。

托尼　是的，是的；你现在肯定很痛苦，没人会怀疑我们两个的。我会做证它们丢了。

郝嘉思夫人　还有不信我话的乖戾家伙吗？你敢说你并非不如一个笨蛋吗？还有像我这样一边被笨蛋困扰，一边被小偷困扰的可怜女人吗？

托尼　那我也可以做证。

郝嘉思夫人　还做证，傻子啊你，我要直接把你赶出房间。我可怜的侄女，她以后可怎么办呢？冷酷无情的家伙，看我困扰你很开心吗？

托尼　那我也可以做证。

郝嘉思夫人　你在羞辱我吗？惹你母亲生气，我会教训你的。

托尼　我可以做证。（她跟着他跑下）

【郝嘉思小姐和女仆同上

郝嘉思小姐　我哥哥真是不可理喻，把家当小旅馆打发他们来这儿！哈！哈！对于他的鲁莽无礼我一点都不觉得奇怪了。

女仆　而且，小姐，看你穿着现在的衣服，那位年轻人还问我你是不是酒馆女仆呢。小姐，他错把你当作酒馆女仆了。

郝嘉思小姐　真的吗？只要我活着，我就一定要让这个谜团继续下去。告诉我，品普，我现在这身衣服怎么样？你觉不觉得我看起来跟“情郎计划”相像？

女仆　小姐，农村每位妇女都穿这样的衣服，除了外出拜访和接待客人。

郝嘉思小姐　你确定他不记得我的脸，不认识我？

女仆　当然。

郝嘉思小姐　我相信，我这样觉得；虽然我们一起说过话，但他很害羞，在谈话中都不曾抬头看过我的脸。事实上，就算他抬头看过，我的帽子也挡住了我的脸孔。

女仆　但在这谜团中你不想让他知道什么呢？

郝嘉思小姐　首先，我知道，对于一个女孩来说抛头露面的好处可不小。然后我也许跟他熟悉，得到一个从没与除她之外的异性交谈过的男人，这可是一个不小的胜利。但我的主要目的是，卸下我情人的防备，就像一个浪漫的无形的胜利者一样，在我投入战斗之前检验一下这个巨人的威力。

女仆　他已经弄错了你的身份，但你确定你能演好自己的角色并掩饰你的声音吗？

郝嘉思小姐　不要担心。我想我已经会真正的酒吧行话了——阁下是在叫我吗？——别去惹老虎——烟枪和烟草是给天使的。

——这半个小时可把这羔羊给吓到了。

女仆　小姐，那可以了。他来了。（女仆下）

【马洛上

马洛　房里每一处都吵吵嚷嚷的！我片刻安宁都得不到。要是我去最好的房间，那儿有老板不停地唠叨他的故事；去走廊的话，会碰到老板娘行屈膝礼都快倒在地上了。我终于能独处一会儿了，但现在这又成了往事了。（边走边想）

郝嘉思小姐　先生，您叫我吗？您需要什么吗？

马洛　（沉思）郝嘉思小姐对我而言太庄重，太多愁善感了。

郝嘉思小姐　您需要什么吗？（她仍面朝着他，他转身就走）

马洛　不要。（沉思）而且，只看她一眼，我觉得她斜视。

郝嘉思小姐　我确定，先生，我听见了铃响。

马洛　不，不。（沉思）但是，我来这儿是为了讨我父亲喜欢，明天我就回去，一个人自由自在。（拿出药品，并阅读）

郝嘉思小姐　先生，那也许是其他先生叫的？

马洛　我告诉你了，不是。

郝嘉思小姐　我很高兴知道，先生。我们有一群服务员。

马洛　不，不，我告诉你。（定睛在她脸上）是的，我想我叫了服务员。我想要——我想要——我承认，你可真漂亮。

郝嘉思小姐　哦，瞧，先生，你弄得我都不好意思了。

马洛　从没见过更明亮有神的眼睛了。是的，是的，亲爱的，我叫了人的。你们有——呃——它在你们这儿叫什么呢？

郝嘉思小姐　不，先生，这十天我们已经卖光了。

马洛　我觉得这房里有人会无缘无故地喊人。如果我想喝一点儿酒，恐怕我会失望吧。

郝嘉思小姐　琼浆玉液！琼浆玉液！那种酒我们这儿不出售。你说的是法式的吧，我猜。先生，我们这儿不卖法国葡萄酒。

马洛　绝对是纯正的英国制造。

郝嘉思小姐　真是奇怪，我居然不知道。我们以前在这儿酿造了各种各样的酒，我住这儿十八年。

马洛　十八年！呃，不禁让人想到，呃，你出生前这家店就在了。你多大了？

郝嘉思小姐　哦！先生，无可奉告。他们说女人和音乐的年纪都是无可奉告的。

马洛　站在我这儿看过去，你不超过四十。（靠近）但是，靠得更近一点儿，我就不那么肯定了。（靠近）靠近了看某些女人，她们看起来更年轻一些；但事实上，当我们靠近——（想要吻她）

郝嘉思小姐　先生，请保持距离。别人还会以为你获知某人年龄的方式是瞧牙齿，就像有人看马的牙口一样。

马洛　这我不同意，呃，你开玩笑吧。如果你让我离你那么远，我们怎么可能熟悉起来呢？

郝嘉思小姐　谁想跟你熟悉呀？我不想这样的熟悉，不要。我肯定你对待刚才来这儿的郝嘉思小姐不是这种方式。我保证，在她面前你很慌张，而且一直鞠躬都快倒在地上了，说这话，就跟站在保安官面前似的。

马洛　（旁白）啊，她说中了，相当肯定！（对她）害怕她？哈！

哈！哈！看不起人的家伙；不，不。我觉得你不了解我。我也会跟她开开无伤大雅的玩笑；但我不想太过分了。不，我不能太过分了，见鬼！

郝嘉思小姐　哦！先生你深受女士们的喜爱吗？

马洛　是的，亲爱的，深受喜爱。我不知道他们在我身上发现了什么可以仿效的。在城里的女人俱乐部里，有人说我是可爱的“拨浪鼓”。呃，“拨浪鼓”不是我的真名，但我认识的一个人，我叫所罗门斯；所罗门斯先生，亲爱的，请多指教。（行礼）

郝嘉思小姐　等等，先生；你这是在向我介绍给你的俱乐部，不是介绍你自己。你说的是真的吗？你在那儿招人喜爱？

马洛　是的，亲爱的。那儿有曼崔普太太、贝蒂·波拉克勒格夫人、斯莱戈伯爵夫人、朗荷恩斯太太、老姑娘比蒂·巴克斯根和我，那儿是一个提神的地方。

郝嘉思小姐　我猜，那是个很快乐的地方吧？

马洛　是的，快乐地玩牌、吃饭、喝酒，那些老年妇女也能逗我们开心。

郝嘉思小姐　你还是他们可爱的“拨浪鼓”呢。哈！哈！哈！

马洛　（旁白）啊！我不太喜欢这黄毛丫头。看起来，她还蛮狡猾的。呃，你笑什么？

郝嘉思小姐　我实在忍不住，那她们啥时候才有时间关心她们的工作和家庭呢。

马洛　（旁白）还好；她没有嘲笑我。（对她）呃，你工作过吗？

郝嘉思小姐　啊，当然。整个房子里除了能看见的东西，没有纱窗和被子。

马洛　天啊！那你得带我看看你的刺绣。我自己也会一点刺绣。要是你想让人品鉴一下你的作品，我就是合适的人选。（抓其手）

郝嘉思小姐　啊！但在烛光下颜色不太好看。早上再看吧。（挣扎）

马洛　现在怎么不行了？这小美人怎么这么大。

——哼！她父亲在这儿！我的运气要搁到以前，连着丢三个幺点才会丢到七点。（马洛下）

【郝嘉思站着惊讶状

郝嘉思　呃，女儿。呃，我发觉你的未婚夫真是朴实。你那谦卑的仰慕者，眼睛死死盯着地板，保持着谦卑的距离表示爱慕。凯特，你这样骗你父亲不愧疚吗？

郝嘉思小姐　亲爱的爸爸，别不相信我嘛，但我第一眼还是觉得他很朴实，你会像我一样相信他的。

郝嘉思　我以为他的无礼是会传染的！你以为我没看见他抓住你的手吗？他不是像挤奶女工一样逼着你四处走吗？你还说他尊重、朴实，真有你的！

郝嘉思小姐　我立马就会让你相信他的朴实，这样一来你很快就记不得他的缺点了，他的美德会与日俱增，希望你可以原谅他。

郝嘉思　女孩真的会让一个人疯掉！我告诉你，我以后不会相信。我现在就信了。他几乎没在房里待过三个小时，所有的优点都被毁了。你可能情愿称他的厚颜无耻为朴实，但女儿啊，我的女婿必须是与众不同的。

郝嘉思小姐　爸爸，今晚我不说服你了。

郝嘉思　你没时间了。因为我现在就想把他赶出去。

郝嘉思小姐　给我点时间吧，我希望能让你满意。

郝嘉思　呃，那就给你一个小时。但别跟我玩小把戏。必须公平、公开，你记住了吗？

郝嘉思小姐　爸爸，我希望你会发现我以遵从你的命令为荣；你是如此善良，我差不多是可以随心所欲地干自己的事了。（同下）

第四幕

场景一——郝嘉思家里的一个房间内。

【黑斯廷斯和内维尔小姐同上

黑斯廷斯　真是想不到，查尔斯·马洛爵士今晚会来这儿！你从哪儿听到这个消息的？

内维尔小姐　你相信我吧。我见过他写给郝嘉思先生的信，信里他说他打算晚他儿子几小时动身。

黑斯廷斯　呃，我的康斯坦莎，他来之前必须一切都完成。他认识我；要是他发现我在这儿，就可能向家里的其他人揭发我的名字，或许还有我的目的。

内维尔小姐　我想，首饰还是安全的吧？

黑斯廷斯　是的，是的，我把他们拿给了马洛，他保管着我们行李的钥匙。在此期间，我要去准备我们私奔的东西。少东主已经承诺给我两匹好马；要是我不能再见到他，我会写信告诉他我们进一步的目标。（下）

内维尔小姐　好吧！祝你成功。我也要在姑妈面前一如既往地装作非常喜欢我表哥，以讨让她开心。（下）

【一仆人跟着马洛上

马洛　我不明白为什么黑斯廷斯要让我替他保管一个贵重的盒子，他明知道我唯一能藏东西的地方就是这小客栈门前的那辆马车的后座。你按照我的要求把盒子放置在老板娘那儿了吗？你是亲手交到她手上的吗？

仆人　是的，先生。

马洛　她说过一定会万无一失的，对吧？

仆人　是的，她说她会妥善保管它的；她还问我它们的来源；她说她很想让我自己交代。（仆人下）

马洛　哈！哈！哈！但它们很安全。我们身边的人真是莫名其妙！我觉得，这个小侍女虽然很奇怪，却不像她的其他家庭成员那样荒谬无礼。她是我的，她一定是我的，否则的话我就真是错失佳人了。

【黑斯廷斯上

黑斯廷斯　天哪！我忘了告诉她我打算在花园深处准备。马洛来这儿了，也是兴高采烈的！

马洛　替我高兴吧，乔治，以我为荣吧。呃，乔治，毕竟，我们这种朴实的人不缺女人的青睐。

黑斯廷斯　不过是某些女人的青睐而已，你得说。但现在你的朴实换得了什么样的成功呢？它只让我们一无所获而已。

马洛　你没看见那个诱人的、活泼可爱的小姑娘吗？腰间挂着一串钥匙在房里跑来跑去。

黑斯廷斯　呃，那又如何呢？

马洛　她是我的。如此青春活力，举手投足如此轻巧优雅，那样的眼睛、嘴唇，啊！但她却不让我亲她。

黑斯廷斯　那你肯定是认定她了吗？

马洛　呃，她说要带我去楼上看她的刺绣作品，我要密切我们的关系。

黑斯廷斯　但查尔斯，你怎么可以让一个女人失去她的清白？

马洛　呸！呸！小旅馆的女招待的清白众所周知。我保证不会夺去她的清白；旅馆里的每一样东西我都会付钱的。

黑斯廷斯　我相信这个女孩的贞操。

马洛　要是她有贞操的话，那我就是世上最不愿意毁掉它的人。

黑斯廷斯　我猜，你已将我给你的盒子小心锁起来了吧？它还安全吗？

马洛　是的，是的。相当安全。我将它保管妥当了。但你怎么会认为旅馆门前的马车后座是一个安全的隐藏之处呢？啊！笨蛋！我已经采取了比你更好的安全措施——我已经——

黑斯廷斯　什么？

马洛　我把它交给老板娘代为保管了。

黑斯廷斯　给了老板娘！

马洛　是老板娘。

黑斯廷斯　真的？

马洛　真的。你知道，她会对它全权负责的。

黑斯廷斯　是的，她还会带出一个证人呢。

马洛　我做得不对吗？我相信你会承认在这种场合下我的做法很明智。

黑斯廷斯　（旁白）他肯定没看出我的不安。

马洛　我感觉你似乎有点不安。没什么事吧？

黑斯廷斯　没，没事。我的人生从来没有这么振奋过。你把它交给了老板娘，毫无疑问，她很乐意保管。

马洛　相当乐意。因为她不单单把盒子藏起来了，万分小心，简直想将送信人也藏起来。哈！哈！哈！

黑斯廷斯　哈！哈！哈！不管怎样，它们安全了。

马洛　就像吝啬鬼钱包里的一枚金币。

黑斯廷斯　（旁白）所以现在财富都成泡影了，没有它我们也得动身了。（对他）呃，查尔斯，你自己好好考虑一下那漂亮的女招待吧，哈！哈！哈！希望你能够成功，就像你替我干的事一样！（下）

马洛　谢谢，乔治，我再无他求了。哈！哈！哈！

【郝嘉思上

郝嘉思　我都不认识我自己家的房子了。一片狼藉。他的仆人都已经喝醉了。我真是受不了了；但出于对他父亲的尊重，我还是克制一下吧。（对他）马洛先生，你好。请多指教。（深深鞠躬）

马洛　先生，你好。（旁白）现在这是什么情形？

郝嘉思　先生，我相信你肯定是个理智的人，世上没有任何人比作为你父亲的儿子更受欢迎的了。你也这样认为吗？

马洛　我也真心这样觉得，先生。我不需要太多恳求。不管我父亲走到哪儿，我作为他的儿子总是很受欢迎。

郝嘉思　我也诚心诚意地相信你，先生。虽然我对你的行为只字未提，但你的仆人让人难以忍受。我觉得他们在这房子里饮酒的方式很不好。

马洛　这我不同意，我的好先生，那又不是我的错。要是他们喝酒的方式不合适，那该骂的是他们。我要求过他们不要吝惜酒窖。我真的告诉过他们。（对侧景）过来，把我的仆人叫一个上来。（对他说）因为我自己不喝酒，我正面引导的结果就是他们把我没喝的那份酒也喝掉了。

郝嘉思　那么他们做事都是按照你的吩咐？我真是满意！

马洛　是的，这我可以肯定。我找个人听听他们自己怎么说。

【仆人上，醉醺醺的

马洛　你，杰米！过来，小子！我是怎么吩咐的？难道我没告诉过你们，为了旅馆好，你们不能随意饮酒，喝得差不多就行吗？

郝嘉思　（旁白）我都快没耐心了。

杰米　先生，希望永远自由，无拘无束！虽然我只是一个仆人，但我跟其他人也一样善良。晚饭前我不会喝酒的，先生！好酒应该呈现在丰盛的晚宴上，但我认为丰盛的晚餐里不该有——打嗝儿。

马洛　你看见了，我的老朋友，这家伙已经喝得不能再喝了。我知道你也没有更多的酒了，除非你把这可悲的家伙投入酒桶里。

郝嘉思　啊！要是我再忍的话肯定会发疯的。马洛先生，我忍受你的无礼已经四个多小时了，我还没看见它有丝毫结束的迹象。现在我是这儿的主人，先生；我请你跟那群酒鬼立马离开我的家。

马洛　离开你的家！——我的朋友，你开玩笑的吧！什么，当我正在做取悦你的时候，你要我离开。

郝嘉思　我告诉你，先生，你不必取悦我；我希望你离开我的家。

马洛　你确定你是认真的吗？在这样一个夜晚，这样一个时候？你是要拿我寻开心吧。

郝嘉思　我说，先生，我是认真的！现在我已经火冒三丈了，我说这房子是我的，先生，这房子是我的，我要求你立马滚出去。

马洛　哈！哈！哈！我还告诉你，光脚的不怕穿鞋的。我就寸步不移。（严肃地）这是你的房子，好家伙！这还是我的房子呢。我想待，它就是我的。你有什么权力让我离开这房子，先生？我一生中从来没遇见过这样无理取闹的人；该死，从没见过。

郝嘉思　彼此彼此，要是我遇见过就诅咒我吧。来我家还要求东西要合他的心意，把我从我椅子上赶下来，侮辱我的家人，让自己的仆人喝得酩酊大醉，还冲着我说："这房子是我的，先生。"这些无礼行径，想着就觉得可笑。哈！哈！哈！先生，（戏谑地）你说这房子是你的，那其他家具呢？那儿有一对银烛台，还有防火墙，这是一双铜制的风箱；或许你对它们感兴趣吧？

马洛　先生，给我账单；拿账单来，我不想多说了。

郝嘉思　还有一套油画。在你房间里挂一幅《浪子的历程》，你觉得怎么样？

马洛　我说，把我的账单拿来；我会立马离开你跟你这该死的房子。

郝嘉思　还有一张能照见你脸的红木桌子。

马洛　我说，付钱。

郝嘉思　我还忘了款待之后你休息用的那把椅子。

马洛　天哪！我说，给我账单，我不想再听了。

郝嘉思　年轻人，年轻人，看你父亲的来信，我还以为你会是一位很有教养的人，但现在我发现他比花花公子、流氓好不到哪儿去；他不久就会来这儿，他应该多听听。（下）

马洛　这是怎么回事？我没有把这房子弄错呀。每样东西看起来都跟小旅馆相差无几。招待一招呼就来；座席情况也很奇怪，女招待也跟我们同桌吃饭。她来了，我进一步向她询问此事。快过来，我有话跟你说。

郝嘉思小姐　那就长话短说。我赶时间。（*旁白*）我觉得他开始知道他弄错了。但他也醒悟得太早了。

马洛　呃，请回答我一个问题。你是干什么的？你在这儿是做什么的？

郝嘉思小姐　他家的亲戚啊，先生。

马洛　呃，穷亲戚？

郝嘉思小姐　是的，先生。一个穷亲戚，帮忙保管钥匙，在我的职责范围内确保客人不缺少东西。

马洛　那就是说，你是这小旅馆的女招待了？

郝嘉思小姐　小旅馆！哦，天哪！——你怎么会这样认为呢？全村最富裕的人家还开旅馆——哈！哈！哈！郝嘉思老先生家居然是一个小旅馆！

马洛　郝嘉思先生家！这是郝嘉思先生的家？

郝嘉思小姐　对，当然！不然还能是谁的呢？

马洛　那，全完了，我真该死，居然被骗了。哦，我这个笨蛋，一定会被全城的人耻笑的。我的事成为那些讽刺漫画的题材。我居然把父亲老友的房子当成小旅馆，把父亲的老朋友误认为旅馆老板！他肯定会觉得我是个极其趾高气扬的人！我发现我真是愚蠢！还有个问题是，呃，亲爱的，我把你误认为是旅馆的女招待了。

郝嘉思小姐　哎呀！天哪！我确信我的行为还不足以让我成为讽刺漫画的题材。

马洛　没事，亲爱的，没事。但我已经名列冒失鬼的名单了，不能让你也犯错了。我的愚蠢导致我错误地看待了事情。我把你的殷勤误以为是厚脸皮，把你的天真当作诱惑。但这一切都结束了，这房子我是无脸再待下去了。

郝嘉思小姐　先生，我希望我没做什么惹你生气的事。对于这样一位有礼貌，晓世务的人，我很抱歉冒犯了你。我真的很难过，（欲哭）要是他因为我而离开这所房子的话。因为我除了人格之外，一无所有，如果人们因此而说三道四，我会很难过。

马洛　（旁白）天啊！她哭了。这是我第一次在这个端庄的女人身上看见软弱，她的泪触动了我。（对她说）对不起，我可爱的女孩，你是这所房子里我最不愿离开的人。但老实告诉你，我们的出身、家产、教育都不一样，我们的结合是不可能的；我从来没想过要毁掉一个这样可爱的女孩的天真。

郝嘉思小姐　（旁白）真是宽宏大量的人！现在我开始佩服他了。（对他说）但我保证我的家人跟郝嘉思小姐家人一样善良；虽然我贫穷，对于一个知足的人来说那并非多大的不幸；直到现在，我认为渴望财富没什么不好。

马洛　现在是为什么，我可爱纯真的女孩?

郝嘉思小姐　因为他阻碍了我跟人亲近，如果我有一千镑，我会全部给他。

马洛　（旁白）如此纯真的她真是让我痴迷，要是我留下来，我就完了。我必须努力勇敢一次再离开她。（对她说）亲爱的，你对我的偏爱让我深受感动。要是我只为自己而活，我会毫不犹豫地坚持我的选择，但我欠这个世界太多，欠我父亲太多。所以——我不能说出来——它影响了我。再见。（下）

郝嘉思小姐　到现在我知道他的优点一半都还没展现出来。要是我能想办

法留住他，他就不会走了。我依然会对他屈身求爱；但那就骗不了我爸爸，他可能会蓄意嘲笑他。（下）

【托尼与内维尔小姐同上

托尼　啊，下次你自己去偷吧。我已经完成了我的任务。她重新得到了珠宝，毫无疑问；但她认为那是仆人弄错了。

内维尔小姐　但是，我亲爱的表哥，在这种困境中你不会抛弃我们的吧？要是她怀疑我将出走，我肯定会被锁起来或是送到皮蒂格瑞姑妈家，那样情况就更糟糕十倍了。

托尼　当然，所有的姑妈都不是好东西。但我能干什么呢？我给你找来了两匹马，跑得飞快；我肯定你在她面前只会说我热情地追求过你。她来了，我们必须殷勤点儿，不然她会怀疑我们的。（他们撤退，似乎在相互爱抚）

【郝嘉思夫人上

郝嘉思夫人　呃，我真是太幸运了，真的。但我的儿子跟我说都是仆人弄错了。但我无法放心，除非他俩结婚了，然后再让她保管自己的财产。但我看见什么了呢？他们抱在一起，好像我在看着他们一样。我以前从没见过托尼这样高兴。啊！我不是已经胜利在握了吗？我可爱的人儿。什么？爱抚、眉目传情，还交头接耳？啊！

托尼　妈妈，说到交头接耳，我们肯定会偶尔发发牢骚。但我们之间没有感情。

郝嘉思夫人　托尼，微弱的火花也只会使火光更盛。

内维尔小姐　托尼表哥答应会多在家陪陪我们。真的，他不会再丢下我们。托尼表哥，你不会离开我们的，对吧？

托尼　哦！真是可爱的人。不，你冲某人微笑时，我宁愿离开马厩里的马，也不愿离开眉开眼笑时的你。你的微笑是如此的好看。

内维尔小姐　真是讨人喜欢的表哥！谁能禁得住赞扬那天生的幽默，那讨人喜欢的、宽大、红润、轻率的（拍他的脸）——啊！真是一张满不在乎的脸啊！

郝嘉思夫人　真是天真!

托尼　我真心喜欢康斯坦莎表妹褐色的眼睛，她修长的手指，缠过来绕过去的，就像线轴。

郝嘉思夫人　啊！他会迷住树上的小鸟。我从没这么高兴过。我的儿子真像他爸爸，确切地说，就是伦普金先生。我亲爱的康斯坦莎侄女，首饰很快就是你的了。你会拥有它们。亲爱的，他是一个好小伙，对吗？你们在明天结婚，我们要找个更合适的时间，就像德若西博士推迟布道一样。

【狄格瑞上

狄格瑞　少东主在哪儿？我有一封你的信。

托尼　交给我母亲吧。我所有的信都是她先看。

狄格瑞　我得到的吩咐是必须亲自交到你手里。

托尼　这信来自何处？

狄格瑞　那您要自己问这信了。

托尼　我也希望知道呢。（拆信、看信）

内维尔小姐　（旁白）完了！完了！是黑斯廷斯的来信。我认识这字迹。要是姑妈知道了，我们就万劫不复了。要是有可能的话，我得让她忙碌一点。（对郝嘉思夫人说）但我还没告诉你，姑妈，我表哥那机智的回答是指马洛先生。于是我们笑了。

——你一定得知道，姑妈。

——过来点儿，可不能让她听见我们的话。（她们商讨着）

托尼　（仍然看信）我一辈子也没看见过这么糟糕的字迹。我能辨认出你的笔迹。但横撇竖拉得这么长，还有这么多破折号，简直让人看不明白。

——“给安东尼伦普金少东主”。真是奇怪，我能清楚地认出信封上我的名字，但拆开信看里面——乱七八糟的。真是困难，太难了；信里面的内容才是主要的。

郝嘉思夫人　哈！哈！哈！很好，非常好。至于大谈人生道理的那些人，我儿子无疑是很难对付的。

内维尔小姐　是的，姑妈；但你必须听听接下来的内容。再靠近一点，不然就让她听见了。你会知道她现在有多么困惑了。

郝嘉思夫人　我觉得他现在似乎极其困惑。

托尼　（仍然看信）该死的潦草字迹，就跟喝醉了酒似的。——（读信）亲爱的先生——啊，那是不知道。接着有一个M，一个T和一个S，但接下来是一个Z或是一个R，真是难倒我了，我没法儿看清楚。

郝嘉思夫人　亲爱的，怎么了？我能帮什么忙吗？

内维尔小姐　姑妈，让我来念信吧。没人比我认潦草的字更在行的了。（从他手里拿过）你知道这是谁的来信吗？

托尼　看不出，但肯定不是寄生虫迪克·金格的。

内维尔小姐　啊，确实。（欲念信）亲爱的少东主，希望你跟我现在一样健康。撞包俱乐部的人比起绿鹅俱乐部的人已经减少。概率——呃——奇怪的争斗——呃——长期对抗——呃——这儿，这儿，它都是关于公鸡和战斗；这无关紧要；拿去，把它收起来，把它收起来。（把字迹潦草的信塞给他）

托尼　但我告诉你，小姐，这是世上最要紧的事。我不愿花一块金币还遗漏掉剩下的内容。给你，妈妈，你能辨认出吗？那无关紧要！（把信给郝嘉思夫人）

郝嘉思夫人　这是怎么回事？——（念）"亲爱的少东主，我现在跟车夫正在花园深处等着内维尔小姐，但我发现我的马不能长途跋涉。我希望你能帮我们找两匹精神的好马，就像你承诺的那样。尽快处理很有必要，否则你母亲会怀疑我们的！你的黑斯廷斯。"我要耐心一点。我快疯了！我的愤怒真是快爆发了。

内维尔小姐　姑妈，我希望你先不要发火，不要迁怒于我，或做出本该别人承担责任的不当行为。

郝嘉思夫人　（行屈膝礼）说得好，小姐，你真是最有礼、最有魅力的人，还是谨慎的典范。（改变语调）还有你，你这大笨蛋，都不知道闭嘴。你也要联合起来跟我作对吗？但我顷刻间就能粉碎你们所有的诡计。至于你嘛，小姐，既然你已有两匹好马了，让他们失望可就不太好了。所以，与其和你的情人逃跑，要是你乐意的话，还不如此刻准备从我这儿溜掉。我保证你的姑妈皮蒂格瑞会确保你的安全的。你也是，先生，上马，小心路上不要被我们发现。过来，托马斯、罗杰、狄格瑞！我会让你知道，我对你的期望比你自己还高。（下）

内维尔小姐　现在我是彻底完了。

托尼　对，这是肯定的事。

内维尔小姐　跟这样一个笨蛋合作还能期待更好的结果吗？——而且还是在我做了很多手势，摇了无数次的头之后。

托尼　小姐，之所以会这样是因为你的自作聪明，而非我的愚蠢。你忙于俱乐部，我还想你从不会让人相信呢。

【黑斯廷斯上

黑斯廷斯　呃，先生，仆人告诉我说你暴露了我的信，你把我们出卖了。感觉很不错吧，年轻人？

托尼　不是的。问问出卖你的这位小姐吧。啊，这是她造成的，不是我。

【马洛上

马洛　所以我被你们利用了。遭人轻视，行为无礼，被人看不起，侮辱，嘲笑。

托尼　另有隐情。目前我们要让老贝德兰挣脱束缚。

内维尔小姐　先生，我们所有人应该感谢那位先生。

马洛　对于一个拿年轻跟无知当保护的人我能说什么呢？一个啥都不懂的小屁孩儿？白痴？

黑斯廷斯　真是可怜又让人看不起的笨蛋，都羞于责骂你了。

内维尔小姐　他太狡猾、太恶毒了才会对我们的窘境感到高兴。

黑斯廷斯　真是麻木的年轻人。

马洛　还诡计多端。

托尼　啊！该死，你俩别逞强，我一会儿玩一样就能将你们俩撂倒。

马洛　至于他，我无话可说。但是你，黑斯廷斯先生，你欠我一个解释。你竟然看着我陷在谬误的泥淖里，一点儿也不点醒我。

黑斯廷斯　我也对自己很失望，并因而很不好受，现在是时间做解释了吗？马洛先生，这真是令人尴尬。

马洛　但是，先生——

内维尔小姐　马洛先生，我们从没打算让你继续错下去，只要你自己能够及时醒悟过来。

【仆人上

仆人　小姐，女主人要你马上准备。马也备好了。你的帽子和东西在隔壁房间。天亮之前我们要赶三十里路。（仆人下）

内维尔小姐　嗯，好的；我立马就来。

马洛　（对黑斯廷斯说）先生，这不是可以助我摆脱荒唐吗？我被所有的熟人嘲笑，先生，我肯定需要一个解释的。

黑斯廷斯　先生，如果你真想摆脱荒唐、遭人耻笑的处境的话，照顾好我托付给你的这个姑娘不是更有效的办法吗？

内维尔小姐　黑斯廷斯先生！马洛先生！你们为什么要用这样无益的争吵来增加我的困扰呢？我求你们了——

【仆人上

仆人　小姐，你的斗篷。我的主人已经等得不耐烦了。（仆人下）

内维尔小姐　我来了。请平静下来。要是我因此离开了你们，我会思念而死。

【仆人上

仆人　小姐，你的扇子和手套。马车等着您呢。

内维尔小姐　哦，马洛先生！要是你明白我的身不由己和所面临的震怒，你一定会对我化怨恨为同情了。

马洛　我的心情太复杂了，我不知所措。原谅我，小姐。乔治，对不起。你们知道我是急性子，你不该激怒我。

黑斯廷斯　我的内心正在遭受折磨，我罪有应得。

内维尔小姐　唉，我亲爱的黑斯廷斯，你这么说真让我动容，谢谢你。

三年以来的忠贞不渝只会让我们将来的结合更加快乐。要是——

郝嘉思夫人　（车内）内维尔小姐。康斯坦莎，呃，我说，康斯坦莎。

内维尔小姐　我来了。呃，忠贞不渝。记住一个词，忠贞不渝。（下）

黑斯廷斯　我的心啊！我如何才能承受得住？幸福就在眼前了，却是这样的幸福！

马洛　（对托尼说）看见了吗？伙计，这就是犯愚蠢的后果。看来只有失望甚至是痛苦才能使你感到快乐。

托尼　（如梦初醒）啊，我碰到了。在这儿。你的手。你的，都是你的，我可怜的人儿！——我的行李箱在哪儿，嘿！——两小时后在花园深处碰面；要是你发现托尼·伦普金不如你想的那样好，我会允许你带着我最好的马跟贝特·宝恩瑟讨价还价。来吧，我的行李箱，嘿！（同下）

第五幕

同一场景

【黑斯廷斯与仆人同上

黑斯廷斯　你看见老妇人跟内维尔小姐驱车离开了，对吗？

仆人　是的，先生。她们乘马车离开，而且少东主是骑马的。现在他们已走了三十里路了。

黑斯廷斯　那我所有的希望都破灭了。

仆人　是的，先生。老查尔斯爵士已经来了。他和这房子的主人这半小时正取笑马洛先生犯的错呢。他们就要来这边了。

黑斯廷斯　那我不能让他们看见我。现在我去花园深处看看我那一场空的约会了。差不多是时候了。（下）

【查尔斯爵士和郝嘉思同上

郝嘉思　哈！哈！哈！他那发号施令的语调别提有多专横了！

查尔斯爵士　而且我猜他对你的所有友好表示都很克制。

郝嘉思　但他也见识了我这普通旅馆老板之外的一些事。

查尔斯爵士　是的，迪克，他居然以为你是一个怪异的旅馆老板，哈！哈！哈！

郝嘉思　呃，我现在心情极好，想到的全是高兴的事。是的，我亲爱的朋友，我们两家的结合会让我们的交情一直延续下去；虽然我女儿没多少家产——

查尔斯爵士　呃，迪克，你是在跟我谈家产的事吗？我儿子已经有足够多的财产了，只缺少一位善良且品性好的姑娘跟他分享、增加财富了。只要他们彼此喜欢，就像你说的，他们——

郝嘉思　呃，老兄！我告诉你他们真是彼此倾心。我女儿这样告诉我的。

查尔斯爵士　但是你知道，女孩们都容易自我吹嘘。

郝嘉思　我看见他热情地握住她的手；我保证他来后自会打消你的疑虑。

【马洛上

马洛　先生，我又来了，请您原谅我的唐突和冒昧。我深知我的无礼。

郝嘉思　啧，孩子，小事而已！你把它看得太严肃了。跟我女儿一两个小时的嬉闹已经让一切回到正轨了。她非常喜欢你。

马洛　先生，我会始终感激她对我的认可。

郝嘉思　马洛先生，认可只是冷冰冰的一个词，要是我没看错的话，你们之间并不止于认可。我说的对吗？

马洛　事实是，先生，我还没有那么荣幸。

郝嘉思　得了吧，孩子。我这个老家伙可知道像你这样的年轻人的事。我知道你们之间发生了什么；但我不会说的。

马洛　先生，我们之间确实什么事也没发生，而我也非常尊重她，她跟我保持距离。先生，你不知道，家里其他成员都认为我是一个粗鲁无礼的人。

郝嘉思　粗鲁无礼！不，我没那样说过——不是很无礼——虽然有时女孩们喜欢被戏弄，还有点调皮。但我可以保证，她没有告密。

马洛　我从没给她最少的借口。

郝嘉思　呃，好吧，我很欣赏适宜的稳重。但年轻人，你现在的表现看来是稳重过头了。你还是公开吧。你父亲跟我希望看见你们有好结果。

马洛　先生，我宁愿去死，要是我——

郝嘉思　我说过，她不是不喜欢你；而且我肯定你也喜欢她——

马洛　亲爱的先生——我不同意，先生——

郝嘉思　我就不明白了，为什么你不尽快与配得上你的人结合。

马洛　但听我说，先生——

郝嘉思　我保证你父亲也同意你们在一起；哪怕是些许的延迟都是不应该的。所以——

马洛　怎么不听我说呢？说真的，我从没给过郝嘉思小姐任何喜欢她的信号，甚至是留下遥不可及的信号。我们只谈过一次话，还是正式、朴实、无趣的谈话。

郝嘉思　（旁白）这家伙的假正经是让人受不了。

查尔斯爵士　你从没抓过她的手？从没做过任何声明？

马洛　上帝做证，我是遵照你的命令来这儿。我不预带任何情感来与她会面，一点儿都不拖泥带水地和她作别。请你不要再强求我了，不要逼我留在这儿忍受屈辱了。（下）

查尔斯爵士　真想不到他连真诚都没了。

郝嘉思　我也想不到他那深思熟虑的大胆行为。

查尔斯爵士　我敢以我的生命和名誉担保他说的是实话。

郝嘉思　我女儿来了，我以我的幸福作赌，她说的也是实话。

【郝嘉思小姐上

郝嘉思　凯特，过来，孩子。你真诚并毫无保留地回答我们：马洛先生让你感受到了爱意吗？

郝嘉思小姐　这问题也太突兀了吧，爸爸。但既然你要我给出我毫无保留的真诚回答，我想是的。

郝嘉思　（对查尔斯爵士说）听见了吧。

查尔斯爵士　请问，小姐，你跟我儿子谈过不止一次话吗？

郝嘉思小姐　是的，先生，谈过几次。

郝嘉思　（对查尔斯爵士说）你瞧。

查尔斯爵士　但他有说过喜欢吗？

郝嘉思小姐　说了一次。

查尔斯爵士　他谈到过爱吗？

郝嘉思小姐　说了很多，先生。

查尔斯爵士　太好了！你们当时是认真的吗？

郝嘉思小姐　是认真的。

郝嘉思　现在，我的朋友，你满意了吧。

查尔斯爵士　小姐，他表现怎样？

郝嘉思小姐　就像大多数追求者一样，夸我长得漂亮，自谦了一番，说了一些我的好；表白了他的心意，讲了一番他的悲剧故事，最后装作愉快异常地结束了谈话。

查尔斯爵士　我真的完全相信了。我知道他跟女人们谈话时总是谦虚顺从。这样莽撞、虚伪且大声说话的不可能是他；而且，我很确信这幅图景肯定不适合他。

郝嘉思小姐　噢，先生，难道你就不相信我的真诚吗？要是你愿意跟我爸爸在屏风后面隐藏半个小时，你们就会亲耳听见他对我的表白。

查尔斯爵士　同意。要是我发觉他像你描述的那样，我就再也不会感到快乐了。（下）

郝嘉思小姐　如果你看到的他并没有像我所说的那样——恐怕我的幸福再也不会开始了。（同下）

【场景切换到花园后面

【黑斯廷斯上

黑斯廷斯　我真是个笨蛋，居然会在这里等一个可能以打击我为乐的家伙。他从没准时过，我不想再等了。我看见什么了？是他！他可能带来了我的康斯坦莎的消息。

【托尼上，着靴，骂人

黑斯廷斯　我正直的少东主！我现在发现你是一个信守承诺的人。真是我的好朋友。

托尼　啊，我是你朋友，你知道的，我就是你在这世上最好的朋友。晚上骑马真是讨厌。比坐马车颠簸得更厉害。

黑斯廷斯　怎么了？你是在哪儿跟同行的人分开的？他们安全吗？他们歇脚了吗？

托尼　两个半小时赶了二十五里路，累得人够呛。可怜的讨厌鬼还满嘴抱怨：真是见鬼！我情愿跟追一只狐狸四十里路，也不想跟这讨厌的家伙走十里路。

黑斯廷斯　呃，那你是在哪儿跟女士们分别的？我快被焦躁不安折磨死了。

托尼　宽心吧！我在什么地方和他们分手就能在什么地方找到他们。

黑斯廷斯　这真是一个谜。

托尼　那就不妨猜一猜这个谜。如何才能在一所房子周围跑一直没进房子的门？

黑斯廷斯　我还是不明白。

托尼　还不明白？很简单。我让他们迷路了。方圆五里内没有一个池塘或沼泽，除非他们能辨出方向。

黑斯廷斯　哈！哈！哈！我明白了：你带着他们绕圈，他们还以为是走远了，所以最后你又带他们回来了。

托尼　你且倾听。我首先带他们到“羽毛路”，在那儿我们陷入了泥淖中。接着我又让他们在“起落山”的石头路上吓得不轻。再然后我把他们带到了“大树健康”的绞台前；如此兜兜转转，我成功地让他们把车停在了花园深处的饮马池旁。

黑斯廷斯　我想，不会有什么意外吧？

托尼　不会的。只有我母亲惊慌失措之中受了些惊吓。她以为自己走了四十里了。她在路途中不舒服；几匹牲口都走不动了。所以要是你的马准备好了，你可以跟我表妹一起离开，我敢保证这儿没有人会跟着你们的。

黑斯廷斯　我亲爱的朋友，我该怎样感谢你呢？

托尼　啊，现在叫我是亲爱的朋友，不叫高贵的少东主了。刚才还说我笨蛋，鼓起勇气要跟我决裂。我说，去你的争斗。我们在农村某个地方受困之后亲吻并成了朋友。要是你决计跟我决裂，我会伤心到死，那时你可能只能吻一个死人了。

黑斯廷斯　斥责得好。但我必须去救内维尔小姐。要是你能拖住老夫人，我保证会好好照顾你表妹的。（黑斯廷斯下）

托尼　别担心我。她来了。快走。她从池塘回来，衣服像仆人一样拖到了腰部。

【郝嘉思夫人上

郝嘉思夫人　啊，托尼，我差点儿死了！吓死我了！快憔悴而死了。我怕是再不能幸免了。最后的颠簸以及跟我们作对的树篱，坏了我的事。

托尼　唉！妈妈，都是你自己的错。你一点儿都不认得路还连夜赶路。

郝嘉思夫人　我希望我们是在家里。我从没在这样一个短程路途中遇见过这样多的意外。陷在泥淖里，在沟渠里乱转，困在沼泽里，像果冻一样颠簸，最后还迷路了。托尼，你觉得我们现在在哪儿？

托尼　我猜我们来到了“裂头谷”，离家四十里左右。

郝嘉思夫人　哦，天哪！哦，天哪！这片区域里最声名狼藉之地。今晚再来一次抢劫我们就圆满了。

托尼　别担心，妈妈，别害怕。五人之中，我们两人不知自己身在何处，另三个人可能还没发现我们。别担心。

——有人在我们背后疾驰而过？不，那只是一棵树。

——不要害怕。

郝嘉思夫人　吓死我了。

托尼　你有看见一种像黑色帽子的东西在草丛后移动吗？

郝嘉思夫人　哦，是死亡！

托尼　不是，只是一头牛。妈妈，别害怕；别怕。

郝嘉思夫人　我应该没死吧，托尼，我似乎看见一个人朝我们走来。啊！我很肯定。要是被他发现了，我们就完了。

托尼　（旁白）继父，真是不巧，晚上散步来了。（对她说）啊，是一个强盗，拿的枪有我的手臂这么长。该死的丑八怪。

郝嘉思夫人　老天保佑我们啊！他过来了。

托尼　你自己藏在草丛里，让我来对付他。要是有任何危险的话，我就会咳嗽并大声叫喊。我咳嗽的时候，你一定要藏着不动。（郝嘉思夫人躲在布景树后）

【郝嘉思上

郝嘉思　我听到有人求助的声音，不然就是我听错了。哦，托尼，是你吗？没想到你这么快就回来了。你母亲他们都安全吗？

托尼　相当安全，先生，在姑妈皮蒂格瑞家。哼。

郝嘉思夫人　（从后面）啊，我要死了！我发现危险了。

郝嘉思　三小时内赶四十里路；孩子，那肯定走得很快。

托尼　就像他们说的，良马配上意志坚定的骑手就能让路途变短。哼。

郝嘉思夫人　（从后面）他千万不能伤害我亲爱的儿子。

郝嘉思　我听见这儿有声音；于是就过来看看怎么回事。

托尼　是我，先生，我正自言自语哪。我正在说四小时内走四十里路还是很不错。哼。那肯定很不错。哼。外出的时候我得了感冒。你愿意的话，我们进屋吧。哼。

郝嘉思　只是你在自言自语的话，怎么还有一个回答的声音呢。我肯定听到了两个人的声音，我得（提高音量）把另一个人找出来。

郝嘉思夫人　（从后面）啊！他要把我找出来。哦！

托尼　要是我告诉你，先生，你还有必要去吗？哼嗯。我以性命担保它是真的——哼嗯——我全都告诉你，先生。（拦住他）

郝嘉思　你别想拖住我。我一定要亲眼去看看。要我相信你，真是徒劳。

郝嘉思夫人　（从后面跑上）哦，天哪！他要杀掉我可怜的孩子，我亲爱的人！这儿，先生，你的怒火都冲我来吧。我的钱，我的命你都可以拿走，但请你放了那个年轻人；要是你还有任何怜悯之心的话，放了我的孩子。

郝嘉思　我的妻子，说得我跟个基督徒一般。她是从哪儿出来的？她那什么意思？

郝嘉思夫人　（跪下）可怜可怜我们，善良的强盗先生。我们所有的钱，我们的表，我们所有的东西都给你，但请你留下我们的命。我们绝不会告你；我们真的不会，善良的强盗先生。

郝嘉思　我看这女人神志不清了。是你？桃乐西，你不认识我了吗？

郝嘉思夫人　郝嘉思先生，我还活着！恐惧蒙蔽了我。但是，亲爱的，谁会想到能在这儿遇见你，在这远离家的吓人的地方？你为什么要跟着我们呢？

郝嘉思　桃乐西，你确定没失去理智？你在自己家门前四十步之内还说离家很远！（对他说）这又是你的老把戏了，你这小子。（对她说）亲爱的，你不认识这门，这桑树；不记得饮马池了吗？

郝嘉思夫人　是的，我活着肯定记得饮马池；在那儿我差点死了。（对托尼说）所有这些都是你这浑蛋干的？我要好好教训你，居然敢愚弄你母亲。

托尼　啊，妈妈，教区所有人都说你宠坏了我，那这也是你自食其果。

郝嘉思夫人　我宠坏你，我会的。（追在他后面，下）

郝嘉思　但他的回答还是有道理的。（下）

【黑斯廷斯与内维尔小姐同上

黑斯廷斯　我亲爱的康斯坦莎，为什么你会那样认为？要是我们耽搁片刻，一切就都完了。鼓起勇气下定决心，我们很快就能逃离她的恶毒了。

内维尔小姐　我觉得那不可能。我的内心备受煎熬，我已经受不起任何新的危险了。两三年的耐心等待之后我们应当收获幸福。

黑斯廷斯　这样拖拖沓沓比不忠更加糟糕。我们走吧，亲爱的。让我们以后每时每刻都幸福相守。去他的财产！让国王也对我们的爱和满足羡慕不已。听我的吧！

内维尔小姐　不，黑斯廷斯先生，不。我又觉得应该慎重，我得遵从他的指示。将财产和爱掺和在一起可能让人看不起，但财产才可能使人永世无虞。我决定向郝嘉思先生请罪，希望得到他的同情和裁决。

黑斯廷斯　他即使有意，也没能力原谅你。

内维尔小姐　但他有影响力呀，那是我可以依靠的。

黑斯廷斯　我不看好。不过既然你坚持，我就依你吧。（同下）

【场景换至房里

【查尔斯爵士与郝嘉思小姐同上

查尔斯爵士　我这是处在什么样的情况里！要是事情真像你说的那样，我就有了一个有罪的儿子。要是他说的是真的，我就失去了一个我最期望成为我女儿的人。

郝嘉思小姐　能得到你的认可我很荣幸，为了证明我值得你相信，请你按照我说的做，你就会听见他明确的回答。他来了。

查尔斯爵士　我找你父亲去，让他也来听听。（查尔斯爵士下）

【马洛上

马洛　尽管已经准备好了要出发，但我还是要来再次道别；只有到了这一刻，我才深深体会到分别的痛苦。

郝嘉思小姐　（用她本真的方式）先生，我以为你的痛苦不会太大，你可以轻易就抹去。也许一两天之后你的不安就会减少，你将认为你现在为之遗憾不已的东西并不重要。

马洛　（旁白）这女孩每次都让我变得更好。（对她说）小姐，你说的绝对不会是真的。我的心已经蹉跎了太久。但现在我的骄傲已完全屈服于爱。教育及财富的悬殊，父母的愤怒以及同辈人的轻视都变得不那么重要了；这是一个痛苦的决心，再没有什么更能让我找回自己了。

郝嘉思小姐　那你走吧，先生，我不会用任何理由去挽留你。虽然人品上，我的家人和你所见的她的家人一样善良；教养上，我希望我不是太差，但是没有相同的财富，这些又有什么优势呢？就让我满足于那些被人微微认可的优点吧。既然你所有的关注都在财富上，那我唯一能嘲弄的也就只有你的谈吐了。

【郝嘉思与查尔斯爵士从后面上

查尔斯爵士　嘿！躲在屏风后面。

郝嘉思　唉，唉；别出声。我的凯特最后一定会让他羞愧难当的。

马洛　天哪，小姐！财富从来都不是我考虑的东西。是你的美丽首先吸引了我；看见那样的美谁能无动于衷？跟你的每一次谈话，都能让我看到新的优雅，领略到不一样的图景，加深你在我心底的印象。初次见你时觉得纯朴平常，现在却觉得优雅璞真。现在看来，我之前从你身上看到的自信和镇定，其实是无畏的天真和自觉的美德的结果。

查尔斯爵士　这是怎么了？他把我弄糊涂了！

郝嘉思　我告诉过你情况。嘘！

马洛　小姐，我现在决定要留下来；我太了解我爸爸的眼光了，他只要见到了你，肯定会欣赏你的。

郝嘉思小姐　不，马洛先生，我不会，也不能挽留你。你觉得我会接受哪怕有一丝勉强的结合吗？你以为我会将你一时的迷恋化作愧疚强加给你吗？你觉得我会以减少你的快乐为乐吗？

马洛　你这么说真好，可如果没有你我就再也不会感到快乐，如果我从没有见识你的好，也就不会感到遗憾。我很想留下来，即使这有违你的意愿；如果你执意要避开我，我也会用恭敬勤勉为我过去的轻浮赎罪。

郝嘉思小姐　先生，我请你打消这个念头。既然我们已经认识了，就让它结束吧。我可能犹豫了一两个小时；但是，马洛先生，你真觉得我会委曲求全地跟你结合吗？即使这样的结合会使我变得唯利是图，而你则举止轻浮？你觉得我会听信一个“志在必得”的仰慕者的花言巧语吗？

马洛　（跪下）这看来是“志在必得”吗？这看来是花言巧语吗？不，小姐，你的美好每时每刻都让我益愈羞怯、惶恐。让我继续——

查尔斯爵士　我受不了了。查尔斯，查尔斯，你为什么要骗我！这就是你的漠不关心，你的无趣的谈话？

郝嘉思　你冷冰冰的鄙视；你一本正经的见面！现在你还有什么要说的？

马洛　这太让人吃惊了！这是怎么回事？

郝嘉思　就是说或不说随你高兴：你可以私下里跟女人花言巧语，公开场合却否认此事：你对我们一套说法，对我女儿另一套说法。

马洛　女儿！——那位小姐是你女儿？

郝嘉思　是的，先生，我独一无二的女儿；我的凯特；不然会是谁呢？

马洛　哦，该死！

郝嘉思小姐　是的，先生，我就是你一厢情愿地以为高挑趾高气扬的人（屈膝行礼）；她就是那个跟你谈话的人，你温和朴实，多愁善感，勇敢莽撞，还是女人俱乐部里讨人喜欢的“拨浪鼓”。哈！哈！哈！

马洛　天啊！真是受不了了；比死还糟糕！

郝嘉思小姐　先生，你想让我们怎样称呼你呢？是腼腆、眼睛盯着地面、说话轻声细语、厌恶虚伪的家伙，还是招摇狂妄、陪曼崔普夫人和老姑娘毕蒂巴克斯金熬到凌晨三点的家伙？哈！哈！哈！

马洛　哦，我这笨蛋。我从没打算要粗鲁无礼，我的老毛病还没有改掉。我必须得走了。

郝嘉思　我看，你不会的。我知道所有的事都是一个误会，我很高兴发现了它。我说，先生，你不要。我知道她会原谅你的。你

会原谅他的吧，凯特？我们都会原谅你。勇敢一点，小伙子。（他们退到后景，她捉弄他）

【郝嘉思夫人与托尼同上

郝嘉思夫人　呃，所以，他们都走了。让他们走，我不在乎。

郝嘉思　谁走了？

郝嘉思夫人　我那听话的侄女和她城里来的情人黑斯廷斯先生。他是跟我们这朴实的访客一起来的。

查尔斯爵士　谁，我老实的乔治·黑斯廷斯？这样一个值得托付的人，他是这姑娘再好不过的人选了。

郝嘉思　那么，我很骄傲他们能结合。

郝嘉思夫人　呃，要是他带走了姑娘，但没拿走她的财产；那她的财产也算是我们失去她的安慰吧。

郝嘉思　桃乐西，你不会这样唯利是图吧？

郝嘉思夫人　啊，那是我的事，与你无关。

郝嘉思　可要你知道，要是我的儿子到时候不娶他表妹的话，她的所有财产就都由她自己处置了。

郝嘉思夫人　对，但他还不到合适年纪，而且她没有想着等待他的拒绝。

【黑斯廷斯与内维尔小姐同上

郝嘉思夫人　（旁白）什么，这么快就回来了！我不喜欢这样了。

黑斯廷斯　（对郝嘉思说）我本想跟你的侄女私奔，现在的混乱就是对我的惩罚。现在我们回来了，恳求得到你正义及仁慈的宽宥。一旦得到您的同意，我将立马娶她，我们的爱是基于义务和责任的。

内维尔小姐　他死后，我不得不曲意逢迎、避免压迫。过去的一个小时，我沉浸在虚幻中，我本打算为我的选择放弃财产。但我现在从幻想中醒过来了，希望你的善良能理解我对这门亲上加亲婚事的拒绝。

郝嘉思夫人　呸，呸！这只是现代小说的唠叨结尾。

郝嘉思　由它去吧，他们能回来要回他们应得的东西我很高兴。过来，托尼，孩子。你现在要拒绝我递手给你的女孩吗？

托尼　我的拒绝有什么用呢？你知道我没到合适年纪是不能拒绝她的，爸爸。

郝嘉思　我之前一直隐瞒了你的真实年龄，孩子，很可能有益于你的发展，我跟你母亲对保密一事达成一致。但自从我发现她把它变成了一件坏事之后，我必须告诉你你已经超了适婚年龄三个月。

托尼　合适的年龄！我到了合适的年龄吗，爸爸？

郝嘉思　大了三个月。

托尼　那你们就会看见我会充分利用我的自由。（抓着内维尔小姐的手）在这儿所有人的见证之下，我，勃兰克的安东尼·伦普金少东主，拒绝你这一无是处的未婚女子康斯坦莎·内维尔作为我真正合法的妻子。所以康斯坦莎·内维尔可以跟她喜欢的人结婚，托尼·伦普金又是属于他自己了。

查尔斯爵士　哦，勇敢的少东主！

黑斯廷斯　我值得尊敬的朋友！

郝嘉思夫人　我这不听话的孩子！

马洛　我亲爱的乔治，我真心替你高兴！要是你能重新喜欢我，而我也能克制住我的专横，少一点霸道，我就是世上最幸福的人了。

黑斯廷斯　（对郝嘉思夫人说）呃，夫人，你现在的诡计都被赶到了绝路上。我知道你爱他，我肯定他也爱你，而且你必须也应该拥有他。

郝嘉思　（与他们携手）我也这样认为。而且，马洛先生，要是她为人妻跟为人女一样好，我相信你将来一定不会后悔的。现在该吃晚饭了吧。明天我们召集周围教区的所有穷人，一个晚上的误会应该被赋予一个愉快的早晨。所以，小伙子，接受她吧；尽管你已经搞错了情人，但我希望你绝对不会搞错妻子。（同下）

钦契一家

The Cenci

〔英〕珀西·比希·雪莱

主编序言

1792年8月4日，珀西·比希·雪莱出生在英国的霍舍姆·苏塞克斯附近，一个富裕但并不显赫的家庭。他在伊顿公学接受教育，在那里，他感到烦闷，并不受欢迎。进入牛津大学之后，他对科学产生了兴趣，不过进入大学的第二年他就因为发表了一本名为《无神论的必要性》的小册子而遭开除。到伦敦以后，他在他妹妹的学校遇到了一个名叫哈里特·韦斯特布鲁克的16岁的女孩，她受到的迫害得到了雪莱的同情，导致他走向一段愚蠢的婚姻。那年他19岁，她16岁。三年后，他们变得疏远，她带着孩子回了父亲家，一个月之后他和玛丽，政治哲学家威廉·戈德温的女儿，一起去了欧洲大陆，这件事给了雪莱一段时期的影响。1816年哈里特溺死之后，雪莱正式和戈德温·玛丽结婚；法院驳回了他对孩子的监护权。与此同时，他正站在自由的一边积极参与政治活动，创作了大量的诗歌。《复仇神》写于1815年，1818年《伊斯兰的反叛》问世。同年他返回意大利，他也因溺水而死，在1822年7月8日这一天，他在罗马被火化并安葬于此。生命的最后几年是雪莱诗歌创作的鼎盛期。《解放了的普罗米修斯》《钦契一家》《西风颂》《含羞草》《灵魂的分身》《阿多尼斯》，以及其他众多优秀抒情诗。他的戏剧作品《解放了的普罗米修斯》，采用华丽的抒情诗体描写了一个救赎人类的神话戏剧，但《钦契一家》可能是雪莱最重要的作品。在《钦契一家》里，他用十分精致的笔触叙述了一个古老而令人恐惧的罗马人故事，给人留下了深刻的印象。总的来说，部分是因为莎士比亚的影响，再加上其主题本身的特质，这部戏剧比雪莱的其他作品更紧凑也更为感人，其天才在此得到了淋漓尽致的展现。虽然无法公演，但因其鲜明的人物刻画、强烈的诗意以及情绪感染，《钦契一家》被公认为19世纪最伟大的戏剧。

查尔斯·艾略特

致利·亨特先生的献词

我亲爱的朋友，数年之后，我记下了你的名字，从一个相距遥远的国家，这是我在文学方面的最新努力。

我发表的这些作品就权当我本人对美和正义的理解吧。在这些作品里，我可以觉察到因年少和躁动而产生的文学缺陷，那是梦想跟现实的产物。我现在呈现给你的是一幅悲伤的现实图画。我把自以为是的导师态度搁置一旁，我满足于用心描绘这幅图画。

倘若我认识一位比你更具才华的人，我一定会将此书去做他美名的装饰——他比你更儒雅、更诚实、更清白和勇敢，比你对那些邪恶之人更加宽容，而自己却远离邪恶；他比你更清楚应该怎样获取和奉献，尽管他的奉献远多于获取，比起你来，他的生活和行为举止更加真诚和简约，为我闻所未闻。然而，没有这样的人，如果有，那就是你，我为有你这样的朋友而深感庆幸！

你的一生是与不可调和的国内政治独裁和欺世盗名做坚韧斗争的一生，只要我的身体健康允许，只要我具有足够的才智，我也会步你后尘。

让我们在奋斗之中相互关爱，生死与共。

幸福与你同在！你诚挚的朋友，

珀西·比希·雪莱

罗马，1819年5月29日

前言

我在旅意期间，收到了一份来自罗马钦契家族档案馆的手稿。里面详细记载了发生在克莱门特八世时的一些恐怖故事。故事于1599年伴随着这个城市中最尊贵、最富有家族的灭亡而结束。故事讲述了一位老人一生纵欲放荡，对他的孩子充满仇恨，和其中一个女儿乱伦，并常陷入暴怒状态。女儿饱受精神和肉体的折磨，多次试图逃跑，但都以失败告终，最后她不得不与她的继母和弟弟合谋以推翻父亲的残酷统治。这位年轻的女士，是被一股冲动驱使而进行了一场残酷的斗争。这之中，冲动远超过了恐惧。她是一位温和柔美的人。但由于外部环境和条件的制约，最后还是遭到了挫败。她的行动很快就被发现了，虽然罗马许多地位甚高的人都为她祈祷，向教皇求情，但她和她的继母等最终还是被判以死刑。这位老人一生中犯下了很多罪行，其中有些更是罪恶滔天、难以形容的死罪，但他都一而再，再而三通过贿赂使教皇赦免了他，其代价当然是甚于王冠的千百倍。因此，那些因为他的罪责而死的人当然也不能说得到过正义。而这位教皇，除开其他的维持庄严的动机外，可能觉得谁杀了钦契，谁就在剥夺他财富和赋税的来源（教皇政府最怕它邪恶和懦弱的事实被大众所知，因而严加防范类似信息的传播；因此直至今日，手绘稿的流传才不那么困难）。我之所以讲这样一个故事，是为了向读者展现当时实施那些行动的人的感受，包括他们的希望、恐惧、自信、疑虑、对各种利益的权衡、热情、观点以及与他人的协商。尽管所有这些谋划最终都只得到了一个残酷的结局，但仍不失为一盏足以照亮人类心中最黑暗、最秘密之处的明灯。

当我抵达罗马之后后，才发现钦契家族的故事在意大利社会是不被提及的，除非做好了足够的心理准备并怀有极大的兴趣；意大利人对于这个浪漫的遗憾从不乏兴趣，他们热情为这起恐怖事件辩解。虽然已经过去了两个世纪，这两种互相矛盾的情形仍缠绕在一起。各阶层的人都知道这个故事的梗概，这个故事就像有一种魔力，一直吸引着人们。我有一份属于圭多的碧翠斯的照片的副本，原本被保存在科隆纳宫，我的仆人立刻就认出来它是钦契的自画像。

这个故事引发的兴趣，已经在整个民族甚至整个世界的各个阶层的人的心中持续了两个世纪，而且对此的想象一直都活跃着。于我而言，首先想到的是以此创作戏剧的可能性。事实上，这是一个已经刻画好了的悲剧，从它能激起并延续人们的同情，得到认可和成功。与我想象的比较，已经不缺什么了，只需要将其转化成人们可以理解的语言和行动，就能让这个故事深入他们的心扉。最深刻、最伟大的悲剧故事，诸如《李尔王》和《俄狄浦斯》，在莎士比亚和索福克勒斯使它们家喻户晓之前，其故事本身早已存在于民间了，只是流传没那么广，人们的兴趣没那么高罢了。

钦契这个故事确实十分阴森恐怖，如果将其干巴巴地直接呈现在舞台上，任何人都是无法忍受的。因此，以此为主题进行创作的人必须增加一些希望，减少一些故事本身的可怕，这样，在诗歌中，在感受那些狂暴的折磨和罪责时就能产生一丝希望和喜悦，就能减弱对道德畸形进行沉思的痛苦。同时，也不能企图将屈从笼统地归结为道德。道德的最高目的就是戏剧的最高目的，是通过同情和仇恨教化人心、使其领会道德本身的意义；而且与知识一样重要的，还有人们的智慧、正义、真诚、宽容和善良。如果教条可以做得更多，那将很好，但戏剧绝不是强制实施。毋庸置疑，没有人会因为被强制做另一件事儿，而真正觉得这件事其实更好，反而是善良和自制才会使其幡然悔悟，因此好的解决办法是通过和平和爱来转化伤害。复仇、报复、赎罪都是致命的错误。如果碧翠斯想到了这一点，那么她会更聪明，也更棒。但她绝不是一个悲剧人物。少数对此种呈现有兴趣的人，不是因为戏剧的目的才产生了那么大的兴趣，而是为了寻找他们身边的大众所感兴趣的同情。这是那些不安分，喜欢自我解剖的人为碧翠斯寻求正义时的辩解，认为只有那样，她才能得到正义。这也是恐怖的迷信，他们认为是碧翠斯错了，从她在戏剧中所扮演的角色和所得到的遭遇来评判。

我一直在努力地、尽可能地呈现这些角色，展现他们本来的性格，尽量避免因为我个人对于是非曲直的评判而左右了他们的性格，使得十六世纪的面貌在一层薄纱下转变成了我内心冰冷的想法。他们作为天主教徒的代表，带有天主教徒深深的宗教色彩。新教担心上帝和人类在真诚和永久的关系上会变得不自然，这种想法渗透了钦契的整个悲剧。更让人吃惊的是，一个正统的宗教竟会和众多的罪行联系到了一起，且对其若无其事、长期容忍。但意大利的宗教不同于新教国家，特定日子要穿戴斗篷，通行证要随身携带才不会被责备，进入秘密重地时，要神情忧郁，这样才能镇住那些站在黑暗的入口处的守卫。这就是意大利天主教的精神，与宗教并存于所有的人的脑海中。它贯穿了整个生活，是崇拜、信仰、服从、忏悔还有盲目的钦佩，而不是一种道德行为规则。它和任何一种美德都没有必然的联系。最凶残的坏人也可能非常虔诚，并没有被已有的信仰给破坏，承认自己就是坏人。宗教强烈地渗透到了社会的整体框架中，并以此为根据地，庇护激情、信念、借口；但从不自省。钦契在自己的宫殿里建了一个教堂，并把它献给了圣多默宗徒，为他自己的灵魂建立了一个据点。因此在第四幕场景一中，卢克丽霞不顾安危，努力劝诫钦契悔改，是想在他死之前引诱他忏悔。这在天主教教徒中被当作必不可少的救赎。而只有当她意识到她的坚持会使碧翠斯遭受新的暴行时，才放弃了。

我特意使自己对于这篇戏剧的引言看起来不像我们通常所说的赞颂诗，我希望读者在读的时候发现这不只是一个孤立的比喻和直接的描述，除了文章中描述的碧翠斯对于其被判决违反自然规律的弑父行为是一个大的转折点。[这一观点在卡尔德隆的《圣帕特里克节的炼狱》（*El Purgatorio de San Patricio*）最著名的章节中提到过；也是我在整部作品中故意挪用的一处。]

戏剧当中，意象和激情应彼此渗透，前者的存在仅仅是为了后者的发展和说明。想象是不朽的上帝，而凡人的激情则是血肉。因此，最遥远、最熟悉的意象只有当表达强烈的情感时，才适合为戏剧所用。这种情感起初是平缓的，接着慢慢被理解，成为高尚和伟大。在其他方面，我可能会马虎些；但在选词造句上，我则十分挑剔。在这方面，我完全同意那些现代评论家的观点。他们认为要让人们产生真正的悲悯之心，则先得用人类熟悉之语言，正如我们的先辈，那些伟大的古英国诗人。学习他们，能激发我们为我们的时代留下不朽的诗篇，一如他们曾经所做一样。但总的来说，必须使用人类真正的语言，而不是作者所属的某个社会的某个阶层的语言。为此我做了许多努力，但我仍需说明的是成功对不同的情况而言也是不同的；特别是当下对于现代文学兴起的一番研究热潮。

我在罗马期间，努力观察探访了与本故事相关的遗迹和遗物，以使我这样一个陌生人加深对其的理解。碧翠斯的肖像作为一件令人钦佩的艺术品被陈列在科隆纳宫，它是圭多在监狱服役时获得的。但它最为有趣的是，它的陈列仅是因为其代表了自然工艺的一个最美丽的样本。画上的女子面色冷静，微微发白，看起来有点忧伤，像是精神上受到了重创，但性格中的温柔和耐性又使这种绝望稍稍缓和了一些。她头上裹着白色的头巾，几缕金黄色的头发从中逸出，盖在了脖颈上。她的脸部造型精致微妙：眉毛线条清晰，微成拱形；嘴唇间诉说着想象与情感的永久意义，痛苦也不能将其压制住，甚至死亡也不可将其扑灭；她前额宽广干净；眼睛，我们常说的心里之窗、活力之门，已经因为哭泣而变得肿胀和黯淡，但依旧掩不住美丽的温柔与宁静。她的整个样子包含着一种简单与高贵，与她精致的美丽和深深的忧伤结合在一起，使人产生了一种无以言表的爱怜。碧翠斯·钦契是罕有的将力量和温柔结合在一起，而不互相破坏的一个人。她的本性简单而深刻。她所犯下的罪行和遭受的苦难都是环境赋予她，让她在世界上上演这一幕而使用的面具和斗篷罢了。

钦契宫面积很大，尽管某种程度上已经被现代化了，但仍保留了大片封建建筑的阴郁废墟，正是这部悲剧中众多可怕场景发生的位置。钦契宫位于罗马一处偏僻的角落，相当于犹太人地盘的近四分之一。从上面的天窗可以看到巨大的帕拉丁山半隐于长势茂密的树木之间。这里还有法院的一部分（也许就是钦契为托马斯圣徒修建的教堂），被花岗岩石所簇拥，装饰着古老的雕带，做工精良，而且充满了古代流行的意大利元素，还有开放式的阳台互相层叠。宫殿有一处门口由巨石垒成，黑暗、高大的过道直通一个阴郁的地下室，看着让我十分震惊。

在彼得雷拉城堡中，我没有找到除手稿以外更多的信息。

剧中人物

康德·弗朗切斯科·钦契

贾科莫、伯纳多　钦契家的两个儿子

红衣主教卡米罗

奥西诺　教士

萨维拉　教皇的使节

奥林皮奥、马尔奇奥　刺客

安德烈钦契的诸仆人

贵族—法官—守卫—仆人

卢克丽霞　钦契的妻子、他孩子的继母

碧翠斯　钦契家的女儿

场景：主要是在罗马，但第四幕转到了法彼得雷拉，普利亚大区亚平宁山脉之间的一座城堡。

时间：教皇克莱门特八世时期。

第一幕

场景一——钦契宫的一套公寓里。

【钦契与红衣主教卡米罗入场

卡米罗　对于这场私下密谋的谋杀事件，你是否向神圣的控诉所屈服？你的谎言就埋在那平森门下，为此天主教上下纷纷俯身为此。你说过你曾用黄金收买只为了免除责罚，而你不知这却是两倍的罪恶。虽然充裕了教堂，但从地狱获得的缓刑的罪恶的灵魂会一直愧疚和难忘：他至高的权力所附带的荣耀和利益，与那每日犯着罪行的集市完全不同，就如人类的行为一样复杂多样、荒谬可笑。你缺乏蒙蔽人们反抗的眼睛。

钦契　我的第三份财产——让它去吧！唉，我曾听说教皇的侄子，派遣他的建筑师来视察这片土地，意欲在我的藤蔓中建一座别墅。后来，我和他的叔叔达成了一致：我并不认为他会欺骗我！自此以后，无人会见证——不是油灯——会看见封臣受到胁迫而泄露那些喉咙因酬谢而被尘土窒息而死的人的秘密。他所见到的不会比他那卑微的生命更高尚——这让我十分生气！暂且不要让我下地狱吧！——因此，恶魔啊，暂且不要让他们的灵魂进入天堂吧。毫无疑问，教皇克莱门特和他慈悲悯人的侄子，会祈祷使徒彼得和圣徒满足他们的欲望，即我久久仰慕的力量、财富、骄傲、愿望以及在有生之年在管理财富上有所作为。

——但是，大多都还没有名目。

卡米罗 哦，钦契伯爵！你过得是如此体面，你与你的心一致，与上帝一致，也与这个愤怒的世界一致。和那些雪白和珍贵的毛发相比，这些充满欲望和鲜血淋淋的行为看起来是多么的丑陋！你的孩子现在应该相偎在你身旁，但是你不敢看他们的表情，因为你面带羞耻和悲痛。你夫人在哪里？还有你温柔的女儿呢？我认为，她那甜美的表情，足以使一切事物变得美妙，令人心生愉悦，也足以赶走你内心的魔鬼。为什么她要排除在这个社会之外呢？难道是因为她自己不知道而甘愿忍受冤屈吗？伯爵，和我聊聊吧——你知道我是为你着想的。我陪你度过了你黑暗、暴躁的青年时光，目睹了你勇敢和顽皮的行为，就像一个人看流星雨，但它并没有消逝——我见证了你绝望和满是懊悔的成年；现在，在你不光彩的岁月里，我又见证了你遭到无数不知忏悔的罪名的控告。然而，我曾希望你能改过。抱着那种希望，你三次绝处逢生。

钦契 因为教父现在欠你的，我的封地已经超过了平西奥红衣主教。今后回忆起来我为你祈祷的一件事，因此我们以后谈起来就没有那么紧张了。一个你认识的人谈到了我的妻女——他经常来访我家；因而，第二天那人的妻女来了问我是否见过他；我笑笑；我想他们永远也不会再见到他了。

卡米罗 你这个可恶的恶人，你最好小心点！——

钦契 当心你吗？这是徒劳的——我们应该彼此熟悉。至于人们说我这个人全是罪恶，对这些，我非常高兴我能明白我的理智，并且证明强迫或者欺诈权利的正确。这是一个公共性的话题，我并不介意与你讨论。我会说，就像你一样，我的良知——因为你的良心已经让我改变了很多，因而，强烈的虚荣心会让你保持沉默。如果你不怕的话；两者都有可能。对此，我深信不疑。所有的人都会沉湎于感官上的享受，所有的人都乐于报复；绝大多数的人会因为他们永远也不会受到的折磨而狂喜——因为他人的痛苦而暗暗庆幸自己的平静。但是，什么事也不能让我感到高兴。我喜欢看到极度的痛苦，感受喜悦之情。如果这是别人的想法，那么我和他们的定不相同。我没有懊悔之心，也不曾感到害怕，我认为这是别人才有的反应。这种心理早已在我心中生长，直到现在也同样如此。所以不要打算让我强词夺理的幻想消失，你们那满是希望的蓝图不会绘制成功。你即将了解到，你们那样的人就是我天然的食物和排泄。

卡米罗　你难道不觉得自己是最悲惨的吗？

钦契　为什么悲惨？不是的——我就是你们的神学者所说的冷酷无情——他们一定是厚颜无耻，才会辱骂他人独特的品位。是的，我比真实的自己更快乐，人不是就该做做心里想做的事吗？虽然欲望比复仇更加甜蜜；但现在的发明已经乏味了——唉！我们每个人都得变老——然而，我们依然要做一件事，那恐惧会让我的食欲急剧衰退——我确实如此——我不知道这是怎么回事。我小的时候，我什么也不想。只有快乐，我以蜂蜜为食。人们经过圣·托马斯的批准，不能像蜜蜂一样生活，我越发的疲倦——然而，直到我杀死了我的敌人，听到他的呻吟，也听到了他的孩子的呻吟时，我就知道我自己不能以世界上的事情而感到高兴，现在我也不为之所乐。我宁愿把这种痛苦看成恐惧隐藏了的干涸而呆滞的眼睛；苍白颤抖的嘴唇，告诉我流泪哭泣的心情比基督的血汗之心更加难过。我很少伤害身体，这就像一座坚固的牢狱，我力量的灵魂，我因为频繁的痛苦恐慌过活。

卡米罗　地狱中最寡廉鲜耻的魔鬼，从没有因为酒醉而感到内疚。对他的心诉说，就像你现在跟我说话那样；我感谢上帝，我没有相信你。

【安德烈进场

安德烈　我的主啊，一位来自萨拉曼卡的绅士愿向你倾诉。

钦契　吩咐他在大轿车中等我。（安德烈退场）

卡米罗　再见。我会祈祷全能的上帝不因你欺诈、不敬的言语受到诱惑而抛弃你。（卡米罗退场）

钦契　我的第三样财产！我必须好好利用家政，或者金子，老人的剑，将从我满是皱纹的手中滑落。但昨天教皇差人来赐予了我那该受诅咒的儿子四倍的粮食；我已经把他们从罗马送到萨拉曼卡去了，希望事故能将他们毁灭；我想如果我不能让他们在那里饿死的话。上帝啊，求求你，早点把他们赐死吧！伯纳多和我的妻子，除了死亡和诅咒，不会更糟了。——然后是碧翠斯——（满腹狐疑地四处寻找他）我想他们在门边听不见我说的话；如果他们听见了怎么办呢？然而，我不必说，尽管我的心被那些话说服。哦，你这最最安静的空气，一定没有听见我现在所想的！你，人行道，我踩踏着你通往她的房间——让你的回音谈论我不虔诚的步伐，轻蔑的惊喜，但这不是我的本意！——安德烈！

【安德烈进场

安德烈　主人，什么事？

钦契　吩咐碧翠斯今晚在她的房间等我——不，半夜，就她一个人。（退场）

场景二——钦契宫殿花园。

【碧翠斯和奥西诺上，边走边谈

碧翠斯　奥西诺，不要歪曲真理。你记得我们在那里谈话吗？——不，让我们看看现场，就从这个柏树说起，漫长的两年过去了，在四月的午夜，月光照耀着，我对你坦白了我的心意。

奥西诺　然后你说你爱我。

碧翠斯　你是一个神父，不要对我说爱。

奥西诺　我可以在教皇的允许下结婚。因为我是一个牧师，你相信吗？想象一下，就像是猎人在打猎，跟随我不管我醒着还是熟睡。

碧翠斯　我已经说过了，不要对我说情。你获得了允许，而我没有。否则我就离开这个痛苦的家了。而我可怜的伯纳多，以及那温柔的女士，我欠他们，欠他们高尚的情操。在我还有勇气去承担这一切的时候，我必须容忍。啊，奥西诺！我对你曾有过的爱，已经变成了痛苦。我们订立的是一个年轻的合同，你首先打破誓言。因此尽管我仍然爱你，但这是圣洁的爱，是作为一个妹妹或精神上的爱。所以我发誓要忠贞不渝，尽管很可能我们不能结婚。你只给了含糊的回复，那不适合我。哦，我真恶劣。我哪里变了？即使现在，你看着我就像你不是我的朋友一样，又或者因为这虚假的微笑，你发现了我真实的想法。让我真正怀疑似乎是你错了。哦，不！请原谅我。悲伤让我看起来比我的本性严厉得多。我本就有着忧郁的思想。他们能预示，但他们能预示什么呢？难道能比我现在所遭受的更糟吗？

奥西诺　一切都会好起来的。这是早已准备好的请愿书吗？你明白我对你的热情，亲爱的碧翠斯。当然，我会用我最大的能力，让教会处理你的诉讼。

碧翠斯　你对我的热情——哦，我，你是如此冷漠！尽你最大的努力……只有这一句话……（倒退）啊！我是多么脆弱的生物，我站在这儿和我唯一的朋友争吵。晚上爸爸为我准备了盛宴。奥西诺，他已经从萨拉曼卡，从我的兄弟那儿，听说了好消息。他嘲笑这表面上的爱情，他内心厌恶这种虚伪，他宁愿庆祝他们的死亡。我听到了他的祈祷。万能的上帝，这样的父亲该是我的！这是早已准备好的，我所有的亲戚，钦契一家，还有罗马的贵族，将在这儿齐聚。他命令我和我苍白的母亲盛装打扮自己。可怜的女士，她期望一些好的改变。在他的心灵深处，我一无是处。晚餐的时候，我将给你请愿书。那么，再见吧！

奥西诺　再见。（碧翠斯下）我知道教皇决不会赦免我的誓言，只会免除我许多税收。碧翠斯，我想战胜你很容易，不然他就会读她雄辩的请愿书了。他可能会赐予她一些贫穷的亲戚，他的六个表兄，正如他对待她的姐姐那样。我应该被人完全阻止，才不会遭到她父亲对她那样的遭遇。以下各种说法都不无夸张：老男人都脾气暴躁且性情乖张，有个人刺死了他的敌人或者奴仆，终日嗜酒如命，与各种女人厮混，心情不好时就在那阴暗的屋子，责骂他的妻子和孩子，别的孩子和妇女都说他专横野蛮。如果这样能让我的良心好过一点，那我就满足了。世间无所企及的罪恶便是他们在我这获得爱的方式，她根本没办法挣脱我布下的这张情网。除此之外，我还担心她敏感的想法和让人心生敬意的眼神。那眼神可以一条条地将我撕碎。这就像是让我脱光了衣服，赤裸裸地暴露在众人面前，让我羞愧不已。哦！不要！这个无依无靠的女孩儿，我是她唯一的依靠，是她仅有的希望。如果她从我的身边逃离，我就会像个傻瓜，最多不过像只野豹看见了羚羊惊慌的眼神。

场景三——在钦契宫殿的华丽大厅。

【钦契、卢克丽霞、碧翠斯、奥西诺、卡米罗和其他贵族上

钦契　各位亲朋好友，欢迎你们。各位王宫贵族，我向大家致以最热烈的欢迎。很荣幸你们能够来到这里。你们的到来让寒舍蓬荜生辉。一直以来我都隐居世外，没能参加你们愉快的会谈。我想不到一个贬义词来形容此刻的心情。但我尊贵的朋友们，我衷心希望当你们在这儿玩得愉快开心的时候，听到

这一切虔诚的缘由时，我们都一起发誓拥有健康的身体或为对方祈祷。也希望我和大家一样身体健康。像亚当创造的所有人类一样，我们都有罪恶，但是我内心柔软、温顺、慈悲。

客人甲　确实如此呀，殿下，你似乎内心十分明快、如此友爱、平易近人。你敢作敢为，是流言在中伤你。（致他的同伴）我从来没有在谁眼中看到过如此欢乐愉快的眼神。

客人乙　在这众人期盼的盛会上，我们都同样开心。是这种愉快将我们聚在一起，让我们一起倾听，倒数。

钦契　这真是最令人期待的盛事。假设，每个父母的心都从这个地方被转移到更远的地方，一个祷告者，当他躺下正要睡觉，都会从睡梦中惊醒。有人祈祷，有人渴望，有人希望。期盼他可以为他的两个儿子许下愿望，即使他所要求的都是他们的目的，他最大的愿望突然成为现实。愿望实现了，他们本该高兴，他召唤所有亲朋好友来参加宴会，让大家敞开心扉与他分享喜悦。这使我感到荣耀——因为我就是他。

碧翠斯　（对卢克丽霞）伟大的上帝！真是太可怕了。这真是太肮脏了，这些都会降临到我兄弟身上。

卢克丽霞　不要害怕，孩子。他说话太坦诚了。

碧翠斯　哦！我全身冰凉。我害怕这邪恶的嘲笑者会被他看在眼里，吓得他全身汗毛竖立。

钦契　这是来自萨拉曼卡的信。碧翠斯，把他念给你的妈妈听。上帝啊！我感谢你，你在夜里赐予了我正探寻的神秘的道路。我那些叛逆不孝的儿子，都死去了！为什么，为什么会死去？难道这意味着再也没有了欢乐吗？你能否听到，我说他们已经死了。他们将再也不需要食物和衣服了。那细小的蜡烛为他们照亮了黑暗的道路；那是他们最后的时光。我想，牧师也不会期望我把他们放进棺材。我很高兴，我的心也一样特别愉悦。

【卢克丽霞身体虚弱，神情消沉，碧翠斯搀扶着她

碧翠斯　哦，不！这不是真的！亲爱的女士，请抬头祷告吧。这要是真的，上帝就在天堂，他不会夸耀这样一种恩惠。邪恶的人类啊，你知道那是一个错误。

钦契　唉！正如上帝的命令一般，我在这里呼唤着！去见证我所说的严肃的事实和那辉煌的天意。那甚至出现在他们死亡里的天意。洛克，正跪在群众的面前，和其他十六个人一起。当教堂倒塌，便会把他压成木乃伊，而其余的人却毫发无损地逃离了。克里斯多，因犯了错误而被一个嫉妒心强的男人刺死。当她与所爱的敌人同床共枕时，所有的一切都发生在同一个时刻同一个夜晚。这是天堂赐予我的特别的关照。我为我爱的朋友们祈求，正如他们所期望的一样。那一天，一场盛事眷顾了他们。那是十二月的第二十七个日子：如果你们怀疑我的誓言，就去读读那些书信吧。

【集会者们开始有了怀疑，几个客人站了起来

客人1　啊，太恐怖了，我要离开，我不要再待在这里了！——

客人2　还有我——

客人3　别走！等等。我相信那只是一些笑话。他是嘲笑我们太严肃了。我想他的儿子一定跟公主结了婚，或者是在多拉多发现了一大笔金子。刚刚说的只是玩笑话。留下吧，留下！我从他的笑容中看出来了，这只是开玩笑呢。

钦契　（倒满一碗酒，慢慢端起来）噢，你！明净的酒里印着紫色的树叶，金色的碗里冒着欢乐的气泡。在台灯下，就像我的精神所做，聆听着被诅咒的我的儿子们的死亡的气息。我能相信你是他们混合着的血液吗？我能像享受圣餐一样品尝一下吗？我许诺他们，那地狱里强有力的恶魔，如果是一个父亲的咒骂，正如人们所说的那样，用飞翔的翅膀跟着他们孩子的灵魂攀爬，把他们从天堂的王座里拉下来。现在胜利是属于我的，而你们就是多余的。我已经深深沉浸在那份喜悦

里，今晚我也不会再品尝别人的酒。这里，安德烈，把这碗酒传下去。

一个客人　（站起身）你这个卑鄙的人！不会有任何人站在这个高贵的队伍里，去接受你这个被抛弃了的恶棍。

卡米罗　看在上帝的分儿上，让我遣散这些客人吧！你是一个疯子。疾病将会降临。

客人2　抓住他，让他闭嘴！

客人1　我来！

客人3　还有我。

钦契　（向那些站起来的人做了一个威胁的姿势）谁敢动，谁再说！（指向人群）安静了吧。你们随意吧——不过当心了！因为我要报仇。我的仇恨就如国王密封的任务一样。那场杀戮，没有人敢指出凶手是谁。

【宴会的宁静被打破了，几个客人开始离开了

碧翠斯　我恳求你们了，不要走，我尊贵的客人！是什么让暴政和不虔诚的仇恨有祖先灰白头发的庇佑？是什么让他把我们拥进了臂弯？谁来折磨他们，战胜他们？为什么我们这些孤苦无依的人，和那逝去的人都是他的血肉？他的妻儿难道不该得到他的爱与庇护吗？除了他，难道在广阔的世界，我们就找不到庇护所了吗？哦，想想是什么大错，已模糊不清了。初恋，对一个孩子弱小的心灵而言，本该是多么值得敬畏的事。但现在却充满了耻辱与恐惧。哦，想想吧。我已经忍受了太多，亲吻那只神圣的手。它把我们压入地下，以为它的抚摸是父亲的惩罚。以前怀疑是自己找了太多借口；当不再怀疑时，想通过耐心、爱和眼泪来感化他；但现在再也不能了。我曾彻夜无眠，跪倒在地上，抬头仰望上帝，万物之主，热忱地祷告：这些他都没有听到，于是我仍无悔地忍受着——直到我在这儿遇到你们，王子与亲人啊，在这可怕的宴会上，听到自己弟兄的死亡。我们剩下的两个——他的妻

子和我，不管你们救不救我们，我们很快就又要享受这样的欢乐了——父亲会迁移他儿子的坟墓。哦，科隆纳王子，你是我们最亲的亲人红衣主教，你是教会的管理者。卡米罗，你是首席大法官。把我们带走吧！

钦契　（在碧翠斯演讲的第一部分，他与卡米罗曾有过交谈，他听了总结，现在正准备并把它发扬光大）在他们倾听这个狂野的女孩之前，我希望我的好朋友在这里会想起他们自己的女儿——或者想想她们的声音。

碧翠斯　（没有注意到钦契的话语）没有任何人敢看我吗？没有人回答吗？没有人能压制暴君吗？伟大明智的人，你们的判断去哪儿了？还是我的控诉不当？又或者严谨的法律否决了我的诉讼？哦，上帝！把我和我的兄弟们一起埋葬了吧！让今春的花在我的坟头凋零吧！就随我的父亲为这一切庆祝吧！

卡米罗　年轻温柔的人啊，多么苦涩的愿望。我们真的无能为力了吗？

伯纳多　我看是的。钦契是一个危险的敌人，无人能出其右。

红衣主教　我也同意。

钦契　回房间去，你这粗野的女子！

碧翠斯　是你该回去，你这不虔诚的人！啊，是你该藏起来，这样就没有眼睛会再看你了。要是你有荣辱和虔诚之心，又怎会如此折磨人？父亲，你不要梦想着你可以压制住你的同伴，罪恶就是罪恶。

——不要对我皱眉头。赶快，藏起来吧，免得暴露了仇恨的目光。我兄弟们的灵魂将会把你从座位上找出来！在这些鲜活的目光面前遮住你的脸吧。当你听到人的脚步声时，就开始吧，去寻找阴暗、冷清的角落。在愤怒的上帝面前弯下你那白发苍苍的头吧，我们将会跪倒在地，虔诚祈祷，求他怜悯我们，还有你。

钦契　我的朋友，我真心为这个疯女孩哀悼。她已破坏了宴会的欢乐。晚安。再见。我不会让你再做我们无聊的民主争斗的旁观者。再一次——（除了钦契和碧翠斯所有人退场）我的脑子嗡嗡直响，给我一杯酒！（对碧翠斯）你这披着人皮的毒蛇！你就是一个畜生！美丽却可怕！我知道有一种魔力能使你温顺驯服。现在给我从眼前消失！（碧翠斯退场）来，安德烈。给我把这杯子斟满希腊酒，我说我今晚不会喝酒，但我必须喝。因为，很奇怪，一想到我将要颁布的命令，我就感到毫无精神。（喝酒）你的决议还太年轻。我的血管里，才有男子汉的气概，那是多年来的坚定、冷峻以及精妙的坏。你好像真是我孩子的血液，使我饥渴难耐。这魔力当真有效。我一定要这么做；必须这么做，我发誓。（下）

第二幕

场景一———钦契宫殿的一间公寓。

【卢克丽霞和伯纳多上

卢克丽霞　不要哭泣，我的孩子。他一直打击我，但我都忍受住了这多么的不公正。真的，如果他要杀我，他还做了一件善事。哦，万能的主啊！你在看我们吗？除了你，我们已没有别的朋友。别再哭泣了，我爱你就如同爱我自己一样，虽然我不是你的亲生母亲。

伯纳多　哦，你爱我，比任何一个母亲爱她的孩子都更多，更多。他不是我的父亲，你认为我不该哭泣吗？

卢克丽霞　哎！可怜的孩子，你能做什么呢？

【碧翠斯入场

碧翠斯　（匆忙地说）他经过这里了吗？弟弟，你看到他了吗？啊！不，楼梯上有他的脚步声。现在，越来越近了，他的手挨着门了。母亲，要是你认为我一直是个温顺的孩子，现在请你救救我！亲爱的上帝啊，谁能想到我竟会有这样的父亲呢。你真的要抛弃我吗？他来了，门开了，我看到他的脸了。他对别人皱眉，对我却满脸笑意，即使是昨晚的晚宴后也如此。（一仆人入场）万能的主啊！你是多么的仁慈！（奥尔西尼的仆人）——有什么事吗？

仆人　主人吩咐我说，圣父已经送回了你的诉状，没有打开过。（递过一封信）他说他想再见你一面。

卢克丽霞　（站在玛丽大道上）女儿，这样看来，我们最后的希望也没有了。哦，我该怎么办。你看上去好苍白，你在发抖，你僵硬地站着，你在想可怕的事情。也许有人会认为你很坚强。你的双眼寒气逼人。哦，我亲爱的孩子！你不会精神失常吧！如果不是这样，请跟我说说话。（仆人下）

碧翠斯　你看，我哪有什么精神失常。我跟你说说话。

卢克丽霞　你说你父亲在可怕的宴会后做了什么？难道比他笑和哭还可怕？我的孩子已经死了。每个人看着他邻居的脸时，都在想，别人是否和他一样苍白。他说第一个字的时候，我就感到血液直冲心脏，一下子就恍惚了。然后，我无力地坐下，疯狂不已。当你独自一人站在那里，用强烈的言辞证明他那不自然的骄傲时，我知道他体内的恶魔被抑制住了。直到现在你才站在我们中间，直面你父亲喜怒无常的脾气。你坚定的思想，就像一个屏障，是我们唯一的避难所。是什么征服了它？现在是什么使你感到忧郁，变得不同寻常的害怕？

碧翠斯　这就是你说的吗？我刚在想——最好别挣扎了。像我父亲那样的男人，黑暗而血腥。噢，永远别那样！在情况变得更糟之前——应该明智地死去，反正最后也是以那种方式结束的。

卢克丽霞　哦！亲爱的，别那样说。快告诉我你父亲到底对你做了什么，说了什么？在讨厌的宴会之后，他不该在你房间里多待一会儿——告诉我。

伯纳多　姐姐，姐姐，求你了，告诉我们吧！

碧翠斯　（故作镇定，说得很慢）只有一个词，妈妈，很短的一个词；一个眼神，一个笑容。（大笑）哦！他把我踩在脚下，让鲜血从我苍白的面颊流下。他给我们水沟里的水喝，发烧生病了的牛肉给我们吃，不管我们吃或不吃。而我们不得不吃。——他叫我看我亲爱的伯纳多，看锈迹斑斑的沉重的铁链腐蚀了他健壮的四肢。我从未离开过——但是现在，我能说什么？（恢复了平静）啊！不，什么都没变。我们曾遭受过的那些苦难让我变得疯狂。他还像过去那样打我骂我；他说过的、看过的、做过的——没什么超出过他的意愿，然而这弄得我很乱。哎！我忘记了我的责任。我应当控制住自己的情绪，不该影响你。

卢克丽霞　不，碧翠斯！勇敢一点，我的乖女孩。如果有谁要消失，那也是我。我曾经爱过他，而现在又必须和他生活在一起。直到上帝原谅他或我。而你，应该像你妹妹那样，找个丈夫，充满微笑。几年后，在一片欢声笑语中，让一群孩子围绕在你的膝旁。而我，我会死去。这可怕的一切，当我记起来时，就仅仅是一个梦。

碧翠斯　亲爱的女士，别跟我谈论丈夫。当我母亲病逝的时候，难道不是你照顾我的吗？难道不是你保护我和那个亲爱的男孩的吗？当我们还是婴孩时，除了你，难道还有其他朋友用温柔的话语，柔情的笑容赢得了我们的父亲的心，而让他不至于把我们杀死吗？而现在我怎能抛弃你？我母亲死去以后，是你，用甚于母爱的爱填满了我的心，要是我遗弃了你，她的鬼魂也该反对我吧。

伯纳多　我和姐姐的心思是一样的。要是教皇可以还我无忧无虑的自由的生活，我也不会让你处于这种悲惨的境遇中。我也该像同龄的孩子那样，可以运动，吃美味的食物，呼吸新鲜的空气。可是，哦，妈妈，我从未想过会离开你！

卢克丽霞　我亲爱的，亲爱的孩子们！

【钦契突然进入

钦契　什么，碧翠斯在这儿！过来！（她往回退，用手遮着脸）把手拿开，不许遮着你的脸。抬起头来！怎么，昨天晚上你不是那么无惧、那么傲慢地看着我吗？现在干吗又低下了你那严厉而质询的额头。我那时努力压制着想对你说的话——却还是没压制住。

碧翠斯　（疯狂而蹒跚地朝门走去）哦！要是有个地洞多好啊！哦，上帝啊，让我钻进去吧！

钦契　那时是我，唇间吐着含混不清的话语；跌跌撞撞地想从你面前逃离，就像你现在想逃离开我一样。站在那儿别动，我命令你——从现在开始，我再也不许你有那无惧的眼神、高扬的额头、不变的表情还有温柔却轻蔑的嘴唇。我要你面对最卑劣的人——不许作声，尤其是我。现在给我滚回你的房间去！还有你，看到你就想起你那该死的、让人讨厌的母亲，（对伯纳多）你那白皙的、温顺的脸，让人见着就讨厌！

【碧翠斯和伯纳多退场

（独白）过去我们经历的太多事都让我变得勇敢，让她变得恐惧，而这些事都是必然的——这真是个可怕的事实。让我现在想起了这样的忧伤：人们颤抖地坐在露水堆积的田埂上，试着把脚放在小溪中冷下来；又一次……亢奋的精神是多么渴望愉悦啊！

卢克丽霞　（胆怯地向他走过去）哦！丈夫！请你原谅可怜的碧翠斯吧。她并没有什么恶意。

钦契　那你有吗？那小鬼不是你从背诵字母开始教的吗？还有贾科莫。他们可是最不孝的两个兔崽子，居然敢煽动我和教皇之间的矛盾？是谁在一夜之间斩断了上帝赐予的仁慈：是你口中那无辜的兔崽子！他们没有恶意。那你就不会在这儿和他们合谋了。你怎么没考虑过我可能被当成疯子囚禁起来，或者因为一些罪被处死了呢？你是不是还要做证人啊？——这不成功，要不要干脆雇个刺客，或在我晚上喝的饮料里下剧毒？或者在我喝醉的时候把我捂死？然后说是上帝，是他判决了我，而你是他在天国指定的法令行刑者？哦，不！你没说过这些？

卢克丽霞　上帝帮帮我吧，我从没想过你说的这些！

钦契　如果你再说那缺德的谎言，我就杀了你。怎么，碧翠斯昨晚破坏晚宴不是你的建议？你不要指望召集敌人来反对我，或逃跑，我鄙视你。你的勇气到哪儿去了？现在发什么抖？你不是说人应该更勇敢，不要怕站在他们的坟墓和我之间吗？

卢克丽霞　我没你想的那么害怕！通过我的救助？我可不知道碧翠斯设计了什么；我也不认为她会设计什么。她是听到你谈论她兄弟的死。

钦契　亵渎圣灵的骗子！你就该为这件事而死！不过我会带你到那儿，你好说服你脚下踩着的石头让它载着你去：因为只有惧怕一切的人才能到达那儿——不要质疑我的命令。下周三我就出发：你知道那野蛮的石头，彼得雷拉城堡：它有坚固的围墙，有护城河环绕；它有地下城，有厚厚的瞭望塔。它从不会说谎；尽管他们听到过，也看到过怎么能让哑巴都开口。

——你还愣着干吗？赶快为旅行做准备吧！（卢克丽霞下）看呀，太阳照耀着万物；听呀，街上忙碌的人的声音。我透过窗玻璃看见明朗的天空。这是绚丽、宽广、平等的一天；喧哗、光芒、疑惑，充满了耳目。每一个拐角、隐蔽处以及洞穴都穿过了睥睨一世的光芒。来吧黑暗！然而，这是什么日子？为什么我期待黑暗？谁做一件好事，可以混淆这日日夜夜？好教她在迷雾中摸索恐惧：如果天堂有太阳，她将不会畏惧，而直视它的光芒，但也不会感受它的温暖。让她继续期待夜晚吧。这样的反应在我看来将是与众不同的。于我：我能忍受比地球阴影更阴暗的部分，或是不见月亮的天空，或是被最阴暗的云彩遮挡而冷却了的星座，或是更极端黑暗的阴暗。因为在这里，我安全地、不被注视地朝着我的目标前进——将它结束！（下）

场景二——梵蒂冈的议事厅。

【卡米罗和贾科莫交谈着走进来

卡米罗　这是一部过时且值得质疑的法律。这样你才只能刚好够买到像衣服和食物这样的生活物品。

贾科莫　没有任何多的了？唉。必须直接提供严格的法律，针对长年缓慢增长的微薄工资。为什么我的父亲不让我在机修行业做学徒？这样我就没有被培养成出身名门的必要。这样我可能不会有每日的苦工。一个富有的贵族的长子是一个无行为能力的继承人。他有很多的想法，却只有很少的权利。如果你，红衣主教卡米罗，现在立刻把你现有的三倍于他人的床上用品、美味的食物、一百个仆人、六座宫殿削减掉，只留下生活必需品，怎么样？

卡米罗　不行，我知道你的情愿有你的理由；但这太难了。

贾科莫　这对一个坚强的男人都难以忍受：我有一个可爱的妻子，是一位出生高贵的女士。她的嫁妆都在紧急时刻被我借给我的父亲了，没有任何的契约和见证人。我的孩子们继承了她的优良品德。他们是在这个呼吸的世界里最美好的生物。她和他们没有责备我，主教，你认为教皇不会干预凌驾于法律之上吗？

卡米罗　虽然你的特殊情况艰难，但我认为教皇不会转移法律的方针。在那个不够虔诚的宴会后，我向他提过，并且和他争论让他之后查你父亲冷酷的手段。他皱眉道："孩子是叛逆的，他们总是刺痛他们父亲的心以至于疯狂和绝望，在回报的年岁里傲慢以对。我从心底里同情钦契伯爵，他愤慨的爱或许激起了恨，因此他病情恶化。在父辈与子辈的巨大战争中，我，这个白发苍苍、步履蹒跚、已是风烛残年的人，将仍然保持至少清白的中立。"（奥西诺上）你，我的主人，奥西诺，听听这些话吧。

奥西诺　什么话？

贾科莫　唉，不要再重复了！这对我没有任何用，至少没有在我可以自我实现之外的。我是已经走到这危险的边缘了——但是，我那无辜的妹妹和我唯一的弟弟在我父亲的监视下正在走向死亡。记忆里的这片土地已被人拷打虐待够了，格雷·康迪、博尔贾、埃泽里诺还没有遭受过这些持续的、最卑劣的欺凌：他们也得不到保护吗？

卡米罗　怎么会呢？如果他们上诉给教皇，我想他不会拒绝的——还会控制这种危险的例子，削弱父亲的权力，这也是他自己的影子。请你见谅，我还有点儿要紧事要处理。（卡米罗离场）

贾科莫　但是，你，奥西诺，有请愿书，为什么不呈交？

奥西诺　我交了啊，但没有得到回应就被打回来，还粉碎了我认真的祈祷，还伤害了我迫切的利益。这在我的意料之中，但是，这件事中奇怪和恶劣的行为——事实上，很可能让人们对他们的信仰产生怀疑——通过这种形式控告表达对教皇的不满。所以，我想知道卡米罗的说法。

贾科莫　朋友，在宫殿行走的魔鬼是戈尔德，他对上帝祈祷：我们被留在这儿，如蝎子被火包围。我们应该做些什么，斗争至死？他以上帝之名，对我们进行残忍的迫害查验原文。否则我会——（突然噤口）

奥西诺　什么？不要怕说出你的想法。说不出口的话，就像那些被掩藏的龌龊事一样不会圣洁；一个牧师，背叛了对神的誓言；一个法官，利用职权让真理哭泣；一个朋友编造理由，像我现在做的，但由于一些自私诡计的伪装，使上帝看起来像一个暴君——这是亵渎他的圣名。

贾科莫　不要问我在想什么；不情愿的大脑往往假装，这跟平常不一样；我们相信想象与幻想，因为舌头本身不会形成语言——它不会表达，心灵深处的恐惧使他们弱小。我的心阻止自己去想你想要的回答。

奥西诺　但朋友的胸怀像是内心深处的洞穴，在那儿可以阻隔外界的探寻与一切联系。你觉得我在想什么？

贾科莫　饶了我吧！我迷失在了午夜的森林，站在空旷的路上，不敢问路过的无辜的乘客，恐怕他，我是想，可能是——一个凶手。我知道你是我的朋友，而我能问心无愧地说：我信任你。但现在我的心是沉重的，也体会到了今晚你的关心。请原谅我，我得说再见了——再见！我会解决自己的怀疑，我心平气和地对你保证。

奥西诺　再见了！——希望你的决定是果断的、正确的。（贾科莫下）我已经打发走了红衣主教卡米罗，用冷静的鼓励满足了他的想法。这和我天衣无缝的设计十分吻合。对这个家庭的问题也如出一辙，分析他们自己和他人的想法。这样的自我剖析会向他自己的意志传递危险的信号，它诱发出潜在黑暗的一面，为了达到目的，不择手段。所以钦契掉进了陷阱；即使我，自从碧翠斯指出了我的为人，让我不能畏缩，不能逃避，并且要面对我可怜的自尊，那个在我内心妥协的自尊。以后我少做坏事，希望这样可以弥补良心的谴责。（顿了顿）钦契该被杀死吗？如果该，非得由我做吗？如果是我，我又该怎么做，才能既从中得到好处，而又能逃避罪责呢？全是些俗物。我害怕行动快于言语的人，钦契就是这样的人。只要他活着，要是一个牧师能娶到他女儿，她的嫁妆就是一个秘密的坟墓。

——哦，可爱的碧翠斯！可惜我不爱你；或者即使我爱你，但却不能轻视黄金和危险，以及在我的愿望和结果中的皱眉，或者微笑着超于一切！逃不掉的……她明亮的形态跪在我身旁的祭坛。跟随我来到了男人的度假胜地并与喧嚣的梦想填满了我的睡眠。所以，当我醒来时，我的血压火热；如果我拍打我湿润而眩晕的头，我的手掌将会烧焦她特有的名字。但被陌生人谈及将使我内心患病和喘息，因而一无所获。我握紧没感到乐趣的幻影，知道拥有一半微弱的想象，让自创的幻想变得阴暗。然而，我不再用很多的时间来护理从贾科莫希望瓦解的那段狂热的生活。我必须制定出我们自己的亲爱的目的。正如灯塔一样，我知道了事情的结局。她的父亲会死，而我成了她的哥哥。依据那黑暗的秘密，比坟墓更确定，按照她所希望实现的恐惧的方式，她的母亲变得非常恐惧并无法劝解。而她，再次让我微弱的心鼓起勇气。一个与你一样没有朋友的少女敢做什么？我有这样的先见之明，保证成功。一些没见过神的人这样做，当临近可怕的事情时，激起人们脑中邪恶的念头。他最成功的不是谁成为邪恶的工具，而是谁能奉献黑暗精神，成为他内心其他的帝国和猎物，直到成为他的奴隶……正如我将做的。（下）

第三幕

场景一——钦契宫殿的一间公寓。

【卢克丽霞在房间，碧翠斯向她走来

碧翠斯　（蹒跚地走进房间，语无伦次地絮叨着）拿给我，手帕！——我的头受伤了，我的眼里全是血，快帮我擦干……我看到的都是模模糊糊的……

卢克丽霞　我可爱的孩子，你没有受伤，那只是寒冷的露水，从你亲爱的眉毛上掉下来了……唉！唉！发生什么事了？

碧翠斯　这头发是怎样解开的？肯定是那散漫的珠串让我如此盲目，我很快地把它绑起来了。哦！太可怕了！我的双脚沉重，墙壁在旋转！我看到一个女人哭泣，平静地，一动不动地站着，我的世界让人眩晕，我的天空沾满了鲜血，连地板上的阳光都是黑色的！空气变成蒸汽，犹如呼吸被扼住！啊！我哽咽了！犹如藤蔓将我紧紧缠绕，黑色的、污浊的空气围绕着我重重地压着我，我无法将它从我身边拨弄开，它黏在我的手指和我的肢体之间，而且啃噬着我的筋骨，溶解我的肉并再将其污染，隐约地感觉到我的血肉被荼毒，纯洁的，内心深处的精神的生活！我的天啊！我从来不知道的疯狂的感觉；（更激动地）不，我死定了！这些腐烂的肢体将要逃脱的灵魂紧紧地锁住连空气都偏离正轨！（顿了顿）我现在还有什么可怕的想法呢？那已经过去了，它的负担却仍重重地压在眼前，压在疲惫的心上。哦，世界！哦，生活！哦，日子！哦，痛苦！

卢克丽霞　你怎么了？我可怜的孩子？（她没有回答）她的精神体会到了痛觉，但那不是原因；痛苦已经枯竭了。它源于……

碧翠斯　（激动地）就像叛逆，痛苦已经杀死了它的父亲；但它的父亲从不像我的父亲……哦，上帝！我是什么？

卢克丽霞　我最亲爱的孩子，你父亲到底做了什么？

碧翠斯　（怀疑地）你是谁？质问者吗？我没有父亲。（旁白）她是精神病院的护士，想护送我。真是个简陋的办公室。（对卢克丽霞，轻柔地、缓慢地）你知道吗？我以为我就是人们所说的那个可怜的碧翠斯。她的父亲时常揪着她的头发，把她从这个大厅拖到那个大厅。当着大家的面，把她丢进潮湿的小屋，赤裸裸地锁在里面。那儿有长鳞的爬行动物，饿死在了里面。她被一直关着，直到她肯吃奇怪的鲜肉。这不幸的故事一直在我病态的梦里上演。是我想象的……不，不是的！疯狂的世界里发生着可怕的事，奇怪的混合、好坏的交错。想象着更糟的事，却找不到可以承受的心。只想象这些事万不要真的发生。就像……（暂停，突然想起了自己）你是谁？向我发誓，不要死，不要带着可怕的期望死去。真的，你看起来并不像你……母亲！

卢克丽霞　哦！我可爱的孩子，我了解你。

碧翠斯　别这样说。因为这要是真的，其他的也是真的了。这是一个经久不变的事实。联系到生活的每一个持续的状况下，永不会改变，永不会过去。为什么就这样了。这就是钦契的宫殿。你是卢克丽霞，我是碧翠斯。我刚才讲了一些无礼的话，但以后不会再说了。母亲，来我的身边，从这刻开始。

卢克丽霞　唉！你到底遭遇了什么事，我的孩子？你父亲做了什么？

碧翠斯　我做了什么？我不是无辜的吗？这是我的罪，那个长着白发和专横眉头的人折磨我，我都忘了多少年了。他也敢说自己是父亲吗？而我的父亲应该是——哦，我是什么？叫什么名字，在什么地方，记忆中都有什么？什么样的回忆竟活得长过了绝望？

卢克丽霞　孩子，他的确是一个野蛮的暴君。我们知道，死亡本身可以让我们自由，他死或者我们死。但他还能做更致命的暴行或更糟的伤害吗？你不像你自己了，你的眼睛里闪着迷茫和奇怪的光芒。跟我说话，别把那苍白的手互相交缠了。

碧翠斯　这不安的生活，折磨着我。如果我试着说话，我会发疯的。唉，得做些什么事儿了；做什么呢？我也不知道。做些能让我受过的苦难变成掩藏在可怕的复仇的闪电下的阴影：短暂、快速、不可抗拒而又极具破坏。这事的结果是不可治愈的，只可以忍耐和完成。当我知道以后，我就会平静了，就没有任何事情会更打动我了。但是现在！——看哪，血，是我父亲的血，穿过那些受到污染的静脉，喷涌在这污浊的大地上，用我受过的苦洗去罪恶与处罚……哦，不能！巨大的怀疑上还有个上帝，他目睹并容忍了这些罪恶，还有死亡。那样信仰再也不会使我模糊地痛苦了。

卢克丽霞　看来确实有些苦涩的错误；不过，我不敢猜。哦，我迷路的孩子，不要因为我害怕而把你的苦难隐藏在骄傲而无法穿透的悲伤中。

碧翠斯　我没有隐藏他们。你想要我说什么？我，脑海里什么都想不起，想不起是什么改变了我。我的思想就像被遮盖和折叠了的幽灵，藏在了它自己无形的恐惧之中。简而言之，他让我和他进行了人类的交合。这是你愿意听到的吗？因为我找不到人诉说我的苦难。如果任何人知道了这事儿而承受不住，那么她死，我也会死；她离开，我也会，必须离开，静悄悄地离开。死亡！死亡！我们的法律和宗教这么称呼你，是一种惩罚，也是一种奖励……这是我应得的吗？

卢克丽霞　无邪即会宁静。只有到了你的日子，你才会被征召到天堂。不管你曾遭受过什么，你并未作恶。死亡是对罪行的惩罚，若是奖励，就是通向不朽的路途中，上帝铺设的必须踩过的荆棘。

碧翠斯　啊，死亡……是对罪行的处罚。我求你了，上帝，让我在接受审判时不要困惑。如果我一定要一天天活下去，保持住这躯体和这毫无意义的精神寺庙。当你憎恨一个犯罪窝，而他们又嘲笑你不能雪耻时……真的不能！自杀……不，那样是逃不掉的，因为你的法令让我们在自己的意志与地狱间徘徊——哦！尘世间呀，没有辩护、没有法律能宣判和执行这命运——我遭受的命运。（奥西诺上）（她郑重地面向他）欢迎你，朋友！我得告诉你，上次一别后，我经历了一场巨大而奇怪的错误。生死都无法让我平静。别问我是什么，因为这行为实在无形，而痛苦无舌，不能辩说。

奥西诺　是谁伤害了你？

碧翠斯　那个他们称之为我父亲的人：多么可怕的名字。

奥西诺　不会的……

碧翠斯　会与不会，都别去想了。事实是会的，而且一直都会。只告诉我怎么才能让它别再发生。我想过死，但对宗教的敬畏阻止了我；而我恐怕死亡本身也不能隔断那没有得到救赎的意识。哦，说吧！

奥西诺　控告他的所作所为，让法律来帮你复仇。

碧翠斯　哦！冷酷的律师！如果我能找到一个众人皆知的词来命名那毁灭我的人的罪行和他犯下的事情，我的舌头应该像刀子一样撕下那使我心核溃烂的秘密。唉，把所有真相都显示出来吧。这样，我那未被玷污的名声应该就会被最恶毒的闲言碎语编织成一个经久不衰的八卦故事，被嘲笑、被谈论、骇人听闻。若是这么做，当然这是永远不可能发生的，只需想想那罪犯的黄金、他那令人惧怕的憎恨、原告陈词中奇怪的恐惧、莫名其妙的信仰、激烈的言辞、寥若晨星的窃窃私语，难以想象，都被包裹在了丑陋的审判庭……哦，定会是这样的！

奥西诺　那你就这么忍受着吗？

碧翠斯　忍受？——奥西诺，看来你的建议真是没什么用处啊！（面向他，一半像自言自语）

是啊，所有这些都得迅速解决和完成。这都是些什么思想，像是无法区分的迷雾，上升着，像阴影接着阴影，互相笼罩着更暗了。

奥西诺　犯罪的人应该活吗？该赦免他曾犯下的暴行吗？或者该制造、利用他的罪行。不管是什么，毫无疑问，肯定可怕极了。按照你说的，难道你要到完全迷失，甚至与那行径一个调调？

碧翠斯　（对自己）伟大的死亡啊！你有两个面孔吗？只有判决！正义的仲裁者！（退下，若有所思）

卢克丽霞　要是上帝审判的雷电一直不能降临，为你报仇……

奥西诺　不要亵渎神！高尚的普罗维登斯承诺过，在这个地球上，它的荣耀和自己的错在人们的手中，如果他们不去惩罚犯罪……

卢克丽霞　但如果有一个，像这样的可怜虫，用金钱、观念、法律或者权力来戏谑他呢？如果没有提出上诉，没有使罪犯战栗呢？如果由于我们的错误，他们变成不自然、奇怪、可怕、超越了所有信仰呢？哦，上帝！如果是这些原因，我们就该使审判更加灵活而确信以获得成功。而不是我们这些受害者承受更糟的惩罚，那时该给施暴者的。

奥西诺　别总想着纠错的方法里有错误，不然我们就不敢大胆地运用了。

卢克丽霞　怎么能不呢？如果有能使一些都更加确定的办法，我虽然不知道是什么……但我想应该是有好处的……

奥西诺　会有什么好处，他刚对碧翠斯犯下的暴行难道有好处吗？我只是隐隐地猜到，肯定让她懊悔又耻辱。所以她就只有一个任务了，就是怎么去复仇；而你，逃避了罪恶，罪恶不还是一直在吗？我呢，只是一个建议者……

卢克丽霞　因为我们不能寄希望于援助或惩罚，因此就产生了意志，意志是不需要援助而人人都可以或多或少获得的。（碧翠斯向前）

奥西诺　那么……

碧翠斯　安静，奥西诺。还有你，我尊敬的女士。当我说话时，我希望你卸去那过度的装饰：自制、尊敬、懊悔及恐惧。这些都是适用于日常生活的种种规范，是我们自小忍耐惯了的，但现在只会是对我圣神祈祷的嘲笑。正如我先前说的那样，我已经犯了一个错误，虽然现在它已经麻木了，但却要求救赎。过去了的、残留在我心中的，日复一日，载满了罪孽拷问着我不堪重负的灵魂，而且……根本不能逃脱。我向上帝祈祷过，和我自己的内心交谈过，想解开我被缠绕不清的心绪，我花了那么长的时间想弄清什么是对，什么是错。奥西诺，你不是我的朋友吗？告诉我，什么是对，什么是错？在说之前，请发誓。

奥西诺　我发誓奉献我的计谋、我的力量、我的沉默、我的一切。服从你的命令。

卢克丽霞　你觉得我们有权利决定他的生死吗？

碧翠斯　我们必须执行。出其不意。我们必须迅速而大胆。

奥西诺　而且要十分谨慎。

卢克丽霞　因为妒忌的法律会用死亡和耻辱惩罚我们。因此那本是他们的职责。

碧翠斯　是要尽量小心，但是，奥西诺，立刻是什么意思？

奥西诺　我认识两个思维迟钝、手段残忍的亡命徒。他们视人类的精神如虫蚁，他们可以毫不犹豫地结果任何人的性命，包括最卑贱的和最高贵的。这种想法在罗马是有市场的。我们可以买到我们想要的东西。

卢克丽霞　明天天亮前，钦契就会把我们带到那个孤独的岩石岛，彼得雷拉，在普利亚大区的亚平宁山脉。如果他到了那里……

碧翠斯　他一定到不了的。

奥西诺　你们到之前，会不会就天黑了？

卢克丽霞　太阳应该还没落山。

碧翠斯　不过，我记得在城堡两英里外的一侧，途中要经过一个很深的峡谷，路面十分颠簸，而且道路又窄。悬崖上挂满了藤蔓，打着小卷。在深处，有一块巨石，年代已经难以想象地久远了，一直在峭壁上危悬着，似乎十分痛苦，因为黏合处已经有慢慢向下滑动的痕迹。恰似一个可悲的灵魂，一小时又一小时地攀附着生活；不仅攀附，还要倾身倚靠。这么一直倾身倚靠着，使得可怕的深渊看起来愈加黑暗，更害怕跌落：这峭壁之下是无边的绝望。似乎身心疲倦了，这忧郁的山哈欠连连……就在下面，你能听到，但看不到，一个浮躁的、洪流肆虐的洞穴，一座沟通天堑的桥；在那上边长着香柏、紫衫和松树，它们枝干盘错，从一个岩壁伸向另一个岩壁，常春藤的枝蔓缠绕着树冠，一起交错编织成了一个坚固的树荫顶盖。在那儿，正午时分也与午夜无异，日落以后更是伸手不见五指了。

奥西诺　在你抵达那座桥之前，借故离开，比如你的骡马突然狂奔开去，或是落在了后面，直到……

碧翠斯　那边是什么声音？

卢克丽霞　听！不，那不是仆人的脚步声；那一定是钦契，他突然回来了……快编些你们在这儿的理由。

碧翠斯　（边往外走，边对奥西诺说）一定不能让我们听到的这脚步声穿过我们刚刚说的那座桥。

【*卢克丽霞和碧翠斯下*

奥西诺　我该怎么办？钦契一定会在这里找到我的，他一定会用质询的眼神问我到这里来干吗：我就空洞地傻笑好了。（*贾科莫匆匆忙忙地进来*）怎么是你？你怎么冒险到这儿来了？你来的时候看到钦契回来了没？

贾科莫　我来这儿找他；看来现在得等到他回来了。

奥西诺　伟大的上帝啊！你知不知道你这是轻率地将自己置于危险之中？

贾科莫　啊！毁灭我的那人知道他危险吗？我们现在再也不像以前那样，是父与子了，而是男人与男人、压迫者与被压迫者、诽谤者与被诽谤者、敌人与敌人的关系。是他抛弃了天性，那本是他的盾牌。天性也抛弃了他，带给他耻辱。而我摒弃了二者。我要摇动着父亲的喉颈，对他说，我不要黄金、不要幸福的生活、也不要快乐的童年记忆、更不要家庭庇护的爱；尽管这些都是你从我这儿撕扯走的，甚至还有更多。我只要我公正的名声和一处宁静的住所，可以躲避你的恨意，居住在你给我累积的贫困下；或者，我会……上帝能理解和原谅，我为什么要和这个人说话？

奥西诺　冷静，我亲爱的朋友。

贾科莫　好，我马上就冷静地告诉你他做过什么。这个老匹夫弗朗切斯科·钦契，正如你知道的那样，从我这儿借走了我妻子的嫁妆，却拒绝归还；然后就不管了。贫穷之中，我就想在本州开一家小事务所，赚点钱算是补救。他也承诺过，我给我衣衫褴褛的婴儿买了件新衣，我的妻子微笑着的；我的心也以为可以暂时休息下了；突然，我发现钦契的调解却是，用最卑鄙的手段把事务所给了一个坏蛋。我带着坏消息回去，和我妻子一起坐着，含着眼泪互相安慰，告诉自己人生中最悲伤的苦难都是锻造爱与信仰的，这时，他进来了，就像他习惯的那样，训斥我们，诅咒我们：嘲笑我们的贫穷，并告诉我们这是上帝来鞭策不听话的儿子。那时，我本想用羞耻来打住他，我提起了我妻子的嫁妆；但他却杜撰出一个简短的、似是而非的故事，说我秘密地把钱花了；他看我妻子有些动容了，他就笑着接着编。我能看出来他的表情，也感到了我妻子的侮辱与沉默的蔑视。我崇尚真理，因此十分不屑和冷淡，于是我出去了，但很快又回来了。那么短的时间里，我妻子就把她苛刻的想法教给了我的孩子们，他们都哭着说："给我们衣服，父亲！给我们更好的食物！你一夜间挥霍的已经够好几个月了！"我看了看，看着家就像地狱。那样的地狱，我再也不会回去了。直到我的敌人已经赎罪，或者给了我他的生命。所以我会的，会扭转自然法则……

奥西诺　相信我，你追求的赔偿，在这儿是得不到的。

贾科莫　那么……你不是我的朋友吗？你看到了我被逼到了悬崖边上，你是在提醒我另一种选择吗？你是要我们一起在某天逆施吗？那样我的错误就会少点儿了吗？弑父——这个词虽然能解决我的问题，但是像恐惧一般，会一直困扰着我。

奥西诺　那它就是恐惧本身，因为这个词只是赤裸裸的嘲弄。麦克，看那最明智的上帝已经给你指明了出路，如此圣洁：是的，就是你建议的那事，我们必须完成。

贾科莫　是要他死吗？

奥西诺　他的坟墓已经掘好了。知道吗，我们见面之前，钦契对他的女儿施了暴行。

贾科莫　什么暴行？

奥西诺　她没有说，但你该和我一样，能猜出一半。从她那凝滞了的苍白中、虚空下严重扭曲了的眉毛下掩映着的深深的悲伤中，还有她那完全改变了的声音中，既没有温柔，也没了恐惧。还有，当我和她的继母皆因恐惧而迷惑时，都在模糊的猜测中自我误解时，在结结巴巴，谈了真理，谈论复仇时，她打断了我们，用那种表情直接言明了，他必须得死……

贾科莫　够了，我的犹疑已经找到理由离开了。这行动已经有更好的原因了。已经不单单是我了，这里还有一个更神圣的法官，一个更清白的复仇者——碧翠斯。她一直是你最温柔的小妹妹，从没踩死过一只蚂蚁，或糟蹋过一朵鲜花；但你却在用毫无用处的泪水来可怜她！可爱的妹妹，你如此美丽，又如此聪慧，男人们都忍不住想这两者怎么会并存在一个女人身上的？他是蹂躏你了吗？哦，内心呀，我已经不需要更多的理由了！奥西诺，我们是要等到他回来，直接把他刺死在门前吗？

奥西诺　不，不是那样。我们需要制造点意外，现在就让他多活一会儿吧。因为若是那样，你没办法逃走，又找不到掩饰的借口。不，听我说，这些都是人为的；而且必须保证成功。那就是……

【碧翠斯上

碧翠斯　这是我哥哥的声音！你还认识我吗？

贾科莫　妹妹，我迷失的妹妹！

碧翠斯　确实迷失了！我看到你在和奥西诺说话，想你已经猜到了那可怕的不敢让人再说的事情。但那远远低于事实的真相。现在，不要再停留了，他可能会返回来，还会吻我；我只要知道，你那时会同意他的死亡。再见了，再见了！我向上帝祈祷，兄弟之爱、正义、仁慈，让所有能让温柔的心变得最坚硬的东西把你的心变坚硬吧，我的哥哥。不用回答我了……再见。（各自下）

场景二——贾科莫简陋的公寓楼里。

【贾科莫一个人

贾科莫　已经半夜了，奥西诺还没有来。

【打雷了，外面是风暴声

什么！什么永恒的东西能让蠕虫感受到人的感受？那样，长有怜悯羽翼的雷电就不会落在石头和树上了。我的妻儿正在熟睡：也许正做着无关痛痒的梦。但是我必须醒着，还在怀疑这必须所做的事是否正义。哦，这没有填满的灯！你窄窄的火焰在风中摇曳，在风的边缘吞噬黑暗！你这弱小的火焰，就像垂死的脉搏在上下跳跃，在明灭不定地晃动。我是不是没有喂饱你，你是不是很快就灭了，就像从没存在过一般？那就浪费吧，沉陷吧！也许即使是现在，那点燃我生命的，也没有力量继续注续我所需的膏脂，这肉做成的破灯。哈！是血在饲养这些静脉，直到它们全部冷去。陷入黄色与白色死亡的痉挛的是我的躯体；而位列神灵不朽之列的是我的灵魂，它现在正赤裸裸地坐在天堂的审判席上。（钟声响起）一！二！时间缓慢地行走着。等我的头发变成白色，我的儿子也许也会那么等着，在仇恨和徒劳之间被折磨；指责那姗姗来迟的新消息，就像我所期望的这些。我几乎希望他不要死了，尽管我犯的错误是伟大的；然而……是奥西诺的脚步……（奥西诺上）说呀！

奥西诺　我来告诉你他逃脱了。

贾科莫　逃脱了！

奥西诺　在彼得雷拉安全地逃过一劫。他经过那儿的时间比我们预计的早了一小时。

贾科莫　我们是傻子吗？就没有预料到这种意外？我们是不是在行动之前浪费了太多的时间疑虑？狂风大雨本是他的丧钟，却也是天堂在大笑我们的软弱！从今以后，我再也不会迟疑任何做好了的决定了，不然，只会后悔。

奥西诺　看，灯熄灭了。

贾科莫　要是当潮湿的空气吞灭了无辜的火焰，而我们毫无悔恨，我们又为什么要畏惧呢？当钦契的生命灯盏，那邪恶灵魂点亮的生命灯盏目睹了最残忍的行径，是否才该永远下沉呢？

不，我现在已经变坚强了。

奥西诺　如果是正义之举，谁会怕悔恨的苍白入侵？虽然我们的第一个计划失败了，但不要怀疑，我们很快就会送他安息。但先点起灯吧，不要让我们在黑暗里说话。

贾科莫　（点亮灯）但有盏灯，一旦熄灭我再也点不燃了，我父亲的生命。你觉得他的鬼魂会不会去找上帝理论？

奥西诺　现在，你难道不该再想想你妹妹本有的平静；你自己多年来青春与希望的破灭；你妻子奚落的话语；不幸带走的辉煌，带来的无尽嘲讽；还有你的母亲，还有……

贾科莫　哦，不要再说了！我决定了，虽然这手结束的是给予她生命的人的性命。

奥西诺　没必要那么想。听着，你知道奥林皮奥吧，彼得雷拉城的城主。老科隆纳时代，是你父亲让他退位的。还有马尔奇奥，那个绝望的可怜虫，他被剥夺那年应得的许多奖励？

贾科莫　我知道奥林皮奥，他们说他恨老钦契，用他无声的愤怒。他一直活到双唇发白就是为了看他先死。马尔奇奥我就不知道了。

奥西诺　马尔奇奥的仇恨和奥林皮奥不相上下。这些人，我都见过。但请你以你的名义和请求，去和碧翠斯和卢克丽霞谈谈。

贾科莫　只是谈谈吗？

奥西诺　从现在到明天的午夜前，这段时间可能是她们和死亡斗争的时间；在这之前，她们必须有人陪着说话，否则可能会干出什么傻事儿……

贾科莫　听！是什么声音？

奥西诺　是院子里的狗的呻吟声和大梁的裂响声，除此外，没别的了。

贾科莫　是我妻子在睡梦中抱怨。我毫不怀疑，她是在说我的坏话。而睡在她身边的孩子们，正梦着我没给他们粮食吃。

奥西诺　但真正把这从他们身边夺走的是他，是他让他们陷入了饥饿和苦涩。而他自己现在却正被恶趣包围着酣然入睡，得意扬扬地嘲笑你沉醉在这一天成功的幻想中。

贾科莫　如果他将醒来，我就不再相信那雇工的手……

奥西诺　为什么，那并没错。我必须走了；晚安；希望下次我们见面的时候———切都过去了！

贾科莫　一切也都被遗忘了。哦，我永不会被遗忘的！（下）

第四幕

场景——彼得雷拉城堡的一间公寓。

【钦契入场

钦契　她没有来。但尽管我不在，她现在也是被征服了的、微弱的。她知道迟到的后果；但如果威胁是徒劳的呢？我现在不在彼得雷拉城堡的护城河内吗？还是仍害怕罗马人的耳目？我不能拽着她的金色长发？践踏她？让她不能入睡直到大脑不堪重负？用镣铐和饥饿驯服她？少一点也足够了。然而就将我一直追求的事业就这么任由它悬着！不，她的固执本身会同意将其拖拽下来，让她的固执低头的。（卢克丽霞入场）你这可恶的可怜虫！我对你深恶痛绝；想让你走远，走！但你却留下来！让碧翠斯到这儿来。

卢克丽霞　哦，丈夫！我为你做过的猥琐的事情祈祷！一个有你这样罪行的人，穿梭在自己罪恶的危险中，每时每刻都有摔倒的危险，然后你将年老体衰；头发灰白；你将在地狱与死亡中为自己祷告，为自己的女儿感到惋惜；给她一个朋友，让她走入婚姻的殿堂吧；这样她才不致怀恨你，或更糟糕的，如果有更糟糕的什么想法的话。

钦契　什么！就像她姐姐那样，有了自己的房子，有了财产，就可以怀恨我了吗？陌生将毁了她和你，以及残存的一切。我可能就快死了，但她一定早在我前面。去吧，叫她到这里来，在我还没有改变心意前。否则我会扯着她的头发过来。

卢克丽霞　是她叫我来见你的，丈夫。就如你知道的那样，她在你面前摔倒，然后进入恍惚，恍惚间她听到一个声音说："钦契必须死！让他自己认罪！就在现在，控诉天使还正等着听呢。要是让上帝来惩罚他的滔天罪行，他会使这垂死的心变硬！"

钦契　什么——这种事真是……难怪有圣灵泄密。上帝是偏爱我的，不然为什么当我诅咒我的儿子去死时，他们就死了呢？唉……至于……至于谁对谁错这种言论……忏悔……忏悔是件片刻就能轻松完成的工作，那这得仰仗于上帝，而不是我。好了……好了……我大概说漏了最重要的一点，就是要毒害和腐蚀她的灵魂。（顿了顿，卢克丽霞焦虑地向前靠近，等他讲话时，颤抖地退了回来）一、二；啊，我数数……我的诅咒杀死了罗科和克里斯托弗洛；而贾科莫，我想想，会觉得生活是比坟墓更坏的地狱；碧翠斯，大概，如果有能力恨的话，会在绝望中死去，一直咒骂着；伯纳多呢，他那么无辜，我就把这所有事情的记忆遗赠给他，让他的青春成为希望的坟墓，那些邪恶的思想就会像种子一样在荒坟上疯长。等一切完成后，我就把我的白银、黄金、昂贵的长袍、绘画和挂毯，还有记录着我财产的羊皮纸，堆积在辽阔的坎帕尼亚大草原上，点一把快乐的篝火，让我的财产一无所剩，只留下我的名字，脱去了外衣，赤裸裸只有恶行，就那么延续下去。做完那之后，我就把我的灵魂，那个苦难的根源，交付到他人手中，任由他鞭打，承受它或是它们的惩罚。他不会问我，直到鞭子在最后、最深的伤口中坏

了，直到所有的仇恨都还给了它。然而，我只怕死亡在我完成我的目的前到来，让我加快吧，确保……（开始走）

卢克丽霞　（拦住他）哦，别走！我刚才说的是假的：是她看不见了，也听不到声音了。我这么说只是想吓唬你。

钦契　很好啊。敢拿上帝神圣的真理来做邪恶的托词。你灵魂被咒骂的谎言堵住了吧！对碧翠斯来说，更糟糕的恐惧正等着她呢，我要让她屈从我的意志。

卢克丽霞　哦！什么意志？还有什么比她所知的，你已经造成的更残酷？

钦契　安德烈！叫我女儿，如果她不来，告诉她，我就过去。什么痛苦？我会拖着她，一步一步穿过那些犯下了你们闻所未闻的恶行的男人中间。她会站在光天化日之下，无所遁形地接受人们的轻蔑，因为我会告诉他们她在海外犯下的事儿，其中一个会是……什么呢？想猜猜看吗？她将会成为（她最憎那种人，有种魔力让她陷入她讨厌的意志），我要让她自己意识到，她在别人眼中的形象。即使死了，正如她会死，仪容不整，永不被原谅。一个违抗父亲和上帝的人，她的尸体将被抛给猎犬，她的名字将是世上的恐惧；她的灵魂接近上帝的宝座时，也沾满了我的诅咒。我要让她的肉体和灵魂都成为一个被破坏了的、巨大的废块。

【安德烈入场

安德烈　碧翠斯小姐她……

钦契　说呀，你个苍白的奴隶！她说什么？

安德烈　主人，是她看起来的样子；她说："去告诉我的父亲，我看见有一个鸿沟横亘在我们之间，他能跨越，而我不能。"

【安德烈下

钦契　卢克丽霞，你快去，叫她来。但要她明白她的到来是必需的。另外，你告诉她，她若不来，我将会诅咒她。（卢克丽霞下）哈！用什么都不如父亲的诅咒能使上帝恐慌的罢工披上胜利的戎装，让苍白的城市繁荣。世上的父亲必须承认，父亲对孩子的祷告是有效的，即便是人们口中所谓的我。难道在我说话之前，她叛逆的兄弟的死还不能让她敬畏吗？因为我祈祷加快他们灭亡，而灭亡真的就来了。（卢克丽霞上）怎么样？快讲，可怜虫！

卢克丽霞　她说："我不能来，去告诉我父亲我看到他的血汇成一道洪流横亘在我们之间。"

钦契　（跪下）上帝啊！听听我，这聚集了那华而不实的东西在肉身中，是这些东西制造组成了我的女儿：这是我的血，这是我的一部分；或者说，这是我的死穴，我的病，它感染和毒害我，我从地狱，从这个魔鬼那里逃出，是希望被很好地利用，如果她明亮可爱，在这黑暗的世界中闪闪发光；受到雨露的滋养，绽放她的美德，过着平静的生活，我祈求你为我，考虑到这上帝与父亲共同的艺术造就的她：来扭转这一厄运！大地啊，请以上帝的名义，让她的食物变成毒药，直到她被这种污迹包围其中。上苍啊，让雨落在她的头上，像马雷玛的露珠，是灼烧起泡的液体，直到她布满斑点像只癞蛤蟆；烤焦她那能点燃爱意的嘴唇；让那美丽的四肢变形，成为讨厌的残废！当阳光普照，全世界都看见太阳时，你的眼睛却看不见，于是只能用眼瞎了的光嫉妒他们！

卢克丽霞　和平！和平！为你自己的缘故没有说那些可怕的话。圣明的上帝要是同意，也会惩罚这样的祈祷者。

钦契　（跳起来，右手指向天堂的方向）他是在行使自己的意愿，当然也是我的！再者说，要是她有一个孩子……

卢克丽霞　可怕的想法！

钦契　我是说她要是有一个孩子；而你，真是迅速繁殖的大自然！我向你的上帝恳求，她也能像你这么多产，不断生育，满足他的要求。而我深深地诅咒！希望孩子像她一样丑陋，就像在哈哈镜中照出的自己，她就能看到婴儿在吃乳汁的时候，仰头朝她微笑，而那神情是她最厌恶的集合。孩子从婴儿时期开始，一天天成长，变得更加邪恶、畸形。把她母亲的爱变成痛苦。而她和她的孩子就一直活着，直到能偿还她的照料、痛苦还有仇恨，或者是其他什么更不自然的东西。这样，他就能从喧哗的尘世到屈辱的坟墓间，一直缠着她，嚷嚷着嘲笑她。要我撤销诅咒吗？去，让她过来。在我的诅咒被天堂记录下来之前。（卢克丽霞下）

我觉得我不像是人，而更像指派来惩罚的魔王。惩罚尘世间被忘却了的罪行。我的血在血管里上下跳动，可怕的快感使得它刺痛和发麻：我觉得奇怪的敬畏令人眩晕；我的心脏跳动着，带着期望和可怕的欢乐。（卢克丽霞上）什么？快说！

卢克丽霞　她说由你诅咒吧。随你怎么诅咒，也扼杀不了她的灵魂……

钦契　她不会来了。那么好吧，我可以做两件事：第一，按我要求的采取措施，然后强其让步。在我唾弃你之前，滚回你的房间去！今晚当心点儿。别撞上了我。要是碰到老虎和它的猎物，你就危险了。（卢克丽霞下）应该已经太晚了；我的眼睛都困倦和模糊了，可能是不习惯深睡。良心！哦，你这最张狂的谎言！他们说那种休息，是上帝疗伤的甘露，不像止痛药膏，是把大脑折叠起来，是骗子。我先去休息一个小时，要感觉到深沉而安静。然后，哦，众多的地域啊，魔王将带着他们的欢笑撼动你的拱门。而天堂里会传出哀歌，就像在惋惜天使跌落到了人间。所有善良都将堕落和腐朽，而所有邪恶都将以一种不自然的精神搅动和加速……就像现在的我。（下）

场景二——彼得雷拉：城堡前的彼得雷拉。

【碧翠斯和卢克丽霞走上城墙

碧翠斯　他们还没有来。

卢克丽霞　这是个可怕的午夜。

碧翠斯　思想的进程多慢哪！甚至生病都有速度。脚步像灌了铅的时间！

卢克丽霞　时间正在过去……他要是在这之前醒来怎么办？

碧翠斯　哦！妈妈！他不会再醒来的。你之前跟我说的更加坚定了我们的行动是将地狱深处恶魔的灵魂驱除人的肉体。

卢克丽霞　他确实是那么说的，关于死亡和审判的那些奇怪的自信，他可是那样一个恶人。要是相信上帝的，怎么会分不清善恶。然而到死他也没有忏悔！……

碧翠斯　哦！我相信上帝是仁慈的、公正的。不会把我们必要的恐惧都加到他的罪行上。

【奥林皮奥和马尔奇奥从下面进来

卢克丽霞　看，他们来了。

碧翠斯　所有道德的东西都必定加快这些黑暗的结束。我们下去吧。

【卢克丽霞和碧翠斯从上面退场

马尔奇奥　你觉得这工作怎样？就像一个好市场以一千贯买了一个人的生命，你的脸色苍白。

奥林皮奥　这是你自己的，你苍白的脸上反应了一切。

马尔奇奥　那不是应该有的自然色调吗？

奥林皮奥　是我仇恨和延续的欲望，才使得我如此虚弱，那在他们的血液中消失了。

马尔奇奥　那你赞成这事情啰？

奥林皮奥　哎，如果一个人用一千贯贿赂我杀死一个恶人，而恶人伤害过我的孩子，我非常同意。（碧翠斯和卢克丽霞从下面进场）高贵的女士们！

碧翠斯　你们想好了吗？

奥林皮奥　他睡着了吗？

马尔奇奥　都很小声吧？

卢克丽霞　我在他的饮料里放了片鸦片：他睡得很熟。

碧翠斯　他的死将只是他惩罚罪恶梦想的一个改变，他将在地狱里延续。需要上帝来消灭！但难道算不得一种解决吗？你们该知道这是一个神圣而高尚的行动吧？

奥林皮奥　我们决定了。

马尔奇奥　至于如何实施，全看你的。

碧翠斯　好，跟我来！

奥林皮奥　嘘！听！什么声音？

马尔奇奥　哈！有人来了！

碧翠斯　是你们的良心不安、怯懦、摇摆不定，真是孩子的心啊！那只是铁门，打开的，风一吹在摇罢了。风吹起来的呼啸声，还真像嘲笑。来吧，跟我来！像我一样，脚步要轻、快、勇敢。

【各自下

场景三——彼得雷拉城堡一间公寓。

【碧翠斯和卢克丽霞上

卢克丽霞　他们准备现在干。

碧翠斯　不，已经完成了。

卢克丽霞　我没有听到他呻吟。

碧翠斯　他不会呻吟。

卢克丽霞　什么声音？

碧翠斯　快听！是脚踏在他床上的声音。

卢克丽霞　我的天啊！他现在是不是已是一具寒冷僵硬的尸体了……

碧翠斯　哦，别害怕，该做的做完了，但还有没做的呢。我们要清理现场（奥林皮奥和马尔齐奥进来）完成了吗？

马尔奇奥　什么？

奥林皮奥　难道你没有叫？

碧翠斯　什么时候？

奥林皮奥　现在。

碧翠斯　我问，是否一切都结束了？

奥林皮奥　我们不敢杀了一个熟睡的老人，他细长花白的头发、他严厉的神情和虔诚的眉头。他青筋迸发的两手交叉放在他的起伏的胸前，他平躺着，安静而无辜地睡着。杀了我吧。我真的、真的下不了手。

马尔奇奥　我胆子更大些，我责骂了奥林皮奥，命令他带着他的错误到坟墓里去，把这荣耀留给我。现在，我的刀碰到了那松弛褶皱的喉咙，老人在睡眠中翻过身，说："上帝！听，哦，听！父亲的诅咒！什么，你不是我们的父亲吗？"然后，他笑了起来。我知道是我死去的父亲的鬼魂通过他的嘴唇在说话，竟然不能杀了他。

碧翠斯　可悲的奴隶！你们竟不敢杀一个睡熟了的人。事情没有办成，竟敢回到我这里来。都是借口！懦夫！叛徒！为什么？你们为了钱和仇恨出卖的良心都是模棱两可的：他睡着了。你们这什么都干不好的丢脸的男人。这事儿是仁慈的，难道会辱没了天堂……我跟你们废话干吗？（从他们一人手里抢过一把匕首，高举着）你们怎么不大声说，她杀害了自己的父亲，我一定要做到！但别想着你们能活得比他长！

奥林皮奥　停下，看在上帝的面子上！

马尔奇奥　我回去杀了他。

奥林皮奥　给我武器，我们必须按你的意愿去做！

碧翠斯　拿去吧！杀了他！然后回来！（奥林皮奥和马尔奇奥分别退场）你多么的苍白啊！我知道那是死罪，但必须这么做。

卢克丽霞　希望能完成！

碧翠斯　即使疑惑刚刚还在你大脑中穿行，但这个世界已经意识到改变了。黑暗与地狱已经吞噬了他们送出的本打算使甜美生命变黑的蒸汽。我的气息，我感觉到了，变得更轻，凝胶状的血开始在我的血管里自由运行了。听啊！（奥林皮奥和马尔奇奥入场）他……

奥林皮奥　死了！

马尔奇奥　我们勒死了他，所以没有血。然后我们把他沉重的尸体放在了花园的阳台下，让他看起来像摔下去的。

碧翠斯　（给他们一袋硬币）现在，拿着这些金子赶紧回到你的家里。还有马尔奇奥，只有你一个人害怕，那让我颤抖，穿上这个吧！（给他披上了一个昂贵的斗篷）这是我祖父很有钱时穿的斗篷，人们都羡慕他的地位。所以他们可能也会嫉妒你。你是上帝手中的武器，是公正的使用。愿你长命百岁、福寿永康！而且，记住，要是你犯了错，要忏悔，但这个不是。

【号角响了

卢克丽霞　听，是这个城堡的号角。我的天啦！听起来就像最后的胜利！

碧翠斯　那些麻烦的客人要来了。

卢克丽霞　吊桥放下了，有匹马要上法庭了；快跑，藏起来！

【马尔奇奥和奥林皮奥下

碧翠斯　让我们回去装着正在沉睡吧。我现在几乎都不需要装睡了。那统治我四肢的精神似乎突然奇怪地平静了。我甚至可以不用再恐惧而安静地睡去了：厄运，毫无疑问，已然过去。（各自下）

场景四——在城堡另一间公寓。

【教皇使节萨维拉从一侧由仆人领着进入，卢克丽霞和伯纳多从另一侧进入

萨维拉　女士，我神圣的职责让我不得不以此为借口在这个时候不合适地打扰到了您休息。我能跟钦契伯爵说话吗，他还在睡吗？

卢克丽霞　（手足无措）我想他应该在睡觉吧。原谅我，希望没有吵醒他。他脾气不好，十分暴怒。今天晚上一定要把他叫醒吗？以我所知，那将会是十分可怕的。那样做是不好的，确实不好。要不等到天亮吧……（旁白）哦！吓死我了！

萨维拉　我很抱歉给你带来的不便，但是伯爵必须回答关于最严肃的进口管理的问题，马上回答。这是我的职责所在。

卢克丽霞　（更加着慌）我不敢唤醒他：我也不知道谁敢……太冒险了……唤醒一条蟒蛇，或者某个魔鬼附身的尸身也比这安全。

萨维拉　女士，我的时间可是很宝贵的。既然没人敢去叫醒他，那我就必须去把他叫醒了。

卢克丽霞　（旁白）哦！恐怖！哦！真让人绝望！（对伯纳多）伯纳多，带这位尊敬的使节到你父亲房间去吧。

【萨维拉和伯纳多退场

【碧翠斯入场

碧翠斯　是位信使。请来逮捕罪犯吧，他正站在不可上诉的上帝的宝座前。天堂也好，人间也罢，仲裁者们，请同意赦免我们的所作所为。

卢克丽霞　哦，痛苦的恐惧！

他还可能活着吗？即使现在，我还能听到特使的随从们经过时的耳语。他们有他猝死的证据。我们已经准备了确凿的证据，虽然花费巨大。但现在，他们搜索了城楼，发现了尸体。现在他们开始怀疑真相；现在，他们四处探访，马上就要来让我们陈述事实了。哦，太可怕了，一切都被发现了！

碧翠斯　妈妈，我们所做的是明智的而且计划周密。只要你所做的是正义的，你就要大胆。就像一个逃学的孩子害怕别人知道他所做的事，但自己强烈的意识将本应隐瞒的东西都写在了闪烁不定的眼睛和不敢正视而侧转的脸上。要相信自己，别怕其他的证据，该怕你的恐惧。因为在指控中，某些情况确实会引起大家的猜想，但我们应该忽视这种无谓的惊讶，或者用我们无罪的荣耀来压过它，因为杀人犯才不能假装；而且这种情况也不一定发生。这件事已经完成了，而接下来发生的不会关注我。我就如光一样普遍；像包裹着地球的空气一样自由；和地球的中心一样坚定。因此，对我而言，那只不过是风拂过坚固的岩石，虽然拂过，但却不能撼动。

【哭声中夹杂着喧嚣

（画外音）杀人犯！杀人犯！杀人犯！

【伯纳多和萨维拉入场

萨维拉　（对他的随从）去检查一下城堡周围，打开警报，看住大门，不许人逃走！

碧翠斯　现在怎么样了？

伯纳多　我不知道说什么……我父亲死了。

碧翠斯　怎么，死了！他只是睡着了；你错了，哥哥。他每次睡觉的时候都很平静，像死了一样；虽然我也很好奇一个暴君居然可以如此安眠。他没死，对吧？

伯纳多　死了；是被谋杀的。

卢克丽霞　（情绪十分激动）哦，不，不，他可能真死了，但不是被谋杀；只有我有公寓房间的钥匙。

萨维拉　哈！是这样的吗？

碧翠斯　大人，请原谅我们。我们想退下了，我妈妈感觉不是很好，她似乎还无法接受这令人惊异的恐怖事实。

【卢克丽霞和碧翠斯退场

萨维拉　你认为谁会谋杀他？

伯纳多　我不知道。

萨维拉　那你能说说谁可能对他的死感兴趣呢？

伯纳多　哎！我也说不出谁做了，谁没有，谁最像凶手，我的妈妈，我的妹妹，我自己。

萨维拉　这太奇怪了！这里明显有施行过暴力的痕迹。我是在月光下发现这个老人的尸体的，他就挂在他房间窗子下面的松树树枝间。他不可能是失足掉下去的，因为他的四肢都没有挣扎的痕迹。虽然现场也没有血迹……请帮帮我，先生，你们的房间都需要搜查；去告诉女生们，我要求她们到这儿来。

【伯纳多退场

【看守押着马尔奇奥入场

看守　我们这里有一个法官。大人，我们发现了这个暴徒和另一个潜藏在岩石之间的家伙；毫无疑问他们就是杀害钦契伯爵的凶手；每个人都有一袋子金币。这个家伙穿着一个镀金的编织长袍，在月色的照耀下，在黑暗的岩石下闪闪发光，引起了我们的注意，另一个人还在垂死挣扎。

萨维拉　他坦白了什么？

看守　他一路上保持沉默；但在他身上发现的这些线索可以说明一切。

萨维拉　他们的话至少是诚挚的。

【念

"致碧翠斯小姐——出于本性，我不得不回看我的行为，我很快会为此赎罪了。因此，在我哥哥的意愿下，我把那些会比我敢写下来的东西讲得更多、做得更多的东西送还给您……您忠实的奴仆奥西诺。"

【卢克丽霞、碧翠斯和伯纳多入场

你认得这些吗，女士？

碧翠斯　不认识。

萨维拉　你呢？

卢克丽霞　（这一幕自始至终都表现得极其激动）在哪里找到的？它是什么？这应该是奥西诺的笔迹！这说的是他那奇怪的恐惧，以从未有人能模仿的方式诉说着，他说那就是夹在这不幸的孩子与他父亲之间巨大鸿沟的恐惧。

萨维拉　是这样吗？是真的吗，女士？你父亲做了什么令人义愤填膺的事情招致你们做了如此不清醒的不孝举动？

碧翠斯　不是仇恨；比仇恨多更多。这再真实不过了，你为什么还要问我呢？

萨维拉　这确实回答了一个问题；但你还有一个没有说出的秘密。

碧翠斯　您说什么？大人，您竟然说出如此轻率和冒失的话。

萨维拉　我将以教皇神圣的名义逮捕所有此呈的名字，你必须去罗马。

卢克丽霞　哦，我不去罗马。事实上我们是没有罪的！

碧翠斯　有罪的！谁敢说是有罪的？大人，在这场弑父之罪中我是最无辜的，比一个没有父亲的孩子还无辜……亲爱的母亲，您的仁慈和耐心不能庇佑我免受这世界无辜的审判、这两个极端的谎言，它看起来是真的，其实却相反。怎么！这是世人的法律，而你们谁是他们的牧师，首先都禁止报复，然后，由上帝来实行裁决，然而要以这种依据来判决家中的事情，我想您还是没有为一些异常情况做准备，你们这些受害者想知道谁是罪魁祸首吗？你们就是！站在那里的人是如此可怜，他脸色如此苍白，浑身发抖，受到惊吓，如果他真的谋杀了钦契，那握在手中的剑也是出自公正的上帝之意。所以我不应该行使这个权利吗？那罪犯也因为有和凡人一样的舌头，因此也惧怕受到上帝的惩罚而不敢吐露真相。

萨维拉　那你自己想让他死吗？

碧翠斯　我可能曾经是罪犯，但他比我犯得罪更多，某一刻，这一强烈的欲望在我心中燃烧着，这是真的我相信我做过，我怀着希望，并且祈祷着，唉……我甚至知道……上帝是如此明智和公正，因为上帝见识过太多离奇的突发死亡事件了。在这世上我已经没有剩下什么了，也没有对上帝的希望……现在，这是什么？

萨维拉　奇怪的思想引起奇怪的举动；现在发生的就说明了这点。我不会审判你。

碧翠斯　但如果你逮捕了我，你就是法官也是刽子手，扼杀了一条生命：这呼吸着的控告扼杀了一条无辜的生命。法律可以丝毫不掩饰就免责那跛脚的穷人。当下最大的错误，就是我对弑父有内疚感；尽管我很高兴，这个公正的判决；另外，我拿父亲的灵魂祈求宽恕他却否决我。现在，让我们自由吧：污点是不是出自贵族，带着含糊不清的猜测和被否决的罪恶；使我们更加罪恶而且也使你自己的带着玩忽职守的罪名，没有比这更大的罪恶了；他们已经足够，让我们遭遇更多的苦楚。

萨维拉　我不敢这样，小姐，我为你祈祷，你已为自己去罗马做好了准备：那里有罗马教皇的众人皆知的教义。

卢克丽霞　哦！我不去罗马！哦！不要让我们去罗马！

碧翠斯　为什么不去罗马，我亲爱的妈妈？那里和这里一样，我们的清白就像被武装的脚跟，被谴责和侵犯。上帝在那里就像在这里一样，他的影子就像他的衣服一样，无辜的人、伤者、弱者，如我们一样，振作起来，亲爱的小姐，贫乏如我，聚集您纷乱的思绪。大人，只要您休息好了，把现场所有的调查弄妥当了，了解完这件事情该了解的，我们就准备好了。妈妈，你会来吗？

卢克丽霞　哈！他们将把我们绑在十字架上，剥夺我们痛苦自责的权利！贾科莫会去那儿吗？奥西诺呢？马尔奇奥呢？所有的都会呈现出来，所有的都需要面对，每个人的面容都会展示出他们内心想要的东西。哦，痛苦啊！（晕倒，被扶住）

萨维拉　她晕倒了；脸色很差。

碧翠斯　大人，她不知道这世界的运转法则。她担心权力是由凶残的人掌握的，且不严谨：蛇外在的蜕皮其实也是内在的成长。原文她不知道，那懒散的奴隶和盲目的法官在面对事实真相的时候，眉宇之间写满了诚实。她还未能看到将死之人站在审判的座椅旁边那扬扬自得的清白。一个法官和一个原告由于错误的裁决被拖曳于此。您自己也准备吧，大人；我们一行人将会在公堂之下加入你们。

（退场）

第五幕

场景一——奥西诺公寓的一间房子里。

【奥西诺和贾科莫入场

贾科莫　那邪恶的行迹这么快就结束了吗？哦，那徒劳的自责一定被其行迹所严惩，那大声的警告向这个将死之人刺痛作为复仇！当时此事将那人所抛弃，将这神秘的事情所覆盖，而现在发生的事情又向我们展示其恐怖，那恐怖的游戏再次被唤醒，猎犬欢呼，因他们良心的祈祷！啊呀！啊呀！这真是邪恶的想法，一个凄惨的行为，杀死了一位须发苍白的老父亲。

奥西诺　事实上，真是转向了不幸运的方向。

贾科莫　骚扰了那神圣的睡眠的大门；愚弄了大自然的死亡规律，这些都是他这个年龄自然为其准备的。一个固执的灵魂在天堂挣扎，这可能扑灭祈祷者对于生命在罪恶中一致的渴望。

奥西诺　你不能说是我强迫你做的这件事。

贾科莫　哦，我从来没有发现在你如此安详的表情下，却照射出我最黑暗的想法；难道你从没想过或疑惑过，让我看看我那怪物般的想法，也不至于现在长成了对欲望这般熟悉……

奥西诺　这就是那些行事不利的人将失败归咎于他们的教唆者，且让他们自己解决吗？这是他们的懦弱，愧疚的自我，而不该怪其他的。然而，说老实话，这是将你自己置于危险之中，因为它让你脸色苍白如有疾病，承认恐惧是自己的耻辱伪装，由于悔恨而感到无地自容。要是我们还安全呢？

贾科莫　怎么可能？碧翠斯、卢克丽霞和谋杀者已经在监狱里。我敢肯定，我们说话的时候，军官已经派人来逮捕我们了。

奥西诺　我都做好准备随时可以启程。现在我们甚至可以逃脱，在千钧一发之际。

贾科莫　要是我，我会说是折磨的解脱。怎么！你会放弃自我控诉而指正碧翠斯吗？只有她在整件事中，像上帝的天使一样站在旁边，而由她的朋友们来完成；为一个无名的错误复仇，将黑暗的弑父之举变成了虔诚。而我们处在卑劣的两端……我担心，奥西诺，虽然我认为你的语言和外形美观，与他们的建议相比较而言，你必须是一个恶棍，才能把你从这危险中拽出来。教我面对这样的鸿沟，怎么提示、叹息、怎么微笑吧！你不是骗子吗？不，你就是个骗子。你是叛徒和凶手！你是懦夫和奴隶！但，不，为自己辩护吧。（画画）让这如剑般的话语在你愤怒的嘴中不屑地吐露出来吧。

奥西诺　拿起你的武器吧。是你绝望的恐惧让你如此轻率与冲动地对待你的朋友。现在要我为了你好而毁了你吗？诚实的愤怒是不是让你有所触动？我知道，因为我刚才提出的是用来试探你的。对我而言，我认为，忘恩才是将我带到这个地步的原因。如果我刚毅的脾气能忏悔，现在我就不会退缩。即使，当我们跟等在下面的正义的牧师讲话时，也能平静片刻。如果现在你有任何忧伤的、安慰的话想对你那苍白的妻子说，最好过去传达，在后门，这样就可以避开他们。

贾科莫　慷慨的朋友！你能原谅我吗？如果我的生命可以换取你的生

命的话！

伯纳多　这个愿望为时已晚。快些吧，珍重！难道你没听到沿着走廊的脚步声？（贾科莫退）对不起，但守卫因其自己的职责需要守卫着，而这些是我的诡计。那样我就可以摆脱他和他们了。我想演一出严肃的喜剧来描绘这个新世界的场景，以达到自己独特的目的。通过一些像他人编织的好坏融合的情节；但有一种力量抓住了我设备的线，将其变成废墟的网……哈！（传来一声呼喊）我听到的是我的名字吗，远扬到了国外吗？但我会裹着邪恶的伪装、背上缠着破布、脸上荡漾着虚假的无辜穿过错判的人群，让他们以他们所看到的宣判。这样对一个新的名字、新的国家、新的生活就容易了，以旧时的欲望为潮流，改变被遗弃的罗马的荣耀。而这些必须戴着面具进行，其他的仍然不变……哦，我恐惧的是那过去从未让我安宁的恐惧！为什么，除了我自己没有人能意识到，而我因为我的罪行，我自己要自我烦扰地蔑视自己吗？难道我是因为自责而没有逃走吗？我会变成谁的奴隶……什么？就因为一句话？在这个虚假的世界互相对抗，而不是他们自己，人们揣着凶器和罪行穿梭，但我就错了，我该将自己隐藏在哪里？就像我现在该在众人的目光中蹑手蹑脚地行走吗？（演员退场）

场景二——审判厅。

【卡米罗、法官等人坐着；马尔奇奥被领进来

法官甲　被告，你依然坚持拒绝认罪吗？我问你，你是无辜的还是有罪的？我问你谁是这项罪行的参与者？说实话，全部的真相。

马尔奇奥　上帝啊！我没有杀他，我什么都不知道；奥林皮奥是想把长袍卖给我，这样你就认为我有罪了吗？

法官乙　拖下去！

法官甲　大胆，看来不让拷问台亲亲你，让你嘴唇变白，你是不会说实话的。是我们太温柔了吧，你才这么跟情人打情骂俏似的回答我。等行刑台伺候到你身体和灵魂都离你而去时，看你还说不说。拉下去！

马尔奇奥　饶了我吧！哦！我说！我会承认。

法官甲　那就快说。

马尔奇奥　是的，我在他睡梦中勒死他。

法官甲　谁让你这么做的？

马尔奇奥　他自己的儿子贾科莫，和这位年轻的高级教士奥西诺将我送去了彼得雷拉。那里碧翠斯和卢克丽霞女士用一千金币引诱我和我的同伴即刻杀了他。现在，让我死去吧。

法官甲　这真相听起来太糟糕了。警卫，来这儿，把罪犯带进来。（卢克丽霞、碧翠斯、贾科莫被带入）看看这个男人，你最后一次见他是什么时候？

碧翠斯　我从没见过他。

马尔奇奥　你知道我的，碧翠斯女士。

碧翠斯　我认识你！怎么认识的？什么时间？什么地点？

马尔奇奥　你认识我，你威胁贿赂我杀死你的父亲。完了以后，你还让我穿上了一件金色长袍，祝愿我福寿永康，对不对？而你们，我的主人贾科莫、卢克丽霞女士，你们知道我说的是真的。（碧翠斯朝他走去，他遮住了脸，向后躲）

哦，刺人的眼光。眼睛中可怕的怨恨真是不假！让他们离我远点。他们已经受伤了：是酷刑胁迫我说出真相的。大人们啊，我已经说了，让我去死吧。

碧翠斯　可怜的家伙，我同情你，但再待一会儿吧。

卡米罗　警卫，不要带走他。

碧翠斯　卡米罗主教，你有一个和善、智慧的好名声。是那让你能坐在这里忍受这样一场邪恶的闹剧吗？当某个阴暗战栗的奴隶从不幸中被拖出，那些不可能会震撼他们最坚定的心灵，让他们回答那些他们自己都不相信的事，而这些不过是那些怀疑或想得到此种答案的人在拷问中暗示的答案。他们在可怕的折磨中冒险承认，是以为仁慈的上帝甚至会宽恕恶人。现在说说你知道的事吧，当你健全的四肢被固定在椅子上，有人告诉你："承认你确实毒害了你的小侄子；那个给你生活指明了方向的蓝眼睛男孩。"这样，所有人都会看见，面对即刻就要到来的、可悲的死亡，面对日日夜夜、天空、大地、时间，所有你希望的事都要离你而去，在极度的悲痛，你会回答："我承认所有事。"然后向行刑者乞求，就像那奴隶一样，想逃避不光彩的死亡。我向你祈祷，主教，希望你证明我的清白。

卡米罗　（感动地）我们应该怎样认为呢，大人们？为这些泪水感到可耻！我想我的心已经被冻结了，而这是他们的源泉。我向我的灵魂承诺她是无罪的。

法官　然而她必须受刑。

卡米罗　那我就如同马上要折磨我的侄子（如果他现在还活着，就是她这个年龄。他头发的颜色也和她的一样，他们眼睛的形状也是一样的，但蓝得没有那么深）。作为上帝眷爱的最完美的形象，来到了地球上体验悲伤。她和牙牙学语的婴孩一样纯洁！

法官　好吧，我的大人，就让她的纯洁占据你的脑袋，阻止行刑吧。是圣洁的主嘱咐我们通过最严厉的法律追踪这滔天罪行的；为此甚至可以超过常规对待罪犯。这个罪犯被指控弑父，是有证据的，行刑也是合理的。

碧翠斯　什么证据？这个男人提供的吗？

法官　是的。

碧翠斯　（对马尔奇奥）来这里，是谁从众多活生生的人中选了你出来杀死这个无辜的人的？

马尔奇奥　我是马尔奇奥，你父亲的仆人。

碧翠斯　看着我的眼睛，回答我问的问题。（转身向法官）我求求你记住他的面容：我不是诽谤，不过有时候敢说却不敢看。他不敢看他说话，他的目光一直盯着地板。（转身向马尔奇奥）什么？难道你说我真的杀了我的父亲？

马尔奇奥　噢，饶了我吧！我的大脑快转晕了……我不能说……是可怕的折磨逼迫我说出真相的。带我走，不要让她看着我！我是一个有罪的人，我已经说了我知道的，现在让我死吧！

碧翠斯　我的大人们，如果我的天性让我这么严厉，那么对于所谓的我策划的这项罪行，你觉得我是不是应该将自己的罪行交由这双刃的器具处置。你们的怀疑是根据这个仆人在受刑台上承认的。这个人，这把刻着我名字的血淋淋的刀上，被丢在满是敌人的世界，就等着我死呢？对于这种恐怖，需要的是最深的沉默，我应该忽略如此微不足道的预防措施，就像他坟墓的守护者将一个秘密写在了盗贼的记忆中？他贫穷的生活是什么？什么是一千年的存在？一个弑父者像尘灰一样践踏着他们！看，他还活着！（转身向马尔奇奥）而你……

马尔奇奥　哦，饶了我吧，不要再说了，那严厉而可怜的神情，那庄严的色调会比折磨更糟糕吗。（向法官）我已经说了所有的了。可怜可怜我，让我去死吧。

卡米罗　守卫，带他去碧翠斯女士身边。他在她面前颤抖，就像秋天的叶子在北风的呼吸中摇晃。

碧翠斯　哦，在生与死缭乱的边缘颤抖的人啊，在回答我之前先暂停一下吧，这样你就可以不必那么惊慌地先回答上帝：我对你做了什么恶事？我，哎！只在这个地球上活过几个悲伤的年月，多被命令指责，有一个父亲先把醒着的生活变成了点滴，每一滴都毒害着年轻人甜美的希望；然后，刺伤我不朽的灵魂，毁坏我的好名声，甚者那沉睡在内心的心核中的平和。但伤口不是致命的，因此我的恨意成为我唯一能提升的崇拜。致我们伟大的父亲，他用怜悯和爱武装了你，而你却说，杀了他。而后他的错误变成了我的罪名。你就是原告吗？如果你希望上帝仁慈，那么就在地球上展示公正。比血淋淋的双手更糟糕的是冷酷的心。如果你是谋杀者，让你的生命通过上帝和人类法律的制裁。不要在审判之前就匆匆离开，说“上帝，我做了所有这些，因为这里有一个人，她是这个世界上最纯真无邪的人，因为她没有经历过任何的苦难，遭过任何的罪恶。不能说因为她的错误没有告诉我们，你也因此没有从你的手中解救她。我的一句话杀掉了她以及她的亲人”。我恳请你，想想吧，是什么将我们脑海中那令人崇敬的古城，永恒的名誉抹杀掉的。想想又是什么，把摇篮中那个朴实善良的婴儿的信念抹杀掉并受其影响而变成了一个罪犯的。而身上背负着污点、耻辱和鲜血又怎么去证明自己是无辜善良的人。听我说，伟大的上帝啊！我发誓，我是无辜的，世界将会没有狡猾的人、愤慨的人、充满野性的人，这些都没有罪，如果我迫使你现在就回答我的问题：我到底是，还是不是弑父者？

马尔奇奥　你不是！

法官　那是什么？

马尔奇奥　我在这里宣誓，我之前指控的人是无辜的。只有我一人有罪。

法官　那把他带去折磨吧，让他们体会这微妙而漫长的折磨，如同将心脏最深处的细胞都撕裂开来一样，让他解脱直到他承认自己的罪恶。

马尔奇奥　你想怎么折磨我就怎么折磨我吧。因为你们已经将我的最后一口气充斥着苦痛，我将在苦痛中领悟更高的真理。她是无辜的！是那个带着警犬的人，不是与我同在的那个人，那么我自然也就不会让你给我体会那种内心的撕裂和破坏。

【马尔奇奥退场

卡米罗　你们现在所说的是什么，我的大人们？

法官　让折磨慢慢地变成真理，直到它能变得纯洁无瑕。就像雪一次又一次地被冷冻的风洒落。

卡米罗　然而还点缀着斑斑血迹。

法官　（转身向碧翠斯）你知道这封信吗，女士？

碧翠斯　别想用问题来套我。这儿谁是指控我的人？哈，他，还是你？谁是我的审判者？原告、证人、法官，怎么都是一个人？这是奥西诺的名字。奥西诺在哪里？让他看着我。这里乱写的是什么意思？哎！你们也不知道，因此就可能是一些邪恶的事了，这样你们就可以杀了我们吗？

【一个官员进入

官员　马尔奇奥死了。

法官　他说什么了？

官员　什么也没说。当我们把他绑在凳子上的时候，他对我们笑，就像一个人在迷惑一个深沉的对手，他屏住了呼吸，死去了。

法官　这里没什么事了，但要问问这些囚犯，谁还敢嘴硬。

卡米罗　我反对进一步审理。我代表这些最无辜、最高贵的人，通过神圣的宗教使用我的利益。

法官　就按照教皇的意愿做吧。同时给每一个罪犯单独的监狱。准备好引擎，因为今天晚上，如果教皇的心意一直这么肃穆、虔诚、公正。我将写出这事实，在我神经和肌肉的带动下，呻吟着写出。（退场）

场景三——监狱的一个房间。

【碧翠斯被发现在沙发上睡着了。伯纳多入场

伯纳多　她的脸如此安详，就像度过了美好的一天，在夜幕降临时闭上了眼，做了个美梦，长长的梦。在昨晚她承受了如此的痛苦之后，她的呼吸多么的轻柔。啊，我呢！我感觉到我将永远不会睡觉。但我必须摇掉这些来自天堂的甜美的花朵上的甘露，因此……醒醒！醒醒！姐姐，你怎么能睡觉呢？

碧翠斯　（醒来）我正做梦呢，梦见我们都在天堂。你知道吗，没有

父亲的存在，这种监狱就像一种天堂。

伯纳多　亲爱的姐姐，那是你的梦想并不是梦！哦，上帝，我该怎么说？

碧翠斯　你想要说什么，亲爱的弟弟？

伯纳多　你看起来并不是那么平静快乐，同时我就在思考我该说什么。我的心会受伤的。

碧翠斯　看，你让我哭了。多么的无依无靠，亲爱的孩子，如果我要死去，就说说你要说的吧。

伯纳多　他们已经承认了；他们无法忍受更多的折磨……

碧翠斯　哎，他们要承认什么啊？他们肯定被抓住了弱点。为了免受折磨，他们有没有说他们犯了罪？哦，多么天真无邪。你不应该戴着面具来隐藏内疚，不认识你的人看不到你可怕的面容。（法官、卢克丽霞、贾科莫、警卫入场）卑鄙的人！就为了一些短暂的疼痛？那不是转瞬即逝的吗？就和传达这疼痛的凡人的四肢一样，不是永恒的。却让几百年的辉煌归于尘埃了吗？那种永恒的荣誉应该像太阳一样存在，超过凡人名气的恶臭。变成嘲弄的字眼？什么？你会放弃自己让自己被推入马腿下？因此我们的头发就会扫过我们走过的印记和毫无意义的人群。那些带给我们灾难的人，他们的崇拜、他们的奇观，将会离开教堂和剧院，就像远离自己的心一样？光应该照亮多数人吗？他们的选择，是因为诅咒和怜悯。悲伤的甲板上躺着一具尸体，当过去已经逝去，我们还有什么记忆呢？骂名、血腥、恐怖还是绝望？哦，你，是无父无母的孩子的母亲，不要杀你的孩子！不要让她的错误杀了你！弟弟，跟我一起躺在受刑台上吧，让我们都像尸体一样保持沉默。它很快就会像坟墓一样柔软。从恐惧中拧出的只有谎言，正是这让受刑台变得恐怖。

贾科莫　他们会摧毁真相，甚至在那之后摧毁你，那些残酷的痛苦。为了避免痛苦，现在请说你有罪吧！

卢克丽霞　哦，说出真相吧，让我们死快一点。死后，上帝就是我们的法官，而非他们。上帝会怜悯我们的。

伯纳多　的确，那可以是真的，亲爱的姐姐，教皇会谅解你。所有的事都会变好。

法官　快承认，否则我就绞断你的四肢……

碧翠斯　折磨啊！受刑台成了一个旋转的轮子！

折磨你的狗，它也许告诉你上次是什么时候它轻舔过它主人流出的血……我不会！我的痛苦是心灵上的、精神上的、灵魂上的；啊，灵魂的最深处，燃烧着的痛苦在哭泣。看吧，这个邪恶的世界没有真相，我的家族虚伪地对着遗弃的自我。我考虑过我生活中不幸的生活，而现在不幸已经结束。天堂和人间已经向我展示了微不足道的正义，你是怎样的一个暴君啊，这些奴隶是什么，我们创造了一个怎样的世界，压迫者和被压迫者……这些苦痛迫使我说出答案。有什么人愿意一直和我在一起？

法官　对于你父亲的死，你是无辜的吗？

碧翠斯　或者说你指控上帝。他承认了我所遭受的痛苦，他亲眼所见。那是无法言表的。所有的逃避、所有的报复、所有的结果。但你说我父亲的死，是否被称为犯罪？这些我做的或者没有做的，那都是必需的，我再也不会否认。如果你认为是那样，就是那样吧。这样，一切就都可以结束了。现在，做你想做的吧。在另一个世界，将不会再有逼迫的痛苦。

法官　她是有罪的，但还没有承认。就那样吧，直到他们最后的审判。不让人和他们交谈，你，年轻的大人，不要在这里徘徊。

碧翠斯　哦，不要带走他。

法官　警卫，做你该做的。

伯纳多　（转身向碧翠斯）哦，你的灵魂会与身体分离吗？

官员　那是刽子手的工作。

【除了卢克丽霞、碧翠斯和贾科莫，其他人退场

贾科莫　我承认了吗？现在都结束了吗？

没有希望！没有庇佑！哦，醒来吧，邪恶的舌头，你毁灭了我。是不是该先把你首先割下喂狗！

先杀害我的父亲，然后背叛了我的姐姐。

哎，你！多么纯洁和天真无邪的东西，在这个黑暗的、充满罪恶的世界里，保存得如此完好！

我的妻子！我幼小的孩子！穷困、无助，我……父亲！上帝！当他们满满的心意被杀害成这样，这样……你们能原谅这些不可饶恕的事吗？（捂着脸哭泣）

卢克丽霞　哦，我的孩子！我们都会迎来一个多么可怕的结果！我为什么要屈服？为什么不坚持，挺过这些痛苦呢？哦，我已经被完全融化入那些无效的眼泪中。眼泪在没有感觉地流动。

碧翠斯　什么是虚弱的时候该做的，这种悔恨已经恨过了。愉快点，上帝知道我的错误，让我们迅速变成愤怒的天使。似乎，但只是似乎，已经抛弃了我们。我们不要再想会因为这个牺牲。弟弟，坐在我旁边，给我你坚定的手掌。你有一颗强壮的心，坚强、坚强。我最亲爱的女士，将你高贵的头放在我的腿上休息一会儿。你的眼神看起来很苍白、空洞、劳累，看着沉重而带着忧伤。来，我用低沉的音调为你唱首歌。不要太高兴也不要太悲伤，一些古老的阴郁的事情；一些沉闷的、无用的、单调的事情；就像我们的国家一样在聒噪地吟唱。

【唱

虚伪的朋友，当我的生命进入长眠，
你会欢笑还是哭泣？
微笑与眼泪都无所谓了，
因为泥土一般冰冷的尸体已经躺在棺材里！
再见了！永别了！
是什么在低声耳语？
亲爱的，你的微笑中有条蛇；
你的眼泪中藏有苦涩的毒。

死亡于你，就如甜美的睡梦；
或者若你也是凡人，
我将闭上痛苦的眼睛。
何时醒来？不要再问。
哦，世界！永别了！
听那丧钟吧！
它说，你我必须分离，
带着轻快又沉重的心情。

【闭幕

场景四——监狱大厅。

【贾科莫和伯纳多入场

贾科莫　教皇真是顽固，不被感动，也不被折服。他看起来冷静而敏锐，就像折磨人、杀人的机器，却能把自己从它伤害的任何东西中豁免开来；他就是一块大理石雕塑、一个典礼、一部法律、一种习俗，而不是人。他皱眉的时候，就像是他机械的装置需要的一种把式。当代诉人呈词辩驳时，他将他们撕裂了，仍在身后，嘶哑地咕哝着，用那嘶哑的声音说："你说他们的老父亲是在睡梦中被杀死的？"然后对另一人说："你是依仗着自己的地盘犯的案；很好。"然后他转向我，看起来强烈不满，冷冰冰地说了五个字："他们必须死。"

伯纳多　但你没让他那么做?

贾科莫　我一直在劝他，我想，实际上是恳求。我告诉他是魔鬼的邪恶导致了你父亲的非正常猝死。然后他回答说："保罗圣十字大教堂昨晚谋杀了他的母亲，然后逃走了。此后，弑亲变得非常普遍和迅速。我有足够的理由相信，毫无疑问，这些年轻人会趁我们在椅子上打盹儿时，杀了我们所有人。权威、权力和灰白的头发，这些都是犯罪的资本。你是我的侄子，你来替他们求情；等等，这是他们的判决书；别再来看我了，直到，就像这信中写道，等一切都实现以后。”

伯纳多　哦，上帝呀，别这样！我宁愿相信你所说的这些悲伤的东西都是为了高兴的消息做准备。哦，一定有什么语言或者表情能让最严厉的目的屈服。一旦我找到它们，现在让我忘记它们吧，让我想想最急需的东西。你认为，我要是找他出来，用我滚烫苦涩的泪水浸泡他的脚踝和长袍会怎样？我缠着他祈祷，用我不休的哭泣让他头晕，直到盛怒之下，他用他牧师的十字架打我，践踏我拜倒的头颅，这样我的血就可能溅到脚下踩着的无知觉的尘土上，然后就会唤起他懊悔的仁慈？对，我就这么干！哦，等我回来！（*匆匆跑出去*）

贾科莫　哎！可怜的孩子！一个身陷沉船的水手可能会对着没有听觉的海祈祷吗？

【*卢克丽霞、碧翠斯、贾科莫被看守着入场*

碧翠斯　我几乎不敢再害怕，害怕你会带来别的消息，而不是公正的饶恕。

贾科莫　希望天堂的上帝对教皇的祷告者不要像对我们这般无情。这是判决和证据。

碧翠斯　（*激动地*）哦，我的天啦！这是真的吗？我马上就要死了？如此年轻就要归于晦暗、冰冷、腐朽而满是爬虫的地下？被钉在一个狭小的地方？再看不到美好的阳光，听不到活物愉快的声音，感受不到熟悉的思想，悲伤的、迷失的——多么可怕呀！归于无物！或者归于……什么？哦，我在哪儿？别让我变疯！亲爱的天堂，请饶恕我懦弱的思想！要是没有上帝、没有天堂、没有广阔世界上的大地；这宽广的、灰白的、无灯的、深沉的、无人的世界！那么所有的东西都将变为……我父亲的灵魂，他的眼、他的声、他对我周身的抚摸；我死亡了的生命的呼吸和大气！也许有时候，会变成他的形状，甚至是在人间折磨我时的模样，戴着花白头发、皱纹横生的面具，他会走过来，用他地狱般的胳膊搂住我，用他的目光盯着我的目光，将我拖倒、拖倒、拖倒！因为他不是唯一在地球上存在的无所不能的人？即使他死了，他的灵魂依然呼吸着，我的也是，于是我同样受到毁灭，轻蔑、痛苦、绝望？谁会回来教死亡无人能及的领域以法律？也许就是现在逼迫我们的不正义。哦，无论到哪儿？无论到哪儿？

卢克丽霞　相信上帝美好的爱，基督温柔的承诺：夜幕之前，请想想，我们将在天堂。

碧翠斯　那都过去了！现在到我心中的再不会沉下去。然而，我不知道为什么，你的话语让我感到一丝寒意：所有的事情看起来都多么沉闷、虚假和冰冷。我在这世间遇到了太多的不公正，上帝和凡人没什么区别，那些浇铸我悲惨命运的权利也同样如此。于我而言，没什么好坏之分了。我即将远离我唯一所知的世界，远离灯光、生命、爱，在这美好的青春年华。我知道你告诉我相信上帝的好意，我也希望我能相信他。除此之外，我又能相信谁呢？只是我的心还是那么冷。

【在后面的一段话中，贾科莫退后和卡米罗讲话，卡米罗现在已经出去。贾科莫上前

贾科莫　知道吗，母亲……知道吗，姐姐？即使到了现在，伯纳多还出去恳求教皇原谅我们。

卢克丽霞　孩子，也许他会同意的。这样我们都会活下来，让这些苦难都成为多年以后的闲谈。哦，只是个想象而已！它涌入我的心房，就像温暖的血液。

碧翠斯　但这两者都会很快变冷的。哦，用脚踩灭那想法吧！比绝望还糟糕的，比苦涩的死亡还糟糕的，就是希望：它是唯一能在头晕目眩中、急遽而狭窄的时间中找到栖身之地的罪恶，然后在我们心底蹒跚。向迅速的冰霜恳求，它也许会饶恕春天早开的花朵；躲在沙发上向觉醒的地震恳求，现在还有坚强、和平、自由的城市矗立，现在还能打个恶臭、黑暗的哈欠，就像死亡；哦，向饥荒、瘟疫或其他随风而散的疫病、

盲目的闪电、耳聋的大海恳求，但别向人恳求！残酷、冰冷、拘谨的人；言之凿凿，而事实上却是凶手。不，妈妈，我们一定会死。因为那是对无辜生命的奖赏，是对最悲惨痛苦的镇静剂。而谋杀我们的凶手会活着，冷酷的人，微笑着、慢慢地走进满是眼泪的世界，直到死亡让生命安睡。就像坟墓于我们是种奇怪的欢悦。来吧，晦暗的死神，用你囊括一切的臂膀拥抱我！就像一个温柔的母亲将我藏在她的胸前，摇着我入睡，再不醒来。你们就活着吧，屈从于他人；就如我曾经那样，而我现在……

【伯纳多匆匆进入

伯纳多　哦，太可怕了。那泪水、那表情、那种希望在祷告中倾涌而出，即使直到内心变得空洞和绝望，所有这一切都还是徒劳！掌管死亡的大臣们就等在门口。我想我看到了其中一个脸上的血迹……要是这是幻想呢？很快，所有在这个世间我爱的人的血将溅在他身上，而他就像擦掉雨水一样擦掉它们。哦！生命呀！哦！世界啊！淹没我吧！不要让我再承受这一切了！看着那纯洁无辜的完美的镜子中，我曾深深凝望，看着幸福和美好蔓延，而这一切即将归于尘土！看着你，碧翠斯，让我们所有人欢欣愉悦，你也曾抬头仰望……你，生命之光……即将变成死亡、黑暗！我说，姐姐，但听到我没有姐姐；还有你，妈妈，你的爱是我们所有爱的庇护……死亡！美好的庇护不在了！（卡米罗和警卫入场）他们来了！让我再吻一吻那温暖的双唇，在它们鲜红的叶子枯萎之前……变白之前……冰冷之前。说再见吧，在死神将那温柔的声音堵塞之前！哦，让我听到你们说话！

碧翠斯　再见，我温柔的弟弟。将我们悲伤的命运当成温柔的事物吧，比如雪花。让温和的、同情的思想减轻你悲伤的负荷。错误不是难熬的绝望，而是眼泪和忍耐。另外一件事，我的孩子，为了你好，请相信和保持爱，就像你对我们的爱；请相信和保持信念，虽然我的信念将我陷入了罪行与耻辱的迷云，但活得圣洁而清白。尽管我的言语可能让我受伤，我们平凡的名字却作为一种符号镌刻在了你的前额，供来往的行人指摘，请你忍耐，不要对他们心存恶意，因为他们也许会在坟墓中爱你。所以，我愿你死时，如我一般，已没有恐惧和伤痛。再见了！再见了！永别了！

伯纳多　我已经说不出话了，再见。

卡米罗　哦！碧翠斯小姐！

碧翠斯　不要给你自己无必要的伤痛，我亲爱的主教大人。这儿，妈妈，把我的腰带解下来吧，帮我把头发扎起来，简单地扎个结就好。啊，很好。我看你的也散下来了。我们曾常常为彼此这么做，但现在我们再也不会为彼此束发了。我的大人，我们准备好了。好了，很好。

纹章上的斑点

A Bolt In The Scutcheon

〔英〕罗伯特·勃朗宁

主编序言

罗伯特·勃朗宁的出生及职业已被人熟知，除了他的两首贵族诗歌，他的戏剧《纹章上的斑点》也正式出版。勃朗宁的父亲是一名银行职员，也是当时社会上的异端分子。他的诗歌从未进入牛津、剑桥或者其他任何一所著名的公立大学的课堂，社会上的流言蜚语也听不到勃朗宁的名字。勃朗宁1812年出生在伦敦，他曾长期接受私人家庭教师的指导，后又在伦敦大学就读两年。他的父亲是一位接受过良好教育并且非常博学的人，这对勃朗宁的早期教育产生了极重要的影响。勃朗宁画得一手好画，有时还是位音乐家。他早年曾写过一些诗歌，一次偶然的机会，他阅读了大量雪莱的作品，这才真正激发了他的灵感。这在勃朗宁1833年出版的第一首诗歌《波林》中已得到了证实。

除了频繁的访问意大利外，勃朗宁的一生几乎没有什么波澜。其中最为意外的要数1846年与英格兰女诗人伊丽莎白的婚姻。

从1835年到组建自己的家庭，这段时期是勃朗宁的戏剧创作时期，期间他共创作了39部戏剧，其中一部分作品并未能搬上舞台。

这个系列的第一部作品是《帕拉塞尔苏斯》，这部作品被称为对话式戏剧。另一部作品《皮帕之歌》虽被搬上了舞台，但这部作品常被当作诗歌来解读。被称为史诗级悲剧的《斯特拉福德》的演出令人印象深刻。但像《维克多国王与查尔斯国王》《德鲁斯家族的归来》《克隆的诞生》《悲剧之魂》《卢里亚》虽说在很多方面都十分有趣，但却很难称得上是成功的舞台剧。《纹章上的斑点》由哲瑞雷恩演出，但它却因为善妒的经理麦克里迪丧失了成功的机会。

勃朗宁在戏剧方面最主要的弱点是他对心理描写的兴趣远胜于对人物活动的描写。但这一弱点在后期的悲剧作品中已不那么明显。虽然在结构上还存在一些断裂，但已在情感上达到了一个新高度，角色描写更加生动，诗歌也更加丰富。

查尔斯·艾略特

剧中人物

米尔德丽德·特瑞山姆
格温德琳·特瑞山姆
索诺德·厄尔·特瑞山姆
奥斯汀·特瑞山姆
亨利·厄尔·莫顿
杰拉德以及其他特瑞山姆大人家的侍从

时间，17：00—

第一幕

场景一——特瑞山姆庄园看守小屋内。

【很多侍从围在窗户前，试图看清庄园的入口。门卫杰拉德身后的小桌上摆满了酒瓶等杂物

侍从1　哦！朋友们，别再推了，你们已经快把我推倒了！怎么？没有人听到跑步声？或者马蹄声？车轮滚动的声音？伯爵来了吗？或者他的随从来了吗？杰拉德，你到这边来吧，这里很宽敞。

杰拉德　我的朋友，你还是留着自己用吧，我就待在这里。

侍从2　杰拉德，说说什么让你这么不开心，今天年轻而富有的伯爵将会来到这里，鼓起勇气向我们主人的妹妹求婚。

杰拉德　然后呢？

侍从2　然后呢，如果他们想见，那位女士也会这样问。最近你也听说了，这三天来伯爵将他的心、他的房屋、他的土地全都放在了米尔德丽德小姐的脚下。我们挤在这个像老鼠洞一样的地方，可能已经错过了伯爵的最后一辆马车。你坐这边，我说“伯爵来啦”，你说“然后呢”。

侍从3　我打赌，他让他驯养的天鹅为米尔德丽德小姐穿过瀑布，到达了河流中。拉夫，明天不是我的巡逻日吗？为了你和你的鹰。

侍从4　让杰拉德去吧！他的十字弓子弹打磨得像粗糙的谷粒一样。哦，快看，是开始了吗？

侍从1　我们的人看上去都很好，理查德是怎么杵着他白色的手杖让自己站稳的，没有人在后面扶着他吗？

侍从4　他只是在鞠躬，你这个呆子，伯爵家的人需要比我们把身子弯得更低一些。

侍从1　车队来了！

侍从3　我怎么没有看见理查德在哪里？还有他那堆穿金戴银的侍从。他们身上的香味让人无法回避，在这样的日子里难道不觉得失礼吗？就好像在我家，右手边是一堆苏格兰鹰，左手边是一只灰狗。

杰拉德　在他的右边是休，一位工人，左边是一位园艺工人。

侍从3　够了够了，接下来是什么？伯爵来了吗？

侍从1　哦，我们的马夫沃尔特，还有我们的马儿，他们般配吗？

侍从7　菲利普，我听说你有双神奇的手，特别是在制作汤和酱汁上。你注意到那些滑到中间的野兽了吗？真是十分狡猾，菲利普你看，他们根本没有脚！

侍从1　什么？没有？

侍从2　冷静点，厨师先生！伯爵来了，快看杰拉德！伯爵走在最后面，希望他是位漂亮的人，有一双明亮的眼睛。

侍从3　他有双蓝色的眼睛。别碰我的鹰！

侍从4　他是如此年轻、高大，身材如此匀称。

侍从5　特瑞山姆大人来了，这才是一位贵族应有的样子，他更加成熟，更加严肃，更像是一家之主。

侍从2　伯爵还有什么特点？太容易被迷住？

侍从1　我们的主人握住了他的手，理查德杵着他的拐杖向我们走过来了，蒂莫西在那里，他的绶带真是一团乱。至少我看见了主人的后背还有他的朋友，还有整个光鲜亮丽的队伍，离他们是如此的近。（说着他跳下窗台，冲向了桌子）愿特瑞山姆大人和他的家族身体健康、长命百岁！

侍从6　我的父亲，在他婚礼的第二天第一次载着他的父亲去法庭。

侍从2　上帝保佑特瑞山姆大人、米尔德丽德小姐和伯爵大人。来，杰拉德举起你的酒杯！

杰拉德　干杯，我的朋友们！别管我，喝吧！

侍从2　（独白）他现在很气恼，他让表演被忽略了。（对杰拉德）你还记得伯爵是从这个方向返回的吗？

杰拉德　那个方向吗？

侍从2　正是如此。

杰拉德　那我的方向就在这里。

侍从2　老伙计，我曾说过他死定了，他曾经关心那些最悲惨的事物，那些关系到家族荣誉的，虽然不是一眼就发现，但他总会看见。他关心对错是非，无规矩不成方圆，而且重视细节。但是现在，你看他如此幽默，他死定了！

侍从2　愿上帝帮助他！谁愿意去仆人房间？打听下里面发生了什么！他们跟着特瑞山姆大人进了大厅。

侍从3　我！

侍从4　我！让弗兰克留下，注意车什么时候进来！这个家族将再一次兴盛起来！

侍从1　行动吧！小伙子们！万岁！

场景二——公馆的大厅里。

【特瑞山姆大人、莫顿大人、奥斯汀和格温德琳走进大厅

特瑞山姆　再一次欢迎您光临寒舍，莫顿大人。您的姓氏是贵族中最尊贵的，包括您的族人，都有了新的价值和荣誉（正如你所佩戴的宝石，都是从数百位骑士的胸膛上取下的）你的姓氏为你赢得了欢迎！

莫顿　谢谢！

特瑞山姆　但是，我还要补充一点，你求婚的价值、恩惠和尊严将使我们两个家族关系更加紧密。我唯一的弟弟奥斯汀和我们的表亲格温德琳小姐已经订婚了。（对奥斯汀）现在轮到你了。

莫顿　我感谢你，发自内心地接受你的赞扬。请允许我用确切的、平静而有分量的言辞发问。一份礼物，如果被拒绝了，那么为了面子，主人就只能将它拿走，他的内心却是绝望的。这样我勇敢地发问，我感谢你，特瑞山姆大人，我爱你的妹妹，就像你曾经爱着某位小姐一样，哦不，我爱她更多！财富、地位，所有曾属于我的东西都将是你的。你明白，选择权在你的手里，但请接受一个真实的我，没有寸土，没有寸金，没有名利。请把那位小姐许给我，而你，死去或者活着？

特瑞山姆　（对奥斯汀）为什么，这就是爱，奥斯汀！

奥斯汀　他还太年轻！

格温德琳　年轻？他已经长大了，我猜测，他在这里从未获得过认可，所以才如此害怕和焦虑。

奥斯汀　噢！他的脸涨红了！

格温德琳　记住他，奥斯汀，这是真爱！我们也需要重头再来一次。

特瑞山姆　来，请坐下，大人。即使是最美好的愿望也可能有不同的结果。我可能没说清楚，让你产生了误会。米尔德丽德的双手就在这里，接受或者拒绝由你决定。

莫顿　但是你呢？你接受我吗？

特瑞山姆　如果她的话鼓励了你，那么选择我相信。顺便问一下，你见过米尔德丽德了吗？

莫顿　我……我……我们有两块土地，我记得，是相连的，当时我在树林里漫无目的地闲逛，跟着一只受伤的鹭走到了你们的领地。有一只雏鸟在学习飞翔，吸引了我从一棵树到另一棵树，一直跟随着它。一开始我没有察觉到这位美得令人惊叹的女士，后来……后来我才见到了她。

格温德琳　（对奥斯汀）注意他支支吾吾的说话方式，当一位女士从他身边经过，他长了眼睛就肯定能看见她。如果是你，你就会说，“那天我把她从头到脚仔仔细细地观察了一遍。看见她的手肘外侧有一块红斑，但总的来说，是一位美人”。将来你得注意，别再用这么无礼的说话方式了。

特瑞山姆　有些事情说起来简单。她从未得到过母亲的关心，而我扮演着父亲的角色。你对她的美貌已经很熟悉了，对她的美丽温柔的心灵还不太了解。那才是女孩最值得信任的东西也是妇女永恒不变的品质，纯洁而热情、从容而善良、严肃而活泼、保守而随性。满腹学问，在朋友中永远像一盏明灯，她是这世上最珍贵的宝物。这就是我口中，我们兄弟口中的米尔德丽德。

莫顿　我衷心地感谢你。

特瑞山姆　总之一句话，不要想控制这位女士；但她让我满意的理解有一些偏差，只要她能实现她所想的我就能满意。我内心是满意你对她的追求，还需要我说得更多吗？

莫顿　不用了，谢谢，谢谢，不用了！

特瑞山姆　还有一些细节需要讨论……

莫顿　这样宝贵的时间，我们一刻也别再浪费了。一想到我正站在她的楼下，在你交谈时就会胡思乱想，虽然我知道不能这样。既然你对我很满意，我应该站着还是坐下。

特瑞山姆　我希望我们不久能再次见面。

莫顿　我们？再次？啊，是的，请原谅我，如果能及时通知我，我将万分感激！我将等候米尔德丽德小姐定下我们再次见面的日子。

特瑞山姆　以我对她的了解，这个时间将不会太久。无论如何，我都会将结果告诉你。

莫顿　我已不能向您表达我更多的敬意了，我的大人。我相信，再见之时我们的谈话将会继续，我们将再不会分开。

特瑞山姆　这将会得到证实！

莫顿　女士、先生，请接受我最诚挚的敬意！

格温德琳、奥斯汀　感谢您！

特瑞山姆　这边请！

【仆人进入房间。特瑞山姆将莫顿领到了门口，奥斯汀开始评论

奥斯汀　我了解了伯爵的一个优点，能立刻承认自己的错误！我不认为这是个万全之策，我的兄弟不认同我的朋友。为什么，他需要确定，“你会答应吗？她可能不会拒绝”，然后，还有什么会被泄露出去？我应该央求我的哥哥，看在上帝的分儿上，好好劝劝她，就像当时劝我一样。然后，记住她说的话，她的表情（压低声音说道）让她只接受我一人。

格温德琳　这就是你做朋友的方式吗？奥斯汀，太羞耻了。我首先是你的表亲，也是你的未婚妻，所有的这些热情都白费了！你觉得你今天说的很合情理吗？

奥斯汀　索诺德来了，你跟他说说！

特瑞山姆　（返回大厅）现在开始谈谈大家的想法吧，女士优先！他怎么样？无论何时，都要在他们订婚的时候给他致命一击！私下是欺骗，台面上需要信任！伯爵看起来怎样？如果你们是他的姓氏！是家族的纹章！你们永远不明白这些的价值。伯爵怎么样？

格温德琳　他还太年轻。

特瑞山姆　她是什么？身心都不过一个婴儿吗？年轻？！米尔德丽德已经十四岁了，记住！你呢？奥斯汀，她多大了？

格温德琳　别自作聪明！我的意思是年轻对一个被要求承担责任的人来说是一个很好的借口……

特瑞山姆　什么意思？

格温德琳　年轻人缺乏智慧。

特瑞山姆　他缺乏智慧？那你说说他怎么缺乏智慧？

格温德琳　他站得比管家的手杖还要直，光顾着和你说一些无趣的大道理，却不知道在我耳边温柔地说一句“美丽的女士，你的表亲将有可能伤害我”。我能看得出他已经被深深地吸引了，我以我的古老的姓氏和家族荣誉保证，他对我们的好印象耗尽之后，他将会离开米尔德丽德。

特瑞山姆　你是对的！他可能已经说过我现在对他说的这些。那边那位金发的人，你愿意帮助我们吗？奥斯汀可以保证，但你只有奥斯汀了解。来吧，我们三人一起。她现在正在书房，时间紧迫，我们必须快些行动！

格温德琳　奥斯汀，我们必须……

特瑞山姆　必须什么？必须用充满恶意的口吻说出真相？找出他的缺点！我对此表示怀疑！

格温德琳　你可以用巫术让他浑身都是缺点。

特瑞山姆　你不明白现在情况多么的紧迫吗！要不了多久她就会接受莫顿，可能就是明天。

格温德琳　绝不许命令我！

特瑞山姆　他真的不值得你如此友善，他不会尽心竭力与我们携手并进。你赞成这样的做法，会让他的沉着和男子气概最后变为自信！让她开口说“明天”。如果是这样，我把乌尔达尔给你，你会通过慢慢的拍打来毁掉它吗？你会吗？

场景三——米尔德丽德的卧室。

【米尔德丽德与格温德琳从一个漆过的窗户俯瞰公园

格温德琳　米尔德丽德，快忘了这些痛苦吧，我还没有忘记我们刚在书房讨论的事情，我把家族往昔的荣耀故事带到了你的闺房，让它和你做伴，我可不敢忘记这些，更不用说家族又有了你这样不世出的奇才。莫顿大人的家业在大洪水之前，索诺德为之津津乐道，奥斯汀则鼓吹着那似乎有实有据的异端邪说。你未婚夫的眼睛是灰色的，而不是蓝色，我想我可以让他心生悔恨，可我却没有这样做。我只是想得到一个和你交谈的机会，一次表姐妹的谈话。

【两人不悦地退场

米尔德丽德　格温德琳！我都做了些什么啊，谁提醒下我？

格温德琳　来了，我来了。我知道你会孑然一身而终老，抛开那些堆积如山的佐证，索诺德的杂物，奥斯汀的祈祷书，还有可怜的格温德琳那用错地方的小聪明，他们的想法全让我给看穿了。现在，我已经迁就你快一整晚了，我是来期待你的回答的！难道我没带耳朵和眼睛吗？我已经记不得当征服者登陆这片土地时，他在石桌的哪边就餐的了。莫顿大人的祖先被人出价悬赏，最终被抓走了。赏金是归拉弓那只手呢还是搭箭的那只？

米尔德丽德　伯爵有着软弱而忧郁的眼睛！我的兄弟，他……你说他把他照顾得很好？

格温德琳　如果我仅仅是说“好”，那我说得还过于谦虚了。

等等，你说的是哪个弟弟？

米尔德丽德　当然是索诺德！不然还会是谁？

格温德琳　听我说，索诺德他太自负了，不过，当他和我们在一起时要好点。在这个大家族中，有些家仆被他所吸引，甚至愿意为他死，是真正的为他死，不只是嘴上说说而已。此外，在朝野内外，人们能描述的最完美的荣耀，索诺德的名字定会在其列中。但是，他应该慎待人们对他的敬意，不要让那些人失望。他如今已经得到了那些认可，可是他满足了吗？

米尔德丽德　你错怪他了。

格温德琳　承认吧，他就是很自负。自以为身上散发着无穷的光芒，而且他的祖先都是圣骑士。

米尔德丽德　亲爱的格温德琳，天色已经不早了。当远处的月影映入格窗，我就知道午夜来临了。

格温德琳　好吧。索诺德应该从沉思中起身，去款待这位大胆来彰显地位的人，然而在这人身上没有发现瑕疵，哪怕一丝一毫。

米尔德丽德　谁在莫顿身上发现污点了吗？

格温德琳　不是你哥哥，所以，这个世界也就安宁了。

米尔德丽德　格温德琳，我困了，你就饶了我吧。

格温德琳　我真是蠢！

米尔德丽德　唉，你又来这一套，我要休息了。

格温德琳　晚安，你休息吧！我赞扬过他穿的披风和他的浅色头发配一起有多么优雅吗？

米尔德丽德　是褐色头发。

格温德琳　褐色的？为什么，你怎么知道是褐色的？

米尔德丽德　怎么知道？奥斯汀说他的头发是浅色的，不是褐色的。瞧，月光给这个黑暗的房间增添了一抹紫色。亲爱的，晚安。

格温德琳　请原谅。好好睡吧！

【她突然转过身来

格温德琳　糟糕！被发现了！索诺德发现伯爵最好的老夫人竟也是一个自负傲慢的女儿。这个美丽的夫人在那场著名舞会上吊袜带脱落了。

米尔德丽德　她最后离去了？我的心脏！我不会靠近那扇窗户。我一定是罪孽深重，所以要承受一切。

【在印下这个纯洁少女身影的窗户前，悬挂着一盏小小的灯，她提起这盏灯，然后将它放到紫色的窗格上

在这儿！（她坐回前面的椅子上）

米尔德丽德、莫顿　征得全世界人和索诺德的同意，米尔德丽德嫁给莫顿！太迟了！想想很甜蜜，期望更加甜蜜，幸福的结局会抚慰饱受诅咒的开端。但我知道一切太晚了：梦想灵魂离开我的躯体将是最美好的事情。（窗外传来响声）这个声音！噢，为什么，为什么上帝让蛇爬行到天堂赎罪，难道对我们也是这样？

【窗户轻轻地推开，一个低沉的声音唱

有一个女人像一滴露珠，她是多么的纯真圣洁，
她有着最高尚的心灵，是的，她对信念如此执着。
黑色的、水汪汪的眼睛，就像层层的丝光棉散发出的光芒。
披落在她玫瑰色花纹衣领上的金色长发，就像羞答答的蓝铃花，比野生葡萄簇更加阳光灿烂。
她的声音如同音乐，就像源泉发出的汩汩声，鸟儿婉转的啁啾声。
【一个裹着披风的身影出现在窗前
这个女人说道："如果你不爱我，我的白天便沐浴不了阳光，而黑夜也看不见月光，就像遭炙烤的四月牧草和心律不齐的云雀。"我深深爱着她，（语言热情）疯狂地渴望她察觉我的勇气和热忱的心。
【他走进房间，走到她的旁边，俯下身去
我也许很快便会走进她的房门，就像现在她的窗格指引着我。到了正午或午夜，她将是我的，正如我是她的一样。
【伯爵脱下耷拉着的帽子和长长的大衣
我的心上人在低声唱着，所以我也附和着，我心爱的人！

米尔德丽德　坐下吧，亨利。请别握住我的手！

莫顿　这是我的。让我们胆战心惊的约会结束了。

米尔德丽德　现在什么开始了？

莫顿　这个世界不曾拥有的快乐。

米尔德丽德　是的。正如你说的，对于我们，世上最幸福的事莫过于我们在一起的快乐。这样的幸福我们能享有吗？问问你我的灵魂。
很久以前，我的爱人，你就习惯聆听。丧钟，曾经让我们如此敬畏，如今离我们如此之近。幸福不属于我们！

莫顿　噢，米尔德丽德，我是否满足过你兄长的要求？说真的，我不得不强迫自己去掩饰，去回避，去搁置事实，这个早已说服自己不让你去冒险的事实？你害怕你的哥哥，我又能否最终得到他的认同？

如初升太阳的新新生命是否会在这交织风雨的不安夜里夭折？你看不见薄薄的水雾下湿漉漉的花朵和晶莹的水珠吗？看不见遥远的东方难以言传的荣耀吗？当我和你在一起，永不分离时；当我赢得你的芳心，爱慕你时，噢，米尔德丽德，你能告诉我“幸福不属于我们”吗？

米尔德丽德　我们倍感罪恶，我们会受到惩罚。

莫顿　不，惩罚就惩罚我一人吧，只有我才是罪人。

米尔德丽德　你把我们的过去比作黑夜，现在是暴风雨了吗，亨利？

莫顿　关于你的生活，我说过，我的所思所想都是你什么时候能和我在一起？你就是那暴风雨，让黑夜逐渐过去，我就这样愚钝地认为。对我来说，它意味着黎明。

米尔德丽德　该来的总会来。你很快乐。抓住我的手吧！

莫顿　（顿了顿）看看你的哥哥有多好吧！我清楚他是一个冷冰冰的，自大的人，对吗？

米尔德丽德　他们全部都告诉我了。我都知道。

莫顿　很快就会结束。

米尔德丽德　结束？什么结束？我还须经受些什么？并且说一切都会结束？我们再也不见面了？当着他们的面，我接纳了我错爱的情人吗？她修饰她的眉毛，让它看上去像少女的眉毛一样。她的双唇也会佯装，当她颤动着双唇，努力回应你时，似乎是第一次最近地靠近一个陌生人的……亨利，你的，陌生人的……嘴唇。她的脸颊看上去如同处女的一般，那是……噢，上帝，你的奇迹将会停止。这计划好的、深思熟虑的邪恶从一开始就有！一些极为不洁的斑点将会揭露眉毛间的伪装！内心磕磕巴巴的话语我将低声吟出，但是，躁动的心情会让我尽情倾诉我们所有的悲伤故事。爱，羞耻，绝望，我惊骇于这三种紧紧围绕我的情感，就像身陷被诅咒的，喷出水与血的源泉。我不……亨利，你不希望我遭到报复是吧？我不会影响荣誉，荣誉已离我而去，只要失去一次，再也无法获得！

莫顿　米尔德丽德，我的荣耀也是你的。耻辱我无法独自承受。我收回今天早上告知你哥哥的话。时间自然会告诉我们拯救我们两人的更好办法。

米尔德丽德　我将面对他们，亨利！

莫顿　什么时候？明天！就明天吧！

米尔德丽德　不，不行。我还不能准备好要说的话，表情以及姿势。你怎么会蔑视我！

莫顿　米尔德丽德，不要挣扎，如果你爱过，并且仍旧炙热地爱着，把这无尽的痛苦丢开吧！但是，先跟我走进这个屋里。现在，冷静地回答我，我是怎样的人？你说蔑视，因为你刚才确实用到这个词，我要把这个附加在我身上的属性去除掉！你不会再重复这个词了吧？

米尔德丽德　亲爱的亨利！

莫顿　过去，我只是个未成熟的男孩。那现在的我呢？而你，当我第一次遇见你时，也像个小孩。为什么，那时的你，头发松散地披在双肩。只要一想到当时我脸颊滚烫的样子，我的脸仍然会变得通红。记得那天早上我便产生了一个梦想——你知道，我们男孩子对心上人都有着无限的情谊。我曾听闻一个女孩，对她日思夜想，我试着接近她，想同她说话，想和她共度此生。噢，米尔德丽德，你无法想象，我记得你的每一个眼神，每一句话。骄傲的天平秤能称出我对你沉甸甸的爱的重量。爱的价值永恒不变。你喜欢你的单纯，完全忽视了那份愧疚感。你就像获得一个奇怪的小说奖，流露出女孩子那毫不掩饰的快乐。我的语言难以理解，但向你作了解释。如果我沉浸在你的秘密里，对其有着许多毫无根据的幻想，如果你怜悯我的热情，可怜我内心的挣扎——不坐在你身旁，不去听你的呼吸，不去看你炯炯的目光。如果你给予他人礼物，却不知道其所富有的含义，如果我的勃勃雄心让我最终失去理智，而我必须在心上人的凉亭默默注视着她，或者等待死亡。我甚至不知道自己内心的渴望。也不知道你期待什么？如果悲伤，罪恶，如果末日到来，现在我就必须丢下理智？不说真话，而是对上帝和我们的灵魂撒谎？这样做才是真正的耻辱！

米尔德丽德　你相信吗，亨利，我不会再无理对待你。以前我是无知的。我不会哀悼过去。我们的爱会延续，你仍然会继续爱我。

莫顿　别深爱名誉受损的人！我鲁莽地拒绝过报信人的建议，我的胸怀———我内心的温暖不足以让你充满能量么？就因为我捏碎了这些花儿，我就不能照顾你了么？我会拥有无限的荣耀！米尔德丽德，我爱你，你也爱我。

米尔德丽德　走吧！那是你的最后一句话。我要睡了。

莫顿　这是我们最后的见面吗？

米尔德丽德　还能再见。

莫顿　以后呢？想想，以后！

米尔德丽德　以后，再也没有甜蜜的爱恋，我们的爱没有黎明。言语和表情都读不出那股莫名的悸动，也没有无知的恐惧和希望。明天不会到来！

莫顿　那狂热的爱何去何从？诺言需要实现。

米尔德丽德　或许吧！但是，你谨慎吗？你确定你爬墙的时候没人看到？

莫顿　相信我！那么我们最后的约会就定在明晚吧？

米尔德丽德　再见！等等，亨利……为什么？他的脚踩在紫杉木的大树枝上，然后跳到草皮上。他跑走了，月光洒落在他身上。他一次次地感谢着他的爱人。他远去了。噢，我相信他说的每个字！我还如此年轻，我却这般爱他。我失去了母亲，上帝也将我遗忘，我很失落。请宽恕，一切都是疑惑。当然，面对死亡的痛苦已经过去了。

第二幕

场景一——藏书室。

【特瑞山姆，匆忙走进藏书室

特瑞山姆　这边！快进来，杰拉德！

【杰拉德进入后，特瑞山姆将门关上

特瑞山姆　现在就说！等等，（坐下）直接告诉我。如实地、坚定地重复你刚才告诉我的故事。你一直在闪烁其词。你在这儿生活了多久？在我的房子里，在你之前，你的父亲就在这儿看守木材。

杰拉德　我的主人，我受您的恩惠差不多60年。

特瑞山姆　没错。我知道你是所有仆人中最受信任的一个。你就说实话吧。

杰拉德　我说的绝对是实话。每天晚上……

特瑞山姆　什么时候开始的？

杰拉德　至少有一个月了。每天午夜有男人进入米尔德丽德小姐的房门徘徊。

特瑞山姆　呸，“徘徊”？对我来说，没有比这个更混账的词了！

杰拉德　那个家伙沿着树林跑，穿过南边，然后在街道末的左边那棵树那……

特瑞山姆　就是那棵大大的紫杉树？

杰拉德　是的，那棵树粗粗的枝丫，就像一个平台，你完全可以站在上面。然后，他……

特瑞山姆　快说怎么样了！

杰拉德　然后，向上爬。爬到树梢后，人越来越模糊，我看得不太清楚。我想他朝小姐的窗子抛了一条绳子，不过我也不能保证。

特瑞山姆　他就是从那个窗子进去的！杰拉德，一个十分愚蠢的家伙居然想窥探我妹妹的隐私！当这个年轻人接近她的房间，并向里探的时候，他们的思想便开始疯狂。他没有进入她的房间吧？

杰拉德　米尔德丽德小姐的彩色玻璃窗的红色格子下都会亮着一盏灯。

特瑞山姆　说出那个人的名字！什么，一盏灯？

杰拉德　午夜里，这盏灯升到深蓝色的窗格。那个人就躲在树枝里一直等着。我看见他打开小姐的窗子，然后进去……我看得很清楚，就像我现在看主人你一样那么清楚。

特瑞山姆　就一直没出来？

杰拉德　大概一小时，两小时。

特瑞山姆　你看到一次？两次？究竟多少次了！

杰拉德　二十次。

特瑞山姆　你怎么会去紫杉树下？

杰拉德　那个夜晚，我走了很远，去寻找那只破栅而出的牡鹿，然后就看到了那个男人。

特瑞山姆　你没有给这个强盗一箭？

杰拉德　但他出来了，他从米尔德丽德小姐的房间中走出来。大人，这是他第一次在明亮如白昼的月光中被人看见。

特瑞山姆　（顿了顿）你没有理由——谁有理由对我妹妹做错事？

杰拉德　噢，主人，就这一次，请让我说出我的想法！自从我发现这件事以来，我就像被炙热的铁网穿插般痛苦地呻吟。面对她，我如同被火烧，看到你，我仍然难安，就连设法将自己扔给死神，看到的也是熊熊燃烧的火焰。我受托照顾小姐时，她还不到7岁。整整一个月，我从鹿群中，抓来雪白的小鹿，小鹿就在她瘦小的手掌上舔食面包。她总是笑着和我打招呼——她……如果可以的话，会将羊羔从树干上松开……这些内容你听起来或许很愚蠢，我是说，看在上帝的分儿上，我不太会说话，但不会让小姐受到伤害。但一旦要求我缄默不语，在你的屋檐下，也是我的出生之地，吃的每一口食物都让我哽咽。我宁愿在猜疑中疯掉，理应如此。今天早上，看来我只有两个选择，向你坦白或者去死：事已至此，我就如同最邪恶的虫子，爬行着，背叛小姐。

特瑞山姆　不，不，杰拉德！

杰拉德　让我说！

特瑞山姆　一个男人，你说：什么男人？年轻吗？是不是粗俗的懦夫？什么装扮？

杰拉德　一顶耷拉的帽子和一件肥大的深色外衣将他整个人都包裹得严严实实；脸也被遮住了；但是，看得出他很年轻：不是懦夫，肯定不是！

特瑞山姆　为什么？

杰拉德　他全副武装：剑从大衣里凸显出来。

特瑞山姆　杰拉德，我不会对此事置之不管，绝对不会！

杰拉德　大人，谢谢，谢谢！

特瑞山姆　（在房间里踱来踱去。过了一会儿）噢，思绪胡乱飞舞起来！邪恶的想法困扰我们时，荒唐的事实如同说给创造了太阳、星星和山河的上帝的谎言！我知道什么样的事可称为荒唐，也知道造物主是仁爱之人，使我能理性思考，但却不足以解释我的亲眼所见——我的理性认知土崩瓦解！外面是一片欢乐的景象。这是我的图书室，我的父亲退伍后曾惬意地坐在这把椅子上，我站在他的膝盖旁，问他问题：杰拉德，头发花白的家臣，如他所说，已经伺奉了一代人，从父辈到子女。我很是相信曾讲过的一个故事，是关于米尔德丽德……噢，不！所有故事都是真的，她纯洁面容的故事以及护林人的故事！暂不说她是否有能力，她是否愿意面对背叛、狡黠等罪过。上帝与我同在！我要坐在这里，直到思绪平息，意志清晰。噢，上帝，请让我远离这痛苦吧！

【他把手放在桌上，头埋进手臂间，这时，门外响起格温德琳的声音

格温德琳　特瑞山姆大人，（她边敲边喊）特瑞山姆大人在吗？（特瑞山姆迅速翻开手边的一本书）

特瑞山姆　进来！（她走进来）是格温德琳啊，早上好！

格温德琳　没别的可说了？

特瑞山姆　我还能说些什么呢？

格温德琳　问得好！还能说些什么呢？说说这个吧，昨晚我让可怜的米尔德丽德困扰了吗？直到凌晨听到关于伯爵的事，伯爵——我考量过，尽管我非常希望……索诺德，这到底是怎么回事？你好像身体不太好！

特瑞山姆　谁，我？你嘲笑我。

格温德琳　我所希望的事都能如愿吗？和亚瑟王时代的书籍一样，在那册书末尾部分，找到关于伯爵纹章上的斑点吗？

特瑞山姆　你什么时候离开米尔德丽德的房间？

格温德琳　噢，非常晚，我告诉过你！你需要问的是我怎样离开房间，当然，随你高兴，她不会认为像伯爵这样完美的人有何不体面……

特瑞山姆　把她带到这儿来！

格温德琳　索诺德？

特瑞山姆　我是说和她熟络一下。我会非常和善！

格温德琳　和善？

特瑞山姆　哈，你猜对了！我不太舒服：没必要隐瞒了。但告诉她，空

闲时来见我，也就是现在！就在图书室！那本陈旧意大利书中的一个段落，我们找了很久，终于找到了，看，找到了。如果我又丢失的话……你看，所以她必须来，立刻！

格温德琳　我将逐渐死去，如果还未使纹章上的斑点暗淡，将此记录下来！

特瑞山姆　快去！要不然，如果你愿意的话，和奥斯汀一起去叫她——就在旁边的画室！快去！（格温德琳离开了）又给了我一次教训！你可以要求一个孩子隐藏起内心的痛苦，然后用柔和的表情伪装进行狡诈的调查，也可以要求我赞美这位询问者的过人之处。如果你昨天就告诉我，“受政策诱骗，不得不说出真相时，你需要规避某人，也需要找人练习：那个人就是米尔德丽德”！她已经完全失去理性了！她已不再贞洁……为什么，之后你甚至可以称她投毒者、叛徒，你愿意怎么称呼都行！我完全不能理解，无话可说，无事可做、可想。强迫我接受这可憎的行为——如同各种瘟疫肆虐，我甚至不会去计数。

【米尔德丽德走进来

米尔德丽德　索诺德，什么书是我要找的？格温德琳说你面色苍白，但看上去不是这样。什么书？肯定是意大利书籍。

特瑞山姆　米尔德丽德，有这样一句话……别看着我，我会用英语说给你听——“爱可以战胜一切”，爱可以战胜什么？怎样的爱值得尊崇？至爱？

米尔德丽德　真爱。

特瑞山姆　我应该说得清楚一点，我是说，所有的爱当中，谁的爱才可以称为至爱？

米尔德丽德　这就太多了，父爱、母爱、夫妻之爱……

特瑞山姆　米尔德丽德，我确信一个哥哥对其唯一的妹妹的爱才最为宝贵。你看，就一眼！在其他纯金般的爱里不会掺杂合金。无须感激，你从未给过她生命，抑或是她成长不可或缺的东西——从未照顾、引导、培育过她。因此，你的爱没有给你任何权利，让她放弃纯洁的爱情：这就是我所谓的尘世的自由。比如，她和你，绝没有想过会成为这样的朋友，一同在树丛中寻找驴蹄花或是在干草堆里玩耍。噢，是的，随着年龄的增长，会彼此尊重，渐渐发现对方的价值，怜悯之情越发强烈，拥有成熟的友谊以及顽强的自尊——这些都是新朋友之间不会存在的！骇人的鬼魅，古怪的青年与之只是交谈半小时，甚至只是凝视一眼，却会改变（比任何改变更为彻底）你的灵魂……她的灵魂，也就是我妹妹的灵魂！和她在一起，昨天还是寒冬；现在就温暖如春，树木发出嫩芽，海龟开始丝丝叫喊。“起身离开”！和她一起？——远离所谓的自尊、敬意和兄长一切无关紧要的权利！他长久以来所指望的一切！我认为这种爱，（且不说你我之间的爱）满足于生命的短暂。意识到会有其他的爱替代，便会悄悄隐埋。我确信兄长的爱超越了这世上所有的爱。

米尔德丽德　这是为了什么？

特瑞山姆　这是为了你，米尔德丽德！否则，不，我不能这么快去做！理由之一是我忽略了我的轻率。从我们出生开始，和你之间的每天、每时都像如丝般的轻烟。直到所有的这些纤纤细线构成了一张包含平日生活中的希望、害怕和想象的网。你住得如此近却又是离得那么远！

我必须把这张网撕开，撕碎，毁掉这些甜蜜而又让她尊崇的秘密吗？你——我的意思是说对你，我是应该说，还是不应该说呢？

米尔德丽德　说吧！

特瑞山姆　我说。有没有编剧或是任何一个人可以讲述你对我的隐瞒？我从不认为从你嘴里会说出什么谎言。假设你说“没有编剧可以这么讲述”，那我就相信你，尽管我不相信这个世界——拥有比我更好的男人的世界，以及跟我心目中的你一样的女人的世界。说！

（顿了顿）不说？那就解释！澄清！让一些痛苦渐渐远去，比起死亡要好得多。不说？死亡就会逼近，米尔德丽德！啊，如果我自己能坦率地让他们控告你！米尔德丽德，我必须这么做吗？继续沉默？

（顿了顿）有没有求爱者每夜都得到允许进入你的房间？

（顿了顿）还有，他的名字！直到现在，我只是在为你着想：但现在告诉我他的名字！

米尔德丽德　索诺德，你是不是为我的罪行想出了很好的赎罪方式，如果能有好的方式的前提下！但是，不是说我会容忍并且祝福你，我心里就是想要在炽烈燃烧的新生的火焰中抹掉她的污点。不要再让我多一条其他的罪行！噢，已经够愧疚了！我不能说他的名字。

特瑞山姆　那就审视一下你自己吧！我应该怎么做？表个态吧！

米尔德丽德　噢，索诺德，你不能这么试探我！在这间房里，死在这把剑下会看起来像是受到惩罚。所以我应该像一个狡猾的骗子一样，悄悄地逃到遥远的极乐世界！为我准备好这一切很容易。但你，你会有什么样的结果呢？

特瑞山姆　我现在会有什么结果？我会努力在众人面前掩饰你我的羞耻！就连死人的都一定在教堂的大理石地板下喘息，他们不会起来伤害你的。你可以在我们母亲的坟墓前嫁给你的情人，母亲不会在你的脚下醒过来。无论怎样，我们也会坚持下去。但明天在这儿就太仓促了。伯爵毫无疑问还很年轻。尊严来自天堂，心来自……心又开始于何处？昨晚我已经按照你说的派人给他送了一封信，要他明天自己供出自己。在这儿就说这么多了，剩下的也可以理解了——“你的眼睛在说你很喜欢他对你的追求”，现在口述一下今天早上的这封信，有了这封信就可以取消昨晚那封了吧！

米尔德丽德　但是，索诺德——我是否应该像我说的那样接待他呢？

特瑞山姆　这位伯爵?

米尔德丽德　我会接待他。

特瑞山姆　（突然起身）嗨，你瞧！格温德琳！（格温德琳和奥斯汀来了）奥斯汀，也欢迎你！看那儿！那边那个女的！

奥斯汀、格温德琳　怎么了？米尔德丽德?

特瑞山姆　曾经是米尔德丽德！现在每晚都和他人幽会，趁她父亲房子里的每个人都在熟睡时，我是说，这个狡猾的水性杨花的女人就在这屋顶下面和她的那可耻的另一半幽会。这片屋檐下，你，格温德琳、奥斯汀和成千的特瑞山姆家族的人，没有一个像她！信号灯的灯光射不到，她急促无耻的喘息声在热烈的渴望快要熄灭的时候，与呼吸声混合在一起！没有松土机悄无声息地来回移动；没有一个嗜酒的作家知道你怎么看米尔德丽德的。你了解她！

格温德琳　噢，米尔德丽德，至少面向我！索诺德，她就像死了！我敢说，她站着那么僵硬就像一块石头一样，看起来也十分苍白!

特瑞山姆　你已经听说……

格温德琳　太多了！你不要再讲了。

米尔德丽德　继续说吧！所有都是真的。因我而起!

特瑞山姆　所有的都是事实，她告诉你了！那好，你知道，或是应该知道，我不会原谅她的。我谨记着这个严酷世界禁止的每一训诫，我要一个个地执行我们祖先严厉的判决。在他们面前我有责任强制执行应有的报复。米尔德丽德，我的一个妹妹，她是我心中最大的骄傲。她的每句话，她的视线，以及赤裸裸的无足轻重的回忆，长久以来都是头等重要的。时光消逝，她日益消瘦，与坟墓越发接近，如果不平静，会精力耗尽死去，然后被遗忘？一切都能承受。但是，昨晚那个成功求爱者关于爱的誓言还在耳边，她却平静地要求我帮助她诱惑一个不清醒的、轻信的男子。他认为她的一切都是贞洁的、高尚的、纯洁的引诱我去出卖他……是谁应该尊重自己，掩饰自己羞耻的行为？她会接受莫顿大人，她自己说的。这个，谁能承受？为什么，你有听过贼，刺客，这世上不光彩的事，也嘲笑过——“不要拷问我，我不会出卖我的伙伴，我发过誓要忠诚”！你已听说过悲惨的妇女，除了米尔德丽德，与无耻的无用之人有着极其不正当的关系。你曾劝她们放弃，并且她们应该回答说“上帝，朋友，名誉，我抛开这一切只为追寻他，我找到了，为什么又要离开他，是为了金钱。名誉或是朋友”？你像对待朋友一般，回应这些世上被遗弃的可怜人。你愿意有多坏就有多坏，你会感觉到他们不过是上帝的男人、女人，所以，他们不会因你脱离关系。但她现在站在那儿，平静地放弃她的情人以便嫁给伯爵，还会安全地隐藏他们之间的交往：因为这个，我在你们面前诅咒她。让她感到无比羞耻！上帝对我们做出判决！

现在它听到了我的想法，就应该对她进行判决！

【米尔德丽德晕厥倒下，特瑞山姆冲出去

奥斯汀　等等，特瑞山姆，我们会陪着你！

格温德琳　我们？什么，丢下米尔德丽德？我们？为什么，除了在她身边，我还能在哪儿？你除了在我身边，还能去哪儿？米尔德丽德说句话！看着我！

奥斯汀　不，格温德琳！我重复索诺德的话：她不值得注意……

格温德琳　我们两个？如果你是经过再三考虑才说的，如果我同意你说的；如果你当了士兵，不得不听从国王的命令去参加战斗，而不管其他人认为这样是对是错。如果能挽救一个面色苍白的女人，不管这个妹妹，不管米尔德丽德，你离开她，或是如果我，她的表姐（今早的朋友，昨天的玩伴）说，或是至少这么想一千次：“如果可以我愿意为你效劳”，现在应该转过身说，“啊，那只是意味着，当你能照料好你自己的时候，我才会为你效劳。只要有50只眼睛等着你回头，预先阻止不成熟的想法，我将给你提供你不需要的帮助。当每个人赞扬你，我会加入到这个赞扬你的团队中来；当你为自己和诽谤者之间的周旋而倍感困扰时——一个粗鲁的声音，急躁的眼神，粗糙的手亵渎他们给你套上的神圣的光圈，你的生活就会停滞不前。真的，谁能像我一样这么坚定地支持你”？如果我们言行一致，米尔德丽德就会信赖我们，但我们都不值得。我们只能被你恶狠狠的狗看见。倘若那把剑在众人前划破你的脸庞，你胸膛前的徽章被撕掉，你声嘶力竭地吵闹，这一切将推着他穿过呐喊的人群，来到你的身旁，并带着你所有的耻辱逃离到你选择的沟渠中死去！奥斯汀，你爱我吗？奥斯汀在这儿，米尔德丽德，你的哥哥说他并非完全相信，不，是一点不信他所听到的！他说抬起头，抓住他的手！

奥斯汀　抬起头抓住我的手，亲爱的米尔德丽德！

米尔德丽德　我还太年轻！另外，我爱他，索诺德和我没有母亲；上帝忘记了我，因此我失足跌倒。

格温德琳　米尔德丽德！

米尔德丽德　别靠近！我在梦想我能掩饰我所做的一切吗？一切都是真实的。如今，惩罚我吧！一个女人抓住了我的手？松开手吧！你什么都不知道，但我认为索诺德告诉你了。

格温德琳　这是什么？你要去哪儿？

米尔德丽德　噢，奥斯汀，放开我吧！你全部都听说了。令人吃惊的是，你的判断力甚至比索诺德的还糟糕！噢，除非你执行判决，松开我的手！索诺德离开了吗，你们还在这里吗？

格温德琳　在这儿，米尔德丽德，我们是你的好朋友，我们都会在此守候；平静下，睡一会儿或沉思！如果我们不在你身旁，我们怎样帮你的心愿达成？奥斯汀正在这儿耐心等候你说出你的意愿！去掌控，去爱恋，去信任，竭尽全力。尽管困难重重，但也别放弃。

米尔德丽德　我深信如果揽住你的颈项，把头埋在你的胸膛，我会再次落下泪来。

格温德琳　放手吧，奥斯汀！等等我。去画廊走走，思考下大千世界的面貌和残酷的现实，直到我叫你。（奥斯汀离开）

米尔德丽德　不，我不能哭泣。没有困意，没有眼泪！噢，格温德琳，我爱你！

格温德琳　是的，“爱”是一个简单的词汇，却表达了太多的含义！说这个词也就意味着要向我吐露心声吧。

米尔德丽德　好，我向你倾诉！

格温德琳　告诉我你情人的名字吧！我还有太多疑惑，在我帮助你之前！

米尔德丽德　我的朋友，你知道我不能讲出他的名字。

格温德琳　至少承认他是你的情人？你也爱着他吧？

米尔德丽德　噢，你也问我同样的问题吗，我现在情绪如此低落！

格温德琳　你还爱着他吗？

米尔德丽德　他是我抵御被愧疚摧毁的唯一的精神支柱！在每一个夜晚睡觉前，我都会说：“我还年轻，我没与母亲，我爱他！”上帝似乎很宽容。我鼓起勇气，相信他是我梦中的灵魂。

格温德琳　你怎能够让我跟你谈论莫顿大人？

米尔德丽德　我很困惑。

格温德琳　你曾说过不管怎样，你都会接受他的追求？

米尔德丽德　我说过我很困惑……

格温德琳　对我来说没什么可困惑的！莫顿和你的情人都是一样的！

米尔德丽德　多么疯狂的幻想啊……

格温德琳　（大声叫道）奥斯汀！我会知道真相，我所持有的真相。

米尔德丽德　你所有的爱人，亲爱的格温德琳，隐忍吧！我信任你……

格温德琳　就为了这个！奥斯汀！噢，先不要猜想！但我却猜测了，直觉告诉了我为什么我宣判你免受不可赎回的重重罪孽？我感觉他们都不属于你，除了这样，难道还有其他方式？整个秘密都是我的！

米尔德丽德　倘若你会看到我在他面前死去……

格温德琳　我会静默不言！如果伯爵今晚归来？

米尔德丽德　啊，我的上帝啊，他失踪了！

格温德琳　我猜想也是这样。奥斯汀！（奥斯汀入场）噢，你藏去哪儿了啊？

奥斯汀　索诺德离开了。我不知道如何跨过这草地。我一直看着他直到他消失在山毛榉的边缘。没错，就是山毛榉。

格温德琳　离开了？所有挫败我们的东西。

米尔德丽德　索诺德也是吗？

格温德琳　我想好了。首先把米尔德丽德带到她的房间。走另外一边然后我们开始寻找你的哥哥。我会顺便告诉你这个世上最大的慰藉。一切都有来龙去脉。记住，亲爱的，他曾说有线索！我知道了，快来！

第三幕

场景一——米尔德丽德窗下，紫杉树大街的尽头，红色窗格透出灯光。

【特瑞山姆穿过树林进来

特瑞山姆　还在这儿！我不能迷失自己。荒野—果园—我穿过一片沼泽地，那些小山谷和林荫小道曾引领我到荒郊野外，困惑给冒险步伐设下阻碍。如今他们早晚会来到这边。黑色的阴影破碎了，拥挤不堪的树干毫无遮掩。我曾从昏暗的角楼逃离，面对我的步伐；正是这条河流把臂膀伸向了我然后引导我到这个我所厌恶的地方。为何我不再躲避他们的恳求：你愿意跟我在一起吗！噢，太痛苦！起草关于幸福和快乐的计划，然后看着它慢慢被忘却，这些都毫无意义。所有人都满怀希望，然后看到希望破灭，悲伤一会儿，又重燃希望。但我想这样可怕的预兆不会应验。好似我希望同盟者反对君主时，达官显贵的子孙可以继续前行。这些要人的珊瑚浆果掉落在我身上，掉在许多男爵的外衣上，以及美丽的妇人身上。没有箭毒木从地狱插入其根部，到处都是弯弯曲曲的臂膀。为何会来到这里？我要做些什么？（铃声响起）铃响了？午夜时分！在此时……噢，我看见森林、河流、平原，现在我明白你的意思，我服从你！嘘！这棵树合适。

【他退到一棵树的后面。经过短暂停顿，莫顿跟从前一样遮遮掩掩地进来了

莫顿　不是这个时候！击败你所有华丽的希望和恐惧，我的心肝宝贝！我想到小礼堂的那敲击的钟，就像我挤着穿过大片大片的蕨类植物丛。我将不再看到我的爱情之星高高升起。噢，过去不再！还有很多让你愉悦的任务等着你。米尔德丽德开始苏醒。一点一点地抹去所有在禁忌小路上的艰辛足迹。是我鲁莽的爱让她走上这条禁忌的路。每天都看到她的恐惧，还有重生的希望：一连串无法预料到的惊喜接踵而至，也会出现无法预见的许多欢愉。我对过去不会后悔。（灯光在紫色窗格上摇曳）看，我的信号升起，米尔德丽德的星星！我从未见过它像此时绚烂可爱，这是最后一次升起。如果落下，太阳也许就会落下。（当他准备攀登街上的最后一棵树时，特瑞山姆抓住他的手臂）手放开，乡巴佬！这里有金子。我真是疯了。我曾说我会拔下窗扉下百花丛灌木的枝干。拿着它，别说话。

特瑞山姆　到月光照到的地方，同我一起！

莫顿　我有武器，笨蛋！

特瑞山姆　是吗？到亮处来，不来吗？我掐住你的喉咙！挣扎啊！

莫顿　就是那个声音！我在何处听到……那个声音温和而又缓慢。我会同你一起。

【他们出发了

特瑞山姆　你有所准备，那很好。报上你的姓名，你是谁？

莫顿　特瑞山姆！她失踪了！

特瑞山姆　噢，沉默？你的表现和我在奇怪的梦里梦到的一模一样。这个世界到处都是恶棍，当他们被发现，他们的反应和你

一样。亡命徒有着自信的表情，小偷口若悬河，花言巧语，但当我在一男子面前幻想时，静默下的情欲奴隶便会卑躬屈膝。你的姓名！

莫顿　特瑞山姆大人，我想象亲吻他的脚下，或许这样我能占上风。为了他自己好，他将克制不去问我的名字。他未来的祸福取决于我的沉默。徒劳无功！我看到你苍白无情的脸庞。了解我，特瑞山姆大人！（他丢掉了伪装）

特瑞山姆　莫顿！（顿了顿）解释下吧！

莫顿　听我说之前，你先说吧！

特瑞山姆　没有谁会对你的生活进行评论！确定无疑我会勒死你！你是什么样的就该是什么样的！毋庸置疑那是你教会米尔德丽德保持那镇静和深感罪恶。倘若你教会我不可教会的东西，解释清你可活下去并可以这般撒谎的理由，我们便没有冲突。无论我如何理解，上帝让我铭记古老的信念——像你的生活是不被世俗接受的。现在就说出来龙去脉！

莫顿　我恳求一次辩驳的机会，这不是为我，而是为你，更是为她。

特瑞山姆　哈哈，我应该了解你的什么方法吗？像你这样罪大恶极的人，该如何激起他的愤怒？殴打？毋庸置疑，对他而言，值得引以为豪。冷落他？或者把脚放进他的嘴里，或者朝脸上吐痰！来吧！选择哪一种，或是全部方法都试试？

莫顿　在他，我和米尔德丽德之间，上帝就是法官！我能逃避吗？依照您的意愿吧，我的大人！

【他说完后倒下

特瑞山姆　你没受伤吧？

莫顿　现在听我说！

特瑞山姆　站起来！

莫顿　噢，特瑞山姆，我不是说你现在听我说吗？是什么使一个人获得在他同胞面前为自己辩护的权利？我想，现在他会在上帝面前说话，这就是他的辩驳？

特瑞山姆　没有受伤？一定伤了！你并没努力地抵抗我。我的剑刺到你哪儿了？为何不还击？

莫顿　大人——

特瑞山姆　他多么的年轻啊！

莫顿　特瑞山姆大人，我很年轻，然而我的生活卷入到了他人的生活中。我快在你面前死去了，让我讲吧，请相信我所讲的！

特瑞山姆　你能待在这儿直到我找人回来救你吗？

莫顿　噢，别离开！很小的时候，我就做了让你痛心的事，这很不光彩！意识到羞耻之后，我没能找到一个能更好地弥补我过错的方法。我的命如此低贱。我想我的方法会更好，要不然你早已做出决定。我的命给你！你能在我剩下的短短几分钟内获得补偿吗？在我死去前能否得到您的原谅？

特瑞山姆　我原谅你。

莫顿　这是我等待和思考的词！因为，如果你原谅我，我希望跟你说说米尔德丽德！

特瑞山姆　莫顿，轻率和愤怒迷惑了我们的心智。这不稀奇，你还年轻，考虑事情不周全，不愿回忆过去。你的谅解对我来说也同等重要！

莫顿　噢，特瑞山姆，剑和血滴应带来这一切！为何，是我对你的恐惧，我的爱人对你的惧怕（男孩子都对你有这样的感受）毁灭了我！我梦到你到处奉承学者与绅士。我渴望与你接近，但我很年轻，你卓越的名声让我望而却步！噢，如果没有这么多的爱，或许半年前，我就会拥有无尽赞美和友善的目光。甚至是现在，我们该是多么欢愉！我知道这不符合你的想法，特瑞山姆！让我看看你的脸庞；我感觉这改变了我：我的双眼呆滞无神。哪儿？哪儿？（他试图站起来，眼睛看着油灯）噢，米尔德丽德！米尔德丽德将要做什么？特瑞山姆，她过着痛苦的生活。我要活着，必须活着，我将活着拯救她！特瑞山姆，你听到了吧！听到了吧！你有什么权利轻率地践踏她和我的生命，在我们即将死去时说，“要不是我想到了，一切便会烟消云散”？我们罪孽深重，我们会死；您没有罪，特瑞山姆大人！因为您也会死，上帝会审判您。

特瑞山姆 是的，满意吧！

莫顿 她坐在那儿等着我！现在，就你跟她讲这个，说吧，我看见他死去，他低声说“我爱她”——你不知道那三个简短的字眼意味着什么！告诉她，我爱她爱得痴狂！谁没有怜悯，谁不会有懊悔，偶尔想要她……跟我一起死去，亲爱的米尔德丽德！这太容易了，你将摆脱太多不幸！我能躺下休息，对你讲不礼貌的话，做无礼的行径吗？我被死亡，卑鄙的人所束缚，困惑于每一次的告发，然而却无法将这些恶棍撕碎！死去，米尔德丽德！把光荣的世界留给他们！对于上帝我们都非常好，尽管世界抛弃了我们。

【听到口哨

特瑞山姆 呵，杰拉德！（杰拉德、奥斯汀和格温德琳伴随着灯光进来了）没人讲话！你看看都做了些什么！我受不了其他声音。

莫顿 有光，我朝向它移动。特瑞山姆，我没有告诉你——你没有把我的话传给米尔德丽德？

特瑞山姆 我会转告的。

莫顿 现在？

特瑞山姆 现在，把你抬起来，然后跟我走。

【当他们半举起莫顿时，他突然开始挣扎

莫顿 不要让我离开她，就在那把我放下！

格温德琳 （顿了顿）奥斯汀，你和索诺德留在这儿直到杰拉德来帮忙。然后把他带到他的房间。我必须去米尔德丽德那儿。

特瑞山姆 格温德琳，我听到你说出的每一个字。你听到他让我传话了吗？你听到我的承诺了吗？我，仅仅就是我去看米尔德丽德。

格温德琳　她将死去。

特瑞山姆　噢，不，她不会死去！我不敢想象她会死去。你有什么理由认为她会死去？为什么，奥斯汀和你一起！

奥斯汀　要是我们在你们争斗前到就好了！

特瑞山姆　根本没有争斗。是他让我杀了他！我把他的尸体交给你和杰拉德！当我的面，把他抬走吧！

奥斯汀　抬到哪儿去？

特瑞山姆　噢，抬到我的房间！当我们下次在那里见面时，我们会是朋友。（他们将莫顿的尸体抬走）他会死去吗？格温德琳。

格温德琳　要带我去哪里？

特瑞山姆　他就是倒在这里。现在回答我。你和莫顿的命运无关。现在你已经看见他胸靠着草地。如果你们可以帮忙，你们会走这条路吗？当你和奥斯汀手挽手漫步穿过祖先留下的土地，你们的身影不会出现在草地和旷野上吗？这并非是被黑夜笼罩，发出飒飒声的树林的阴影。当你们跨过漆黑的紫杉树大街下被血染红的草皮时，你们会永远遗忘他的胸膛吗？那好！你们扭转头，我也跟着这样？

格温德琳　木已成舟，事已至此。我担心的是活着的人。索诺德，担起责任，有太多的事需要处理！

特瑞山姆　我父亲种下的这些珍贵而古老的树，我如此爱惜！就像传说中的罪行，我所做的释放了复仇女神，使其在你们当中跳蛊惑性的舞蹈！噢，别再为我吟诵，因为唱赞美诗的优秀人士要回应神的赞美！她的是你们的，不是我的！再见，再见！

场景二——米尔德丽德的房间。

【米尔德丽德独自一人

米尔德丽德　他没来。我从那些对成功无计可施的人那儿听到：你认为她听到后，悲伤痛苦会杀死他们；然而，他们积聚分散的力量来应对她的首次威胁——他们命令她攻击，嘲笑她弱小的能力。噢，不会是这样！悲哀一个接着一个，不会发生在我身上！我需要忍受亨利没来的事实吗？那么多个夜晚的第一次失约？我们的爱在这些幽会的夜晚产生了。他在座位上一直坐了几个小时，我们非常相爱，我们没有找到太多容易且快乐的方法将爱隐藏。面对索诺德，我无法为自己辩护。若有任何辩驳，他都会为之断气。但是，不，最大的羞耻已经结束了，其他的也将减弱。不，亨利，我只不过是在不断地思考破晓的事情。我一定摆脱了自己。米尔德丽德已经失去了她的情人，噢，我无法接受这个悲剧！我和它无关！是米尔德丽德将伤她的心。这个世界遗弃了我，亨利离开了我，离开？他没有来，我失去了他，我却还傻傻地坐着……哦，老天，以任何方式结束这样糟糕的局面吧，而非痛苦或无动于衷。

特瑞山姆　（在门外）米尔德丽德！

米尔德丽德　请进！上帝在听我说话！

【特瑞山姆走进房间

特瑞山姆　你自己？一个人？噢，不会再有诅咒！米尔德丽德，我必须坐下说。你坐那儿！

米尔德丽德　说吧，索诺德，别管咒语。把你来想说的话都说出来！什么和我有关？说出让你额头和脸颊发白的想法吧！

特瑞山姆　我的想法？

米尔德丽德　对，全说出来吧！

特瑞山姆　数年前，水仙花开的时候，我不记得我们是如何艰辛跋涉到一个积水坑的，但当时的情况让我们吃惊。你不敢前进也不敢后退，于是我们只有站在原地大喊大笑直到杰拉德来找我们。刚一安全到达草皮，我们笑的声音就更大了，再一次放弃了奖赏！一些人的思想是多么空虚啊！那些垂死的人！米尔德丽德——

米尔德丽德　相比昨天，你现在是多么和蔼亲切地叫着我的名字！为什么？

特瑞山姆　这件事压在我心里，非常沉重，甚至让我今早走错了工作的地方。我或许……当然，我会为触动你的一丁点小事高兴或者难过，满意或者失望。我或许会因烦闷的情绪而责难你。米尔德丽德，事实上，我做了更过的事，你能原谅我吗？

米尔德丽德　索诺德，你在嘲弄我吗？噢，是你让我说出了这个词！

特瑞山姆　原谅我，米尔德丽德！亲爱的，你沉默了？

米尔德丽德　（突然站起）为什么亨利·莫顿今晚没来？你也不吱声了？（扒开他旁边的斗篷，指着空空的刀鞘）这个就是你的解释？你残忍地杀死了亨利·莫顿！继续说！这就是我应当原谅的事吗？这就是全部事实？好，我原谅你，我想我会原谅你。索诺德，你是一个多么卑鄙的人啊！

特瑞山姆　他吩咐我跟你说……

米尔德丽德　不要再说了！你想说的是你是如何杀死他的……但是，噢，不要说！你要告诉我的是他是多么爱我而不是如何让他的鲜血流淌在这儿——我能说确实是这样的吗？够了！我宽恕你！

特瑞山姆　你不能，米尔德丽德！这是刺耳的字眼。我在怀疑，意志消沉，恐惧中等待另一个世界的审判。

米尔德丽德　没错！没什么可让我宽恕的！没错！你将我的灵魂从焦虑中立刻释放出来！死亡让我更加确定他的爱！你告诉了我他的遗言？他会告诉我，并且会得到我的答复——不是用语言而是感悟自己的内心，我了解得很迟，死亡……

特瑞山姆　死？你要随他而去？正如格温德琳预料的！我不敢想象你会死，但她非常肯定。

米尔德丽德　告诉格温德琳，我爱她，告诉奥斯汀……

特瑞山姆　你也爱他，那我呢？

米尔德丽德　噢，索诺德，难道不是你的轻率决定结束了他年轻的生命，浇灭了我的希望和爱？你爱的妹妹煎熬地坐在这儿等待他的到来，然而，此时你却将他杀害。噢，毫无疑问，是你让他说出了糊涂的不成熟的语言。他可怜至极的语言为了让你的愤怒平息，缓解我的焦虑！你让他给你讲述我们的爱情以及无知，让他承认这只不过是短期的疯狂，长期的绝望。你的荣誉准则促使你在进攻前倾听，但是，当他渴求在你的眼中看到生命的时候，你最终击倒了他！

特瑞山姆　噢，不！不！要是我听他讲述，让他说出一半的实情，或者更少，要是再多看他一下，我都会断掉这个念头！当他躺在这儿，月光照在他涨红的双颊时，我将他所讲到的事聚集一块儿：由此看穿了他犯错时不安的外表，以及你无可置疑的纯真。只要我瞥见混沌的地方，平静的表面下渗透丝丝光芒，我不会看见我即将到来的惩罚。这里就是事实，米尔德丽德！你是在诅咒我吗？

米尔德丽德　我勇敢地靠近天堂，那里不会让人绝望，那里不需要法典去让荣耀远离污点，那里只会让邪恶的小人断掉念头并被宽恕。我不原谅你，索诺德，但我会以我的灵魂为你祈福！（倒在他的颈部）不要再过多地思考过去！你和我朋友之间的障碍永远都在。你伤害了他，过去还能重来吗？我有他的心脏，你知道。我或许可以处理它——把它交给你！它对你充满爱，正如我的心一样！亨利，让我确信你的爱！（死了）

特瑞山姆　希望你快乐，亲爱的！你快乐我就会快乐！

格温德琳　（在门外）米尔德丽德！特瑞山姆！（和奥斯汀一起进入房间）索诺德，我不能置之不管。啊，她晕过去了！很好！

特瑞山姆　噢，是非常好！

格温德琳　她死了！让我松开她的胳膊！

特瑞山姆　她的胳膊揽着我的脖子，祝福我，然后死了。就让她的胳膊揽着我吧，格温德琳！

奥斯汀　别管她，看看他怎么样了！索诺德，你为何那么痛苦？

格温德琳　像米尔德丽德的脸色一样苍白，甚至还要苍白！奥斯汀，快点，这边！

奥斯汀　他的齿间在渗白沫！双唇发黑！说句话，亲爱的索诺德！

特瑞山姆　除了她的重量外，还有一些东西重重地压在我的颈部。谢天谢地，要不是你，奥斯汀，我相信我会倒下，在这儿！很快就会过去，我忘记了我将死去！

格温德琳　索诺德，索诺德，为什么会是这样？

特瑞山姆　我说，刚才喝下毒药，这片土地再也不是我的，所有的生命离我远去。我的面前都是没有光明的路。在绚烂世界筋疲力尽而又令人生厌的演员，弃掉受损的面具，从大门退去。我也从这儿通过，只是通过！

格温德琳　别离开他，奥斯汀！他快死了！

特瑞山姆　米尔德丽德的表情平静！奥斯汀，我看见了你，并感觉得到你。这是我的手，把你的手放入我的手心，格温德琳，你的手也放进来吧！你们现在就是领主和领主夫人，是特瑞山姆！名字和庄园是你们的。你们要举起我们家族的纹章！奥斯汀，纹章上不能有任何的斑点！你已知道要洗掉上面的一个斑点要多大的代价！一个斑点出现，一滴血便会流出！对这个爱慕虚荣的世界来说，一切都是纹章上的红字！不在意世俗的话，只会招来红色的血滴！

奥斯汀　再也不会出现斑点！

特瑞山姆　我得说万一斑点不可避免地产生了，就接受吧，复仇是上帝的事，不是常人的事。记住我的话！（死了）

格温德琳　（放下脉搏不再跳动的手臂）噢，索诺德，我们只会记住你！

曼弗雷德

Manfred

〔英〕 拜伦

主编序言

乔治·戈登·拜伦，第六代拜伦勋爵，1788年1月22日，出生于伦敦，父亲是挥霍无度的卫兵，母亲是苏格兰人。拜伦曾相继在哈罗公学和剑桥大学三一学院学习，青年时代作品《闲暇时刻》遭到“爱丁堡评论”的攻击，这激起了他写讽刺诗《英国诗人和苏格兰评论家》（1809），此诗的发表，让他声名鹊起。两年的欧洲大陆漫游之后，拜伦发表了《恰尔德·哈罗德游记》的前两章，1815年他与一位富家小姐密尔班克结婚。婚后一年她就离开拜伦，而拜伦因陷入分手的流言一度变得不受欢迎。离开英国后拜伦从没回来过，他在意大利度过了人生大部分时光。

他在国外的生活故事不必一一追溯。虽然拜伦行为放荡不羁，但他笔耕不辍，才华横溢，几乎不关注、重视结果。他的东方叙事诗有《异教徒》、《阿比道斯的新娘》，现在的感伤读者推崇他为英雄式人物，《异教徒》是他的婚前之作；1817年问世的《曼弗雷德》是他的戏剧处女作，引人入胜，深受好评；《唐璜》于1819年至1824年间陆续出版；同时期，他以非凡的速度创作了一组所谓推理小说的戏剧，《该隐》是其中最重要的一部。1822年出版的《审判的幻景》对骚塞的《乔治三世》进行了无情地讽刺。

拜伦在意大利热衷于革命政治活动，1823年，他自愿加入希腊反抗土耳其的斗争中；1824年4月19日，他还没来得及看见战斗就因狂热病死于迈索隆吉。他离世了人们还是崇敬他，因为他那对自由的热爱。

对于戏剧写作，拜伦没有得天独厚的条件。他太执着于描绘自我，不能以同情之心走进各种角色的世界，他戏剧中的主人公，跟诗中的主人公一样，或多或少有他自己的影子。但他最脍炙人口的一些句子是出现在戏剧之中的，《曼弗雷德》就是这位最杰出、最有天赋的英国诗人创作的一部作品，有特色，令人印象深刻。

查尔斯·艾略特

剧中人物

“霍雷肖，天上地下有更多的事情是你的哲学里没有想到的。”

曼弗雷德　阿尔卑斯山上的女巫

羚羊猎人　阿里曼

圣莫里斯修道院院长　涅米西丝

曼纽尔　命运之神

赫尔曼　众精灵

此剧的场景是高耸的阿尔卑斯山——部分是在曼弗雷德的城堡里，部分是在山里。

第一幕

场景一——一条哥特风格的走廊。

时间：午夜

【曼弗雷德独自一人

曼弗雷德　这油灯必须得再加满油，但即使那时，他也不会燃烧到跟我必须看着的时间一样久。我的睡眠——要是我打盹儿——不是睡觉，而是无尽思绪在持续，那时我无法抵抗：在我心里，有人监视。那些眼睛只是闭起来，看向里面；但我活着，还具有着活人的外表和形体。但忧伤应该是智慧之人的导师；悲伤就是知识：懂得最多的人对不幸的真理一定有着最深的哀悼，知识之树并不是生命之树。哲学与科学，及奇迹的源泉，还有世间的智慧，我都尝试过，而且我认为有一种力量使这些东西受自己管制——但它们没有益处：我给人做过好事，而且我甚至还遇见过人们的善行——但这也没有益处：我有过敌人，没有人能赢过我，很多在我面前倒下了——但这也没有益处——善或恶、生命、力量、激情，所有我在其他人身上看见的，从那不可名状的日子起，对我而言就像是雨降落在沙滩上。我不担心，而且我觉得咒骂没什么好害怕的，心也没有因希望和愿望的悸动而烦扰，或者对地球上的某些东西隐藏爱意。现在我的任务来了。

——神秘的力量！你们这无边宇宙的精灵们，我曾在黑暗跟光明里寻找过你们！你们围绕着大地，居住在更微妙的东西里！你们，出没在人不可及的山顶，大地和海洋的洞穴你们也熟悉——我用写下的咒语呼唤你们。它赐予我力量征服你们——来吧！出现吧！

【顿了顿

它们还没出现。

——现在用你们首领的声音；凭借让你们战栗的信号，凭借不朽的它的要求——来吧！出现吧！——出现吧！

【顿了顿

要是这样的话。

——大地与天空的精灵们，你们不该这样躲着我：凭着一种比以前用过的更强的力量，一种专横的咒语，这咒语来自一个被责难的星球，那被毁灭的世界燃烧着的残骸，那永恒空间里一个流离的地狱；用我内心强有力的诅咒，那萦绕在我内心的诅咒，我用我的意志强迫你们。出来吧！

【一颗星星出现在黑暗的走廊尽头；时间静止了：一个声音正在歌唱

精灵1　凡人！你的命令我听从，我来自云里的宅邸。那是暮光用呼吸建造的，夏季的落日给它镀上金光，用蔚蓝跟朱红混合成了我的阁楼；虽然你的要求可能不被允许，我还是驾着星光来了，服从你的命令；凡人——你的愿望要说明！

精灵2　勃朗山是众山之王；很久之前他们就替它加冕。它坐在岩石的座位上，穿着云衣，戴着雪制的王冠，腰间围绕着森林，手里握着的崩雪；在它滚落之前，那雷鸣般的雪球必须按我的要求停下来。冰川的寒气逼人及不安宁的冰块，日复一日向前移动；但我是能让它通过，或是阻止它前行的人。

我是这地方的精灵，能够让山屈服而且能让它多洞穴的山基战栗——你会要求我什么呢？

精灵3　在湛蓝的海水深处，那波浪平缓的地方，那风儿是一位陌生人，海蛇生活在那里，美人鱼用贝壳装饰着她绿色的头发；就像海面的风暴一样传来了你咒语的声音；响彻我安静的珊瑚宫殿，深沉的回声翻滚着——对着海洋之神，说出你的愿望！

精灵4　沉睡的地震躺着的地方，头枕在火上；沥青的湖泊，沸腾着向上喷起；安第斯山脉的山脚，深深地插在大地上。它们的山峰，高高地耸入天际；我已经离开了我的出生地，遵照你的命令——你的咒语已经让我屈服，你就是我的向导！

精灵5　我是风儿的骑士，是暴风雨的煽动者；落在背后的飓风，还夹杂着温和的闪电；我向你飞奔而来，跨过海岸与海洋，掠过强风：我碰到的船队安全航行，但黎明到来时就要沉没。

精灵6　我居住在黑夜的魅影里，为何你要用光来折磨我？

精灵7　掌握你命运的那颗星球，在地球形成之前由我统治：在天空，这是一个清新漂亮的世界。其他围绕太阳转的星球比不上；它的轨道自由又有规律，太空里的星球没有比它更美丽的了。那时刻来了——它变成一团无形游离的火焰，一颗无轨道的彗星，一个祸端，对宇宙构成了威胁；仍然用内在的力量滚动向前，没有范围，没有轨迹，它是高空中明亮畸形的物体，是高空中的怪物！而你！在它的影响下诞生——你这可鄙的家伙！我对你顺从并轻蔑——我被一种力量强迫着（那不是你的，把它借给你，使你成为我的）在这短暂的时刻降临，那儿虚弱的精灵臣服在你周围，跟像你这样的东西谈判——泥土的孩子，你想要我怎样？

众精灵　大地、海洋、天空、夜晚、高山、风儿、你的星球，都来听从你的命令，泥土的孩子！他们的精灵在你的要求下来到你面前——凡人，你说——你到底要我们干什么？

曼弗雷德　我要忘记——

精灵1　忘记什么——忘记谁——为什么？

曼弗雷德　忘掉我心里的一切；去那儿读出它吧——你们知道，我说不出来。

精灵1　我们只能给你我们拥有的东西：向我们要求国民、王权和统治地球的权力，全部的，或是部分，或者要一种控制恶劣天气的符号，我们是掌管者——所有这一切，都将属于你。

曼弗雷德　我要遗忘，自我遗忘——你们不能从你们隐藏的王国里大量提供我需要的东西吗？

精灵1　它不在我们的本质里，在我们能力范围之外；但是——你可以死去。

曼弗雷德　能将死亡给我吗？

精灵1　我们是不死的，而且不会遗忘；我们是永恒的；对我们来说，过去就跟未来、现在一样。你得到答案了吗？

曼弗雷德　你们嘲弄我——但把你们带到这儿的力量已经让你们属于我了。奴隶们，不要嘲笑我的意志！我的心智、精神，普罗米修斯的火花及闪电，跟你们的一样明亮，遍及，光芒四射，虽然被关闭在肉体里，但不会屈服于你们的！回答我，否则我就要让你们知道我是谁。

精灵1　我们的答复就是那样；我们的答复甚至就在你自己的话语里。

曼弗雷德　为什么这样说呢？

精灵1　如你所说，要是你的本质跟我们一样，我们已经告诉过你，凡人称为死亡的东西跟我们无关。

曼弗雷德　那我把你们从你们王国里召集来是白费了；你们不能，还是你们不愿帮助我。

精灵1　说吧；我们有的东西我们都给；它是你的：在你拒绝我们之前想想，再问一次——王国、支配权、力量、长寿——

曼弗雷德　可恶！我要长寿做什么？那已经够长了。

——所以——去你的吧！

精灵1　但等一下；来到这儿，我们愿意为你服务；你想想，那你眼里没有其他有价值的东西吗？

曼弗雷德　不，没有；但等一下——我们分开前的一刻——我会面对面地看看你们。我听见你们的声音，甜蜜又忧郁的声音，就像是水面上的音乐；我看见一颗明亮的大星星稳定的姿态；别无其他。你们靠近我，要么一个，要么全部，用你们通常的形式。

精灵1　除了元素外，我们没有形式，我们是那些元素的心智和信念。但你选择一种形式——我们就将以你那种形式出现。

曼弗雷德　我不要选择；对我而言地球上没有一种形式是可憎或可爱的。就让你们之中最强大的精灵以他认为最合适的形式——出来吧！

精灵7　（以一位漂亮的女人形象出现）请看！

曼弗雷德　哦，天哪！要是那样的话，你就不是疯子跟笑柄，但我会最高兴。我要紧握你，我们又会——（女人消失了）我的心碎了！（曼弗雷德倒地，昏了过去）

【接着出现了念咒语的声音

月光照在波浪之上时，
萤火虫发光在草地上，
流星坠落在墓地，
鬼火闪耀在沼泽；
当流星正在坠落时，
附和的猫头鹰正在嚎叫，
沉默的树叶仍然
在山的影子里，
要是我的灵魂降在你的灵魂之上，
用一种力量和一种信号。

虽然你可能睡得很沉，

但你的精神并没有睡觉；
有不会消失的回忆，
有你不能消除的思想；
凭借一种你不知道的力量，
你永远不会孤单；
你就像被一件寿衣包裹，
你仿佛被一片云聚集着；
而且你会永远居住
在这咒语的精神里。

虽然你看不见我走过，
你可以用你的眼睛感受我，
就像一个东西，虽然看不见，
但肯定在靠近你，而且已经在靠近你；
当你处于暗自的恐惧里，
回头时，
你会惊异我不像你的影子一样在那里，
而且你感受到的力量
你将必须隐藏。

一种魔幻的声音和韵文
已经用诅咒为你洗礼；
而且天空的精灵
用诱惑围绕着你；
风中有一个声音
将阻止你快乐；
黑夜之神拒绝
将她的天空的安静给你；
白天将会有太阳，

它会让你希望它完蛋。

从你的假泪里我提炼出
一种致命力量的精华；
从你的内心里我绞出
最黑的源泉里的黑血；
从你的微笑里我抓住了蛇，
因为它像在灌木丛里缠绕着；
从你的嘴唇里我取出魔法，
它给了他们最主要的伤害；
在确定了的每一种已知毒药里，
我找到毒性最强的是你自己。

由于你冷酷的心及恶毒的微笑，
由于你内心深不可测的狡诈，
由于你那似乎是善良的眼神，
由于你摒弃了灵魂的虚伪；
由于你行为的完美，
被人们当作你自己的心；
由于你对别人的痛苦幸灾乐祸，
由于你的兄弟该隐，
我召唤你！而且强迫
你自己成为你合适的地狱！

我在你头上倒上了药水，
它让你经历这场灾难；
睡觉或是死亡
都不是你的命运；
虽然你的死亡似乎快接近你的愿望，

但就像是恐惧；
看！现在咒语在你周围起作用了，
而且无声的锁链已经锁住了你；
咒语已经经过了，
你的心跟大脑——现在衰弱了！

场景二——圣母峰上。

时间：早晨

【曼弗雷德独自立于悬崖之上

曼弗雷德　我召集的精灵们抛弃了我，我学过的咒语让我受挫，我顾虑的方法折磨着我；我不会再依靠超人的帮助，它对过去无能为力，至于未来，直到过去被黑暗吞噬，它不是我追寻的东西。——我的地球母亲！你那清新的黎明，还有你，山峰们，为什么你们这样美丽？我却不能爱你们。而你，宇宙明亮的眼睛看着一切，给一切以快乐——你照不到我心上。还有你，你这峭壁，我站在你的最边缘上，看着下面洪流边缘的高大松林，在远方密密麻麻地长着；一次跳跃、一个搅动、一次移动甚至是一次呼吸，都会让我的心在它那岩石的河床上永远休息——为什么我要停顿呢？我感受到了冲动——但我没有跳下；我看见了危险——但我不会后退；我大脑眩晕——但我脚步坚定。在我身上有一种力量抑制着我，成为我活着时的灾祸；要是我的内心里精神空虚，而且我自己灵魂的坟墓就是生活，因为我已经停止为自己的行为辩护——邪恶最大的弱点。啊，你这飞穿云际的使者，（一只鹰飞过）在空中飞得最高的、飞得快乐的，你可以飞得离我很近——我愿意成为你的猎物，让你的小鹰们饱餐；你去了眼睛看不见的地方；但你的眼睛洞察着，向下、向前或是向上，用一种广阔的视野。

——真美！所有这看见的世界都多么美丽！在它的动作里及它

本身是多么辉煌！但我们，自称是它的统治者，我们，半是泥土，半是神，同样不适合。沉没或翱翔，我们混合的本质成为它元素的冲突，而且呼吸着堕落与骄傲的气息，满足于低微的需求和高深的意志，直到我们的肉体死亡。人类——并不是像他们自己说的那样，而且互不信任。听听！这笛声，（远处传来了牧羊人的笛声）山上芦笛自然的音乐（因为这儿家长制的日子不是牧人的寓言）在开阔的空中回荡着，混合着漫步的牧人甜美的铃声；我的灵魂会喝掉那回声。

——哦，我愿是悦耳声音看不见的精灵，一个有生命力的声音，一个有呼吸的和谐，一种无形的快乐——生与死，用祝福的音调造就了我！

【羚羊猎人从下面上

羚羊猎人　虽然羚羊这样跳跃：它那敏捷的脚难住了我；今天我的收获将不能弥补我危险的痛苦了。

——这是什么？那看起来不是我的同行，却到达了甚至是我们的登山家都不能到达的高度，除了我们最好的猎人，可能做到；他的装束漂亮，他的风采很有气概，而且他的神态就跟一个生而自由的农民一样神气，从这个距离——我将会越来越靠近他。

曼弗雷德　（没看见对方）就像这样——痛苦得花白了头发，像这些枯萎的松林。那些东西经过一个冬天的摧残，没有树皮，没有树枝，在一个被诅咒的树根上的枯萎的树干，给人一种腐败的感觉——就像这样，永远只是这样，以前可不是这样！现在皱纹爬满了额头，那是眨眼间就生成的，不是经年累月形成的——在所有的年月里都折磨着我——我生命中很多日子都是那样！——你这崩塌的冰崖！你这崩雪，一阵微风把你们吹得像大山一样倒塌，来砸我吧！我听见你一会儿在上面，一会儿在下面，频繁地冲突撞击着；但你过去了，只撞在了还能存活的东西上；撞在了年轻繁茂的树林，或是无辜的村民的村舍和村庄里。

羚羊猎人　雾开始从山谷里升起；我要提醒他下去，要不然他将可能立刻迷路甚至一起丢掉性命。

曼弗雷德　雾在冰川周围蒸腾而起；云从我脚下迅速升起，白色的，好像硫黄，就像是从深不可测的地狱里涌动的海洋上的泡沫，它每一朵浪花都撞击在一个有生命力的岸上。那里堆满了该死的人，堆得像鹅卵石一样。

——看得我眼花缭乱。

羚羊猎人　我必须小心地接近他：要是靠近了，一阵突然的脚步声都会吓到他，而且他似乎已经摇摇欲坠了。

曼弗雷德　众山已经倒下了，在云里留下了一个缺口，而且随着震动。他们阿尔卑斯山的同胞也摇动着；浓绿的山谷里充满了毁灭的碎片；突然的猛冲阻碍了河流，把水变成了雾，而且使它们的水源寻找另外的河道——像这样，这样，在罗森堡山年老时，曾经做过——为什么我不站在它下面呢?

羚羊猎人　朋友！小心，你的下一步可能是致命的！——为了那造你的上帝的爱，别站在那边缘上！

曼弗雷德　（未听见他的话）对我来说，这样的地方会是一个很合适的坟墓；我的尸骨将会在它们深底里得到安宁；那时因为风的消遣，它们还没有散落在岩石上——就像这样——这样它们将——在这儿一跳。

——再见，你这无垠的天空！别用责备的眼神望着我——你不是为我而设的——大地！带走这些微粒吧！

【曼弗雷德准备跳崖之际，羚羊猎人突然抓住了他

羚羊猎人　等等，疯狂的人！——虽然厌倦了你的生活，但不要让你罪恶的鲜血玷污了我们纯净的山谷！跟我离开吧——我不会放开我的手。

曼弗雷德　我的心里最是烦恼——不，别抓着我——我身手敏捷——众山在我周围旋转，我眼花缭乱了——我看不见了——你是谁?

羚羊猎人　我稍后回答。

——跟我离开！云层变厚了——那儿——现在靠在我身上——把你的脚放在这儿——给你，拿着这个，在那灌木上靠一会儿——现在把你的手给我，快点抓住我的腰带——轻轻地——好了——一小时内就会到木屋。来吧，我们很快就会找到一个稳固的落脚点，一个就像过道的地方，那儿冬天过后，就被激流冲洗。

——来吧，我们已经勇敢地完成了；你应该去当一位猎人。

——跟着我走。

【他们艰难地走下岩石时，闭幕

第二幕

场景——伯尔尼山中一间小屋。

【曼弗雷德与羚羊猎人

羚羊猎人　不，不，停下，你不要再向前走了：你的心智与身体一样不适合互相信任，至少还得过一些时间；你感觉好点时，我愿来当你的向导——但你去哪儿呢？

曼弗雷德　那不重要；我的道路我知道得很清楚。我不需要你进一步的指导。

羚羊猎人　你的装扮及步态说明你是贵族——是许多首领之一，住在高高的城堡里俯瞰低矮的山谷——在这些城堡里，你是哪一座的主人呢？我只知道它们的入口；我的生活方式使我很少下山去；我习惯于在那些古建筑里的大火炉旁取暖，跟奴仆们狂欢。但是，从我们的山到他们家门的路里，我从小就知道——它们中哪一条是到你家的呢？

曼弗雷德　这都不重要。

羚羊猎人　呃，先生，原谅我的发问，你要高兴一点。来吧，尝尝我的酒；这是陈年佳酿；许多日子里，它会温暖我们处于冰川之中的身体。现在让它为你暖身吧。来吧，请喝掉这杯。

曼弗雷德　走开，走开！杯子边缘有血！那它绝不会——绝不会渗进大地里吗？

羚羊猎人　你是什么意思？你失去理智了。

曼弗雷德　我说这血——我的血！在我祖先血管里流动的纯净暖流，我们年轻的时候，有着同样一颗心，我们不该爱的时候爱着对方，而且血流了；但它仍在涌出，为云层添彩，云层将我关在天堂之外，那儿你不会——我也将永远不会进去。

羚羊猎人　讲胡话的家伙，有着一些让人气愤的罪恶。这罪恶让你失神，不管你有着怎样的恐惧跟煎熬，但还是有欣慰的——那圣人的帮助，以及神圣的耐心——

曼弗雷德　耐心耐心！因此——那词是替负重的畜生而非猎食的鸟儿创造的；给像你一样的凡人宣讲吧——我不是你那一类的人。

羚羊猎人　多谢上苍！为了威廉台尔自由的名声，我也不会是你那类；但任何你的不幸，你必须忍受它，那些野蛮的行为毫无用处。

曼弗雷德　我还没有忍受它吗？——看我——我还活着。

羚羊猎人　这是抽搐，不是健康的人生。

曼弗雷德　我告诉你！我已经活了很多年，很多漫长的岁月，但现在对于我必须计数的东西，它们什么都不是：年代——年代——空间和永恒——以及意识，混杂着对死亡的强烈渴望——而且仍不满足！

羚羊猎人　呃，在你的前额还没印上中年的痕迹；我比你年长很多。

曼弗雷德　你认为生存是靠时间计算的吗？确实；但行动是我们的新纪元：我的行动让我的日夜亘古不变，没完没了，所有的都一样，就像是岸上的沙子，不计其数的原子；一个沙漠，贫瘠而寒冷，狂暴的波浪冲击着，什么都没有留下，除了尸体和残骸、岩石和苦涩的野草。

羚羊猎人　哎呀！他疯了——但我不能离开他。

曼弗雷德　我也希望我疯了，因为那时我看见的东西就只是一个混乱的梦了。

羚羊猎人　你看见什么了？或者你觉得你看见什么了呢？

曼弗雷德　看见了我自己，还有你——阿尔卑斯山的农民，你谦逊的美德、好客的家庭、耐心、虔诚、自尊和自由；你的自重，建立在天真纯洁的思想上；你健康的白天，睡觉的晚上；你那因冒险而高贵无罪的工作；希望有一个愉快的晚年及安静的坟墓，墓地绿绿的草地上有十字架跟花环，你的墓志铭上凝结着你子孙的爱；这就是我看见的——我还看见了我内心——那不重要——我的灵魂已经备受煎熬！

羚羊猎人　那你愿意跟我交换命运吗？

曼弗雷德　不，朋友！我不想对你不公。或是跟活人交换命运：我能够承受——无论多可怜，我仍然要忍受——生命中那些别人连做梦都受不了的，但在睡眠里都会让他们毁灭的东西。

羚羊猎人　随着这种——因别人的痛苦感同身受，你怎么会充满邪恶呢？——不要这么说。一个具有温和思想的人怎能报复他的敌人呢？

曼弗雷德　哦！不，不，不！我的伤害都降临在爱我的人——是落在那些我最爱的人身上，我除了正当防卫外从不消灭一个敌人——但我的拥抱是致命的。

羚羊猎人　愿上天给你休息吧！让你的忏悔把你恢复正常；我将为你祈祷。

曼弗雷德　我不需要他们，但我可以承受你的同情。我要走了——现在——再见！——这是金子，谢谢你；不必说了——它是你应得的。别跟着我；我知道自己的路——山上的危险过去了：再次申明，我付你钱了，不许跟着我！

【曼弗雷德下

场景二——阿尔卑斯山一个幽深的山谷、一条瀑布。

【曼弗雷德上

曼弗雷德　现在不是中午；日虹的光线仍伴随着天空的各种光辉跨越在激流上空，越过陡峭的悬崖，翻滚着片状的银色的柱形波浪，猛推着泡沫向前，来来回回，就像灰色骏马的尾巴一样，被死亡骑着。就像启示录里讲的一样。现在只有我的眼睛看见了可爱的景色；在这种甜蜜幽静的地方只有我一个人，跟这儿的精灵一起，分享这些水的敬意。

——我将呼唤她。

（曼弗雷德手里捧了一些水，把它们洒向空中，喃喃念着咒语。顷刻之后，阿尔卑斯山女巫从激流上日虹的拱形下出现）

美丽的精灵！你那莹亮的头发、光辉有神的眼睛，地球上凡人之女拥有这些美貌的话，就会变成非凡的天仙，变成更纯的元素的精髓；年轻的光辉（红润得就像一个被母亲的心跳摇动着的熟睡婴儿的脸颊，或像夏天的暮光留在高高冰川初雪上的玫瑰色，大地与天空拥抱时脸上泛起的红晕）微染着你天仙的容颜，让弯曲在你面前的美丽彩虹黯然失色。美丽的精灵！在你平静清晰的表情里，那儿有着宁静的灵魂，它自己诠释着不朽。我知道你将原谅大地之子，比你更奇妙的精灵们一度能够与他们交流——要是他的咒语对他有利的话——那样呼唤你，并凝视你片刻。

女巫　大地的儿子！我知道你，以及给你力量的那些精灵；我知道你是一个思想复杂的人，做过极端的善恶之事，你注定着要遭受那些致命的痛苦。我已经想到了这个——你对我有什么要求？

曼弗雷德　我想一睹芳容——没别的要求了。地上人的容颜已经让我发疯了，我躲在她的神秘里，闯进那些统治她的人的住所——但他们什么都不能帮我。我已经向他们要求过那些他们不能给我的东西，现在我不再搜寻了。

女巫　你什么要求让最强大的精灵，那无形的统治者都不能满足？

曼弗雷德　一个恩惠；但我为什么要重复它呢？那是徒劳的。

女巫　我不知道那个，请你说出来吧。

曼弗雷德　好吧，虽然它折磨着我，却是一样的；我应该把我的痛苦说出来。从我年轻时候起，我的精神就不和人的灵魂一起，也不用凡人的眼睛看世界；我没有他们对雄心壮志的渴求，我也没有他们生存的目标；我的快乐、我的痛苦、我的情感、我的力量，都让我成了一个特殊的人；虽然我也有凡人的身体，我对活着的凡人没有同情，在围绕着我周围的泥土的生物里也只有一个人——我很快就会说到她。我说，我跟人，跟人的思想，很少接触；但实际上，我的快乐是在荒野里，去呼吸着冰雪覆盖着的山顶上稀薄的空气，那儿鸟儿们不敢搭窝，昆虫们也不敢在寸草不生的岩石上伸展翅膀；或是跳到激流里，在河流或是大海的流动中产生的浪花的旋涡中滚动向前。我早时的力量里因有这些而狂喜；或者整夜跟随着运动的太阳、星星以及它们的变化；或是看着炫目的闪电直到我的视野模糊；或是秋风唱着晚歌的时候听着，看着散落一地的落叶。这些都是我的消遣，而且我独自一人这样；因为要是我在路上遇见了人们——我是他们其中之一——我讨厌这样，我感觉自己沦落为跟他们一样的了，又变成泥土了。那时我独自漫游着，跳入死亡的洞穴，在它的结果里寻求它的原因；从腐朽的尸骨、头骨及堆积的尘埃里得出最不允许的结论。然后我花了很多年的夜晚去研究那些只在古代才教的科学；用时间和劳动，用残酷的考验以及它自身一种能驾驭天空的忏悔，用围绕在天空、大地、空间以及人类的无限，我使我的眼睛认识了永恒，就像，在我之前，魔术家们做的一样，以及在加大拉把爱罗斯和安台罗斯从他们居住的喷泉里唤出的人做的一样。我把你唤出来——跟我的知识一起，我对知识的渴求以及这最光辉的智慧的力量和快乐增长，直到——

女巫　继续。

曼弗雷德　哦，我只是这样拖延着我的谈话，夸耀这些无意义的特征，因为当我谈到我内心的悲痛时，还是言归正传吧。我没有向你说出我的父亲、母亲、情人、朋友或是一个与我有关系的人；要是我有这样的人，对我而言他们也似乎不存在——但有一个人——

女巫　不要吞吞吐吐了，说下去。

曼弗雷德　她长得像我——她的眼睛、她的头发、她的容貌，所有的东西，甚至连她说话的每个语调，人们都说跟我的很像；但她一切都很温柔，与美貌调和；她有着同样孤僻的思想和恍惚的神志，喜欢探索未知的知识，具有理解宇宙的头脑；不仅仅是这些，她还拥有这些比我的更温柔的力量，同情、微笑与眼泪——这些我没有；还有温和——而我对她才会有这个；谦逊——这我从来没有。我有她的缺点——她的优点却是她自己的——我爱她，也毁了她！

女巫　是用你的手毁的吗？

曼弗雷德　不是用我的手，而是用我的心——伤了她的心；她凝视着我的心，枯萎了。我已经擦干了血，但不是她的——但她的血被擦掉了——我看见了，却不能止住血。

女巫　因为这个，你鄙视这人类中的一个人，你自己本来会凌越于规则之上，和我们一起的和我们的一类的，你抛弃了我们赐予的伟大知识，又退回到不义的凡人里——走吧！

曼弗雷德　空气的女儿！我告诉你，从那时起——可是语言是一口气——在我的睡眠里看着我，或是看着我的看守——来坐我身边吧！我的孤独不再是孤独了，它被复仇女神占据着——在黑暗里我咬牙切齿直到第二天早晨，然后我又诅咒自己直到日落——我会请求赐予我疯狂——被拒绝了。我冒犯了死亡。但在暴风雨中，水从我身边退去，致命的东西都无伤害地过去了——铁石心肠的恶魔用他冰冷的手将我拉回，他扯着我的一根头发拉我，那头发不会断。在幻想和想象中，我的灵魂里所有的东西——我的灵魂曾是宇宙中的大富豪——但是，我像落潮的波涛一样深深地跳入，它把我抛回到深不可测的思想的深渊。我跳入了人间。

——我四处寻找忘怀，却没有去可以找到它的地方，我必须承认——我学的科学，我长期地追求的超出常人的艺术，在这儿是会灭亡的；我陷在绝望里——而且活着——永远活着。

女巫　也许我能帮助你。

曼弗雷德　要帮到我，你的力量必须能唤醒死亡。或是把我跟他们葬在一起。这样做——以任何形式——在任何时候——用任何痛苦——这是最后一次。

女巫　那不在我的范围之内；但如果你发誓服从我的一切，听从于我，那我可以帮助你满足你的愿望。

曼弗雷德　我不会发誓——服从！谁呢？那些我召唤出来的精灵，成为那些帮助我的人的奴隶——绝不可能！

女巫　说完了吗？你没有温柔一点的答案吗？——在你拒绝之前考虑片刻吧。

曼弗雷德　我已经答复了。

女巫　够了！——那我退下了——你说吧！

曼弗雷德　退下！

【女巫消失

曼弗雷德　（独白）我们都是被时间和恐惧愚弄的笨蛋：日子悄悄地来到我们身边又无声无息地离开；虽然厌恶我们的生活，也害怕死亡，但我们还活着。在这讨厌的受约束的日子里——这加在挣扎的内心上生死攸关的重量，随痛苦而沉没，或是随痛苦快速跳动着，或者快乐最终以痛苦或衰弱告终——在过去及未来的所有日子里，因为在生命里没有现在，我们可以计算多么少的几天，比几天还要少，灵魂忍受着对死亡的渴望，但是就像从冬天的河流里退缩回来，虽然寒冷只是一时的。在我学习的科学里还有一样办法——我可以召唤死亡，并问问他们我们害怕什么：最严峻的答案只不过是死亡，那什么都算不上——要是他们不回答——死了的先知曾回答过隐多珥的巫女；斯巴达的国王，从拜占庭女仆不眠的心灵里得到了他命运的回答——他杀死了他爱的人，却不知道杀的是什么，死后也没得到原谅——虽然他请求宙夫的帮助。在菲加里亚，唤出了阿尔加狄亚的招魂者，强迫愤慨的鬼魂放下她的愤怒，或是定下她报复的期限——她的回答模棱两可，但完成了。要是我从没活过，那我爱的人仍然活着；要是我从没爱过，那我爱的人仍然美丽——快乐，也给别人带来快乐。她是什么？现在她是什么呢？——因为我的罪而受煎熬的人——一个我不敢想象的东西——或者什么也不是。在不多的时间里我的呼唤不会白费——但在这时我害怕我敢做的事：直到现在我从没退缩，不敢去看精灵，不管是善的还是恶的——现在我却发抖了，而且我的内心感到一阵奇怪的寒冷。但我甚至可以干我最憎恶的事，与人类的恐惧作战。

——夜幕降临。（下）

场景三——圣母峰山顶。

【命运之神1上

太阳正在升起，又圆又亮；这儿有普通人类的足迹从未践踏过的积雪，我们晚上行走过，没有留下任何足迹。在波涛汹涌的大海上，山上平静如镜的海面上的冰雪，我们掠过高低不平的碎浪，那碎浪出现在暴风雨的泡沫的模样，瞬间冻结成—— 一个静止的漩涡的样子。这座最是陡峭不可思议的高峰，一次地震的精工细作——那儿，云彩经过时停下来休息——那是我们狂欢或是祈祷的神圣地方。在这儿我等我的姐妹们，在前往阿里曼的宫殿路上，因为今晚是我们盛大的节日——她们还没来，真奇怪。

【一个声音在外面唱

那被俘的篡夺者，
被赶下了王位，
默默无闻，
被人遗忘而孤独；
我打破了他的睡眠，
我击碎了他的锁链，
我让他跟许多人联合——
他又成了暴君！
用百万人的鲜血，一个国家的毁灭，
用他的飞行和绝望，来回应我的关心。

【第二个声音在外面唱

船继续航行着，开得飞快，
但我没有留下一艘船，也没留下一个桅杆；
没有船体或是甲板的厚木板，
没有一个不幸之人对残骸感到悲痛；
除了一个人，他游泳时我抓住了他的头发，
他是一个值得我关心的人；
一个陆地的背叛者，一个海上的强盗——
但我救他为了替我干出更大的破坏！

命运之神 1　（回答）城市躺下睡着了；黎明替他悲叹，哭泣着洒下曙光：悲哀地、缓慢地，讨厌的瘟疫飞过了它——成千上万的人卑微地躺下；百千人将要丧生——活着的人将要从他们应该珍惜的病人身边躲开，但什么都抑制不了那置他们于死地的接触。悲伤与痛苦，以及邪恶与害怕，笼罩着全国——幸福的是死亡的人，他们看不见他们自己的凄凉景象；一夜的劳动——这一个王国的毁灭——我自己的所作所为——我已经做了很多年，而且我要继续做下去！

【命运之神2与命运之神3上

三个命运之神　我们的手里握着人们的心，我们的脚步是他们的坟墓；我们给予他们，只想再次带走我们奴隶的灵魂！

命运之神1　欢迎！涅米西丝在哪儿？

命运之神2　在做一件重要的事；但我不知道是什么，因为我太忙了。

命运之神3　看，她来了。

【涅米西丝上

命运之神1　说吧，你去过哪里？今晚我跟我的姐妹们走得很慢。

涅米西丝　我去修复粉碎了的王位耽搁了，让笨蛋们结婚，使王朝恢复，替人们向他们的仇人报复，并让他们对自己的报复忏悔；把智者逼疯；从愚人中造出圣贤去重新统治世界，因为他们变得过了时，而且凡人们敢于自我思量，去权衡国王的轻重，而且谈论自由，这禁果。

——走吧！我们已经逗留太久——我们驾云去吧！（同下）

场景四——阿里曼的殿堂。

【阿里曼坐在王位上，那是一个火球，精灵们围绕着

【精灵们齐声唱

向我们的主人致敬！——大地与天空的王子！
他行走在云端及水面——他的手中握着
管理元素的权杖，那些元素
听从他高尚的命令把他自己撕成一团糟！
他呼吸着——一阵暴风雨震动了海面；
他说着话——云层用雷声回答；
他注视着——阳光从他的注视中逃离；
他运动着——地震把地球分裂了。
在他的脚步下，火山升起；
他的影子是瘟疫；他的道路

是彗星穿过裂开的天空来通报消息；
因为他的愤怒，星球变为灰烬。
战神每天向他贡献祭品；
死神也给他礼物；他控制着生命，
以及一切无尽的痛苦——
无论是什么精灵，他都控制着！

【命运众神及涅米西丝同上

命运之神1　荣誉属于阿里曼！在这个地球上，他的权力在增加——我的姐妹们都听从他，我也没有忘掉我的职责！

命运之神2　荣誉属于阿里曼！我们这接受人们跪拜的人，拜倒在他的王位之下！

命运之神3　荣誉属于阿里曼！我们等着他的点头！

涅米西丝　王者的王者！我们是你的，所有活着的东西，或多或少都是我们的，大部分东西也完全属于我们；为了增加我们的力量，也是增加你的力量，还需要我们的关心，而且我们很警惕。

——你最近命令的任务我们都圆满完成了。

【曼弗雷德上

精灵1　这儿是什么？一个凡人！——你这最鲁莽、最倒霉的不幸之人，跪下崇拜吧！

精灵2　我知道这个人——一个拥有巨大力量的魔术家，以及具有可怕伎俩的人！

精灵3　跪下崇拜吧，奴隶！什么，你不知道你跟我们的王者吗？——发抖，服从吧！

众精灵　你自己跪拜吧，你这被定罪的泥土造的地球之子！不然你就担心最可怕的后果。

曼弗雷德　我知道；但如你所见我不会跪。

精灵4　我们要来教你跪。

曼弗雷德　我已经被教了——很多的晚上，在地上，在光秃秃的地板上，我已经低下我的头，并在我的头上撒满了灰烬；我已经充分知道什么是受辱，因为我在徒然的绝望前低过头，也向自己的悲伤屈过膝。

精灵 5　你胆敢拒绝整个世界给王者阿里曼的尊敬，无视对他荣誉的恐惧吗？——我说，跪下！

曼弗雷德　让他向权力比他高的人下跪，那统治一切的造物主，不是为了崇拜才造出他来的——他下跪，我们也会一起下跪。

众精灵　粉碎掉这家伙！把他撕成碎片！——

精灵 1　所以！走开！——他是我的。看不见的权力之王！这个人不是普通的人，因为从他这儿的姿态跟风采可以看出。他的遭遇就像我们自己一样已经具有不朽的性质；他的知识、力量及意志，跟阻碍像空气本质的肉体可比，已经是肉体很少具有的；他的志向已经超越了地上居住的人们，而且他们只教他我们知道的东西——知识不是快乐，科学只是一种无知，跟另一种无知的交换。这还不是全部；那属于天地的激情，没有力量、也没有人或是蠕虫之上的任何生物能够幸免，已经刺伤了他的心；结果把他弄成了这样子，我不同情，但同情那些有同情之心的人。他是我的，可能也是你的——无论是不是这样，这地区其他的精灵不会有像他一样的灵魂——或是驾驭他灵魂的力量。

涅米西丝　那么他在这儿干什么？

精灵 1　让他回答。

曼弗雷德　我知道的你们都知道了；要是没有力量的话，我不会在你们之中了，但还有力量仍然远远超过这——我来寻求这力量，来回答我寻求的东西。

涅米西丝　那你寻求什么？

曼弗雷德　这你不能给我答复。召唤死人吧——我要问他们。

涅米西丝　伟大的阿里曼，你同意这凡人的愿望吗？

阿里曼　是的。

涅米西丝　你要从坟墓里召唤出谁呢？

曼弗雷德　一个没有坟墓的死人——召唤爱丝塔蒂。

涅米西丝　幽灵！或是精灵啊！不管你是什么，你还继承着出生的肉体外形。你肉体形象的全部或是部分，肉体重归大地，又重见天日吧！忍受你与生俱来的东西，心灵与外形，以及你那样子从蠕虫那儿救出。出现吧！——出现！——出现吧！把你送那儿去的人要求你到这儿来！

【*爱丝塔蒂的幽灵出现，站在其中*

曼弗雷德　这能是死亡吗？她的脸颊还红润。但现在我看她却没有一点生命的色彩，却是一种奇怪的潮红——就像是秋神种植在枯萎的落叶上不自然的红色。跟她是一样的！哦，神啊！我害怕去看同样的人——爱丝塔蒂！——不，我不能跟她讲话——但听她说话——原谅我还是指责我。

涅米西丝　用打破束缚着你的坟墓的力量，跟那个说话的人谈谈吧，或是跟召唤你的人们谈谈！

曼弗雷德　她沉默不语，在那沉默中我得到更多的答复。

涅米西丝　我的力量已经到了极限了，天空之王！只有靠你了——命令她说话吧。

阿里曼　幽灵——听从这权杖！

涅米西丝　她仍然一言不发！她不是我们的同类，是属于另外一种神灵。凡人！你的要求是徒劳的，我们也很为难。

曼弗雷德　听我说，听我说——

爱丝塔蒂！我亲爱的人，跟我说说话：我遭受了这么多的痛苦，这么多的痛苦——看着我！坟墓改变你还没有我因你改变得多。你爱我之深，就如我爱你一样；我们生来不是为了互相折磨，虽然像我们这样的相爱是罪大恶极。要是你不喜欢我，我来承受两人的惩罚，你将会是一个被上帝祝福的人，我就会死去；因为至今所有讨厌的东西都企图逼我活着——生活在一种使我从不朽中退缩——未来就像过去一样。我不能歇息。我不知道我要求什么，也不知道我在寻找什么；我只知道你是什么——以及我是什么；而且在我毁灭之前我想再听听我的音乐之声——跟我说话吧！因为我在寂静的夜晚呼唤你，惊醒了密林里沉睡的鸟儿们，弄醒了山上的狼群，洞穴，熟悉了你那徒劳回荡着的名字，回答着我——许多东西都给了我答复——精灵和人类——但你总沉默不语。你对我说话吧！我已经比星辰更长久，徒劳地注视着天空寻找你，跟我说话！我在大地上游荡，却从没发现跟你相像的人——跟我说话！看看四周的田野——他们都了解我的感受：我不害怕它们，只是同情你。跟我说话！虽然是愤怒的话——但是，请说吧——我不知道你要说什么——但让我再听听你说话吧——就这一次——再一次！

爱丝塔蒂的幽灵　曼弗雷德！

曼弗雷德　继续说吧，继续说——我只活在这声音里——这是你的声音！

爱丝塔蒂的幽灵　曼弗雷德！明天你尘世的苦难就会结束。再见！

曼弗雷德　再说一句吧——你原谅我了吗？

爱丝塔蒂的幽灵　再见！

曼弗雷德　那么，我们还会再见面吗？

爱丝塔蒂的幽灵　再见！

曼弗雷德　求你再说一句吧！说吧，你爱我。

爱丝塔蒂的幽灵　曼弗雷德！（*爱丝塔蒂的幽灵消失*）

涅米西丝　她走了，不会再被召唤；她的话会实现的。你回到地上去吧。

一个精灵　他抽搐了——这就是凡人，去寻求凡尘以外东西的结果。

另一个精灵　但是，你看，他自我控制了，他的痛苦随着他的意志控制。

要是他是我们中的一员，他就会是一个可怕的精灵。

涅米西丝　你对我们伟大的国王或是他的崇拜者还有什么要求吗？

曼弗雷德　没有了。

涅米西丝　那我们暂时再见吧。

曼弗雷德　那我们还会再见面！是哪儿？在地上吗？就看你的意愿吧；因为你给予的恩泽，我现在作为一个受恩人与你告别。再见！

（曼弗雷德下）

【闭幕

第三幕

场景一——曼弗雷德城堡的一个大厅里。

【曼弗雷德和赫尔曼

曼弗雷德　现在什么时间了？

赫尔曼　差一小时就日落了，可能会有一个美丽的黄昏。

曼弗雷德　呃，你是不是按照我的吩咐，把塔里所有的东西都处理好了？

赫尔曼　主人，一切就绪。这是钥匙跟小箱子。

曼弗雷德　很好。你可以退下了。（赫尔曼下）

曼弗雷德　（独白）在我身上我感到一种平静——难以言说的安宁！直到现在那都不是我所知道的生活。要是我不懂哲学，我们所有的浮华里这最混杂的东西，只是从教师口中说出的，愚弄我们耳朵的难懂的话。我应该认为那金色的秘密，人们寻求的那“噶伦”已经找到了，就在我的灵魂里。它不会持续，但知道它就很好了，虽然只一次：他用一种新的观念拓展了我的思维，在我的便签上我会写下有这样一种感觉。那儿是谁？

【赫尔曼上

赫尔曼　我的主人，圣莫里斯修道院院长请求见您。

【圣莫里斯修道院院长上

修道院院长　愿曼弗雷德伯爵平安!

曼弗雷德　谢谢，圣洁的神父！欢迎你来寒舍；你的到来让寒舍蓬荜生辉，也让住在这里的人得到保佑。

修道院院长　希望如此，伯爵！——但我想单独同你谈谈。

曼弗雷德　赫尔曼，退下吧。

——我尊贵的客人你有什么要求呢?

修道院院长　那么，我就开门见山了。年龄和热情，我的职位及善意，必须为我的特权辩护；我们周围的人，虽然和邻居不熟，也可以成为我的使者。那些奇怪的带着邪恶性质的流言四处传着，都跟你的名字有关；一个很多世纪以来都高贵的名字；希望承受这的人现在把它变得不受损害!

曼弗雷德　说下去，我听着。

修道院院长　据说你跟那些不允许人们探寻的东西交谈；那些黑暗之中的居住者，许多邪恶非天国的精灵。走在死亡山谷的阴影里，你们交谈着。我知道跟人类一起，你跟着万物里的同类，你几乎不会跟他们交流，你的孤独就跟隐士的一样，如果它是神圣的话。

曼弗雷德　那些说这些事的是什么人?

修道院院长　我虔诚的同胞，惊慌的农民，甚至还有你自己的奴仆，他们都用一种最不平静的眼神看你。你的人生处于危险之中了。

曼弗雷德　那你拿去。

修道院院长　我是来拯救，不是来毁灭的。我不会窥探你隐秘的灵魂；但如果这些流言是真的，还有时间去赎罪跟遗憾：你可以跟真正的教堂和好，通过教堂跟天堂和好。

曼弗雷德　我听你的。这是我的答复：不管我以前是什么，或现在是什么，都是依赖上天跟我之间；我不会选一个凡人做我的调解人。我曾经触犯过你的规矩吗？证明并惩罚吧!

修道院院长　我的孩子！我没有谈到过惩罚，只是说忏悔跟原谅；是你自己坚持着这样的选择——假如你选择后者，我们的规定及强烈的信仰已经给了我力量去扫清从罪恶到更高希望及更好思维的道路；将忏悔留给上天——“报复只是我一个人的事！”上帝这样说，他的奴仆们用所有的谦卑姿态回应着这可怕的话。

曼弗雷德　老人啊！神圣的人中没有力量，祈祷也没有魔力，没有忏悔的纯粹形式，没有外面表现的不快，也没有痛苦，也不比这些所有的都强大。那深深的绝望是内在的折磨，悔恨却不害怕地狱，但只绝望本身就足以把天堂变为地狱——能从那放荡不羁的灵魂里，把它的错误、苦难及向自己报复的敏锐感觉驱除；没有什么未来的痛苦能在自我定罪的人身上去执行他在自己灵魂执行的公正。

修道院院长　这一切都很好；因为这将要终止。一个有前途的希望就要接着而来，它将会安静地望着那个被赐福的地方，那儿是所有寻求的人都会得到，无论他们在尘世犯过什么错，那样他们才能赎罪：赎罪的开始是对于赎罪需要的意识。

——说下去——我们教堂所有能教你的，都会教你；所有我们能宽恕的，都会宽恕你。

曼弗雷德　当罗马第六位国王为了避开曾经是他奴隶的议员宣布对其死亡的折磨时，他成了自我伤害的受害者，一位士兵对其表示忠诚的同情，用他的制服止住他喉咙喷出的血；垂死的罗马国王推开他，并说——某位垂死国王的眼睛里仍然闪着威严之光——“太晚了——这就是忠心吗”？

修道院院长　这是什么？

曼弗雷德　我用罗马国王的话回答你，“太晚了”！

修道院院长　绝不可能这样，你跟你自己的灵魂和解吧，然后你自己的灵魂跟上天和解。你没有希望吗？真奇怪——即使那些鄙视天堂的人，在尘世里也要给自己造一些幻想，就像溺水的人一样，紧紧抓住脆弱的细枝。

曼弗雷德　啊——神父！我在年轻的时候，也有过那些尘世的观点及高尚的志向，把我变成一个拥有别人智慧的人，成为世界各国的启蒙者；我不知道目的地的地方——它可能会沉落；但沉落，就像是山间的瀑布一样，从一个让人头晕目眩的高度跳跃，甚至带着底下深渊蒸腾的力量（深渊它喷起雾柱，变成云彩，从高空中变为雨滴降落）它匍匐着却仍然力量强大。——但这都过去了，我的想法错了。

修道院院长　为什么会这样呢?

曼弗雷德　我不能把我的天性驯服；因为那乐意支配人的人必须为人服务——去安慰，请求，时时刻刻都观察，探求所有的地方，成为一个活着的谎言家，那样才会变成一个卑微人中的强权者，一般的人都是卑微的；我不屑与一群人为伍，即使让我去做领袖——那狼群的领袖。狮子是孤独的，我也一样。

修道院院长　那你为什么不跟其他人一起生活行动呢?

曼弗雷德　因为我的天性就是厌倦生活的；虽然它不残酷；因为我不会制造破坏，但却寻找破坏。就像风一样，那最孤独的西蒙风炽热的气息，它只居住在沙漠里，扫过那不长灌木的贫瘠的沙原，在那荒芜、干燥的热浪里狂欢，它不寻求什么，所以也不被人寻求，但遇见它就是致命的——这曾经是我生活的途径；但我人生之路上不会再出现这样的东西了。

修道院院长　哎呀！我怕我跟我的职业都不能帮助你了；但你这样年轻，我仍要——

曼弗雷德　看着我！尘世上有一种凡人，他们年轻时就衰老了，中年前就死去了，没有遭受像战争一样惨烈的死亡；有的人在快乐中消亡，有的人是在学习中死去，有的人因为劳动而减损，有的人只是因为疲倦，有人死于疾病，有人死于精神失常，有人是因为枯萎了的或是被伤害了的心灵；这最后的一种是弊病，它残害的人比命运之神名单上的人还多，用所有的形式，借着各种名目。看看我！甚至这一切的东西我都经历过；这一切的东西里，一个就够人受的了；所以你不要惊奇我现在是这个样子，而要惊奇我过去是那个样子，或者已经是那个样子了，现在我仍活在世上。

修道院院长　但是，请听我说——

曼弗雷德　老人！我尊重你的职位，尊敬你的年龄；我觉得你的目的是虔诚的，但都是徒劳的。不要以为我无礼；我不想麻烦你，远过麻烦我自己，在这时避开一切更进一步的谈话吧；这样的话，那么——再见。（曼弗雷德下）

修道院院长　他应该是一个高尚的人：他拥有一切力量，把辉煌的元素造成一个优秀的人体，要是把它们巧妙地结合起来；就像现在这样，这可怕的一团糟——光明与黑暗、神与肉体、激情与纯洁的思想混合起来，没有止境、没有秩序地争斗起来，一切都是潜伏的或是毁灭性的。他将消亡，但不能让他消亡；我要再试一次，因为这样是值得拯救的；而且我的职责就是为了一切东西都有一个公平的结局而敢于冒险。我要跟着他——但当然得小心。（修道院院长下）

场景二——另一间房内。

【曼弗雷德与赫尔曼

赫尔曼　我的主人，你让我在日落的时候来等候差遣；它已经下山了。

曼弗雷德　真是这样的吗？我来看看。（曼弗雷德走到大厅的窗户前）

辉煌的太阳！早期的自然万物崇拜的偶像，健康的人类精力充沛的子孙的偶像，那由天使们的结合产生的巨人们的偶像，你比天使他们还要漂亮，这可以招惹犯错的精灵们，让他们不能再回来——最辉煌的太阳啊！在你是怎样产生的秘密未被揭开之前，你是人们的偶像！你是全能的神最早的使者，你使山顶上加尔狄亚牧羊人的心里感到高兴，直到他们自己沉浸在祈祷之中！你这肉体的上帝！是未知的代表，他选择你作为他的影子！你这最重要的星星！是群星的中心！

你使我们大地恒久，而且调和着行走在你的光束下人的光辉与心情！你主宰着四季！是气候的国王，居住在这气候里人们的王者！因为不管远近，我们天生的灵魂里都有你的气息，甚至就像我们的外表一样——你升起并闪着光芒，然后辉煌落下。再见！我将不会再见到你了。我第一次对爱跟惊奇的一瞥是为了你，那么接受我这最后一次的看望：你不会照到他身上，他那生命与温暖的天赋已经具有更致命的性质了。他走了；我跟着他去。（曼弗雷德下）

场景三——群山上——不远处是曼弗雷德的城堡——塔前是一个平台。

时间：黄昏

【赫尔曼、曼纽尔及曼弗雷德其他的侍从们

赫尔曼　真是够奇怪；这些年来，夜复一夜，他在这塔里长久地熬夜，没有人看见。我曾经在里面——我们都常去；但要从那塔楼，或是从它里面的东西，不可能对他学习的任何东西下定论。可以肯定的是，有一个房间从没人进去过：我愿意不要这三年来应得的报酬，换得机会一探它的神秘。

曼纽尔　这太危险了；满足于你已经知道的东西吧。

赫尔曼　啊，曼纽尔！你年长又智慧，能讲很多的事情；你在这城堡里住过——住了多少年了？

曼纽尔　在曼弗雷德伯爵出生之前，我就在服侍他父亲，他一点都不像他。

赫尔曼　有很多子辈们面临这种窘境。但他俩哪儿不同呢？

曼纽尔　我说的不是他们的面貌或是外形，而是思想跟习惯；西格斯蒙德伯爵骄傲，但快乐、自由——是一位勇士，一位狂欢者；他的生活里没有书和孤独，也不会在黑夜里去做阴郁的守夜者，但喜庆的时候，他晚上比白天还快乐；他不像一匹狼一样，在岩石和森林里散步，也不会避开人们及他们的快乐。

赫尔曼　该死的时光，但那些是欢乐的时光！我希望那欢乐能再来这古堡；它们看起来好像已将他们遗忘了。

曼纽尔　首先这城堡必须换主人。哦！我已经在里面看见一些奇怪的东西了，赫尔曼。

赫尔曼　别啊，友好点；给我讲讲一些事来消磨我们守夜的时光：我已经听说你支支吾吾地讲过一件事，那事发生在这儿，在这塔楼附近。

曼纽尔　那其实是一个晚上！我记得那是一个黄昏，就像现在一样的另一个晚上；那边的晚霞，栖息在爱格尔山顶，那时候也这样——这样相似简直就是一模一样；风轻拂着，时起时止，山上的雪在爬上来的月光下开始闪烁着光芒。就像现在一样，曼弗雷德伯爵在他的塔楼里——他在忙什么，我们不知道，但是他漫游及守夜时唯一的同伴陪着他——他就是一切活在世上的东西里，他似乎唯一爱着的人——尽管实际上，他的血缘不允许他这样做，爱丝塔蒂小姐，他的——嘘！谁来这儿了？

【修道院院长上

修道院院长　你的主人在哪儿？

赫尔曼　在那边的塔楼里。

修道院院长　我有话跟他说。

曼纽尔　这不可能；这是他最秘密的时候，不允许像这样被人打扰。

修道院院长　我自己承担起过错的惩罚，要是有过错的话——我必须见他。

赫尔曼　傍晚你已经见过他一次了。

修道院院长　赫尔曼！我命令你，去敲门，通报伯爵说我来了。

赫尔曼　我们不敢。

修道院院长　那么似乎我必须做我自己目的的使者了。

曼纽尔　可敬的神父，停下——我请你停下来。

修道院院长　为什么要这样呢？

曼纽尔　你请走这边吧，我将告知你更多细节。（同下）

场景四——塔楼内。

【曼弗雷德独自一人

曼弗雷德　群星在闪烁，月亮升上了闪光的雪山顶上。

——真美！我仍然徘徊于自然，因为对我而言，比起人脸，我更熟悉夜晚的脸；在它那昏暗、孤立、可爱而又繁星点点的影子里，我习得了另一个世界的语言。我记得，在我年轻的时候，当我在漫游时——在这样一个夜晚，我站在柯里西阿姆的家里在强大的罗马著名的遗迹里。沿着断壁残垣生长的树木，在漆黑的午夜里影影绰绰，星辰穿过遗迹的裂口在闪烁；远处的守夜犬在台伯河对岸叫着；从罗马帝王的宫殿传来了鹰的长嚎，而且时断时续，远方的哨兵的歌声，在微风下时有时无。一些长在缺口处的古柏，似乎是位于地平线的边缘，但它们立在不远处。在古罗马帝王居住的地方，现在住着嘈杂的夜鸟，穿过平整的城垛生长在小树林里，它的根与皇家缠绕在一起，常春藤侵占了月桂生长的地方——但角斗士血腥争斗的广场仍在，一个在毁灭中完善的高尚残骸！恺撒的房间及奥古斯都的厅堂遗迹还依稀可见，匍匐在地。你这闪耀着旋转着的月亮，普照在一切之上，洒下温和的光，它缓和了凹凸不平的荒野上古朴严肃的气氛，好像重新填满了几世纪以来的鸿沟；只留下那些仍然美丽的东西，重造不美的东西，直到这地方变成圣地，人们心里充满了对古代伟大人物无言的崇拜——那死了，却仍统治的帝王们，他们在骨灰瓮里仍然统治着我们的灵魂。

——就是这样一个晚上！虽然奇怪，但我这时又想起了它；我已经发现我们的思维，甚至是在它们应该沉思的那刻，会疯狂地飞行。

【修道院院长上

修道院院长　我善良的主啊！我恳求再次见你；但不要让我卑微的热情由于它的突然而冒犯了你——所有的恶果都让我来承受；希望

好的结果会降临在你头上——要是我说心灵——要是我用言语或是祈祷感动到它，我应该挽回一个高贵的心灵。虽然它在游荡，但还没有完全迷失。

曼弗雷德　你不了解我；我的日子屈指可数了，我的行为已被记录：退下吧，不然会很危险——走开！

修道院院长　你不是要威胁我吧？

曼弗雷德　不是我；我只是告诉你危险触手可及，而且我要保护你。

修道院院长　你这是什么意思？

曼弗雷德　看那边！你看到了什么？

修道院院长　什么都没看见。

曼弗雷德　我说，看那边，目不转睛地看——现在告诉我你看见什么了。

修道院院长　那东西震撼了我——但我不害怕：我看见了一个幽暗可怕的影子站起来，就像一个从地下出来的可恨的魔鬼；他的脸用斗篷遮着，他的身上穿着就像是刺目的云彩一样的东西；他站在你我之间——但我不怕他。

曼弗雷德　你没有理由怕他；他不会伤害你，但他的目光可能让你年老的身体吓得瘫痪。我说——你退下吧！

修道院院长　那我的回答是，绝不——直到我与这恶魔战斗一场——他来这儿想要什么？

曼弗雷德　呃——啊——他来这儿干吗？我没有召唤他——他是不请自来的。

修道院院长　哎呀！迷失的凡人！对于这样的客人你要怎么办？我都替你焦虑；为何他注视着你，你也注视着他？啊！他露出了他的面貌：他的前额上有雷打的疤痕；他的眼里闪着永恒的地狱的光芒——走开！——

曼弗雷德　说说吧——你的目的是什么？

精灵　来吧！

修道院院长　你是谁？未知的家伙！回答我！——快说！

精灵　我是这凡人的守护者。

——来吧！时候到了。

曼弗雷德　我已经一切准备就绪，但我拒绝那召唤我的力量。谁派你来这儿的？

精灵　你不久就会知道了——来吧！来吧！

曼弗雷德　我已经命令过远比你强大的精灵们，而且跟你的首领们争斗过。所以快滚开吧！

精灵　凡人！你的死期到了——我说，走吧！

曼弗雷德　我知道，我知道我快死了，但我的灵魂不会臣服像你这样的人：走开！我会像我活着那样——独自死去。

精灵　那我就必须召唤我的同胞了。

——出来吧！

【其他精灵们出现

修道院院长　滚开！你们这些恶魔！——我说，滚开——在虔诚还有力量的时候你们没有力量，我要控诉你们以——

精灵　老人！我们知道我们自己，我们的目的，以及你的职位；不要在这无意义的事上浪费你神圣的言语，那是徒劳的：这个人要受惩罚。我再次召唤他——去吧！去吧！

曼弗雷德　我要反抗你们——虽然我感觉到我的灵魂正在像潮水一样退落，但我要反抗你们；当我还有凡人的呼吸去鄙视你们——还有凡人的力量去斗争时，即使是跟精灵们争斗，我也不愿离开；你们能从我这儿拿去的将只会是残肢断臂。

精灵　可恶的凡人！这是遍及世界无形的魔术师吗？而且把自己造成跟我们一样的吗？——你就是这样爱惜你的生命的吗？爱着那把你变得不幸的生命！

曼弗雷德　你这说谎的恶魔，你撒谎！我的生命已经到了最后的时间了。——这我知道，我不会想挽回一点时间。不会跟死亡战斗，只是反抗你跟你周围的恶魔们；我过去的力量并不是跟你们定下协议而得来的，是通过高级的科学、苦修、勇气和长久地守夜，精神的力量以及熟悉我们祖先的技能，那时尘世上人类与精灵们并肩而行，你们没有更高的权力：我相信我的力量——我要反抗——拒绝——踢开你们，然后鄙视你们！——

精灵　但你的许多罪行已经使你——

曼弗雷德　对于像你们一样的人来说它们又算得上什么？难道罪行就必须用另一样罪行甚至是更大的罪行来惩罚吗？——滚回你们的地狱吧！我感觉到你没有力量来统治我；我知道你永远不会拥有我：我做过的事已成定局；我的内心忍受着一种煎熬，它从你那儿是得不到任何东西的。不朽的心智，自己承受着善意或恶意的报应，它是自己罪恶或终结的来源，自己的地点与时间；它的先天观念，当被脱掉了凡人的外表时，从飞逝的时光里没有产生色彩，但它吸收了从自己所作所为里产生的苦难或是快乐。你不要引诱我，你也不能引诱我；我不再被你愚弄，也不会是你的牺牲品，我只是我自己的毁灭者，而且从此以后我将是我自己的毁灭者。

——回去吧，你们这失败的恶魔！死亡的手在我身上——但那不是你们的手！

【恶魔们消失

修道院院长　哎呀！你是多么苍白——你的嘴唇是白的——你的胸部还起伏着——你喘气的喉咙里发出嘎嘎的声音。你向上天祈祷吧——祈求——即使只在思想里祈求——但不要这样死去。

曼弗雷德　完了——我昏暗的眼睛看不清你了；但所有的东西都在我周围浮荡，大地好像在我脚下起伏着。再见——把你的手给我。

修道院院长　冷的——冰冷——甚至心脏都冷了——但再祈祷一次吧——啊！你感到怎么了？

曼弗雷德　老人！死亡并不是一件难事。（曼弗雷德死去）

修道院院长　他走了，他的灵魂已经腾空飞去；飞去哪儿呢？我不敢想象；但他走了。